文學研究叢書・俗文學研究叢刊

紀念婁子匡先生百歲冥誕之民俗學國際學術研討會論文集

陳益源　主編

目次

會議緣起

陳益源
成功大學中文系教授

　　婁子匡先生一九〇五年農曆七月二十日（陽曆8月20日）出生於浙江省紹興縣安昌鎮，今年（2005）國曆八月二十日正值其百歲壽辰。以臺灣「中國民俗學會」成員為中心的國內民俗學界，乃結合大陸、日本、越南等國的民俗學專家，將在八月二十至二十一日假臺灣師範大學綜合大樓509國際會議廳，舉辦一項「慶祝婁子匡百歲誕辰之民俗學國際學術研討會」，為婁子匡先生祝壽，並表彰他成立中國民俗學會、研究中國民俗學、出版中國民俗學論著的卓越貢獻。遺憾的是，婁先生不幸在八月五日凌晨五點四十分病逝於臺北市陽明醫院，因此本次會議乃易名為「紀念婁子匡先生百歲冥誕之民俗學國際學術研討會」。

　　大陸民俗學家王文寶教授曾撰文推崇中國民俗學有五大創業元老：顧頡剛、容肇祖、江紹原、鍾敬文、婁子匡。如今，碩果僅存婁子匡先生。婁先生自一九四九年五月移居臺灣，隔年任《自立晚報》社社長，一度開罪當局；他在旅歐返臺之後，積極投身於臺灣俗文學的研究，並大力呼籲重視臺灣光復後陳奇祿、楊雲萍、陳荊和、方豪、林衡道、朱鋒等學人於《公論報》「臺灣風土」週刊上積累下來的豐碩成果，他稱得上是大陸遷臺民俗學者中，最先關注臺灣民俗、最能入境隨俗、也是最肯結交臺灣民俗學者的第一人；一九七〇年前後，他創辦了東方文化書局，陸續影印發行的各種東西方新舊叢書、專號和期刊，總數逾千種以上，具體實踐了守護中國民俗學論著的神聖使命；一九八九年五月，他將「中國民俗學會」交棒給陳奇祿先生

（王秋桂教授任祕書長），之後仍不斷編纂出版民俗論著，並以九五高齡親撰《婁子匡回憶錄》，毅力驚人。

　　基於婁子匡先生對臺灣俗文學研究的大力推廣，以及他對中國俗文學論著的辛勤守護之功，國立成功大學中文系、成大研究總中心臺灣文化研究中心責無旁貸地出面主辦此一「紀念婁子匡先生百歲冥誕之民俗學國際研討會」，並由國立臺北大學民俗藝術研究所、中國民俗學會、中華民俗藝術基金會、施合鄭民俗文化基金會協辦，而且得到了國科會、教育部、中華基金管理委員會的大力支持。臺灣「中國民俗學會」的資深會員，包括朱介凡（1911-）、黃天橫（1922-）、馬賽（1925-）、謝水森（1930-）、王克武（1939-）等民俗學界的前輩，亦將親自出席會議。

　　本次研討會，將由王秋桂教授「婁子匡與中國民俗學會」的主題演講揭開序幕，隨後進行二十三篇論文的宣讀與討論，其中有五篇與婁子匡直接有關：

　　（一）〈兩岸民俗，情發一心〉：廣州中山大學葉春生教授一九九六年後兩次來臺看望婁子匡，爾後通過十多封信，本文細數他給中國民俗學史留下的許多佳話。

　　（二）〈中國民俗學界的雙星座〉：北京中國俗文學學會理事陳有昇先生表示，在中國大陸鍾敬文有「中國當代民俗學之父」的稱譽；在臺灣，婁子匡有「中國民俗學論著的守護神」的美譽，這兩位百歲老人在中國民俗學界上堪稱中國民俗學的雙星座，可謂兩曜遇合。

　　（三）〈婁子匡先生與茶藝〉：中國茶文化學會范增平理事長說明「茶藝」一詞最早出現在臺灣，是婁子匡先生所提出和倡導的，茶藝是從「茶俗」中來又回到茶俗中去。婁子匡先生於七〇年代創辦「味茶小集」，敲響了茶俗研究課題的鐘聲，提昇飲茶習俗的層次。

　　（四）〈別具一格的建樹〉：北京《民間文化論壇》主編山民先生追溯中國民俗學的拓荒隊伍（如胡適、周作人、顧頡剛、楊成志、江紹原、黃石、鍾敬文、容肇祖、林惠祥、聞一多等），他認為歷史不會也沒有理由忘記一位世紀老人，一位把近百年的歲月交給了中國民俗學事業的學者──婁子匡

和他在民俗學出版方面的獨到貢獻。

（五）〈婁子匡的鄭成功傳說研究〉：國立中正大學的郭英三先生深入探討婁子匡研究鄭成功傳說之動機、材料、方法、成果和影響，彰顯婁子匡先生在鄭成功傳說研究上的劃時代貢獻，及其在中國民俗學術史上先知先行的重要價值。

我們舉辦此一國際學術研討會的目的，除了紀念婁子匡先生百歲冥誕之外，同時也表達我們對於其他民俗學前輩（如鍾敬文先生、臺靜農先生、關德棟先生等）的崇高敬意；除了客觀評價婁子匡先生長期以來對民俗學出版與研究的業績之外，也希望能針對東亞漢文化區內各地民俗學近百年來的發展，進行回顧與前瞻。同時，此次與會老者涵蓋老、中、青三代，意即強調臺灣民俗學研究的薪火相傳。我們一方面應繼續對節日、故事、歌謠、碑刻、宗教等眾多民俗事象進行深入的研究，另一方面我們也需要加強民俗學研究理論、方法的反思與建樹。

因此，我們預期這項「民俗學國際學術研討會」的舉辦，將可產生多方面的效益：

（一）紀念婁子匡先生百歲冥誕，客觀肯定他和其他民俗學前輩的卓越功績。

（二）藉以建構臺灣民俗研究史，並樹立優良學術風氣，強化學術倫理。

（三）經由各國學者之間相互討論、辯難切磋，進行民俗文化的比較研究，拓展民俗學研究的理論與方法。

（四）發現新材料，形成新觀點，拓展東亞民俗研究的領域及視野。

（五）實踐臺灣中國民俗學會「調查和研究民俗，搜集、整理及出版民俗文獻，發揚優良傳統風俗習慣並促進國際民俗文化交流」的立會宗旨。

從「慶祝婁子匡百歲誕辰」到「紀念婁子匡先生百歲冥誕」，我們舉辦這項民俗學國際學術研討會的心情，十分複雜。但願各方朋友共同追悼民俗學泰斗婁子匡先生之餘，也趁這個機會，一起來關注我們臺灣民俗學研究未來的發展。

兩岸民俗，情發一心

葉春生
廣州中山大學中文系
張玉娥
廣州中山大學對外漢語培訓中心

摘要

　　婁子匡先生是中國民俗學會的四位創始人之一，他到臺灣以後並不因為兩岸文化界的隔閡而終止對中國民俗的宏揚，先後以東方書局的名義印了中山大學《民俗》週刊和中大民俗學叢書、北大民俗學叢書。一九九六年後，我兩次赴臺看望他，爾後通過十多封信，他還贈送了一套臺灣版的中大《民俗》週刊給中大，聲稱他是在中大民俗學會哺育下成長的。我回校後寫過一篇報導他在臺的學術通訊——〈海峽彼岸的民俗老人〉，國內多家報刊登載了，他來信表示願將此文收入他們的家譜，他給中國民俗學史留下了許多佳話，應予認真收集整理研究。

關鍵詞：婁子匡；兩岸；民俗

一九三〇年夏天，在杭州西湖的一隻小船上，中國民俗學的四位泰斗式的人物——顧頡剛、江紹原、鍾敬文和婁子匡四位先生，宣告了中國民俗學會的成立。一九九六年，我到臺灣拜訪婁先生時，他還記憶猶新地給我講述了當時的情景（見圖1），指出了他們在小船上所坐的位置，並寫下了他們的姓名，顧先生最年長，當時在浙江鹽運司供職，學會經費由他負擔；鍾敬文在浙江大學任教，聯絡處設在浙大。婁先生還一一問及了一些活躍份子，有孫福熙、孫伏園兄弟，容肇祖、容媛兄妹，還有羅致平、楊坤、楊成志、趙景深等，還說趙先生那時還是個中學生，只有十二歲，並一一寫在紙上（見圖2），充分顯示了婁先生的這份中國心與民俗情。

的確，婁先生到臺灣以後，依然痴迷地耕耘在中國民俗的園地裡，先後著述了《歲時節日告華僑》、《同型異式笑話研究》、《日本、土耳其民俗》、《臺灣民俗源流》、《臺灣民俗學叢話》、《臺灣人物傳說》等，並重印了北京大學《歌謠》週刊、中山大學《民俗》週刊和《民間文藝》（《民俗》週刊的前身），以及《民間月刊》、《民俗專刊》、《民俗學集鐫》、《民俗學志》、《禮俗半月刊》、《風土雜志》、《南方土俗》等五十多種期刊，並再版了北京大學民俗學叢書二百六十種，中山大學民俗學叢書三十二種，亞洲民俗學叢書三百三十種，還以「東方文叢」的名義，出版過《南臺灣民俗》、《臺灣婚姻習俗》、《南洋民間故事》、《金門民俗志》、《北臺灣風物》等，排了整整的三個書架，真是名副其實的著作等身了。

那次見面，令我感觸良多，一位年近九十的老人，對民俗文化研究的執著，這其中凝聚著多少對我們中華民族傳統文化的愛心和濃濃的鄉情！回來後，我寫了一篇短文〈海峽彼岸的民俗老人〉，發表在山東大學的《民俗研究》和《廣東民俗》上，婁先生看到後也很感動，當即來信表示，要把拙作：「編入婁氏家譜，得以久傳。婁氏子孫，再謝鴻恩」。此後，我們通過十多封信並互贈了一些民俗資料和書籍。更可貴的是，他把東方文化書局複印的中山大學《民俗》週刊共二十冊寄來，作為「我向母校呈獻的第一批禮物，來表示我對中大的敬禮，請你轉呈校長先生以表敬意」。婁先生雖非中大學子，但對中大卻一往情深，他在一九九六年給我的信中如是寫道：「自

弟十二歲起，至我今年八十九歲，給我教導鼓勵，達七十七年之久，也可說我之成為中國民俗學之學者，完全是中山大學所培育，所以我自擬是中山大學的校外勤讀的學生。」（見圖3）一九九八年，他聽說我校獲准招收民間文學博士生，他很高興，並承諾為我們推薦生員，「且可立即進行」（見圖4）。後來，我托友人給他帶去了林英聰先生編撰的鄉邦巨著《玉樹揚風》，記及揭陽縣林氏家族譜事，婁先生即想起該縣在二十世紀三〇年代曾有一位民俗學者林培廬君，來信查問林先生的後裔及揭陽民俗學的繼起人物，足見其關懷文友及民俗學發展之深情，促使林英聰先生對這位英年早逝的民俗學者的史跡作了一番考察，彰列於一九九八年第四期的《廣東民俗》上，也算是對先賢的告慰吧！

　　一九九五年，《廣東民俗》創刊，當時還是個省內發行的小刊物，婁子匡先生熱情為之題詞，並指出：「今日研究民俗要和經濟建設配合，發揮功能。」（見圖5）在給該刊主編劉志文先生的信中還指出：「廣州是中國民俗學研究刊行發煌之地，中山大學民俗週刊、民俗叢書之出版，為國際學人所推崇。……謹悉大陸對斯學研究之進步與趨向，毋任企佩！容當與臺灣同好隨驥同時也！」對中大民俗的情結以及對兩岸民俗交流並進的期盼，躍然紙上。民俗文化乃一國傳統文化的根基，它最能體現民族精神的內涵，婁先生的這份民俗情結，正是他愛國愛鄉精神的體現，它已超越了一般的學術領地，化作一種深沈的人文情懷。

　　一九九七年，婁子匡先生遵從英國友人繆爾海教授之囑托，又開闢了一個新的民俗領地──研究龜民俗。他廣泛搜集亞洲各地的資料，得五十多篇，還邀我共同參與。當時因忙只給他提供了三篇，並告訴他現今內地有養龜為業的，先生即敏銳地想到要把心力移轉一下，從文字資料中跳出，發揮龜的經濟價值，擬從考古、占卜、藥材、童玩、養生、喻言（寓言）、故事等方面去作嘗試的研究，僅用一年的時間，編成了一套七冊的《亞洲龜俗篇》。一位九十高齡的老人，如此驚人的速度，不是一般的高效率可以形容的。這是一顆赤誠的民俗心，一個永不泯滅的民俗魂！

　　二〇〇三年春，婁先生還專門致函我們，對承繼中山大學《民俗》週刊

而創辦的《民俗學刊》給以高度評價。他建議增設「民俗回憶錄」專欄，發表和保存有價值的民俗資料，並將三十年代周作人、顧頡剛和德國民俗學家艾伯華博士為他的著作《新年風俗志》所做序文三篇交給本刊發表。他還手書了一首小詩，茲錄於下：

> 我的祖國開了酒廠，造就民間文學佳釀
> 大孫子我天天喝，寫下百曲歌、十七篇故事，
> 當做暑假作業。
> 開學了，繳給國文老師，（**指趙景深教授**）
> 老師看了批甲上，轉到廣州中山大學去，
> 大學老師（**指顧頡剛教授**）正要出版民俗叢書第十冊，散布出去。

婁先生的精神，集中體現了中國民俗學者關注民眾，服務民生的宗旨，反映了老一輩民俗學者對事業的執著追求和堅毅的決心，那是事業成功的基石；還有那精細務實的作風，都是值得我輩景仰和學習的。我國民俗學者又多有坦蕩的胸懷，因為他們植根於民眾之中，老百姓給他們信念和力量，面對坎坷人生的歷練，可在激流中翻滾，亦在巨石下龜息，這也是龜文化給我們的啟示。婁先生說，他十歲時養過一隻綠毛小龜，那是家長祝贈他長命百歲的象徵物。神龜有靈，婁先生果然百歲而仙逝，不斷為兩岸民俗事業並進雙贏（見圖6）。

百年好合，情發一心。願婁先生在天之靈福蔭兩岸民俗松柏長青！

正文圖片附錄：

圖1　1996年，在婁子匡先生寓所，婁先生與作者親切交談。

補注：研討會上有位學長提出，標題可改為：中國民俗，同德同心。實為高見。

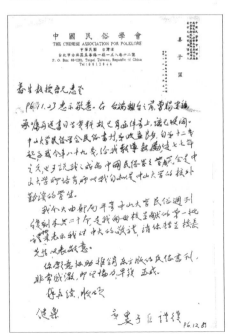

圖2　婁子匡先生回憶中國民俗學會成
　　　立情景之親筆。

圖3　1996年婁子匡先生給作者的親筆信。

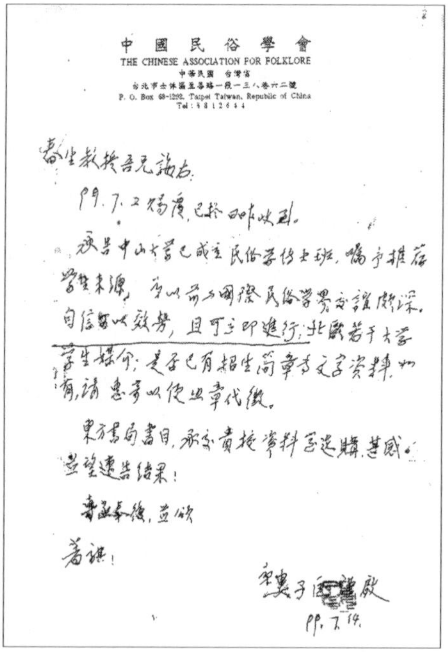

中國民俗學會
THE CHINESE ASSOCIATION FOR FOLKLORE
中華民國 台灣省
台北市士林區至善路一段一三八巷六二號
P. O. Box 68-1292, Taipei Taiwan, Republic of China
Tel：8812644

春生教授吾兄[illegible]右：

99.7.2 賜覆，已於四日收到。

承告中山大學已成立民俗學碩士班，[illegible]學生來源，[illegible]國際民俗學界交誼[illegible]，自信[illegible]效勞，且可立即進行；北歐若干大學學生[illegible]，是否已有招生簡章等文字資料，如有，請惠寄以便[illegible]代徵。

東方書局書目，承[illegible]資料[illegible]購，甚感。並望速告結果！

[illegible]，並頌

著祺！

弟婁子匡[illegible]啟
99.7.14

圖4　1999年婁子匡先生給作者的親筆信。

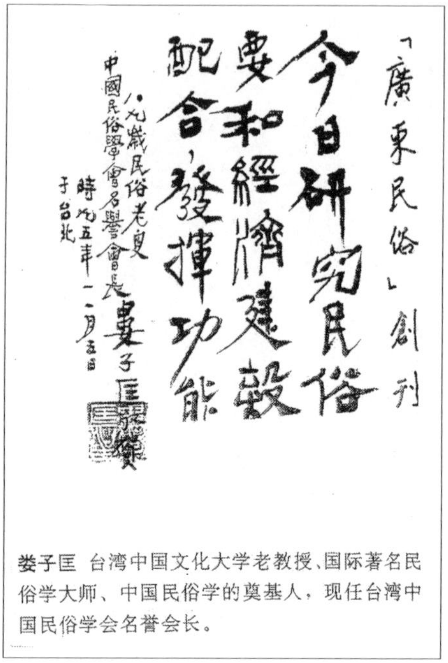

「廣東民俗」創刊

今日研究民俗
要和經濟建設
配合，發揮功能

八九歲民俗老叟
中國民俗學會名譽會長婁子匡
時九五年一月五日
于台北

娄子匡　台湾中国文化大学老教授、国际著名民俗学大师、中国民俗学的奠基人，现任台湾中国民俗学会名誉会长。

圖5　婁子匡先生為《廣東民俗》創刊題詞。

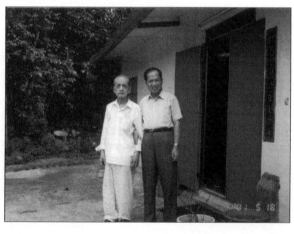

圖6　2001年作者與婁子匡先生在婁先生宅前。

中國民俗學界的雙星座

——鍾敬文婁子匡比較研究

陳有昇

北京中國俗文學學會

摘要

孩提時代外祖母在星空下對著浩瀚星空銀河兩側的牛郎織女星跟我講的「牛郎織女」民間傳說，這古老的傳說是我首次接觸民俗學的啟蒙。如果說，兒時嚮往的牛郎織女星是我後來愛上民俗學的神話之星的話，鍾敬文和婁子匡卻是神話之外現實裡照亮我的民俗學研究的兩顆耀眼巨星！鍾敬文於一九〇三年出生在廣東海豐。婁子匡於一九〇五年出生在浙江紹興。早在一九二四年，鍾敬文就開始為北大的《歌謠》週刊六十七、六十八號撰稿；婁子匡則早在一九二八年，還是一名初中學子時，便在趙景深的鼓勵與指導下開始採集民間歌謠，出版《紹興歌謠》處女作。

二〇年代之末，廣州中山大學民俗學會創辦《民俗》週刊，三〇年代初期，婁子匡與錢南揚、江紹原也在杭州編輯《民俗週刊》。鍾敬文抵杭州後，即和婁子匡、江紹原創辦了中國民俗學會，遂將《民俗週刊》和紹興的《民間》改為《民俗月刊》以中國民俗學會名義出版，鍾敬文即和婁子匡一道擔任主要編輯工作。鍾敬文和婁子匡在杭州的民俗學活動，成為中國現代民俗學史上特別值得的記述的佳話，用聞一多的詩的語言描述，應是「青天裡太陽和月亮走碰了頭」。一九四九年之後，在中國政治風雲激烈變動中，婁子匡遠離中國

大陸赴臺灣。從此臺海把鍾、婁兩顆民俗學界巨星相隔於海峽兩岸。鍾、婁變成像銀河星系隔岸相對的牛郎織女星相對遙望。上世紀五〇年代初期，鍾敬文即致力於民間文學研究專門學術機構的建立，而與郭沫若、周揚等合力創建了中國民間文藝研究會，並和周揚一起被推選為研究會副理事長（郭沫若任理事長）；婁子匡到臺灣後，即在臺創立東方文化書局，仍致力於民俗學的搜集、編纂、研究、出版工作。由他影印、主編發行的「東方文叢」、「中山大學民俗叢書」、「國立北京大學民俗學會民俗叢書」、「亞洲民俗‧社會生活專刊」等民俗學書籍總數在千種以上。

鍾敬文、婁子匡兩位民俗學泰斗，除在百年民俗學史一道奉獻自己畢生的研究外，還有另一個共同的特點，他們都畢生把民俗學的研究融通到全世界的民俗學總課題裡，一直就很善於吸取國際的民俗學研究成果，使民俗學科在中國同時成為一門很開放的具有世界意義的學科。

關鍵詞：婁子匡；鍾敬文；民俗學

一

當我榮幸地接到來自臺灣的相邀，將於今秋赴臺出席為民俗學泰斗婁子
匡先生百歲壽誕慶典而隆重召開的民俗學學術研討會時，正是我即將度過
七十歲而謝絕六十歲退休後仍接受出版社的返聘，徹底結束了長達四十餘年
的編輯出版工作的坐班族生涯的時候。我一九五八年首次離鄉背井成為粵東
遊子，至今已過去四十七個年頭了。我突然萌發了「告老回鄉」的念頭，於
是有了闊別近半個世紀的粵東潮汕的故鄉行。夜晚，在故鄉的厚土上遙望著
海濱格外明亮的星空，憶及孩提時代外祖母在星空下對著浩瀚星空銀河兩側
的牛郎織女星跟我講的「牛郎織女」民間傳說，這古老的傳說是我首次接觸
民俗學的啟蒙，正是銀河兩側牛郎織女兩顆星為我未來對民俗學的摯愛上了
最初的一課。轉眼間我就進入人生七十古稀之年，而這銀河兩側的牛郎織女
雙星卻註定要照亮我的一生。在故鄉的萬里星空下的不眠長夜裡，我開始構
思赴臺出席學術會議的論文。

如果說，兒時嚮往的牛郎織女星是我後來愛上民俗學的神話之星的話，
鍾敬文和婁子匡卻是神話之外現實裡照亮我的民俗學研究的兩顆耀眼巨星！
兒時外祖母常對我講：「世上一個人，天上一顆星。」民俗學界的雙星座
——鍾敬文和婁子匡對我來說不就是那璀璨的牛郎織女嘛。記得聞一多在
一九二八年寫的「杜甫」未定稿傳記文字裡提及李白、杜甫這兩顆文化史上
的巨星時，即由衷浩歎：「我們四千年的歷史裡，除了孔子見老子沒有比這兩
人的會面更重大、更神聖、更可紀念的。我們再逼緊我們的想像，譬如說，
青天裡太陽和月亮走碰了頭，那麼，塵世上不知要焚起多少香案，不知有多
少人要望天遙拜，說是皇天的祥瑞。如今李白和杜甫——詩中的兩曜劈面走
來了，我們看去，不比那天空的異端一樣的神奇，一樣的有重大的意義嗎？
所以假如我們有法子追究，我們定要把兩人行蹤的線索，如何拐彎抹角時合
時離，如何越走越近，終於兩條路線會合交叉了——統統都記錄下來。假如
關於這件事，我們能發現到一些翔實的材料，那該是文學史裡多麼浪漫的一
段掌故！」從即將屆臨的婁子匡百歲華誕，我立刻聯想到鍾敬文。從鍾、婁

這兩位民俗學泰斗的百年學術史裡，我又特別聯想起中國四千年的歷史裡有過李白和杜甫兩曜相對光照千秋的文化祥瑞，想起聞一多在「杜甫」裡將此神奇的相遇譬為「青天裡太陽和月亮走碰了頭。」而抱定決心要去追究這「文學史裡多麼浪漫的一段掌故！」於是，「中國民俗學界的雙星座——鍾敬文婁子匡比較研究」便成為我敬獻給百歲壽星婁子匡先生的論文專案。

二

中國現代民俗學，出現在二〇世紀之初，是中國學術文化史從傳統向現代轉型並在中外學術的衝突和融通中產生的新學科。在中國現代的百年學術文化史的星空中，民俗學上世紀之初在北京大學橫空出世便群星璀璨：蔡元培、劉半農、沈尹默、錢玄同、周作人、張競生、顧頡剛、常惠等等，就是中國現代民俗學自發端即奪目地從文化星空升起的學術群星。

鍾敬文於一九〇三年出生在廣東海豐。婁子匡於一九〇五年出生在浙江紹興。在中國現代民俗學發端時期，年輕的鍾敬文和婁子匡都未到過北平，但他們的民俗學研究起步都很早，幾乎同時很早就有豐碩的研究成果出現在早期民俗學界。他們很早就在故鄉廣東和浙江採集、研究民俗資料。

早在一九二四年，鍾敬文就開始為北大的《歌謠》週刊六十七、六十八號撰稿，有〈讀《粵東筆記》〉在該刊上連載，自此，〈南洋歌謠〉、〈海豐人表現於歌謠中之婚姻觀〉等篇便陸續在《歌謠》週刊上刊出。並在「孟姜女專號」中與顧頡剛通訊，討論民俗學問題，呈寄有關民俗資料。

婁子匡則早在一九二八年，還是一名初中學子時，便在趙景深的鼓勵與指導下開始採集民間歌謠，出版《紹興歌謠》處女作。一九二九年又出版《紹興故事》，至一九三一年又有《越歌百曲》問世。

一九二七年顧頡剛到廣州中山大學，與傅斯年共同主持中山大學語言歷史所。研究所有語言、歷史、考古、民俗等多項研究專案。一九二八年，顧頡剛和中山大學一批民俗學同人創辦民俗學會，推舉容肇祖為民俗學會主席。經過顧頡剛、容肇祖、董作賓、傅斯年、鍾敬文、楊成志、何思敬等多

人的共同努力，繼北京大學的「歌謠研究會」、「風俗調查會」之後，中山大學的民俗學會擁有更強大的研究隊伍，鍾敬文即為在校會員的骨幹，和顧頡剛等成為學會會刊《民俗》週刊的編撰中堅力量。這期間，鍾敬文還和董作賓創辦《民間文藝》，自一九二七年十一月至一九二八年一月共出版十二期。一九二八年四月二十三日，中山大學民俗學會開辦民俗學傳習班，鍾敬文即在傳習班上開講「歌謠概論」課，並在《民俗》週刊創刊號上發表了〈數年來民俗學工作的小結賬〉。正當鍾敬文在中山大學與顧頡剛等一批民俗學同人發奮投入民俗學研究之際，一九二八年夏天卻出了一件意外的事。繼顧頡剛編《吳歌甲集》之後，由鍾敬文經手在中山大學付印了蘇州王翼之編的《吳歌乙集》，遂以《乙集》間有「猥褻」語句而觸怒了中山大學校長戴季陶，於是鍾敬文被迫離職，結束了在中山大學那一段極有意義的民俗學研究活動而離粵來到浙江杭州。

一九二八年的夏天因《吳歌乙集》事件而被迫離粵，對鍾敬文來說這一年的夏天是一個難堪的季節。可是，不到兩年，在浙江杭州鍾敬文卻迎來了另一個值得紀念的美好的夏天。婁子匡在〈浙江民間文學〉一文裡深情地回憶：「一九三〇年夏天的西子湖頭，在荷風清香中，江紹原、鍾敬文和我發起組織中國民俗學會。」

婁子匡早在鍾敬文離粵赴浙之前，就是廣東中山大學語言歷史研究所民俗學會的校外會員，故鍾敬文一到浙江，鍾、婁相見，一見如故，很快兩人便在杭州集中了一批民俗學研究者，共同發起組織中國民俗學會，並編輯出版民俗刊物。二〇年代之末，廣州中山大學民俗學會創辦《民俗》週刊，三〇年代初期，婁子匡與錢南揚、江紹原也在杭州編輯《民俗週刊》。鍾敬文抵杭州後，即和婁子匡、江紹原創辦了中國民俗學會，遂將《民俗週刊》和紹興的《民間》改為《民俗月刊》以中國民俗學會名義出版，鍾敬文即和婁子匡一道擔任主要編輯工作。在《民俗月刊》裡，鍾敬文發表了〈中國故事型式表〉。婁子匡則在同一刊物上發表〈中國民俗學運動的昨夜和今晨〉。婁此文和幾年前鍾敬文的〈數年來民俗學工作小結賬〉，均為上世紀二、三十年代民俗學活動的重要文獻，在中國現代民俗學史上佔據著重要的位置。

　　鍾敬文和婁子匡在杭州的民俗學活動，成為中國現代民俗學史上特別值得的記述的佳話，用聞一多的詩的語言描述，應是「青天裡太陽和月亮走碰了頭」。楊昆在《我國民俗學運動史略》裡稱：「北大的《歌謠》，中大的《民俗》，與杭州的《孟姜女》，這不僅是三個發表機關，而且亦是三個有組織的研究機關，在我國民俗學運動的陣營中，這是三大據點。」朱介凡在〈中國民俗學歷史發微〉裡說：「一九三〇年夏，周作人、顧頡剛、江紹原、鍾敬文、婁子匡等人，在杭州創立了中國民俗學會。當時，子匡兄是最年輕的……如今，民俗學與俗文學大行於世，創業元老，多已仙去。海峽兩岸，碩果僅存者，惟鍾、婁兩位大師。」朱介凡在此文提及的周作人、顧頡剛當年雖不在杭州，但對在杭州創立的中國民俗學會仍有重要的指導作用，故朱文把他們和鍾、婁同列為杭州中國民俗學會創建者也合乎實際。楊成志在〈民俗學會的經過及出版物目錄一覽〉裡提到：「杭州——中國民俗學會，由鍾敬文、婁子匡兩君主持。……先是他們在《開展雜誌》出了民俗學專號，又繼續刊行《民俗學集鐫》一、二輯及叢書多種。後來鍾敬文赴日，又不忍間斷，其工作在《藝風》月刊開闢一『民俗園地』，自己擔任編輯。」就在《藝風》上，鍾敬文在日本東京寫的〈民間文藝學的建設〉即發表在此刊中。楊昆和楊成志文中提及的《孟姜女》、《開展雜誌》、《民俗學集鐫》等等，還應加上鍾敬文編的《歌謠論集》，均為鍾敬文到浙江後與婁子匡經營的中國民俗學會時，在辦《民俗月刊》的同時先後推出的有影響的民俗學史上重要研究資料。在《開展》的「民俗學專號」上，鍾敬文連續發表了〈金華鬥牛的風俗〉、〈中國的地方傳說〉、〈中國民間故事型式〉，在《民俗學集鐫》發表了〈蛇郎故事試探〉。在《歌謠論集》裡發表了〈歌謠的一種表現法〉。張紫晨在他的《中國民俗學史》上還特別提到鍾敬文此期間的許多力作，說：「尚有〈狗耕田型故事試探〉、〈中國民間故事試探〉（之一）、〈田螺精〉、〈蛇郎故事試探〉、〈中國天鵝處女型故事〉，以及〈老獺稚型桔說的發生地〉、〈馬頭娘傳說辨〉、〈中國地方傳說〉等，不僅展示了民間故事這個廣闊的學術天地，而且為中國故事學的研究建起了豐碑。」婁子匡在杭州中國民俗學會與鍾敬文的緊密合作中，則主編《東南日報》（由《民國日報》

改名）、《民俗週刊》、《孟姜女》（即原《婦女與兒童》），還親自擔任刊物的郵遞發行，每出一期刊，即親自郵寄給全國二百餘位會員，並借此向各界徵稿。還在《民俗學集鐫》第二輯上發表了〈占雨的謠俗〉。此外，在編輯雜誌出期刊的同時，婁子匡還出版民俗學叢書《新年風俗志》《巧婦和獃女的故事》。還給遠在北平由周作人、顧頡剛、胡適、沈從文等發起組織的風謠學會的會刊《民俗週刊》撰寫了〈鬧房風俗〉。至抗日戰爭期間，婁子匡於一九四四年一月在重慶和顧頡剛聯合主編《風物志》。

一九四九年之後，在中國政治風雲激烈變動中，婁子匡遠離中國大陸赴臺灣。從此臺海把鍾、婁兩顆民俗學界巨星相隔於海峽兩岸。鍾、婁變成像銀河星系隔岸相對的牛郎、織女相對遙望，但海峽卻隔不斷兩位民俗學泰斗仍堅持在民俗學研究的重要位置上。

上世紀五〇年代初期，鍾敬文即致力於民間文學研究專門學術機構的建立，而與郭沫若、周揚等合力創建了中國民間文藝研究會，並和周揚一起被推選為研究會副理事長（郭沫若任理事長）。一九七六年以後，鍾敬文親自草擬建立新的中國民俗學會的倡議書，在顧頡剛、楊昆、容肇祖、楊成志、白壽彝等多位民俗學宿將合力努力下，終於在一九八三年於北京又有了新的中國民俗學會，鍾被公舉為學會理事長，一直連任到上世紀九〇年代末。中國民間文藝研究會也改建為中國民間文藝學家協會，和中國作家協會，中國美術家協會升級為全國性的一級學術團體，鍾敬文在此協會裡一直擔任主席、名譽主席的職位。在教育事業上，鍾敬文相繼在中山大學、浙江實驗民眾教育學校、浙江大學、香港達德學院、北京大學、輔仁大學、北京師範大學致力於民俗學教育事業，殫精竭力地奉獻終生。《民間文學概論》、《民俗學概論》、《話說民俗學》、《新的驛程》、《鍾敬文學術論著自選集》、《婪尾集》等等是鍾敬文留給民俗學界和文化學術裡的豐厚的文化遺產。

婁子匡到臺灣後，即在臺創立東方文化書局，仍致力於民俗學的搜集、編纂、研究、出版工作。據臺灣陳益源教授提供的翔實資料，得知婁子匡赴臺後就一直皓首窮經地為民俗學建立一個宏偉的資料庫而竭盡全力。由他影印、主編發行的「東方文叢」、「中山大學民俗叢書」、「國立北京大學民俗

學會民俗叢書」、「亞洲民俗・社會生活專刊」為民俗學書籍總數在千種以上，晚年還致力於鄭成功民間傳說研究，並在二〇〇〇年九十六高齡中撰著了《龜的民俗・俗文學在亞洲》、《婁子匡回憶錄》等鉅著，為民俗學的研究而筆耕不輟。

鍾敬文、婁子匡兩位民俗學泰斗，除在百年民俗學史一道奉獻自己畢生的研究外，還有另一個共同的特點，他們都畢生把民俗學的研究融通到全世界的民俗學總課題裡，一直就很善於吸取國際的民俗學研究成果，使民俗學科在中國同時成為一門很開放的具有世界意義的學科。早在上世紀二〇年代，鍾敬文與楊成志合譯的瑟雅科希斯的《印度歐羅巴民間故事型》，鍾即借鑒此譯作自撰《中國民間故事型式》，這對後來艾伯華的《中國民間故事類型》德文版和丁乃通的《中國民間故事類型索引》英文版的出版有著突出的啟迪作用。日本、韓國民俗學界也很重視鍾敬文對中國民間故事型的吸收約瑟雅科布斯，而後有了自己的開創性研究的成果。鍾敬文很早就善於吸收世界民俗學的研究成果並不斷創造出中國的民間故事型分類法。婁子匡的民俗學研究也具有世界意義，並同樣引起國際上民俗學同人的矚目，如挪威的易德波教授、法國的陳慶浩教授、俄國的李福清教授、英國的繆海德教授就一致對婁子匡晚年的龜俗文化研究十分矚目。婁子匡的創化中國民間文學的研究方式，從一物一事，作中國全國、亞洲而全世界的資料加以全面搜集、排比、探討的研究方法，引起國際民俗學界的重視。至此，我們仰望著鍾敬文、婁子匡這民俗學界雙星座，更加感受到他們是何等的璀璨奪目！中國現代民俗學界在二十世紀自北京大學發端，中山大學壯大，杭州大學堅守和開拓的研究陣容，一路走來，原也不乏群星相映，名家輩出，但惟獨鍾、婁二老最長壽，都是百歲老人，他們都用自身與世紀同壽的親身經歷，用生命譜寫了一部中國現代民俗學史最耀眼的篇章。故在中國現代民俗學界群星齊放光芒萬丈的學海星空裡，他們就成為無可爭議的兩曜遇合的最璀璨的雙星座。

二〇〇一年十二月，中國大陸民俗學會現任會長劉魁立教授在「祝賀鍾敬文百歲華誕學術專刊」上發表〈智者善者鍾敬文〉時說：「談起中國當代民俗學就必然要提到鍾敬文，說到鍾敬文就必然會想起中國現代民俗學，中

國現代民俗學和鍾敬文是一對孿生兄弟。」鍾敬文在中國大陸被一致稱譽為「中國現代民俗學之父」。而在臺灣，婁子匡以同樣在民俗學上的突出貢獻而被一致稱讚為「中國民俗研究論著的守護神」。在為婁子匡先生百歲誕辰慶壽而召開的民俗學學術研討會上，我們無限動情地追憶著鍾、婁兩位世紀老人的百年行蹤線索，就像在重溫一部中國現代民俗學的百年回顧史，而鍾敬文和婁子匡的雙曜遇合，不正是聞一多早年寫「杜甫」時所感歎過的李白和杜甫的遇合，就像孔子的見老子，是何等重大、神聖、可紀念的青天裡太陽和月亮走碰了頭的祥端，同樣是我們四千年的歷史裡更可紀念、更神聖、更重大的文化學術史上的神奇祥瑞。

三

　　這篇拙論是專門為「慶祝婁子匡先生百歲誕辰之民俗學學術研討會」而趕寫出來的。初稿動筆於五月退休「告老回鄉」的廣東澄海，修訂稿在六月返北京後完成。一個月前在粵東潮汕故鄉星空下遙望銀河兩側耀眼的牛郎、織女星，回味著兒時外祖母對我的民俗啟蒙教育，我對自己有生以來的學術生命的根底一下子就找到了依託。就這樣，我的拙論寫得很動情，很有孩子氣的童真。

　　在撰稿過程中，有許多師友的大作為我提供了鍾敬文、婁子匡兩位民俗學泰斗的學術行蹤線索。給我提供翔實材料的有下列這些令我尊敬的人和作品：（一）張紫晨著《中國民俗學史》，（二）王文寶著《中國民俗研究史》，（三）陳平原主編《現代學術史上的俗文學》，（四）北京師範大學中文系編《人民的學者鍾敬文》，（五）陳益源著《臺灣民間文學採錄》。在此謹對為我的拙論提供翔實資料和創作靈感的師友深致謝忱！

2005年5月於廣東澄海初稿

2005年6月於北京修訂定稿

2005年8月於臺灣臺北發表

婁子匡先生與茶藝

范增平

中華茶文化學會

摘要

　　婁子匡先生是茶藝的開拓者、奠基人。在他的後半生所做的最大貢獻之一，是提出「茶藝」一詞，並為茶藝文化活動指出一個方向。今天茶藝能有這個天下，是離不開婁子匡先生在七〇年代「味茶小集」的茶文化活動所奠定的基礎；而「茶藝學」的構建也是在他的茶藝文化思想所發展出來的結果。我們紀念和探討婁子匡先生的生平事蹟，不能忽視這一段因果。

關鍵詞：茶藝；味茶小集；茶藝學

一 茶藝的形成、發展與所代表的意義

（一）茶藝形成的經過

「茶藝」的形成有它的時代背景，七〇年代，臺灣人民受到全世界掀起的「中國熱」影響，對於傳統的民族文化產生了強烈的好奇心，在通過反省的過程中，認識到自己傳統歷史文化的優越性，其中較具民族文化親切感的茶飲習俗，成為一群青年知識份子的關注事項。[1]

婁子匡先生當時擔任臺灣的中國民俗學會理事長，經常有一群年輕的民俗愛好者圍繞在先生周遭，倡議弘揚茶飲的習俗，並以具體的行動付諸實踐。於是，婁先生創辦「味茶小集」，經常和當時擔任臺灣區製茶工業同業公會總幹事的林馥泉先生一起舉辦活動[2]。在一九七七年時，參與此項茶事活動的同好們，普遍認為需要有一個具體的名稱來概括此項活動。有人就提出「茶道」這個詞；有人認為「茶道」雖然源於中國，但已被日本人專美於前，如果我們現在援用「茶道」怕會引起誤會，以為是把日本現在仍然盛行的茶道搬到臺灣來；另外一個顧慮，是怕「茶道」這個詞過於嚴肅。因為，中國人向來對於「道」字特別敬重，感覺「道」是高不可攀的，如果要使「茶道」很快且普遍被大家接受，可能不大容易。於是，又有人提出「茶藝」這個詞，經過一番討論，婁子匡先生也認為用「茶藝」這個詞較適當，在大家同意之後，「茶藝」這個名詞也就這麼產生且確定了下來。

婁子匡先生一直關注茶事，七〇年代初期，婁先生就提出喫茶的習俗，在臺北亞都飯店舉辦的一次餐飲活動中，特別推出以茶入菜的品嚐會，一道「龍井蝦仁」成為特色菜，這道菜的幕後指導者，就是婁子匡先生。在一九七〇年之前的臺灣社會，喫茶、喝茶並不是普遍的習俗，而婁子匡先生是積極的倡導者，對於茶飲，他總是認為：中國人是喝茶的民族，茶飲的

---

[1] 詳見范增平《茶藝學》（臺北：萬卷樓圖書公司，2000年5月），頁18。

[2] 詳見范增平《臺灣茶人採訪錄》（臺北：萬卷樓圖書公司，2002年11月），頁274。

提倡一定可以受到人們喜愛的。當時，臺灣南投縣鹿谷鄉的凍頂茶已略具知名度。但是，喝茶的風氣還不是很流行，為了推廣凍頂茶，有一位李友然先生，他是宜蘭縣羅東人，原來是德國朋馳汽車的代理商，年紀大了之後，放棄汽車買賣的行業，在臺北市中山北路二段的巷子裡開設一家名為「中國茶館」的店舖，店裡主要是販賣凍頂茶，客人以日本觀光客為多，它之所以叫「中國茶館」，是店裡擺設了三、四張桌子供人喝茶，並用小壺小杯泡飲，喝茶方式類似潮汕地區的功夫茶。

經過婁子匡先生「味茶小集」三、四年的倡導，到了一九七八年，臺灣的茶飲風氣逐漸的拓展開來，不僅在臺灣受到普遍的重視，韓國、西德等外國朋友也來聯繫。於是，一位從事皮件生意的鍾溪岸先生認為開設茶館時機已經成熟，就在臺北市林森北路創辦了一家頗具規模的「中國功夫茶館」，經營了一段時間之後，聘請曾在錫安旅行社任職的蔡榮章先生擔任經理，蔡先生畢業於中國文化大學觀光系，曾經選修婁子匡先生的民俗學課程。「中國功夫茶館」的開設成為一些年輕朋友關注的場所。由於茶飲已逐漸傳開來，並且創立了「茶藝」這個概括性的名詞，在茶藝的影響下，接著而來的是陶藝受到重視，進而提出了「壺藝」。鶯歌鎮的陶瓷業發展方向轉向茶具的研製，成為臺灣的「陶都」，這可以說是茶藝文化發展影響的結果。

到了一九七八年，臺北市和高雄市分別組織「臺北市茶藝協會」、「高雄市茶藝協會」，這兩個地方性的社會團體在政府立案成立了。一九八〇年，天仁茶業股份有限公司投資設立「陸羽茶藝事業股份有限公司」，該公司於一九八〇年十二月一日發行「茶藝月刊」雜誌，代表著「茶藝」出現已具雛形的存在。到了一九八二年九月二十三日一個代表著全國性的社會團體「中華民國茶藝協會」經過教育部、警備總部等會簽、內政部批准正式立案成立。當時，擔任副總統的謝東閔先生親自出席成立大會，並接受擔任名譽理事長的頭銜，這使得茶業界、民俗界得到極大的鼓舞。這個在臺灣創立的新名詞「茶藝」，已經完全亮麗而轟動的正式得到官方的認定。無疑的，「茶藝」已經是由民間提出、政府認定、宣布的新名詞。

（二）茶藝的界說

茶藝的涵蓋範圍較廣，舉凡有關茶的產、製、銷、用等系列的過程，都在茶藝的範圍之內。就茶藝的實質內容而言，包含了技藝、禮法和道三個部分。技藝，是指茶藝的技巧和工藝；禮法，是指進行茶藝時的禮儀和規範；道，是指一種修行，一種生活方向，一種人生哲學。

茶藝是促使生活走入藝術化的媒介，以提高精神生活的境界。茶藝的追求，不僅講究品茗環境、美感與氣氛，還需要有一定的程序和規範。茶藝是生活藝術的中心，以此為圓心所畫出來的範圍就是生活藝術的範圍；所以，茶藝內容的綜合表現就是茶文化。隨著茶藝的蓬勃發展，茶文化更趨於廣大和深入，舊的茶俗得到復興，新的茶藝正式形成，中華文化都可以在茶文化中體現出來，茶文化是中華文化的重要組成部分。

（三）茶藝館名稱的出現

茶藝館的出現，是偶然也是必然。在臺灣社會創造「茶藝」這個名詞，對茶藝的內涵有了明確的想法之後，我們需要有一個場所、地方，讓大家可以互相交流、彼此促進，使茶藝的內容更加充實、更加完善。就在這個時候，無巧不成書，管壽齡女士在臺北市仁愛路四段二十七巷八弄六號芙蓉大廈內，開設了「茶藝館」，這是第一個掛出「茶藝館」招牌的茶藝館，這個館的館主著眼的是書畫、陶瓷等藝術品的經營，為什麼取名為「茶藝館」呢？根據她的說法：藝廊字畫的經營不像其他衣飾用品的經營，可以在短時間內完成交易，在客人未決定交易前，提供茶飲，讓客人放輕鬆，好好的欣賞藝術品，即使未成交也能夠得到舒服的享受。雖然，以前也有藝廊、畫廊提供茶飲；但太簡單、太不重視茶，又因為是不收費的，所以談不上什麼服務。而管女士經營的藝廊取名為「茶藝館」，其用意，是想以茶來美化藝品，讓客人一面品茶，一面欣賞藝品，把藝和實際生活拉近，讓藝廊像是一般生活的空間。也就是說，所經營的「茶藝館」是提供藝術品欣賞和享受

品茶的場所。管女士的女士登記證的名稱，是「茶藝館企業有限公司」，經營項目是茶葉和陶瓷藝品買賣及餐廳業務，一九七九年五月二十三日取得正式的經營執照，「茶藝館」是專有名詞。而在八〇年代開始，「茶藝館」變成普通名詞出現，首先是臺北市慶城街的「仙境茶藝館」、陸續有西門獅子林大廈的「靜心園茶藝館」、「茶王樓茶藝館」。一九八二年在茶王樓茶藝館舉辦了一場座談會，出席的人員有：張家榮、蔡榮章、范增平、龔於堯及管壽齡等，在座談會中，管女士曾提及目前出現「茶藝館」這個詞，很明顯的是侵犯了她的權益，因為「茶藝館」是她登記註冊的商號，別人怎麼可以任意使用呢？但是，當她了解了我們是一群有文化理想的人士，開設茶藝館是為了復興和弘揚傳統的優美文化，她表示願意不再追究這件事。這是「茶藝館」正式和「茶藝」緊密結合的開始。

（四）茶藝館的性質

茶藝館是現代茶藝產生後的新興行業，對弘揚傳統的茶文化，促進茶葉的消費，提高社會休閒生活的品質等，都發揮了積極的作用。

茶藝館可以是小型文化交流中心，以茶為媒體，提供幽雅、舒適的休閒場所。茶藝館與過去各式各樣的茶館最大區別，茶藝館是將飲茶從日常生活的一部分提升為富有文化氣息的品飲藝術，從飲茶藝術中體現中國人的傳統精神和傳統美德。因此，茶藝館與過去的茶館在實質的服務上，是有截然不同的性質。茶藝館的特色，可具體歸納為以下六項：

1. 茶藝館的環境設計，以清爽、柔和、寧靜為主題。
2. 茶藝館強調品飲茶時，應有高雅的舉止和規矩，在自我享受之餘，也不應打擾到別人。
3. 茶藝館除了提供各種茶葉任由客人選擇外，也要提供全套的茶器；行茶、沖泡都是由客人自己來進行。
4. 茶藝館也經營茶葉、茶具、茶書及其他文化藝品的販賣。
5. 茶藝館還有代客養壺、寄存茶葉等服務。

6. 茶藝館不定期舉辦茶藝文化講座、教學、培訓等課程活動。

總結茶藝館的性質是：

1. 小型文化交流中心。

2. 很好的精神文明建設場所。

3. 展現民族文化特色的地方

4. 高雅的休閒生活館。

（五）茶藝事業與茶藝師職稱的認定

一九八〇年，茶藝事業首先在臺灣出現，「陸羽茶藝事業股份有限公司」舉辦陸羽茶藝講座，同一時間「仙境茶藝館」及「有記茶行」也舉辦茶藝講座課程，而陸羽辦得最有規模，有記則由茶界耆老林馥泉先生親自講授，都是完全免費，這也是臺灣茶藝文化推廣的一項特色。

一九八二年「中華民國茶藝協會」成立後，首要工作就是出版《中華茶藝》雜誌，舉辦茶藝座談會、茶藝講座及培養茶藝師的工作。一九八九年，第一張茶藝師證書由中華民國茶文化學會頒發給前往德國的陳先生；一九九八年中華茶文化學會在北京頒發茶藝證書給鄭春瑛、李靖等三十二位老師，茶藝師頒證於是展開。二〇〇〇年，北京市外事職高職業培訓中心首度舉辦茶藝師培訓，並作認證鑑定考試，考試及格者由國家社會勞動保障部發給「茶藝師」證書。

（六）茶藝學的構建

由於茶藝已經融入一般人的生活中，並改變了人們對於事物的觀念和看法，有必要將茶藝發展的軌跡做有系統的歸納、分析和整理，作為繼續提升和發展的參考依據。於是，構建「茶藝學」這門學科成為必要和應該做的課題。

一九九七年，在北京市外事職高決定設置茶藝專業的時候，課程的設

置和教材的編寫也就成為迫切的工作。二〇〇〇年《茶藝學》及《中華茶藝學》分別在臺灣和中國大陸出版，這是茶藝發展史上第一本對茶藝下定義、立界說，提出茶藝理論和實踐的參考書，也為「茶藝學」的構建奠定基礎。

所謂「茶藝學」，簡單的定義，就是研究茶的科學。即針對茶的植物特徵和文化特徵加以綜合性的研究。對茶的物質功能、操作藝術和品茗意境加以論述，並強調茶的多樣性和品味的差異性等的人文特色。因此，茶藝學講究的是物質和精神的統一，形式和內容的融合。茶藝學是一門新興的學科，包含有知、情、意的部分，是綜合的學科，也是整合的科學。

二　婁子匡先生是茶藝的開拓者、奠基人

一九八六年四月二十九日婁子匡先生接受採訪時說：「我在大陸的時候就研究中國民俗，到臺灣之後依然研究這方面。不過來臺後，我先研究烹飪，我寫的第一本就是有關茶⋯⋯。」[3]婁先生於七〇年代初期從事餐飲民俗研究，成立「饕餮餐飲中心」，並專心探討民間飲料，成立「味茶小集」，舉辦茶的藝術生活享受，連續辦了十多次的「味茶小集」活動，出版《味茶小集》茶文化刊物十期，共八十個版面，結合了一百多位的茶侶，其中有日本人、韓國人、美國人、德國人、南非人，多數是中國人，有從事茶業的人，有對茶做學術研究的人，也有的是愛茶人。「味茶小集」較常集會的地方和較重要的幾次活動如下列：

（一）中國茶館。位於臺北市中山北路二段七十七巷，一九七四年設立，婁先生和茶侶十五人，在此地味茶三次，以品凍頂茶為主，他認為達到市場半發酵茶的體味高峰。收藏家徐瀛洲邸宅。徐氏出示多年收藏的茶具。這次味茶不盡是滿足了啜苦咽甘，尋香辨色的味覺、嗅覺藝術享受，而且在視覺上欣賞了唐、宋以來的藝術茶具。

（二）臺灣茶業改良場，品嚐新品種茶葉。由吳場長提供一九七六年二

3　詳見《中華民國茶藝協會會刊》第 28 期，收錄在〈中華茶人採訪錄〉，頁 272。

月四日立春前新製的綠茶項目，當天味茶，茶侶品嚐到茶改場的佳茗，其樂也融融。

（三）一九七九年二月味茶，徐瀛洲氏提供唐朝邢州窯、越州窯的碾茶碗，北宋建窯的蠟面茶碗、明代宜興窯的茶壺，有時大彬、李仲芳、陳曼生、逸公等壺藝大師的作品。

（四）一九八〇年八月，世界第一屆國際漢學會議在臺北舉行，婁先生提出「中國飲食民俗的研究」，話題談到中國茶藝文化的微妙處，外國學者們興趣濃厚，於是婁先生邀請與會學者們到「西門茶館」去品茶，參加的學人有：毛子水、戴炎輝、喬健、芮逸夫、潘維和、戴東雄等先生，規格之高，可見一斑。

（五）提倡中、日、韓茶藝文化交流：

一九八二年一月十一日，邀請「韓國茶人會」茶人來臺灣交流，由漢城市茶人會會長鄭承娟女士為團長，隨團茶人有：金明培、徐詳源、李秀雄、釋性愚、奇香鮮、姜慶慈、姜慶韶、吳惠瓊、梁淑義、李永玉、魚敬子等。這是韓國茶人首次應邀來臺灣交流訪問，此次交流可謂影響深遠。

婁子匡先生所推動的「味茶小集」，不論他是以中國民俗學會理事長或是中華學術院民俗研究所所長，還是饕餮餐飲中心味茶小集的發起人來從事茶藝文化的活動，都能引起社會大眾的重視和推崇，婁子匡先生可以說是茶藝的開創人、拓荒者，也是奠基人。

三　婁子匡先生是茶人的典範

「茶人」是以茶文化的「和平」、「敬謹」、「清廉」、「寂靜」為立身處世的準則，效法柔嫩、純真、先苦後甘、犧牲寬容的茶的精神的人。「茶人」也就是在長期的喝茶、品茶的典範薰陶下，培養出理性的思考、沈著的修養、堅毅的精神和正義的行為，具備這四種精神、風範的人。[4]

4　詳見范增平《臺灣茶藝觀》（臺北：萬卷樓圖書公司，2003 年 3 月），頁 3-8。

　　婁先生是民俗學家，自其來臺數十年中，積極關心參與和推動的事業，有很大一部分是「茶藝」，而茶藝也是最顯著有成效的部分。茶藝已是一種行業、一種事業，列入「國家職業大典」內。茶藝館已是普通名詞，從臺灣發展到港、澳、東南亞、日本、韓國、中國大陸、歐洲、美州乃至世界各地。茶藝師已經是一種職稱，由國家舉辦考試認證。茶藝學已經成為一門學科，列入正式的教育體制內講授。這些成果無疑與婁子匡先生在一九七〇年代，編印陸廷燦《續茶經》、成立「味茶小集」茶文化活動、出版「味茶小集」、「中國茶藝」印刷品、書籍，提倡「中、日、韓茶藝文化交流」等等和其他有關茶的作為，有直接和間接的影響。無論是一九七四年李友然先生較早開設的「中國茶館」，一九七八年鍾溪岸先生的「中國功夫茶館」，王仁隆先生的「西門茶館」，以及李瑞河先生設立的「陸羽茶藝中心」等等，都是在婁先生積極和活動的結果下而顯得生氣盎然。在鼓勵茶侶們開設經營茶藝館時，婁先生表現理性、沈著的修養令人佩服，例如，他說：「開茶館要有經濟效益，但不能價格太高，要顧慮到大眾的接受能力。在一九七〇年，當時擔任臺灣區製茶公會總幹事的林馥泉先生來找他說：「茶菁一公斤只賣五元，這種價格茶農哪願種茶？咖啡館盛行，再這樣下去不行了，茶會被咖啡打倒，臺灣的茶園都荒蕪了，沒人願意去整理茶園，怎麼辦？」婁先生回答林總幹事說：「放心！我們中國人是喝茶的民族，咖啡是不可能取代茶的；但，重要的是該如何做呢？不能只講空話，必須立刻行動，以後任何會議都要喝茶。」這也是婁先生隨即成立「味茶小集」的主要原因，這是在一九七四年的事。現在喝茶的風氣已經風行整個社會，茶農的生活是農業人口中較富裕的一群，茶商已經有上市公司，茶業發展到今天這樣的天下，我們不能忘記當時婁子匡先生適時的挺身而出、以堅毅的態度支持林總幹事力挽衰退的臺灣茶業的往事。

　　婁子匡先生數十年來隱寓於臺灣臺北市外雙溪畔，他的名望蜚聲國際，是中國民俗學會理事長、中華學術院民俗研究所所長、饕饕餐飲中心「味茶小集」發起人，國寶級的民俗學家，有很高的頭銜和名聲。但是他的生活是清貧的，他的寓所所在，雖然是令人嚮往的外雙溪畔；但是，真正的居住環

境是簡陋的。雖然，我不常去拜訪他；然而，每次見到婁老，都是噙著眼淚
的興奮，興奮的是婁老的健在、健談、熱心和熱愛生活；噙著眼淚是看到婁
老生活的清貧、環境的簡陋。在臺灣，婁老的生活只能算是最低標準；相較
於幾次拜訪寓居北京師範大學紅樓的鍾敬文先生，那種感覺真的是有天壤之
別，同時代的國寶，不同的際遇，在現實生活上有如此的不同，是什麼因素
使然？難道是從事民俗研究的結果嗎？還好，婁子匡先生與茶結了緣，能體
驗苦甘與甘苦。

　　驚聞婁子匡先生於二〇〇五年八月五日仙逝，不勝唏噓！一位百歲老人
前半生在中國大陸我不清楚；後半生在臺灣，有三十幾年我是較了解的。這
個社會對一位老人，一位享有名望的老人，在他生前的時候人情味似乎對他
太薄了，太不夠厚道了，由於個人能力實在有限，期待有關單位，尤其是政
府方面，多一點關心！照顧曾經默默為國家、社會貢獻的學者。如今，往者
已矣！只有希望對於他的後事、一生經歷敬謹看待，我們能為婁老做些什
麼？我這篇不像論文的論文是否能夠突顯這個問題？議論這些現象？

別具一格的建樹

——試論婁子匡在中國民俗學出版史上的卓越貢獻

山　民（王善民）

北京《民間文化論壇》

摘要

　　作為一個跨世紀的民俗學者，婁子匡在專業領域的研究方面無疑是多有建樹。但從中國現代民俗學史的角度，他近八十年在民俗學出版方面的活動，似乎更應該引起我們的關注。這些活動對中國現代民俗學發展所起的作用，不應只看作是給民俗學者提供了發表成果的園地；我們還應看到，出版活動本身也是在參與知識的生產與再生產，即團結、引導、組織學者進行學術創造活動。在這個意義上，婁子匡對中國現代民俗學所做的貢獻，稱之為卓越當不為過。

關鍵詞：婁子匡；中國現代民俗學史；民俗學出版

　　回顧現代意義上的中國民俗學史，可以看到一天璀璨的星斗，如胡適、周作人、劉半農、常惠、趙景深、顧頡剛、江紹原、黃石、鄭振鐸、容肇祖、楊成志、鍾敬文、婁子匡、林惠祥、董作賓、楊堃等等。但他們中將民俗學作為專門事業終身經營的，則惟有鍾敬文、婁子匡二位。前者作為中國現代民俗學的奠基人，已贏得了國內外的盛譽，當代民俗學界對他的研究也取得了頗為豐碩的成果；而後者，所得到的關注顯然還不夠，尤其他在民俗學著作的出版方面所做的獨特貢獻，還沒有被給予充分的研究和評價。

一

　　當代學者給「出版」一詞的定義是：用文字、圖畫、聲音或其他符號表述精神內容，通過印刷或非印刷的方式複製在可供攜帶的載體上向公眾傳播。而對出版與科學研究的關係，一般認為：科學研究的過程是知識的生產、收集、檢驗、修改、資訊傳播、綜合、講授、應用的過程，出版的功能就是參與完成其中的兩個環節──「綜合資訊和傳播資訊」。有的學者則認為，出版活動從一開始，就不僅承認知識的收集與傳播，出版本身也是在參與知識的生產或者再生產。無論對出版的認識有什麼樣的分歧，從某種意義說，中國現代民俗學運動正是從出版開始的。

　　一九一八年在蔡元培校長的支持下，劉復、沈尹默、錢玄同、沈兼士等共同發起北大歌謠徵集運動，二月一日〈北京大學徵集全國近世歌謠簡章〉在《北京大學日刊》發布。此後，徵集到的歌謠及相關文章陸續在《北京大學日刊》發表。就是這次歌謠的組稿、編輯、發表（出版）活動拉開了中國現代民俗學發展史的大幕。

　　一九二一年，上海商務印書館出版的《婦女雜誌》月刊，從第七卷一月號起，開闢「民間文學」和「風俗調查」兩個專欄，「把發端於北京大學的剛剛發起之歌謠徵集活動引向『民間文學』和『風俗調查』之方向，並納入

民俗學範疇。」[1]

一九二〇年十二月十五日《北京大學日刊》發表啟事〈發表歌謠研究會徵求會員〉，徵求北大歌謠研究會會員。

一九二二年十二月十七日北大歌謠研究會的刊物《歌謠週刊》創刊。在編輯此刊的過程中，學者們又成立了「風俗調查會」。

從上面的回顧可以看到，包括籌畫、組稿、編輯、發表在內的出版活動在中國民俗學開創之初所起的作用是關鍵性。其中《歌謠週刊》連同增刊在內一共出版了九十八期，應該說是中國民俗學研究的第一次大發動，也是中國民俗知識的一次大集結。從出版學的角度說，則是民俗學資訊的綜合與傳播。

接下來，一九二六年，廈門大學風俗調查會成立；一九二七年，《廈門大學國學研究週刊》創刊，徵求風俗物品，發表〈風俗調查計畫書〉；一九二七年，中山大學民俗學會成立，《民間文藝》週刊創刊，次年改為《民俗週刊》。《民俗週刊》共出刊一二三期，刊出民間故事一八〇多篇，傳說一一二篇，風俗一三〇則，研究言語章三百多篇，另外還出版了一些民俗專號。緊接著還編輯出版了一大批民俗學專著。

北京、廈門、廣州三地相繼開展的民俗學出版活動給中國知識界乃至廣大民眾的影響無疑是十分巨大的。它的作用已遠遠超越了民俗學資訊的整理、保存和傳播，更讓國人了解了民俗學研究於國家於民族的重要性，號召有識之士投身到這一領域中來。參與這一時期編輯出版活動的許多人士後來都成為我國知名的民俗學者，其中就包括婁子匡先生。因此我們說，出版活動對作為學科意義上的中國現代民俗學的誕生所起的作用，無論怎麼評價都不為過。

---

[1]　田曉岫《中國民俗學概論》（北京：華夏出版社，2003），頁95。

二

　　婁子匡先生是在民俗學出版活動的引領下走到民俗學研究中來。一九二八年，初三學生婁子匡的第一本民俗學著作《紹興歌謠》，作為中山大學民俗學叢書之一問世。婁子匡因此認識了比他大兩歲的鍾敬文，在鍾先生的引領下，從此開始了他近八十年的民俗學生涯。

　　婁子匡對中國民俗學的貢獻固然是多方面的，比如他的個人研究成果僅專著就近四十部，涉獵十分廣泛。他的論文如〈中國民俗學運動的昨夜和今晨〉更成為治中國現代民俗學史者不可不讀之作。但是，正如劉錫誠先生所論：「婁子匡是杭州中國民俗學學會的另一個重要人物。如果說，在杭州民俗學會裡，鍾敬文是理論家，那麼，婁子匡便是組織家。」「與他在民俗學理論方面的成就相比，婁子匡在開展民俗學運動、特別是辦刊物、聯繫作者、推動民間文學的搜集方面的功績，要大得多，影響也深遠得多。」[2]文本想強調的則是，婁子匡對中國民俗學的卓越貢獻在於他是中國現當代史上首屈一指的民俗學出版家。

　　「這是現代中國相對而言較為安定的時段。剛起步的民俗學界正風起雲湧、朝氣蓬勃，婁子匡則年輕力強縱身以赴，有了不錯的成果。除了出書、撰寫學術論文之外，他還（與其師鍾敬文）出版了《民俗學集鐫》叢刊（第二輯）、《寧波歌謠》叢書；協辦《民間月刊》雜誌；合組杭州民俗學會，合組杭州中國民俗學會；主辦杭州中國民俗學會寧波分會，出版《民俗旬刊》、《歌謠謎語故事週刊》（附於《寧波日報》；主編杭州中國民俗學會《民俗週刊》（附於《東南日報》）；主編《婦女與兒童》民俗學專號；與歐美民俗學者交往等。」[3]這是郭英三對婁子匡學術生涯的第一個十年，即一九二七年至一九三七年間學術活動的綜述，另外還有，一九三二年，「婁

2　劉錫誠〈中國民間文藝學史上的民俗學派〉，《湖北民族學院學報（哲學社會科學版）》2004年第1期（湖北恩施，2004年2月），頁29-30。

3　郭英三〈婁子匡對民俗學術的終身經營〉，《民間文化論壇》200年第1期（北京，2005年2月），頁97。

子匡在當時缺人缺錢的情況下，主導擴充民俗作品的發表園地。他奔走運籌，讓中國民俗學會一口氣和杭州、寧波、廈門、平湖、福州、漳州、柳州等七處當地報社簽約，使這七地的民俗學會頓時都具備了擁有廣大讀者群的機關刊物——《民俗週刊》。[4]當然，此間婁子匡還發表了十餘篇論文，出版了四部專著，其中論文〈中國民俗學運動的昨夜與今晨〉和專著《中國新年風俗志》都成為中國民俗學傳世之作。但不難看出，這一階段他對中國民俗學的最重要的貢獻，是他所獨立或參與完成的民俗學出版活動。

　　對中國現代民俗學史的分期，學者們有多種看法，其中有的學者以為，「1918-1925年即北大時期為民俗學運動的發展階段，1927-1933年即中大時期為民俗學的發展階段，1929-1937年為民俗學的擴大傳播時期」。[5]如果按這種分法，婁子匡學術活動的第一個十年即1927-1937年，恰恰跨越了中國現代民俗學史的第二、第三階段。這兩個階段，整個中國民俗學界的學術活動不外三個方面；一是學術組織的建立，實即民俗學人才的發動和培養；二是民俗學研究的展開；三是民俗學田野資料的搜集整理。這三個方面，哪一方面都離不開民俗出版活動的支持。有了出版活動，才能更廣泛地宣傳民俗學研究的意義，才能召喚和培養更多的人投身到這項事業中來；有了出版活動，田野調查和案頭研究的成果才能有機會發表到社會上去。更何況出版工作不僅僅是消極的、被動的複製和傳播。不管是辦刊還是出書的策劃工作，從某種意識上說，都是參與某個學科的整體發展的策劃，也就是直接參與了學科知識的生產。從這個意義上說，一個好的出版家，在文化創造、文化積累、文化傳播、文化導航四個方面都能實現自己的價值。說到這裡，再看婁子匡學術生活的第一個十年在中國現代民俗學史上的價值也就十分清楚了。

4　郭英三〈婁子匡對民俗學術的終身經營〉，《民間文化論壇》200年第1期（北京，2005年2月），頁98。

5　參見趙世瑜：《眼光向下的革命》（北京：北京師範大學出版社，1999年），頁19。

三

　　如果我們把婁子匡學術生涯的第一個十年作為第一階段，婁子匡學術生涯的第二階段是一九三八到一九五〇年。從中國現代民俗學史看，抗日戰爭爆發之後，各地的民俗學活動許多都停頓下來。婁子匡也從杭州來到重慶。但他仍念念不忘民俗學事業。他四處奔走，找到抗戰前從事民俗學研究的同志者，在重慶恢復了中國民俗學會學會，並做了大量出版工作，為民俗學的生存和發展做了突出的貢獻：

　　1. 一九四三年十二月，通過大量工作，恢復了中國民俗學會總會後，婁子匡又利用擔任《中央日報》總務處長的條件，在《中央日報》上以四分之一的版面刊載中國民俗學會的機關刊物《風物志》。

　　2. 一九四五年日本投降後，婁子匡回到杭州，利用主辦《浙江民報》的機會，在該報開闢了兩個副刊：一個是《風物志》，專門刊載民俗學、民俗文學的短稿。另一個是《未晚隨筆》，內有「萬家燈火」專欄，雖然是以文藝的筆調寫夜晚的都市風光，但其中不乏民俗風情的作品。

　　3. 一九四九年五月，婁子匡來到臺灣。在那種惶亂不定的時局下，他仍然牽念著民俗學事業。此時，恰好有個機會，他從原發行人周莊伯手中接下了《自立晚報》。接過之後，他就「將原《浙江民報》的《未晚隨筆》副刊改以『萬家燈火』作為刊頭繼續刊行……而題以『中國民俗學會主編』的中國民俗學會的機關刊物《風物志》，仍以大版面在《自立晚報》第三版刊行。」

　　十餘年間，歷經兩次大的戰亂，三次大的遷移，從杭州到重慶再回杭州再到臺灣，這樣輾轉流離的生活，國事家事，有多少煩憂壓在心頭，可不管走到哪，婁子匡都竭盡所能地去開闢民俗學的發表、出版園地，這種九死不悔的癡情，這種百折不回的毅力令人感喟不已。而這一時期的民俗學出版工作，更有在風雨飄搖中搶救和保存民俗學火種的意義。這裡的「搶救和保存」不僅僅是指通過出版保存這一階段的研究成果，更重要的是，只有研究成果有地方出版，才能團結和促動學者們在這種動亂不定的歲月中依然忘我

地從事民俗研究工作。

四

　　婁子匡學術活動的第三個階段是一九五一年至一九八九年。這三十九年在大陸上可分為兩段，前段為一九六六年以前的十五年，特別是一九六二年以前，國家政策雖然對傳統習俗有所排斥，但對民族文化和民間文學非常關注，後兩個領域的民俗研究還算頗有成就。如一九五〇年成立中國民間文藝研究會，一九五五年創辦《民間文學》雜誌，一九五八年成立中國科學院民族研究所，甚至楊成志、潘光旦、吳文藻等還於一九五六年向國務院提交了《中國民俗學十二年遠景規劃》，其間大陸學者也有一批有價值的論文與專著產生。[6]但一九六六年爆發的「文化大革命」如一場突然襲來的暴風雨，使剛剛復甦的民俗學受到嚴重摧殘。不僅民間的傳統習俗被迫中斷，民俗學者遭受批判，民俗學研究完全停頓，更可怕的是，在那場所謂「破四舊」運動中，保存在圖書館和私人手中的一大批民俗圖書、民俗調查資料也被抄走或燒毀。這種背景下，海峽彼岸的婁子匡這一時期在民俗學出版方面的舉措也就具有了非同尋常的意義。

　　在這三十九年中，婁子匡勤於著書立說，對臺灣民俗學關注與研究尤多，僅就其問世的業已成為中國民俗學重要成果的大量論文或專著來看，已堪稱中國民俗學者中的佼佼者。但他在民俗學資料出版方面對中國民俗學乃至世界民俗學所做的貢獻，比之於其個人研究還是要大得多。

　　從郭英三〈婁子匡對民俗學術的終身經營〉一文看，婁子匡這一階段有關民俗出版的活動有二：

　　1. 六〇年代末，婁子匡有鑒於大量中國民俗學論著找尋不易，為了滿足中外民俗學者研究材料的需要，從一九七〇年起，費盡千辛萬苦搜集，運用其所有的東方文化供應社與東方文化書局，先後影印了許多民俗文本。犖犖

6　參看田曉岫《中國民俗學概論》（北京：華夏出版社，2003），頁117-121。

大者有：（一）國立北京大學民俗學會叢收二二〇種。（二）廣州中山大學民俗學會叢書三十三冊。（三）大陸二、三十年代民俗期刊五十種。

　2. 為了方便外國人士了解亞州地區的民俗，婁子匡聽從好友德裔美國人艾伯華教授的建議，和艾氏合作出版以外文書寫為主、探討亞州社會民俗文化的專書型雜誌──《亞州民俗・社會生活》。從一九六八年起，總共出版了民俗專三九〇輯，對外民俗學術的交流影響深遠。

　前者是大陸爆發文化大革命的背景下，旨在搶救和保存中國現代民俗學史上數不清的學者共同生產的民俗資料；後者旨在對外文化交流，將中華民族幾千年創造和積累的民俗知識和社會生活介紹到世界上去。

　由於手頭缺少相關資料，本文不能對婁子匡的民俗學出版活動作更深入的探討。

　僅從上面的論述也可以看出，作為一個跨世紀的民俗學者，婁子匡雖然在個人研究方面也是著作等身，多有建樹，但從中國現代民俗學史的角度，我們更應該關注他在近八十年的時間裡，在創辦民俗學的雜誌，經營民俗學著作的出版方面所從事的活動。這些活動對中國現代民俗學的發展所起的作用，不應只看作是給民俗學者提供了發表成果的園地，即民俗學知識的保存與傳播，同時還應看到，出版活動本身也是在參與知識的生產，即團結和引導，甚至組織學者進行學術創造活動。婁子匡在這個意義上對中國現代民俗學所做的貢獻，稱之為卓越當不為過。

婁子匡的鄭成功傳說研究

郭英三

中正大學中文研究所

摘要

　　婁子匡自一九六〇年起，突然改變研究方向，針對鄭成功的傳說，做了密集而徹底的整理；重要的論文有：〈鄭成功傳說的探討〉（1960.3）、〈鄭成功逝世傳說與世界同型故事比較研究〉（1961.3）、〈鄭成功誕生傳說之研究〉（1961.4）、〈鄭成功誕生由於非常地形傳說的研究〉（1961.9）、〈鄭國姓傳說的研究──俗文學史料拾零〉（1962.1）、〈鄭成功傳說之整理〉（1962.6）。這波整理，不僅將鄭成功傳說的研究推上史無前例的高峰，並且在方法上推陳出新。本文即分別就：婁子匡研究鄭成功傳說之動機、方法、成果、其研究之貢獻等課題加予探討，以期彰顯婁氏在鄭成功傳說研究上深具時代里程碑的意義，以及展現他在中國民俗學術史上先知先行的重要價值。

關鍵詞：婁子匡；明末英雄傳說；鄭成功傳說；國姓爺傳說

一　回顧前此婁子匡對民俗學術的研究

　　婁子匡一九四五年五月偕夫人仲有家抵達臺灣。在此之前，這位早慧抱志的民俗巨擘已在民俗學術界做出巨大貢獻。謹舉其大者，在學術研究方面：已出版過地方歌謠集和民間故事集數本、《中國新年風俗志》、《中國婚俗志》（均為其計畫中《中國民俗志》大系之一）；合編了《民俗學集鐫》叢書；以及撰寫過〈中國民俗學運動的昨夜與今晨〉、〈浙江的民間文學〉等多篇論文。在民俗刊物方面：則參與或主編過《民間月刊》、寧波《民俗旬刊》（杭州中國民俗學會寧波分會機關刊物）、《孟姜女》月刊、《風物志》（中國民俗學會機關刊物）。在社團組織方面，則先後協辦或主辦過杭州中國民俗學會、寧波中國民俗學會分會、重慶中國民俗學會、紹興旅杭同鄉會、《浙江民報》等。抵臺之後，於一九五〇年二月接辦《自立晚報》，仍秉持儘速恢復中國民俗學會運作的理念，在該報刊行中國民俗學會機關刊物《風物志》。不幸三百一十天後，因區區一百九十字的〈敬齋隨筆〉[1]觸怒蔣氏政權，被迫交出報社經營權。

　　這樣的處分，對於一位曾經成功辦報並戮力發展民俗學術的人來講，實在是極大的迫害。似乎從此他將精力轉向，放在和海外民俗同工的交流和民俗學運動史料的再整理上面。從一九五一年到一九五八年，他先後參加了三次國際東方學者會議（1951、1954、1957）以及一次中日民俗研究會（1952），一次東亞學術會議（1952），持續收集臺灣民間故事資料並發表了〈「紅米」，這有趣的課題〉（1952）、〈柳田老人會見記〉（1952）、〈臺灣閣在新宿御苑〉（1953）、〈中國人的悠閒享受──賞月〉（1957）等文。此外，又和朱介凡先生合撰了《五十年來的中國民俗文學》一書（1961.1完成）。由這些創作看來，婁子匡的民俗學術活力並沒有因政治迫害而挫減；他對鄭成功傳說的研究即緊接這個階段之後產出。

---

[1] 〈敬齋隨筆〉刊於《自立晚報》三版五欄中央一小塊地方，1950 年 11 月 17 日。主旨藉軍事名家蔣百里之識見，批「草山衰翁」蔣介石「燥暴使氣，每日均叫罵罵人」；結論為「豎子實不足語此（政治家之風度）」。

二　婁氏研究鄭成功傳說動機之探討

　　婁子匡研究過的人物傳說很多，但是對於鄭成功傳說的研究顯得特別不一樣：撰述的次數特多、時間緊湊集中、內容豐富深入。這種現象會自然引發一個問題，那就是，背後的研究動機到底如何？由於過去還沒有人專門針對這個問題提出看法，因此本節將以較大篇幅試作探討。

　　筆者統計婁子匡從一九四九年七月起，至一九七九年十二月止所發表的民俗學論文，總數約在三百八十篇以上（包括先發表在報紙專欄而後集結成書的部分，如《話說人物》、《臺灣人物傳說》；但不包含初始即以成書形式問世的各篇，如《臺灣俗文學叢話》等書在內）。經進一步檢視，發現婁氏研究鄭成功傳說集中在一個明顯的時段，謹列示如下：

01〈鄭成功傳說的探討〉

　　《文史薈刊》第2輯（1960年12月）（1960年3月完稿），頁47-69（201-223）。

02〈鄭成功逝世傳說與世界同型故事比較研究〉

　　《臺灣文獻》第12卷第1期（1961年3月27日）（1961年3月完稿），頁25-31（2999-3005）。

03〈鄭成功的儀容〉《中華日報》4版，1961年4月17日。

04〈鄭成功誕生傳說之研究〉

　　《大陸雜誌》第22卷第8期（1961年4月30日），頁22-25。

05〈永遠活在人們心裡的國姓爺〉

　　《民主憲政》第20卷第1期（1961年5月），頁14-15。

06〈鄭成功誕生由於非常地形傳說的研究〉

　　《臺南文化》第7卷第2期（1961年9月）（1961年3月4日以後撰稿），頁102-105。

07〈從民俗學看鄭成功的豐功偉績〉

　　《學宗》第2卷第3期（1961年9月），頁61-69。

08〈鄭國姓傳說的研究──俗文學史料拾零〉

《聯合報》6版，1962年1月19日。

09〈鄭成功傳說之整理〉

《臺北文獻》第1期（1962年6月30日），頁101-130。

10〈話說人物——活在人們心裡的鄭成功〉

《大華晚報》5版（1966年11月25日）。

11〈延平郡王鄭成功〉

《中央月刊》第1卷第10期（1969年8月），頁141-145。

　　從上面的列示，可以看出它們是集中在一九六○年底到一九六九年的八月之間產出的。如果再把較為簡略且內容在前此諸篇已經呈現的最後兩文不計在內，那麼婁氏從事鄭成功傳說的研究，在時段上就顯得更有特色。換句話說：所有最重要的研究成果，是在兩年四個月（1960年3月到1962年6月）中完成的。為什麼會是如此？這是一個值得釐清的重要課題，因為它必然也和婁氏研究鄭成功傳說的動機息息相關。婁氏自己所提研究鄭成功傳說的動機，最清楚的是出現在實際完稿於一九六○年三月〈鄭成功傳說的探討〉一文的「前辭」：

> 本刊（《文史薈刊》）將出南明史專號，朱鋒同志再度[2]囑為撰稿。近來適以桑潑生氏法[3]整理臺灣民間故事，因得掇拾了不少和鄭成功氏有關的民俗學的資料；更曾獲得謝雲聲、楊雲萍、黃玉齋、吳守禮、林衡道、許如中諸氏供給參考資料。同時就臺灣省、臺南市、臺北市、臺南縣各文獻委員會平時所贈之文獻中，稍加蒐集和整理，就覺得這一課題，可以從民俗學研究的觀點，來做一次試探；而且認為鄭氏傳說較之全世界所流傳的英雄故事，也是光彩閃爍，可以和他們

---

[2]　案：婁子匡前此曾在《文史薈刊》第一輯中發表〈變〉（Transformation）一文。見於婁子匡：〈變〉（Transformation），《文史薈刊》第1輯（1959年6月25日），頁11-17。

[3]　婁氏在文中次段「依照桑氏民俗文學的主要內容分類法」處自注係指「Prof. Stith Thompson, Motif Index of Folk Literature, 6 volumes. Denmark」案：即指桑潑生氏（一般譯作湯普森氏）於1932-1936年完成的六卷本《民間文學母題索引》的分類法。

（世界的英雄故事）作比較的研究，祇（案：應是「至」字誤植）少
她（鄭氏傳說）將增大國際民俗學界的視野[4]。除了替苦幹的臺南同工
們盡一點小小的義務，來寫這一篇作品以外，我想這個文化上意義，
卻是我底收穫了。

顯然婁氏的鄭成功傳說研究，是從整理臺灣民間故事這一條主脈當中，
勢有順然地（因為自己既掇拾了不少鄭氏資料，而友人同工也供給參考資
料）生出的支脈。由於之前他既未曾以桑潑生氏法研究過鄭成功傳說，而鄭
氏傳說的內涵又十分豐富精彩，縱使和世界各地流傳的英雄故事比較仍然顯
得光彩耀眼，因此「試圖用新的研究方法去研究舊材料」的誘因，以及「祇
（至）少她（鄭氏傳說）將增大國際民俗學界的視野」這種文化上的意義，
就成為婁氏從事鄭成功傳說研究的主力動機。至於這種動機的強度到底如
何？則可以用他自己的話來說明：「……文獻會要紀念這位英雄偉績，我也
感到興奮來參加，一心一意想替這位曠世英豪列入全世界的英雄們底寶座之
間，而再把他底傳說與世界同型故事作比較的研究。」[5]這段話裡的「一心一
意」所代表的強烈程度至少是不低的。

此外，婁氏之所以會去整編臺灣民間故事，是因為應西德民俗學者安臺
爾生、藍凱兩氏的邀約而做，[6]因此這兩位先生的稿約，差可算是鄭成功傳說
研究的一項遠因。事實上等到這一系列研究的首篇〈鄭成功傳說的探討〉刊
出之後，國內文獻、文史、綜合類刊物以及報社就針對相似主題向他約稿不
斷；[7]連董彥堂先生都曾在一九六二年向婁氏提及應該撰文紀念鄭成功復臺

4　婁氏於此處自注：「目今國際民俗學界，還未曾廣大的使用中國漢字寫的民間故事作
　　分析或研究。除了少數民間傳說，經外國的民俗學者譯成西文外，多半還把外人逐譯
　　的中國小說，如《封神榜》、《西遊記》、《聊齋誌異》等等認為是目下流傳在中國各
　　地的民間故事」。

5　引自婁子匡：〈鄭成功逝世傳說與世界同型故事比較研究〉，《臺灣文獻》第12卷第1
　　期（1961年3月27日），後影刊本頁2999。

6　參見〈變〉（Transformation）一文首段。

7　見諸記載的邀稿人就有：朱鋒、林崇智、林衡道、郭海鳴、廖漢臣諸人，參見〈鄭成

三百年（所成之文即是稍後四月刊於《大陸雜誌》第22卷第8期之〈鄭成功誕生傳說之研究〉）。凡此種種稿約除了也可以看做他對鄭成功傳說研究的近因之外，這種相似主題的約稿盛況不免也帶給我們一個啟示：得要去注意主題為什麼是鄭成功？

不過，以上所論列的各種動機，對於「為何婁氏對鄭成功傳說的研究，竟是出現在六○年代初始的二、三年內，而不是在其他年段？」的問題，似乎仍無法提供完整的解答。

想要解決這個問題，勢必得從另外的視角來著手：鄭成功傳說之所以會突然被婁子匡從他的一系列臺灣民間故事研究中拿出來集中處理，必然與當時臺灣的時、空環境以及鄭成功二者有密切關聯。換句話說：鄭成功斯人的功業特性及意涵，一旦能與六○年代初始時期臺灣時空環境的需求結合，就會形成一種強大誘發之因；如果再加上婁氏本身的需要或意願，那麼所結造而成的動機強度就更為足夠——足以讓婁氏暫時擱下其他項目而集中心力先從事鄭成功傳說的研究。

事實上在六○年代以前的十一、二年內，臺灣的時空環境確實曾因國民政府退守臺澎突然產生重大變化；跟著遷徙來到臺灣的婁氏當然不能免除這種影響。

婁子匡一九四九年五月到臺灣，也把他所領導的中國民俗學會移到臺灣。當時局勢倥傯，一切都因陋就簡，所以除了他短暫接手《自立晚報》期間（1950年2月1日-1950年11月17日）在該報仍舊附刊中國民俗學會的機關刊物《風物志》外，一時民俗學會並無多大「建造」。

不過在政府方面，則正劇烈地進行「改造」，以救亡圖存。一九五○年，中國國民黨開始上草山（陽明山）召開全國代表大會，除了設法恢復法統（國民大會、立法院）象徵、讓蔣介石復行視事外；還大量汰換高級

功傳說的探討〉、〈鄭成功逝世傳說與世界同型故事比較研究〉兩文。發表其論文的刊物則有《臺灣文獻》、《文史薈刊》、《臺南文化》、《大陸雜誌》、《臺北文獻》、《聯合報》、《中華日報》、《大華晚報》等。

官員，進行思想改造，企圖儘速反攻。其中因二二八事變演成的戒嚴禁錮情勢，更增加了「將臺灣與中原文化緊密掛鉤」的必要性。於是凡能泯除日本統治之影響、強固臺灣與中國不可分割的關係、宣示「反攻大陸、復國建國」的言行一律大受鼓勵。對鄭成功的研究，因此而突然成為顯學。中央研究院近代史研究所研究員陳三井，日後追述這種風潮時說：

> 提起鄭成功，在臺灣可說是個家喻戶曉的英雄人物。從小學教科書到大學歷史教材，甚至一般政論性、社教性的刊物，都把鄭成功塑造成一個「移孝作忠」、「反清復明」、「愛國保種」的民族英雄典型。當國民政府播遷來臺之初，由於標榜以臺灣作為民族復興基地；為了激勵民心士氣，鄭成功那不屈不撓、堅貞奮鬥的精神，遂成為一種政治號召和發揚學習的榜樣。而在文獻界、學術界，有關鄭成功史事的研究，更是特別興盛；其成果幾可車載斗量，真是洋洋大觀。甚至為鄭成功登陸的地點和時間發生論戰，好不熱鬧。[8]

　　風潮背後的動力如果沒有減退，那麼風行過程中若遇上適當的時機就可能達到高潮。「紀念鄭成功」這種事，除了其中鄭氏具備的復國示範能量在政府的導引下隨著時間年年累積以外，及時來到且堪足以供作擴大號召用的「三百週年」時間大整數意義，終於將紀念鄭氏的活動推向了高峰。[9]謹以當時文獻界較具代表性的《臺灣文獻》為例：一九五九年連「鄭成功北伐」這種題目就已經可以來作個「三百週年紀念」[10]；次年金門士兵在舊金城東古崗湖畔炸山採石無意間發現魯王壙誌，當然也要鄭重其事製作整號的「明監國

8　引自陳三井撰：〈赤手擎天，柱撐半壁河山──淺談臺灣對鄭成功的看法和評價〉，《國文天地》5卷11期（1990年4月），頁41。

9　當時慶祝的規模從政府到民間，是盛大而深入的，仍以文獻界為例：就連《臺灣風物》這本雜誌，都一連兩期以全冊方式刊行「鄭成功開臺三百週年紀念特輯」；並且一連多期刊載包括各地議會、各種民間社團等的慶祝廣告、郵局蓋紀念郵戳……等等消息。參見《臺灣風物》第十一卷各期。

10　參見黃玉齋：〈明鄭成功北伐三百週年紀念〉，《臺灣文獻》第10卷第1期（1959年3月27日），頁1-66。

魯王特輯」;[11]一九六一年四月二十九日適值鄭氏復臺三百週年,其出版者臺灣省文獻委員會不僅「為仰慕其孤忠偉績,並宏揚其革命精神起見」,先於三月四日盛大召開紀念座談會;而且於三月二十七日出刊整冊「鄭成功復臺三百週年紀念特輯」。[12]顯然,在特定目的運作之下,鄭成功斯人的功業特性及意涵,很清楚地是被運用來與當時臺灣時空環境的需求緊密結合的。這種風潮,就從事民俗學研究的婁子匡而言,當然不容易也不可能一直置身於事外。

　　進一步來講:如果婁氏個人的意願與企圖不大,他大可也像撰述其他人物一樣只寫一、二篇[13]。可是對於鄭成功,他卻連連創作十幾篇,而且分別在多家刊物刊出。婁氏的意願與企圖似乎不小。除了前述的「試圖以新方法作研究」、「擴大國際民俗學界的視野」以及「時空環境的需求」等動機之外,似乎還需要添補一點其他因素纔能對「意願與企圖心」這部分動機給出比較圓滿的交代。

　　一九五○年十一月十七日婁子匡因為擔任社長的《自立晚報》登載〈敬齋隨筆〉而賈禍;不僅立即被迫交出經營權,也被認為思想上有偏差問題。如果拿抗日戰爭期間,身膺中國國民黨駐浙江省辦事處主任、重慶中央日報總務處長且官拜文職少將[14]的輝煌地位與忠藎形象來比較,就可以體會在當日白色恐怖的時空下,他確實有表態以示忠貞的必要。於是當政府企圖鼓動鄭成功熱潮的時刻,擔任中國民俗學會會長的他,實在不無藉此機緣熱烈切入以呈顯自己思想正確性的可能。由於白色恐怖的延續,婁子匡類似這

---

[11] 參見莊金德、毛一波、廖漢臣、陳漢光、黃玉齋等人:「明監國魯王特輯」,《臺灣文獻》第10卷第1期(1959年3月27日),全冊。

[12] 以上引號內引文、紀念座談會等資料,並參見《臺灣文獻》第12卷第1期(1961年3月27日),頁159。案:參與座談會的學者專家,有簽到的就有四十五位;婁子匡係二十三位簽到者。「紀念特輯」,則為《臺灣文獻》第12卷第1期全冊。

[13] 例如:〈臺澎人物傳〉記述六十六位人物;一人一篇。參見《臺北文獻》直字第6、7、8期合刊,頁1-199。

[14] 引自陳益源撰:《民間文化圖像──臺灣民間文學論集》(廣西南寧:廣西民族出版社,2001年),頁198。

種與政策同調、支持政府觀點、明顯強調臺灣文化來自大陸、兩岸一體密切勾連的論述也跟著持續增多；[15]一直到一九六五年他與許長樂先生替臺灣省政府新聞處編寫《臺灣民俗源流》一書的時候，可以說是達到一個相當的熱度；[16]此後才逐漸降低。如果以時間為縱軸、熱度為橫軸，畫出這種熱度曲線，那麼婁氏的大力研究鄭成功傳說正是位在這條曲線的高峰處；這或許也可以供作支持「因婁氏本身的需要或意願正與當時臺灣時空環境的需求相結合」這種研究動機的一個旁證。

三　婁子匡對鄭成功傳說的研究

　　婁子匡對鄭成功傳說的研究，並非一蹴而就；而是在多方蒐集，貯積相當多資料以後，先作一次全面性的初步探討；再分別針對其中的重要課題一一進一步研究；最後纔總合而大成。不過在上述的十一篇論文當中，扣除內容近似者以及因刊物性質而導致簡說淺談者以外，真正值得憑以探討婁氏對鄭成功傳說的研究的，共有六篇。因此本文的探討，也將以時間[17]為綱，這六篇作品（連同先導階段的〈變〉一文共七篇）為材料，依次進行，以期能呈顯其發展脈絡，進而掌握其研究的完整成果

---

[15]　事實上，這在當時是十分普遍的現象，例如：毛一波的〈臺灣故事傳說與大陸〉一文，旨意與作用即均相當近似。參見《臺灣風物》第10卷第1期（1960年1月1日），頁3-5。

[16]　參見：婁子匡、許長樂合撰：《臺灣民俗源流》（臺灣：臺灣省政府新聞處，1971年），再版，頁1〈再版序言〉、頁3-4〈原序〉、頁75-77〈後記〉等處。

[17]　各篇論文的時間認定上：由於當時各家期刊、報紙自獲稿至刊出的消化稿件的期間長短不一，差異極大；為求掌握論文完成的先後，凡經查明其完稿確切時間者，一律優先採用完稿時間並加註明；若是無法查明其完稿確切時間者，則使用刊出時間。下文均同。

（一）研究鄭成功傳說前的先導階段：約一九五八年十月以前[18]

婁子匡一九五八年十月完稿的〈變〉一文，開頭有這樣地說明：

> 臺灣文史協會要發鑴文史薈刊，朱鋒同工一再來信囑撰文應徵。適以近膺西德民俗學者安臺爾生、藍凱兩氏之約，整編臺灣部分民間故事，因以桑潑生氏[19]分類法（Motif Index of Folk Literature, by Prof. Stith Thompson）[20]，試探「變」這有關民俗學課題，並就教於研治臺灣民俗的同工和文史同文們！

在這篇論文中，他探討了臺灣民談所蘊蓄「變」的故事的六種類型。其中「人變神」與「星、神、仙變人或變物」兩類，都和鄭成功傳說有母題（motif）上的相涉關係；已替鄭成功傳說成分的母題歸類做出了先期準備。

（二）撰寫〈鄭成功傳說的探討〉一文的階段：約一九六○年三月（完稿時間）以前

1 撰述緣起

寫作本文之前，婁子匡已經掇拾了不少和鄭成功有關的資料。由於臺南市的《文史薈刊》將於第二輯[21]出版「南明史專號」，主編朱鋒再度約稿；他覺得鄭成功傳說這個課題可以從民俗學的觀點，來作一次試探，所以就以桑潑生氏《民間文學母題索引》的分類法著手研究。

---

[18] 以〈變〉一文脫稿之時間為準。參見婁子匡撰：〈變〉，《文史薈刊》第一輯（1959年6月25日），頁9。

[19] 一般譯為斯蒂斯·湯普森。參見劉魁立著：《劉魁立民俗學論集》（上海：上海文藝出版社，1998年），頁363。

[20] 案：婁氏所使用者係六卷本，丹麥出版。參見婁子匡：〈鄭成功傳說的探討〉注2。

[21] 第二輯刊於1960年12月。

2 研究方法

（1）依照當時國際確認的分類的範疇，從事蒐集口述的、文獻上的流傳在日本、福建、臺灣的鄭成功傳說資料。[22]

（2）婁氏認為鄭成功傳說大部分內容和世界流傳的「教化英雄」或是「非凡人物」的故事或傳說雷同。在和桑潑氏《民間文獻母題索引》對照之後，認為鄭成功傳說涉及書中F章「傳奇」類的：「非凡人物」（F500-599）[23]、「非常權力」（F600-699）、「非常地域與物件」（F700-899）、「非常事件」（F900-1099）諸類目。另外因為鄭氏又可視為教化英雄，所以還要增加有關「英雄的由來、養育、特性、儀容、所建安寧秩序、離去」等等探討項目。[24]

（3）最後婁氏將鄭成功傳說的內容區分為九個大項目：誕生、養育、特性、儀容、非常權力、非常地域與物件、非常事件、非常的殞滅、永恆的存在，加以探討。[25]

3 研究成果

在「誕生」類方面：

婁氏歸納鄭成功誕生的各種傳說之後，認為鄭氏誕生於非常地形、曾祖母葬於非常墓穴、誕生前的天變異象及海中出現神異巨物、誕生之時香氣漫布、有金鼓之聲、鄭母夢得大魚衝懷、分娩於海濱巨石旁、繫東海長鯨轉世投胎等內容，這些成分可歸屬於「誕生的概念」（T500）這個大類，以及「教化英雄的由來」（A510）類母題。

不過這種歸類的說法或許是值得再討論的；主要的癥結乃在：它既籠

---

22 參見《文史薈刊》第二輯，頁47、頁63。

23 括號中的英文字母及數字：係指桑潑氏《民間文學母題索引》裡的母題分類及代號，下文同。

24 參見《文史薈刊》第二輯，頁47。

25 參見《文史薈刊》第二輯，頁47-48。

統又無法周延。籠統的是：「誕生的概念」（T500）是個大類；無法周延的是：婁子匡此處提到了和鄭成功誕生有關的地形、風水等傳說成分，但對於它們的歸類，並無進一步清楚處理。換句話說：若是要將它們擺在其他地方再作歸類處理，則這裡似應先加說明比較適宜（事實上，婁氏是將他們放在「非常地域」的部分）。至於本類（「誕生」類）地形、風水以外的其他傳說成分，則婁氏雖然沒有詳列母題的歸類，但是經筆者比對其說法，仍然可以清楚地看出下述三種婁氏母題歸屬的想法：

鄭氏誕生前的非常天變（金鼓聲、香氣通衢；或天昏地暗、雨箭風刀）這些成分符合桑氏書「天變中英雄出世（非常的自然現象發生在英雄誕生之時）」[26]（F960.1.2）的母題概念。

鄭母疼絞略定睡去，夢大魚衝入懷中，驚倒醒來遂產。這成分屬於桑氏書「經過夢的誕生（夢裡生子的觀念）（T516）母題。黃檗寺隱元禪師謂鄭成功乃「東海長鯨」投胎。這成分符合桑氏書「鯨魚投胎（投胎觀念）」（T525）母題。[27]

在「養育」類方面：

婁氏探討了相關資料後，認定如下：

鄭成功七歲以前由母親在日撫養，學劍尚武；回國以後十一歲在書塾讀書；十五歲補南安縣學生員；二十二歲受唐王賜劍賜國姓。婁氏認為：這些成分與桑氏書比較，雖都在「英雄的撫養（英雄的養育）」（A511.2）和「英雄的教育」（A511.3）等母題範圍內，「但似乎缺少一些傳奇性的說法，例如：英雄係由老虎撫養之大（A511.2.2.2）、英雄係由教母所教育（A511.3.2）等等」。[28]

婁氏接著說：「或是我蒐集關於這一項的鄭氏傳說不夠充分，祇有日後再作補充了。」案：事實上日後婁氏仍然無法從鄭成功傳說中的「教育」方

---

[26] 「」的類名係婁氏之概譯，使用在正文中；（　）的類名則是婁氏依照外文的義譯，使用在文末的鄭氏傳說母題索引（頁63-66）當中。以下均同。

[27] 參見《文史薈刊》第二輯，頁48-49。

[28] 參見《文史薈刊》第二輯，頁50。

面的材料擷取任何奇怪成分以更符合這兩母題的概念。這並不是婁氏的資料蒐集做得不夠好；而是傳統對中國儒生之撫養教育本就有一套嚴謹的程式與理念規範，實在不容易出現太過怪奇的情節單元。換句話說：癥結在於中國傳統社會文化的質性與西方世界不同所致。

在「特性」類方面：

婁氏探討了相關資料後，認定如下：

鄭成功被認為具備海獅、鯨魚、鱷魚、千里駒等的優良特性能力，這些成分符合桑氏書中「像非常動物的特性（英雄底特性似優良動物的）」（A522）母題。

但是鄭成功被比擬成諸葛亮、郭子儀、岳飛等賢良忠臣，桑氏書中並無這方面的母題。婁氏因此認為可在桑氏書中增列「像別的非常英雄的特性」母題。此外，在傳說中又曾敘說鄭成功的「聰敏不群」、「勇而知、順而義」、「忠孝像母、謀略似父」、「忠貞義節、正氣磅礴」；桑氏書也沒列出這方面的母題。婁子匡因此認為也可在桑氏書中增列「具備各種優良的特性」母題。[29] 從這些主張看來，在「特性」類方面，婁氏是有「增列『像別的非常英雄的特性』、『具備各種優良的特性』等母題」的創見的。

在「儀容」類方面：

在婁氏探討了相關資料後，認定如下：

桑氏書中「非凡人物的容貌和體質」（F500）這一大項裡，所設列的母題，大都帶有渲染誇飾的成分，「例如稱非凡人物有著六頭、十二眼、百隻手、銅身、鐵體之類」[30]；因而鄭氏在傳說中被形容為「偉貌、骨格非凡、聲宏、像英物、像奇男子、丰采掩映、奕奕耀人、臉呈蛋圓型、眼細、眼角嘴角向上、鼻狹長、唇不厚、秀眉短鬢、似安靜美男子」等等的特徵、特質成分，顯然無法在桑氏書中揖相符或近似的母題。婁氏認為不是濃眉大眼的「細眼秀眉美男子」，照樣可以成為非凡人物。因此，鄭成功傳說可提供增補

---

29 參見《文史薈刊》第二輯，頁50-51。
30 參見《文史薈刊》第二輯，頁52。

桑氏書中欠缺的這方面的母題種類。[31] 這一點也是婁氏的創見。

在「非常權力」類方面：

婁氏探討了六種關於鄭氏非常威力、非常權力的傳說資料後，認定如下：

鄭氏炮彈打不中、遇難不死的成分，應該屬於桑氏書「（英雄遇難不死）[32]」（M341.2.18.1）母題。

淺水區域竟得進艦的成分，可以屬於桑氏書「（神是助手）」（N817）母題。並且剛好可以增補「King vainly forbids tide to rise[33]」（L414）、「Army drowned by incoming tide」（N339.7）兩種反面型母題。

怒平海孽，可屬於桑氏書「Culture hero overcomes monster（英雄平怪孽）」（A530.1）母題；也可視為「Cannibal breaks wind as means of attack（吃人魔掀起狂風作戰）」（G93）母題。

驅荷威力使荷軍驚慌失措，可以屬於桑氏書「Cowardly fool fright（懦夫的惶恐）」（J2600-2649），但更比較近似於「Things thought to be devils, ghosts, etc.（物事[34]想作魔與鬼）」（J1780）母題。而鄭軍勇猛無比，則又可屬於「Extraordinary companions（非常的伙伴）」（F601）、「Tames persons and things（馴服人們和事務）」（F618）、「Marelous withstanders（令人驚異的抗拒者）」（F685）等母題。

鄭氏劍插地而成井，可屬於桑氏書「Mighty digger（大力的掘地者）」（F628）母題。而玉帶、黑旗，得自天賜，應屬於桑氏書「Gifts from fairy, deity（仙人給的贈物）」（F340）母題。至於平濤與馴蕃也可屬於桑氏書

---

[31] 參見《文史薈刊》第二輯，頁52。

[32] 婁氏在敘述時，於此處並無寫出概譯的母題名稱；此處之母題類名係引自文末在整理的鄭氏傳說母題索引（頁63-66），故加上夾註號。

[33] 此處婁氏沒有寫出概譯的中文母題名稱，故依其原文狀態引列外文名稱。下文均同。

[34] 案：物事二字恐有誤植或誤譯。鄙見以為：things於此處似應譯為「人們」，可用以指受憐憫的、受責備的、受讚揚的人們等等。

「Tames persons and things（馴服人們和事物）」（F618）母題。[35]

在「非常地域與物件」類方面：

婁氏探討了相關資料後，認定如下：

石井鄉「五馬朝江一馬回」、朱熹命石匠於石井鄉鄉西鶴形石上刻「海上視師」、鄭氏祖母保葬米籃中等三項成分，可以分屬桑氏書「Origin of culture hero（英雄的由來）」（A510）、「Extraordinary rock and stone（非常的岩與石）」（F800）、「Exraordinary field（非常的場地）」（F885）諸母題。但緊接著婁子匡指出：這些成分同時帶有的「地靈所鐘、龍勢飛騰、天下龍穴、旗鼓掩映、劍印左右、案堂天成」等等中國傳統堪輿風水說法的成分，乃是桑氏書所無的概念；所以可提供桑氏書增列這方面的母題。這一點是婁氏注意到本國文化的特質而指出的創見，十分可貴。

另外，婁氏還提到：桑氏書的「Land of plenty, yields every thing to heart's desire（擁有心裡需要的任何東西的地方）」（F710）母題為「這個地域擁有他所切需的任何東西」，他認為在鄭氏的傳說中，臺灣供給了大部分鄭成功所切需的東西，所以臺灣地域也可符合這個母題。

在「非常物件」方面：

刀、弓、箭、旗等的傳說成分，符合「Extraordinary weapons（非常的武器）」（F830）母題。玉帶則屬於「Fairies with belt（仙人的帶子）」（F236.3）。玉印近似「Quest for unknown magic words（奇異的文字的探索）」（H1382.1）母題。軍糧來自岩穴中的「穀倉」，屬於「Extraordinary cave（非常的洞穴）（F757）母題。超級巨木，則可供擴大桑潑氏「Nymphs of paradise（樂境的神樹）」（F499.2）的母題。水泉則將屬於「Magic fountain（奇異的水泉）」（D925）〔案：此處「Magic fountain（奇異的水泉）」（D925）類母題，在桑氏書中的編號應該是D952〕。[36]

在「非常事件」類方面：

---

[35] 以上部分請參見《文史薈刊》第二輯，頁52-55。

[36] 以上部分請參見《文史薈刊》第二輯，頁55-57。

婁氏探討了相關資料後，認定如下：

焚儒衣的成分符合「Oath taken before image（造像之前立誓）」（H251.3.5）類母題、「Vow to live and die with the king（立誓與帝王同存亡）（M161.3）、「Oath on sacred objcet（神聖的發誓）」（M114）等三個母題；又恰與「Vow not to change clothes till certain time」（M125）母題相反。

喻石為盟、指石誓眾的成分，屬於「Swearing on a stone（喻石為誓）」（M119.5）類母題。

酷刑駭煞了荷軍：酷刑屬「Mutilation as punishment（斷肢切身是懲罰）」（Q451）的母題；割鼻則是屬於「Nose cut off as punishment for treachery（割去鼻子是對反叛者的懲罰）」（Q451.4）類母題。拉下耳朵是「Ears cut off as punishment（割下耳朵是懲罰）」（Q451.6）類母題。斬手足是屬於「Hand cut off as punishment for treachery（斬斷了手是對反叛者的懲罰）」（Q451.1.3）類母題。

石怪吐霧殺人的成分：婁氏認為這種石怪「已經成了吃人的妖精」，那就是屬於「Cannibal ogres（吃人的惡魔）」（G86.1）母題。至於吐霧殺人，則應該列在「Magic mist causes person to become lost（怪物使人失蹤）」（D1418.1）類母題。

劍沈井底的劍屬於「Extraordinary swords（非常的劍）」（F833）母題。劍光浮水的劍光則既屬「Magic swords（奇異的劍）」（D1414.4）類母題，但同時又是「Quest for sword of light（劍光的探索）」（H1313）母題。

海上升起龜山島的成分：婁氏認為其中「龜精」符合「Cannibal ogres（吃人的惡魔）」（G86.1）母題；「海上升起島」則屬於「Island rises up in sea（海中生島）」（F735）以及「Origin of an island'shape（島的外形的由來）（A955.3.1）兩個母題。至於「夜臥仙洞贈玉帶」的成分，婁氏認為依序是屬於：「Fairy as helper（仙人是助手）」（N815）、「Mortal goes to fairyland（凡人到仙境去）」（F302）、「Visit to fairy-land（仙境拜謁）」（F370）第三個母題。另外，婁氏認為鄭成功接受了玉帶，是符合「Objects brought home from fairy-land（仙境拿回來的物體）」（F379.2）類母題。[37]

在「非常的殞滅」類方面：

婁氏探討了相關資料後，認定如下：

狂風、大雨、雷電交作等天象的突變，預兆鄭氏殞滅的成分，可以符合桑氏書的「Extraordinary nature phenomena at death of holy person（非常的自然現象發生在英雄逝世之時）」（F960.2）、「Sun darkened at death of holy person（天昏地黑在英雄逝世之時）」（F965.2）、「Life token, great wind blows（生命表徵，狂風大作）」（E761.7.8）、「Shooting star signifies that someone dying（星射落關係某人逝世）」（E741.1.1）等四個母題；又和「Prophecy, rainbow will appear at saint's death（預兆：白虹見而聖者逝）」（M364.6）母題相似。

洪旱、疫癘、山噴泥、大樹倒、地如驢鳴，見行災害使者等災難怪象，預兆鄭氏之死的成分，屬於桑氏書的「Deluge prophesied（水災是預兆）（M359.8）、「Prophecy, world catastrophe（預兆：大災難）」（M357）、「Farthquake at death of important person（地震發生在重要人物逝世之時」（F960.2.5）、「Life bound up with tree（生命和樹木的連帶關係）」（F765.3.3）等四個母題。

鯨、鱷、牛自死及生下之小豬人面或似象等成分，也可見之於相類似的「Reincarnation as whale（再化身似鯨魚）」（E617.4）、「Pig born with head like that of man（as a result of bestiality）（生豬人形而豬身）」（T465.5）等母題。

讖語應驗則屬於「Fairies as prophets（仙人是預言家）」（M301.6）、「Prophecy through dreams（夢裡的預兆）」（M302.7）、「Prophecy, death in particular place（預言：死在特定之所）」（M341.3）等三個母題。至於突然潮漲這種成分，婁氏已先於上文「非常權力」類中提到，係屬桑氏書「（神是助手）（N817）母題。而山泉大湧，亦已先於上文「非常地域與物件」類

---

[37] 以上部分請參見《文史薈刊》第二輯，頁57-69。

中提到，係屬桑氏書中「Magic fountain（奇異的水泉」（D925）類母題。

有關鄭成功死亡讖語「歸東即逝」、「壽至磚城」、「一馬回」的應驗諸成分，婁子匡特別再一次指出：「……可是關於『斷龍穴』、『破風水』的傳說，這似乎在桑氏底著作之中，需要特別增加這一個新的項目。風水之說與堪輿家和他底見解，在中國民俗中佔相當的地位。」[38]可見婁氏對於這個創見是頗為重視的。

在「永恆的存在」類方面：

婁氏探討了相關資料後，認定如下：所蒐集的幾十項鄭氏死後哀榮，包含五項重要成分：

1. 鄭成功既是明室忠烈，卻也不是清朝亂臣。
2. 日本地區尊崇鄭母的貞烈及鄭成功的忠烈。
3. 中國地區視鄭氏為正義之神，又常把「國姓」二字冠於優越事物上。
4. 鄭氏所在、所用、所做一石一木，多映出鄭氏永恆存在的光彩。
5. 鄭氏永遠活在臺灣傳說之中。

婁氏因此認為：在傳說中「鄭氏一變而為非凡的長壽的英雄，永遠活著，活著在人們底心理。」這種成分，正是屬於桑氏書中的「Remarkable longevity of culture hero（英雄的非凡的長壽）」（A564）以及「Culture hero still lives（英雄是永生的）」（A571）兩個母題。[39]

4 對本階段婁氏研究之評估

（1）從婁子匡總結出鄭成功傳說內容母題的包羅萬象，毫不遜於世界其他英雄傳說，可以看出婁子匡對收集並對照歸類傳說材料著力甚

---

38 婁氏之語，見於婁子匡：〈鄭成功傳說的探討〉，《文史薈刊》第二輯（1960 年 12 月），頁 61。至於以上六點見解，則見於同一文頁 59-61。

39 以上部分請參見《文史薈刊》第二輯，頁 61-63。

深：

婁氏在研究完上述九大項目的鄭氏傳說資料與桑潑生氏分類母題的歸屬比對之後，進一步將歸屬比對後產生的所有母題，臚列成一個長表。這個表涵蓋了桑氏書中A.、D.、E.、F.、G.、H.、J.、M.、N.、Q.、T.、等十一大類，總共六十九條分析單位[40]。婁氏說：「從上面六十九條分析單位，我們也可看出鄭氏傳說與世界各地的英雄傳說有關者，有那麼多的數目相雷同……這已可以看出鄭氏傳說的包羅萬象了。」[41]

（2）婁子匡指出鄭成功傳說材料裡，有桑氏《民間文學母題索引》書中所沒有編列的成分，這是相當可貴的成就：

這些《民間文學母題索引》沒有列出的部分，一則可以提供做「增添該書母題的資料」之用，套用婁氏的話說就是具有：「將增大國際民俗學界的視野」的貢獻；再則上述那六十九個母題之外再擁有這些特有的成分，自然就會使得鄭氏的傳說顯得更豐富有特色也更有價值。[42]

（3）〈鄭成功傳說的探討〉一文發表之後，「曾獲同文齊鐵恨、毛一波、謝雲聲、鄭德坤、伍稼青、郭雁翎、文崇一、阮日宣等諸先生底諸意見，尤花蓮陳香先生盡十六張信箋向原作者發表意見和提供補充資料，字裡行間，熱情洋溢……」[43]從這段置於陳香發表於《臺灣風物》第十一卷第四期的大作〈關於「鄭成功傳說的探討」〉文前的〈編者附誌〉看來，讀者的反響不少。尤其是獲得好幾位著名學者

---

[40] 婁氏所謂的「分析單位」，係指motif，亦即「母題」。

[41] 引自《文史薈刊》第二輯，頁66。

[42] 以上論點，取材自《文史薈刊》第二輯，頁66。

[43] 引自陳香：〈關於「鄭成功傳說的探討」〉，《臺灣風物》第11卷第4期（1961年4月29日），頁48之〈編者附誌〉。案：陳香先生當時服務於花蓮更生報。資料引自婁子匡：〈鄭成功誕生由於非常墟傳說的研究〉，《臺南文化》第7卷第2期（1961年9月），頁2799。

惠賜意見並提供補充資料，更是珍貴的收穫。事實上，婁子匡確曾
受用於這些意見和補充資料，例如：陳香給婁氏的信中，提了五點
「異見」，婁子匡接受了兩點答辯了三點；陳氏另外提供了八項補充
資料，也幾乎全被婁氏採入後續的相關論述當中。因此總結來說：
可以得知他寫作〈鄭成功傳說的探討〉一文，除了自己用功之外，
學界同文的惠助也是成功因素之一。

（4）〈鄭成功傳說的探討〉將鄭氏傳說分成九個項目來研究，和同系列最
後集大成的〈鄭成功傳說之整理〉一文完全一樣。換言之，本文已
經建立起婁氏鄭成功傳說研究的完整架構；後續諸篇不過是增添資
料、修正舛誤、深明論點。就這一點而言，意義不小。

（三）撰寫〈鄭成功逝世傳說與世界同型故事比較研究〉一文的 階段：約一九六一年三月（完稿時間）以前[44]

1 撰述緣起

先是約三個月前（1960年12月）他於臺南市文史協會《文史薈刊》刊
出的〈鄭成功傳說的探討〉一文，頗獲好評，因而再獲約稿。婁氏有一段話
記錄這種情形：「……寫了〈鄭成功傳說的探討〉承文獻會幾位同文謬許，
而又荷林崇智、林衡道、郭海鳴、廖漢臣諸先生惠臨徵稿。」[45]這是他撰寫此
文的遠因。

近因則是臺灣省文獻委員會為了慶祝鄭成功復臺三百周年（1961年4月
29日），除舉行紀念鄭氏的座談會外，也要出版「鄭成功專號」，向婁氏約
稿。婁子匡對這件事情曾說過自己的意願是：「文獻會要紀念這位民族英雄
底偉績，我也感到興奮來參加；一心一意想替這位曠世英豪列入全世界的英

---

[44] 〈鄭成功逝世傳說與世界同型故事比較研究〉一文完稿於一九六一年三月。參見該文
文末婁氏自註。

[45] 婁氏之言，引自婁子匡：〈鄭成功逝世傳說與世界同型故事比較研究〉，《臺灣文獻》
第12卷第1期（1961年3月27日），頁25（後影刊本頁2999）。

雄們底寶座之間，而再把他底傳說與世界同型故事做比較的研究」[46]。

2 研究方法

（1）對於鄭成功傳說中有關逝世部分的材料分類，婁氏在本文仍和先前
　　　撰寫〈鄭成功傳說的探討〉時一樣，分成六類。不過他另外新增了
　　　一些辯解：

> 以上六點來解釋鄭氏之所以逝世，鄭祚之所以殞滅，難以避免的，常
> 被時人之治鄭氏史蹟或南明史實的同文所繊視；而且更被人目為「荒
> 唐」；或是無稽之談，不足取信。可是我得要求那些「作如是觀」的
> 同文們：「且慢！且慢！」，且先看一看世界各國底民間也是車載斗
> 量的儘多著這雷同的英雄傳說，然後再請你公平論斷。[47]

（2）本文的研究方法，重心擺在世界同型故事做比較；所以每一類都擷
　　　取很多其他國家的同型母題以供比對，然後再下結論。
（3）對於桑氏《民間文學母題索引》書中所無的堪輿風水類母題，婁氏
　　　則先舉一九五九年金門發現鄭氏壙誌之證物，強調傳說中的清廷破
　　　壞明鄭風水，並非全是空穴來風；然後詳舉鄭成功傳說中的相關部
　　　分，一一列論。最後再謙虛表示：

> 　　至於世界各地是否也有「龍穴」或「王侯地」一類的非常地域和破壞風
> 水的傳說，目下我還缺乏此種參考資料，深盼國際學人多所指教；容後再作
> 探索。[48]

3 對本階段婁氏研究之評估

　　　由於這一階段研究材料和〈鄭成功傳說的探討〉的相關部分類似，只是

---

[46] 婁氏之言，亦引自《臺灣文獻》第12卷第1期，頁25（後影刊本頁2999）。
[47] 婁氏之言，引自《臺灣文獻》第12卷第1期，頁30（後影刊本頁2999）。
[48] 婁氏之言，引自《臺灣文獻》第12卷第1期，頁25（後影刊本頁3004）。

份量增多，所以於此直接進入對本階段婁氏研究之評估：

（1）婁氏再一次提出對「傳說」的看法：

> 它們是習熟於口耳之間，經過幾百年而不失墜。雖然它們不是那史學
> 家們所認為有系統、有證據的歷史，因此一向得不到他們的青睞而被
> 寫到「史」裡去；但是它們底勢力卻也不小，並不靠史家們垂愛，仍
> 舊非常廣泛地在民間一代一代地傳衍下來；足徵英雄們底傳說將會千
> 年萬世的溫馨在人間。[49]

這段話，清楚地將傳說與歷史做了判別；對當時臺灣地區有許多人搞不
清楚史學與民俗學區別的現象作出釐正，同時也把傳說在民間文化中的真正
價值彰顯了。

（2）婁氏雖然釐清了傳說的民俗學性質和價值，但也特別提到鄭成功傳
說形成背景的複雜性以及該傳說含藏史實的價值：

> ……而鄭氏傳說（不祇是逝世傳說）的形成，我們可以很明顯的看出
> 是有其錯綜複雜的歷史和地理背景，絕不出自僅祇少數人底智慧的想
> 像的產物。同時它（傳說）特別含蓄著歷史的片斷的實證：即使治史
> 而祇求有系統有證據的資料，它是應該不再被史家們所冷落了的。[50]

（3）因為本文的重心擺在和世界同型故事做比較；所以比起之前〈鄭成
功傳說的探討〉一文，資料增加很多，論點更具說服力。

---

[49] 婁氏之言，引自《臺灣文獻》第12卷第1期，頁25（後影刊本頁2999）。

[50] 婁氏之言，引自婁子匡：〈鄭成功逝世傳說與世界同型故事比較研究〉，《臺灣文獻》
第12卷第1期（1961年3月27日），頁31（後影刊本頁3005）。

（四）撰寫〈鄭成功誕生傳說之研究〉一文的階段：約在一九六一年四月以前

1　撰述緣起

婁氏撰述本篇論文的直接原因是源自董作賓的鼓勵。它自己在論文前端提到：

> 本年（1961）四月二十九日，是延平郡王鄭成功復臺三百年紀念日，彥堂先生談及，應該撰文紀念他；時適作者為臺南市文史協會的《文史薈刊》第二輯寫了一篇整理鄭氏傳說資料的報告性文章〈鄭成功傳說的探討〉，同仁頗多予以盛情的鼓勵；因此又以桑濮生法進而研究鄭氏傳說的第一部份──誕生傳說而草成本文。[51]

另外，在同一段的末尾他寫道：「再（案：疑脫一「者」字）本文另由周學普先生譯成德文，寄往西德柏林出版社之民俗學雜誌 *Fabula* 發表，亦所以紀念鄭氏之開臺」。可見本文同時另有一寫作的邊際效用，即是可以提供作為西德西柏林民俗學雜誌 *Fabula* 邀稿時所需之文。[52]

2　研究方法的變更

（1）將原〈鄭成功傳說的探討〉文中「誕生」類的五種鄭氏誕生型式，歸併為四種。其中的不同在於：

    a. 將原來第一種的「非常地形」、「非常墓穴」等因素，併稱為「地靈所鍾的風水關係」。

    b. 將原來「鄭氏係東海長鯨轉世投胎」的第五種因素，併入原來的第三種，然後稱新的第三種為「是由於靈物的投胎，而衝入母懷

---

[51] 引自婁子匡：〈鄭成功誕生傳說之研究〉，《大陸雜誌》第22卷第8期（1961年4月30日），頁254。

[52] 此處婁氏之言亦引自《大陸雜誌》第22卷第8期，頁254。

而出世」型式。

（2）〈鄭成功誕生傳說之研究〉一文比起〈鄭成功傳說的探討〉，在「誕生」的探討上做了進一步的明顯補充：

　　a. 將中國特有的風水說法擴大討論，佔了全文一半篇幅。

　　b. 因為擴大討論了風水說法，因此本文雖是在討論鄭氏誕生傳說，但也夾雜了塋葬風水佳址的許多說法與新例證。例如婁氏也引《舊唐書》〈玄宗紀〉所記載的：唐玄宗自己看到金粟山崗有龍盤鳳翥之勢而吩咐：「吾千秋後宜葬此地」的說法，[53]以期證明鄭氏祖先世居地石井之西的鶴形石一帶，南宋朱熹當年蒞遊，見其地龍勢飛騰而預知後世必出英雄的傳說不無可能。

3　對本階段婁氏研究之評估

（1）本階段的研究是承繼〈鄭成功傳說的探討〉一文，針對該文中「誕生」的部分，所做的更深入的後續研究，顯得更有內容。

（2）本研究擴大討論了傳說故事中有關堪輿風水的母題成分。它所含攝的機要並非在於有無牽涉迷信這一點；而是意謂著：婁氏懂得針對中國民俗的特色作重點發揮。

（3）由於世界流傳的傳說，大都只有「由於原始英雄的經歷而形成了地形特徵」這種型式，而缺少相反的「由於地形特徵而誕生英雄」的故事，因此婁氏認為中國這方面的故事型式，是值得向國際民俗學界提供的。[54]

（4）具體提出對桑氏《民間文學母題索引》有關英雄誕生母題的增列建議：

　　a. 對於桑氏法所列的「Topogrphical features caused by experience

---

[53] 案：《新唐書》〈玄宗紀下〉亦有類似記載：參見楊家駱主編：《新校本新唐書附索引》（臺北：鼎文書局，1987 年），冊 1，頁 235。

[54] 本段文意，係概括引自婁子匡：〈鄭成功誕生傳說之研究〉，《大陸雜誌》第 22 卷第 8 期（1961 年 4 月 30 日），頁 255。

of primitive hero（地形特徵由於原始英雄〔半神、神〕的經歷）」
（A901）母題，主張要增列相反項目。

b. 主張在「Origin of culture hero（英雄的由來）」（A510）母題，和
「Birth of culture hero（英雄的誕生）」（A511.1）母題，都得增列子
目。

c. 認為應該特別重視的，乃是所謂龍勢飛騰的地形特徵：主張在
「Topographical features of the earth（地形特徵）」（A900-A999）的
母題項目內，應該增列所謂「五馬朝江」、「海上視師石」、「王侯
地」等母題。

d. 主張在桑氏索引書中，應增列一條「鯨魚投胎」的母題，置於
「星宿投胎」母題產級。

（五）撰寫〈鄭成功誕生由於非常地形傳說的研究〉[55] 一文的階段：約在一九六一年三月（完稿時間）以前[56]

本階段的研究，仍然是承繼〈鄭成功傳說的探討〉既有的基礎，針對
「誕生由於非常地形」傳說的部分作更進一步的探究。由於這個緣故，本文
對於這個階段還將不再詳加介紹及評論；謹擇要列述如下：

方式上，與〈鄭成功逝世傳說與世界同型故事比較研究〉一文相同，也
是引介更多世界上其他國家地方的同型母題。除了證明其中大部分是中外皆
同的以外，另強調「……略做比較，便可以看出中國人對於地靈鍾秀的風水
的俗信是獨特的。有了它，更使鄭氏祚業和鄭成功氏的誕生益增光彩。」[57]

對於「有人認為地靈鍾秀的風水之說乃是迷信之道」這一點，婁氏在本

---

[55] 婁子匡：〈鄭成功誕生由於非常地形傳說的研究〉，《臺南文化》第7卷第2期（1961
年9月），頁2796-2799。

[56] 〈鄭成功誕生由於非常地形傳說的研究〉實際脫稿於1961年3月；刊出則在9月。參見
《臺南文化》第7卷第2期，頁2799。

[57] 引自《臺南文化》第7卷第2期，頁2799。

文中有清楚的態度回應：

> 這是中國的（也可以說是東方的）特有的俗信的論爭，作者必得在此
> 特別聲明：我是僅就民俗學的觀點來作民間俗信的研究，是無意卻也
> 無能在這個時空來說誰底看法是正確。我卻希望這個風水課題能得和
> 鄰近的科學研究會觸類旁通。而有那麼一天，民間底風水俗信確實得
> 到了確切的論斷。以此論斷，來紀念這一位曠世英雄鄭成功，那就是
> 一件很有意義的事物了。[58]

（六）撰寫〈鄭國姓傳說的研究──俗文學史料拾零〉一文的階段：約在一九六一年一月以前

本文的書寫，主要是在悼念他主持的中國（臺灣）民俗學會會員顏興；但是因為婁氏對鄭成功傳說的研究，曾多次採用過顏興的相關研究成果，所以此處將其列入探討之列。

顏興是臺南市民，逝世於一九六一年九月二十九日。顏氏一生對臺灣史學、史料及民俗傳說等方面，都有卓越研究。

在本文之中，婁氏提到下列三項關於顏興的重點：

1. 顏興十分令人欽敬的做學問態度：他特別列舉稱讚顏氏在「考證鄭國姓爺登陸的灘頭陣地」、「訪求被摧毀或湮沒的鄭氏遺蹟」、「深探端午煎堆俗行的由來」等項研究上鍥而不捨的態度。

2. 顏興一生的眾多著作，多半和俗文學相關聯；尤其是對鄭國姓傳說研究的成就，發揚和補充了鄭氏史料，其事功是不可磨滅的。其中婁氏特別指出：顏興撰寫的〈鄭成功遺事五則〉[59]中第三則「成功薨逝的傳說」、第四則「鄭氏的傳說及殯葬」，「都是民俗學的課題……顏氏能在難以找尋之中獲得這些傳說而予以搜錄、整理發表，在民俗學上看來是有價

---

[58] 以上的回應，引自《臺南文化》第7卷第2期，頁2799。

[59] 顏興：〈鄭成功遺事五則〉，《臺南文化》第4卷第3期（1955年4月），頁44-50。

值的。」[60]

案：事實上顏氏這兩則的研究成果，曾一再地被婁子匡引用到他一系列鄭成功傳說的研究當中。

3. 顏氏的研究成果之所以會導致國內文壇均表重視，而且也受到國際學術界人士的青睞，婁子匡認為是：「實淵源於這些文章底內容充實而有新的發現；資料的整理有著科學方法而條目井然；行文流暢適切，讀來引人入勝」[61]之故。

（七）撰寫〈鄭成功傳說之整理〉[62]一文的階段：約在一九六二年六月三十日以前

婁子匡撰寫的〈鄭成功傳說之整理〉，是一系列對鄭成功傳說所做的研究中最長的一篇，篇幅長達三十頁；在內容上也是集大成之作。在這篇長文裡並沒有交代它的撰述緣起，不過它是登載在《臺北文獻》創刊第一期，或係應稿約之作。

內容方面，本篇幾乎就是婁氏對鄭成功傳說前此諸篇研究的總合，因此這裡不再贅述。下文謹論述其研究方法與對婁氏本階段研究之評估。

1 研究方法

（1）其研究鄭氏傳說資料的兩大途徑：

　　a. 從和鄭氏有關地區所流傳的人物傳說或地方傳說去搜尋。

　　b. 按照民間傳說的準尺，權衡那史料、筆記等等文獻，去蒐羅那合乎標準的有關鄭氏的史料。

（2）其搜錄研究鄭氏傳說的範圍：

60　引自婁子匡：〈鄭國姓傳說的研究：俗文學史料拾零〉，《聯合報》第6版（聯合副刊）1962年1月19日。

61　引自婁子匡：〈鄭國姓傳說的研究：俗文學史料拾零〉。

62　婁子匡：〈鄭成功傳說之整理〉，《臺北文獻》第1期（1962年6月30日），頁101-130。

　　　　a. 民俗學的園地。

　　　　b. 遍及藝苑和史林。

　　　　c. 鄭氏一生所涉足之地：日本、福建、廣東、江蘇、浙江；尤其是
　　　　　臺灣及閩南。

　　　　d. 北歐人士對鄭氏詆毀和譽揚的資料；尤其是荷蘭的。

　　　案：實際上也用了德國人的資料，因為婁子匡和一些德國民俗學者
　　　時有往來切磋。

　（3）其搜羅鄭氏傳說的實際途徑：

　　　　a. 直接在臺灣以至附屬島嶼進行相關田野調查；也對文獻中的有關
　　　　　資料加以搜集。

　　　　b. 從南洋地區向中國大陸去尋覓鄭氏流傳在華南、尤其是在閩南的
　　　　　資料。

　　　　c. 從日本文獻中去蒐集：1. 七歲以前的鄭氏資料；2. 鄭氏對日本歷朝
　　　　　的影響與故事流傳的情形。

　　　　d. 由許多西方文字所寫關於臺灣和鄭氏的著述中，找尋相關資料。

2　對本階段婁氏研究之評估

（1）本篇係婁氏首次正式交代出「為什麼要使用桑瀅氏《民間文學母題
　　索引》的方法來研究鄭氏傳說」理由的出處。其理由乃是：為了使
　　國際學人便於欣賞和參考本文；因此就引用當時退休的美國印第安
　　那大學研究院院長湯瀅生氏（案：即前舉數文中婁氏所稱之桑瀅
　　氏），歷經二十幾年整理全世界民間故事而撰成的（母題）索引中英
　　雄傳說部分的綱目，作為他對鄭氏傳說整理、研究的項目。婁氏還
　　特別說明：「這個項目並不脫離中國式的治學的研究方式，而中國
　　的文史之中，對於英雄一生事蹟研究，有很多也是以同樣的項目出
　　之。」[63] 從婁氏所提的理由來看，他對於如何讓中國的民俗學術研究

63　婁子匡：〈鄭成功傳說之整理〉，《臺北文獻》第 1 期（1962 年 6 月 30 日），頁 102。

可以和世界接軌是念茲在心、深具使命感的。

（2）針對鄭成功傳說在養育教育方面，缺少一般西方英雄傳說所常有的神異或宗教色彩，提出「顯露出他（鄭成功）是養育在文化較高的社會」的解釋。這種解釋頗能符合神話的產生與社會的發展成反比的實況。

（3）本篇論述中所舉的例子，比〈鄭成功傳說的探討〉一文增加很多。尤其是第九大項「永恆的存在」部分，資料增添最多，篇幅竟佔了七頁；可見婁氏收集資料的工夫一直不曾懈懈。

（4）在本篇的結論部分，提到他對「人類俗信」的信念：他認為人類的俗信，可以說大致是同出一轍的。除非人為有意的把它們破滅或無意間的曲解，否則這些俗信仍將一代一代地在文獻之中傳承下去，歷千萬年而不致失墜。如果不是這樣，甚至也有可能它們將日益擴大而加深地活躍在芸芸萬眾底心田之中。若以鄭氏傳說為例，若沒受到有意地斲喪曲解，那麼鄭成功的傳說就會和鄭氏本人的英雄令名一樣地永恆存在於人間。[64]

這種對俗信的信念，正是支持婁氏一生將近九十年民俗學術經營的主要能量。

（5）在本篇的結論部分，婁氏再度申明：

本文主要目的，在於把鄭氏傳說的如此豐碩內容推介到國際學界去，普告全世界的人們：中國有這麼一位曠世的英雄，而有他底比任何一位世界英雄底更多姿多彩的傳說。同時要告訴國際學界，鄭氏的傳說之中，有著世界英雄傳說之已被整理而編輯於湯氏巨著《俗文學節要》（案：Prof. Dr. Stith Thompson 氏，*Motif Index of Folk Literature*；即《民間文學母題索引》一書）以外的，有下列兩大單位：一、鄭氏誕生，由於他底世居地的地形——江口兀立五方馬形的巨石；四馬昂首奔向海外；一馬翹首望著石井。——和石井之西的非常地形，有石

---

[64] 本段文字係引用婁氏之語而略加修飾。

類鶴而龍勢飛騰。和他底祖先埋葬於非常地穴；旗鼓掩映，劍印左右，案堂天成的王侯地。二、鄭氏誕生，由於他底曾祖母底遺骸，係採保葬的方式，因此地靈迅速的感應及於他底子孫兒位居王侯。

在這份總整理的結論部分，婁氏依然強調這兩點；可見他心目中所重視的價值，乃是鄭氏傳說優越於其他各國的成分；也就是中華民俗文化特質的所在。

四　結論

婁氏對鄭成功傳說的研究，嚴格來說，應該從一九五八年的〈變〉文開始算起，之後歷經〈鄭成功傳說的探討〉、〈鄭成功逝世傳說與世界同型故事比較研究〉、〈鄭成功誕生傳說之研究〉、〈鄭成功誕生由於非常地形傳說的研究〉、〈鄭國姓傳說的研究・俗文學史料拾零〉等重要論文的擴充深化，到了一九六二年六月的〈鄭成功傳說之整理〉，已經是集其大成之作。婁氏的這些研究，至少有下列貢獻：

（一）民俗學術史上第一次對鄭成功的傳說做出了幾近完整的研究。

（二）民俗學術史上第一次將鄭成功傳說的材料，和世界當時流行的 Prof. Dr. Stith Thompson 氏《民間文學母題索引》（*Motif Index of Folk Literature*）系統掛鉤。使鄭成功傳說研究正式進入世界民俗學術的流通場域。

（三）依照《民間文學母題索引》的規則，找出鄭成功傳說中的六十九條母題，提供後人作研究的清楚架構，有典範之功。

（四）特別指出一些在鄭成功傳說中有，而在《民間文學母題索引》中卻沒有的「獨特母題」；揭示出鄭氏傳說成分的豐富性，也展現了婁氏個人研究的卓越；並同時對世界民俗學界做出了增補母題的貢獻。

（五）婁氏針對鄭成功傳說做故事母題的探索，就他個人來講，固然是一次成功的嘗試與建構；而就中國民俗學界而言，更是從孟姜女故事

研究以後，〈中國民間故事型式發端〉（趙景深）、〈中國印歐民間
故事之相似〉〈狗耕田型故事試探〉〈呆女婿故事探討〉（鍾敬文）、
〈泥水木匠故事探討〉（曹松葉）、〈搜集巧拙女故事小報告〉（婁子
匡）……等中國民間文學類型研究長河的又一段新區流衍，深具意
義。

（六）臺灣地區一九六一年三月（含）以前，國人（含日治時期）總共二
〇三篇的明鄭研究論文裡，[65] 屬於民俗學領域的鄭成功研究論文大概
只有八篇。[66] 這八篇當中，除了最後兩篇是婁子匡運用哈潑氏母題法
研究者外，其餘沒有任何一篇的論述牽涉到哈潑氏《民間文學母題
索引》研究法的應用。從這種「前無古人」的情況看來，婁子匡的
鄭成功傳說研究實在又具有「開風氣之先，引入並使用新方法」的
重要貢獻。

（七）婁氏研究鄭成功傳說的所創立的九大項目架構，以及所探討過的母
題成分，成為以後在同一民俗學研究場域的研究者所不可或缺的參
考資料。[67] 這也是幾近樹立典型的精彩造作。

　　因此，婁子匡的鄭成功傳說研究，不僅格局頗大，而且有承先啟後之
功，必將在中國民俗學術的單一傳說類型研究史上，佔有不可忽視的地位。

---

[65] 此項資料係筆者統計自賴永祥：〈明鄭研究論文目錄〉，《臺灣文獻》12卷第1期
（1961年3月27日），後影刊本頁3142-3149。

[66] 此八篇依次分別為：1.朱鋒：〈鄭氏精神與臺南民俗〉，《臺南文化》第1卷第1期
（1951年10月）頁33-37。2.黃典權：〈萬福庵遺事—明英義伯阮季友及其夫人考
述〉，《臺南文化》第2卷第2期（1952年4月）。3.顏興：〈鄭成功與端午煎𥐂〉，
《臺南文化》第3卷第3期（1953年11月），頁19-23。4.顏興：〈鄭成功遺事五則〉，
《臺南文化》第4卷第3期（1955年4月），頁44-50。5.野人（陳漢光）：〈明鄭民謠
（一）〉，《臺灣風物》第5卷第7期（1955年7月），頁1。6.顏興：〈鄭成功儀容考〉，
《臺南文化》第5卷第1期（1956年2月），頁2-9。7.婁子匡：〈鄭成功傳說的探討〉，
《文史薈刊》第2輯（1960年12月），頁47-69。8.婁子匡：〈鄭成功逝世傳說與世界同
型故事比較研究〉，《臺灣文獻》第12卷第1期（1961年3月），頁25-31。

[67] 例如：蔡蕙如：《與鄭成功有關的傳說之研究》（臺南市：成功大學中文研究所碩士論
文，1998年），就參考並引用了婁子匡首創將鄭成功傳說分為九大項目的架構。

臺靜農先生與俗文學

王國良

臺北大學古典文獻學研究所

摘要

本文試圖對近代文藝暨學術大師臺靜農（1902-1990）在研究民間文學、小說、戲曲等「俗」文學領域的成果與影響。做一次比較全面性的鳥瞰與評述，肯定其貢獻。

全篇分成五個單元。一〈引言〉，交代論文撰述之緣起、二〈民間文學資料搜集與探討〉、三〈神話傳說與通俗小說的研析〉、四〈說唱與搬演藝術的會通〉，分別從臺氏涉足歌謠與民俗的調查整理，接受魯迅、胡適等人啟發而從事神話小說考證研討，以及因講授中國文學史而關注傳統戲曲三個面向，按照相關論著發表先後，透過扼要的摘錄與評判，予以聯繫貫串，探索其學術前進的道路與旨趣，並加以整合評估，突顯他在「俗」文學研究上的重要成就。五〈餘論〉，則是讚揚臺先生的博通、專精與兼容並蓄之學術風範。

關鍵詞：臺靜農；民間文學；神話傳說；通俗小說；戲曲

一 引言

　　臺靜農（1902-1990）先生之成就，涵蓋文學、藝術、學術及教育等領域，其學問、襟抱、道德、文章，尤令後學景仰。行政院於一九八五年十二月，頒予先生首屆的「文化獎」，即是對其志業和貢獻的肯定。先生既歿，海內外的門生故舊及社會人士除了追念以外，撰論文或專著來推崇評介他在各領域之成就者，不一而足，頗可看出先生在各方面的影響。[1]

　　個人有幸在臺先生晚年任教於東吳大學中國文學研究所時，從之問學，並成為最後一位接受指導的研究生，完成《魏晉南北朝志怪小說研究》博士學位論文。[2]今謹就平日涉獵所及且較有把握的中國「俗」文學部分，略談先生之田野採集與學術成果。所援據的材料，以先生已經公開發表的論著為主，臺灣大學中文系何寄澎、柯慶明等編輯整理之《中國文學史》[3]為輔。若有不全不備或未盡正確處，尚祈學界先進師友不吝批評指教。

二 民間文學資料搜集與探討

　　民國初年的五四新文化運動，開啟了中國文化現代化歷程的起點，同時也展示了中國文藝復興光輝的一頁。一九二二年一月，北京大學研究所國學門成立。同時，由文學系教授周作人（1885-1968）主持，設立「歌謠研究會」，常惠（1894-1985）擔任事務員；十二月十七日，開始創辦《歌謠週刊》。這份週刊的發行，動員了廣大的學人和社會力量，進行神話傳說、童話故事、民間歌謠、風俗方言等多方面的搜集和整理。它不僅推動了中國民

---

[1]　臺氏過世後，海峽兩岸相關人士所撰憶念文字，已結集成書者，有：林文月編《臺靜農先生紀念文集》（臺北：洪範書店，1991年11月）、陳子善編《回憶臺靜農》（上海：上海教育出版社，1995年8月）。另外，臺灣大學中國文學系編印《臺靜農先生百歲冥誕學術研討會論文集》，（2001年12月）。

[2]　拙著已於1984年7月由臺北文史哲出版社正式出版。

[3]　臺靜農《中國文學史》（上）（下）（臺北：臺灣大學出版中心，2004年12月）。

俗學這門新興學科的滋長與發展，也開啟了民間文學科學研究的契機。

一九二二年夏，臺靜農先生由武漢、南京輾轉抵達北平故都。九月，考取北京大學旁聽生。次年五月十四日，北大研究所國學門新設立「風俗調查會」，由哲學系教授張競生（1888-1970）出任會長，臺先生則充當事務員，負責管理會務。[4]

大概到一九二七年夏天，經由劉復（1891-1934）汲引推薦，他去擔任北京私立中法大學中文系講師，才正式離開「風俗調查會」。由於學習和工作環境的關係，臺氏耳濡目染，不僅投入歌謠、風俗的調查整理工作，也培養了濃厚的民俗學研究興趣，可說是終生不渝。這種說法，我們不難從先生斷斷續續發表的相關論著，以及到晚年仍對民間（俗）文學研究念茲在茲而得到印證。[5]

一九二四年八月底，臺先生應《歌謠週刊》主編常惠之約請，回故鄉大概半年，總共輯錄到地方歌謠二千首左右。其中有兒歌，有關於社會生活的歌，有情歌。

一九二五年一月，臺氏撰〈山歌原始之傳說〉登載於《語絲週刊》第10期。六月，由《歌謠週刊》第97號予以轉載。該文記錄有淮南地區民間流傳的二則關於山歌由來之傳說，並提醒大家不應忽略這些看似不經的材料。

同年四月五日起，臺先生將搜得歌謠整理，以《淮南民歌・第一輯》為名，陸續在《歌謠週刊》85、87、88、91、92各期登載，總計一一三首。一九七一年春，婁子匡先生（1905-2005）將它編入《北京大學民俗學會民俗叢書》第二輯，由臺北東方文化書局印行。[6]

同年六月二十八日，臺氏發表〈致淮南民歌的讀者〉於《歌謠週刊》第

---

4 參考秦賢次〈臺靜農年表〉，《中國文哲研究通訊》5卷3期（1995年9月），頁69。

5 臺先生對民間文學的關注之情，可參閱其為曾永義教授《說俗文學》（臺北：聯經出版公司，1980年4月）所寫序文。

6 此書取名《淮南民歌集》，所錄有：臺氏序言、胡適之先生函件、淮南民歌（113曲）、杵歌（歌譜、圖像）、〈從「杵歌」說到歌謠的起源〉、〈山歌原始之傳說〉。附錄：馮沅君〈論杵歌〉。

97號。除了簡單描述搜輯民歌的經過之外，先生臺氏特別標舉清理積稿以後，預備採取的三種整理方法。（一）音註：淮南特有的發音，採用國音字母注音，取代原來用字註的方式。（二）意註：風俗、人情、習慣、地方等，皆詳細註明，使讀者於領略歌謠本文之外，還能了然於淮南的風俗民情。（三）標題與分類：一方面採用歌謠首句作題名，同時利用標題或關鍵句字作分類。至於「反唱」[7]當另作一類。

同年十一月、十二月，《北京大學研究所國學門週刊》4期、8期，續登〈淮南民歌〉共五十四首。一九二七年一月至十一月，上海出版《北京大學研究所國學門月刊》1卷4號、5號、6號及7、8號合刊上，共登載《淮南情歌・三輯》一〇四首，統統是對歌。[8]

臺氏在一九二五年前後受到《歌謠週刊》編者常惠的督促，曾將搜輯的歌謠整理出六百首，鈔成兩本，交給「歌謠研究會」，準備出版專集，可惜未能印出。抗戰結束後，從北京大學紅樓中還清理出原稿本，如今未知仍安然否？[9]至於未及整理發表的材料，隨著對日抗戰，臺氏藏書散失而告亡佚，十分遺憾！

一九三六年九月，論文〈從「杵歌」說到歌謠的起源〉登於《歌謠週刊》2卷16期。臺氏在閱讀朱光潛（1897-1986）〈詩的起源〉（《東方雜誌》23卷7號）一文後，以為朱氏據英國文論家谷羅司（E. Grosse, 1861-?）的論證，說明詩歌的起源與跳舞音樂有關，只限於形式的研究。因此，條舉世傳「杵歌」為例，希望從人類的實生活看出歌謠的起源。文內引述戰國荀卿《荀子・成相篇》、漢司馬遷《史記・商君列傳》，清檀萃《說蠻》、

7　臺氏文云：「所謂『反唱』者，是表現與常情顛倒的事實。如：『日頭漸漸往下丟，隔河看見秋吃牛，黃狼引著小雞睡，乾魚又給貓枕頭。反唱四句帶嘔愁。』這種種的表現，豈不是與事實絕對的相反嗎？」

8　例如1卷4號第一首〈郎比高山一鵬哥〉：「郎比高山一鵬哥，姐比梧桐樹一木果；千里百鄉來奔你，借你的枝頭累個窠。還望乾妹妹照應我！（對）心肝肉來乾哥哥，你講這話譏作我；樹木林棚靠山長，老龍吸水靠江河，乾妹妹還靠乾哥哥！」

9　詳臺北東方文化書局版《淮南民歌集・序言》暨「胡適之先生函件」。

一九三五年十一月十四日《申報圖畫特刊‧蕃女杵歌》等資料，證明歌謠起源與人類的實生活有密切關係。文末則特別強調：「研究歌謠，應該從題材看出它的生活背景，從形式發現它的技巧演變。」

臺文發表後，次月，相繼有馮沅君（1900-1974）〈論杵歌〉、佟晶心（按：本名賦敏，1900-?）〈夯歌〉刊載於《歌謠週刊》2卷19期、2卷20期，予以補充發揮。一九四七年三月，臺氏讀到藍田師範學院《史地教育特刊》所載羅榮宗撰〈古史新證〉述苗族古今葬俗，曾有補記附於自撰談「杵歌」論文後，足見先生對歌謠研究之興趣持續多年而不稍歇。一九八八年，由門人協助編纂《靜農論文集》，臺氏乃將馮、佟二氏文章附在原論文之後，並撰附記，表示兩篇「皆精審可喜。茲附錄於後，以供參證。」尤顯示出其胸懷開闊與對學術的真誠。[10]

一九四七年九月，《臺灣文化》2卷6期刊登〈屈原〈天問篇〉體制別解〉[11]。先生以為〈天問〉一篇在《楚辭》中，體制最為特殊。王逸《楚辭‧天問章句序》謂係屈原見楚先王之廟、公卿祠堂中所畫山川神靈，有感而作，固極牽強。後來人的解釋，亦未得其要。〈天問〉的體制未必是屈原所創，實亦襲自民間作品。

臺氏為了求真，遂欲藉資民俗學的方法，進行古詩體的試探。他列舉二首不同版本的西南苗族開天闢地長篇歌詩為樣品，與〈天問〉文體加以比較，得出兩個結果。（一）二者在形式上同為問話體的長篇敘事詩，所不同者，一為單純的疑問，一則有問有答。（二）二者在內容上同由渾沌初開說起，所不同者，一為單純的開闢故事，一則由開闢而古帝先王以至春秋時代。總之，口頭詩歌的形式，常為詩人創作之所憑藉。屈原實是採用民族詩歌形式，發為光輝不磨作品的第一人。[12]

---

[10] 詳見《靜農論文集》（臺北：聯經出版事業公司，1989年10月），頁152-155。

[11] 本篇已輯入《靜農論文集》，頁465-468。

[12] 陳怡良〈天問體制特色及其淵源淺探〉（《成功大學學報‧人文社會篇》22期，1987年10月），頁98-99、108-109，參酌引述臺氏見解。又伊藤清司〈『楚辭』天問と苗族の創世歌〉（東京：《史學》，48卷2號，1977年6月）；羅義群《苗族文化與屈賦》（北

　　另外，先生在一九七一年底撰《楚辭天問新箋·序》云：「王叔師謂〈天問〉為屈子呵壁之辭，楚人哀之，因共論述，故其文意不次敘云爾。予不謂然。〈天問〉自有文理，其不次序處，由錯簡故。其文體，殆出於民間體制，今西南苗族之開天闢地歌，一問一答，實類乎〈天問〉。」[13]取今證古，認為屈原採用民間詩歌形式以撰寫〈天問〉，實為卓見。

　　一九五〇年六月，〈兩漢樂舞考〉一文登載在臺灣大學《文史哲學報》第1期。其中，探兩漢樂舞的風尚，考述讌樂、軍樂、相和歌內涵各段落，都與地方樂舞暨民間歌謠關係密切，頗具參考價值。[14]

　　一九六〇年前後，臺氏多年講授並撰寫的《中國文學史》講義仍未完成，也不再繼續添補。二〇〇四年經由臺灣大學中文系何寄澎教授組織工作小組，覆校整理《文學史》原稿，並由臺灣大學出版中心正式排印問世。第二篇秦漢篇，第四章〈樂府與樂府辭〉，分疏漢代宗廟郊祀樂，以及趙代秦楚等地方聲樂，諸如：鐃歌、相和歌等，特別肯定出自民間的相和歌之藝術價值暨對後世影響[15]

　　同書第四篇南北朝隋篇，第六章〈南北朝的民間文學〉則述論從三世紀中葉到七世紀初約三六〇年中生長於民間的文學作品，南朝的吳歌、西曲，北朝的民歌。文中除了引述分析吳歌雜曲、荊襄西曲歌代表作的內容與形式特色，尤重在闡釋其傳達之歌者心聲與時代意義。又謂北朝民歌中的〈敕勒歌〉、〈企喻歌〉、〈瑯瑯王歌〉、〈折楊柳歌〉等，最能表現遊牧民族的性格之外，還特別介紹了四世紀初隴右人為紀念一位失敗的英雄陳安而傳唱的〈隴上歌〉[16]，正印證了民間人士「不以成敗論英雄」的非現實觀點，十分難得。

　　京：中央民族大學出版社，1997年4月）第7章〈苗族神話與《天問》神話比較〉，則從神話的內容，檢討兩者間的可能關係與異同，與臺氏觀點相近。

[13] 《楚辭天問新箋》（臺北：藝文印書館印行，1972年5月初版），頁一。

[14] 本篇已輯入《靜農論文集》，頁1-56。

[15] 同註3，頁89-95。

[16] 同註3，頁275-286。

三　神話傳說與通俗小說的研析

　　一九二〇年八月，北京大學聘周樹人（魯迅，1881-1936）為講師。十二月二十四日開始，講授中國小說史，直至一九二六年八月離開北京為止。一九二二年九月，臺先生開始在北大當旁聽生，是否也選聽魯迅所授小說史課程，不得而知。直到一九二五年五月經由同學北京世界語專門學校學生張貽良（目寒，1900-1980）介紹，正式結識魯迅。八月，更加入以魯迅為中心的文學小社團──「未名社」。此後兩人互動頻繁，關係密切，友誼深厚。臺氏在新文學創作及古典小說研究等方面，深受魯迅的啟發與影響，當然也成為忠實的追隨者。

　　魯迅在北大教中國小說史的講義，最初油印成《中國小說史大略》。然後，加以增補改訂，一九二三年十二月，由北大新潮社印行《中國小說史略》上卷；次年六月，又印行下卷。其後再經修改增刪，於一九二五年九月，交由北新書局出版合訂本。此後，魯迅仍精益求精，不斷修改，以求日臻完善。目前我們所知的定稿本，應是上海北新書局於一九三五年六月印行的第十版。《魯迅全集》所收者，即根據此版。[17]

　　一九三三年八月，臺先生任教於北平大學女子文理學院文史系，開始講授中國小說史課程，採用的教材即合訂本《中國小說史略》。臺氏在古典小說方面的相關研究，魯迅的影響自不在話下。另外，胡適（1891-1962）在當時提倡白話文學，撰寫了大量的章回小說考證文稿，相信也對臺氏有正面引導作用。

　　臺先生從一九二七年夏天開始在北京私立中法大學中文系任教，直到一九八三年夏日辭去臺北輔仁大學中文所講座教授、東吳大學中文所研究教授止，前後擔任大學教職約有五十年。其講授課程包括：歷代文選、中國小說史、中國文學史、楚辭、古典小說研究等，難免都要觸及中國文學的源頭

---

[17] 《中國小說史略》出版增補的原由始末，可參看榮太之〈《中國小說史略》版本淺談〉，《山東師院學報》，1979 年 3 期（1979 年 5 月），頁 74-75；周國偉編著《魯迅著譯版本研究編目》（上海：上海文藝出版社，1996 年 10 月），頁 173-183。

之一即神話、傳說部分。不過，目前我們找不到臺氏有關神話傳說方面的正式論文，僅存一份〈中國神話及其資料書〉手稿。現在它已收錄在《中國文學史》（上），第一篇先秦篇，第一章〈中國文學的起源〉；第二篇秦漢篇，第七章〈漢代方士、儒生合流後所形成之神異故事〉。[18] 這份手稿除了介紹神話傳說的含義之外，主要考述先秦保存神話資料比較豐富的《山海經》、《穆天子傳》、《楚辭》，以及兩漢《史記》、《漢書》暨緯書中所記載之神異故事；最後，則析論由方士之說而產生的舊題東方朔撰《神異經》、《（海內）十洲記》兩部小說。

魯迅在一九一一年前後輯成的《古小說鉤沉》雖非神話傳說專書，卻保存了不少先秦以下到六朝的口頭傳說與民間故事資料，十分有價值。一九四八年一月，《臺灣文化》3卷1期刊登臺氏所撰〈《古小說鉤沉》解題〉。其〈前記〉云：「魯迅先生之《古小說鉤沉》，僅有一總序，民國元年假其二弟作人之名，載於《越社叢刊》。全書合魏晉江左作者，得三十六種，雖墜簡叢殘，難復舊觀，然治小說史者，欲考古說，舍此莫由。顧先生生前，未及一一敘其源流，讀者殆莫窺其端緒；茲檢舊籍，略為解說，其無可考者，仍付闕如，至輯錄之勤，校定之精，則非淺學所能知也。」[19]

按：本篇乃〈魯迅先生整理中國古典文學之成績〉論文[20]「二、《古小說鉤沉》」一節之增訂補充。有解題的古小說，總共三十一種，較前增多的十種。未有解題者，計有：《神怪錄》、《續異錄》、《雜鬼神志怪》、《祥異記》、《旌異記》五種。按：五種之中，《雜鬼神志怪》乃叢抄性質，實非專

18　同註3，頁6-14；119-133。

19　本篇已輯入《我與老舍與酒──臺靜農文集》，頁280-299。編校不佳。

20　本篇於1939年11月發表在重慶《理論與現實》季刊1卷3期，署名孔嘉。後曾載入中國社會科學院文學研究所魯迅研究室編《1910-1983魯迅研究學術論著資料匯編・第二卷》（北京：中國文聯出版公司，1986年8月），頁1241-1256。文末有〈編者附誌〉云：「原文尚有《會稽故郡雜集》和《嵇康集》兩章，因限於篇幅，祇得割愛，特向作者與讀者致歉意。」陳子善、秦賢次編《我與老舍與酒──臺靜農文集》（臺北：聯經出版事業公司，1992年6月），頁212-251，再收錄此文，刪去〈編者附誌〉，又訛字連篇，校對品質不佳。

書;《祥異記》所收二則,原為《冥祥記》文字,因《太平廣記》注明出處有誤,魯迅未能辨識,遂別立一書。其他三種,《續異記》、《旌異記》雖留存佚文和其他相關文獻不多,仍然可考;[21]《神怪》所輯〈王果〉一則,殆為唐孔慎言《神怪志》遺文,不宜列入漢魏六朝古小說中。[22]

〈關於《西遊記》江流僧本事〉一文,一九四一年六月,刊載於重慶《文史雜誌》1卷6期。[23]臺先生發現《西遊記》第九回「陳光蕊赴任逢災　江流僧復讎報本」,其故事與玄奘少年身世不符,大概是在為唐僧西行取經所歷的八十一難下一注腳。這一回故事則是根據元人吳昌齡《西遊記雜劇》[24]演化出來的。又以宋周密《齊東野語》卷八〈吳季謙改秩事〉所述看來,可知吳氏雜劇亦有所據。

吾人試將《西遊記雜劇》、《西遊記》與《齊東野語》宋代某郡倅江行遇盜的故事情節相對照,除了其中部分神異事跡以外,事實幾乎完全相同。因此,周氏《野語》即為江流僧本事,似屬可信。至於群倅的故事所以會安放在玄奘身上,相信是因為這故事跟和尚太有關係使然。《西遊記雜劇》完全以神話為題材,這故事自然而被利用。因此,某郡倅便成為玄奘和尚的老大爺了。這篇論文發表在六十幾年前,有關《西遊記》江流僧本事之探索方面,似乎沒有更新的發現,由此也可證明臺先生立說之精審了。[25]

---

[21] 《祥異記》相關考辨,可參看拙作《魏晉南北朝志怪小說研究》(臺北:文史哲出版社,1984年7月),頁73,〈志怪小說之流傳〉註19。《續異記》、《旌異記》兩種書的解題,則可參閱拙著同書〈下篇:群書敘錄〉,頁331;李劍國《唐前志怪小說史》(天津:南開大學出版社,1984年5月),頁431、434。

[22] 《神怪錄》相關考論,可參考李劍國《唐前志怪小說史》,頁468-469。

[23] 本篇已輯入《靜農論文集》,頁225-227。

[24] 按:元吳昌齡《唐三藏西天取經》雜劇,已佚。所遺殘曲二套,趙景深已輯入《元人雜劇鉤沉》(北京:古典文學出版社,1956年2月)。今存明萬曆刻本《楊東來先生批評西遊記》,凡六卷,署「元吳昌齡撰」,實際上是明楊訥(景賢)所撰。說詳孫楷第〈吳昌齡與雜劇西遊記〉,《輔仁學誌》8卷1期(1939年2月),頁71-97。

[25] 張靜二〈有關《西遊記》的幾個問題(下)〉(《中外文學》,12卷6期,1983年11月);胡萬川〈中國的江流兒故事〉(《漢學研究》,8卷1期(2),1990年6月),都曾論及《西遊記》江流僧本事,俱引進臺氏說法而無異見。

一九七五年一月，香港大學《東方文化》3卷1期刊登〈佛教故事與中國小說〉[26]，文長四萬字左右，大約是臺先生已發表單篇論文中少數的巨作之一。他從佛教經藏、筆記、傳奇、變文、通俗小說中，搜集大量文獻資料，然後細加排比整理、歸納、分析。

論文第一章：佛教地獄說反映於中央小說的情形。共包含六節，從地獄經之譯介、地獄的結構、中國與佛教地獄的比較談起，再利用敦煌變文與唐宋暨明清小說的材料予以探析，其結論是：（一）六朝志怪之風鼎盛，地獄觀念未能被一般文士所接受，不外其構思過於慘酷，不容於孔子的「仁」，老氏的「慈」。（二）唐代後期的作者開始有限度地運用地獄說，借此種題材幫助自己的創作之表現。這種運用的手法，直到清蒲松齡也是如此。（三）歐洲中古時期，意大利詩人但丁（Dante, 1265-1321）以地獄為題材寫出偉大的詩篇《神曲》。他將自己的思想與情感注入其中，寫成瓌偉深刻的人類生活之寓言，使後來學者鑽研無窮。反觀中國的文學史，竟未能因有地獄觀念而創造出更多有光彩的作品，不無遺憾。

第二章：佛書中龍的故事對於唐人傳奇的影響。為了釐清佛教經典中龍的故事輸入後，使中國文學有了新題材，在小說戲曲方面產生的重大影響，得先了解中土古代的龍。接著，比較佛書中龍之地位。然後用四節的篇幅討論中、印聯宗後的龍族被文人取作素材而創作的唐代傳奇〈柳毅傳〉、〈靈應傳〉，以及龍宮珠寶、神龍行雨兩個系列小說。結論是由龍的故事融會於中土文學作品，如小說、戲曲等，看出佛書裡樸質的故事，一經文人之手，益以想像與藻飾，融合了人類現實生活情趣，遂成為不朽的文學作品，而在佛教方面則失去了其輸入的意義。

第三章：唐人傳奇中劍俠出於密宗成就劍法。蓋中國劍的故事，在《吳越春秋》、《越絕書》、《搜神記》諸書均有記載，但沒有如晚唐裴鉶《傳奇・聶隱娘》故事那麼神奇的。它又能配合當時藩鎮之爭，陰謀賊害的手

---

[26] 本篇論文，臺北《海潮音》71卷12期、72卷1期（1990年12月、1991年1月月），曾分（上）、（下）兩篇予以轉篇。又原文今已輯入《靜農論文集》，頁173-223。

段，使讀者在荒誕的氣氛中而有親切的感受。作者手法之高，固值得稱許，然其故事的母題，則是受佛書的影響。近人沈曾植（1850-1922）《海日樓札叢》卷五〈成就劍法〉以為「唐小說所記劍俠諸事，大抵在蕭、代、德、憲之世。其時密宗方昌，頗疑是其支別。如此經（按：《妙吉祥最勝根本大教王經》劍法，及其諸神通。以攝彼小說奇跡，固無不盡也。」[27]此論對研究唐代劍俠傳奇的人啟示甚大。惟聖劍成就者，具大神通，得無上享受，與唐人小說以奇幻的劍術與隱身術為間架，而充實以時代性的現實生活，或個人的寄託，快恩仇於一劍，寓真實於虛幻，大不相同。

第四章：通俗小說中的托塔天王即佛書中的毗沙門天王。文分四節：（一）《封神演義》中的托塔天王故事。托塔天王李靖及其子哪吒為中國民間所周知的威猛之神。他們兩位在《封神演義》和《西遊記》二部小說鉅著中，都居於重要地位。《封神演義》前幾回，幾乎專門描寫他們父子的活動，更將哪吒逐漸塑造成具有神怪性格的人物。其實他們都是佛門的護法神。哪吒父親即佛書中的北方毗沙門天王，時在佛的座下。不過他既不姓李，也不名靖。天王既有妻室，更有眾多兒子。（二）佛書中的毗沙門天王與其子捧塔故事。據唐不空（705-774）所出《毗沙門儀軌》，佛塔由毗沙門天王與哪吒交相捧托，父子交替而有定期，並非如小說所言燃燈道人授塔於哪吒之父，用以制伏哪吒。但小說家依此附會，則無疑義。又《儀軌》言天王二子名獨健，三子名哪吒。《封神演義》、《西遊記》也都言哪吒為天王三子。可是不空所出《北方毗沙門天王隨軍護法儀軌》，則哪吒是天王的孫子輩。佛書記載多歧，往往如此。無論如何，小說家所敷陳的天王與哪吒父子，確乎是有佛書之依據的。（三）毗沙門天王與唐室。不空所出《毗沙門儀軌》載有北方大毗沙門天王助唐平定安西五國賊圍城事。又北宋贊寧（919-1001）《宋高僧傳・不空傳》所記毗沙門天王助唐救安西事，與《儀軌》所述又不盡相同。（四）毗沙門天王之為李靖。《封神演義》、《西遊記》中的托塔天王漢化了，姓李名靖，原因無法考索。後晉天運四年（947）所

---

[27] 見1975年9月，臺北河洛圖書出版社影印初版，頁220。

刻毗沙門天王像，並未給予漢化姓名，其漢化始於兩宋或、明，也沒有資料可尋。不過毗沙門是梵語，民間讀者頗感陌生，易以漢語比較親切，小說作者的改名動機，吾人可以理解。

第五章：通俗小說中的大鵬金翅鳥即佛書中的金翅鳥。清錢彩撰、金豐增訂《說岳全傳》二十卷，八十回。其第一、二回寫岳飛係如來佛護法神祇大鵬金翅明王投胎以保宋室者，後來被鐵背虯王及女土蝠後身秦檜、王氏夫婦殘害而死，被金星送歸九品蓮臺座。佛陀隨即為之開示。岳飛聽了，佛前稽首，就地一滾，變作一隻大鵬金翅鳥，飛上佛頂。按：佛家投生之說，唐以來即常見於小說中，已是民間婦孺所習知的。惟將大鵬鳥與金翅鳥牽合為一，並不合事實。也許作者為了不致使讀者感到陌生，遂有意將中土故籍裡的大鵬與佛典上的金翅鳥混同了。其次，據唐道世（596-683）《法苑珠林》卷十引《觀佛三昧經》，金翅鳥王正音，快樂自在。牠與龍宮比鄰而居，每日以龍為糧食，成為龍的剋星。《說岳全傳》一書作者運用佛教故實，安排金翅鳥見了虯龍，啄牠一嘴，卻種下了冤冤相報的惡果。但是本意並不在此。他的主題是善與惡、忠與奸，這也是金翅鳥投胎的岳飛與虯龍投胎的秦檜不能並存的原因，從此展開中國歷史的一幕大悲劇。

臺先生花了比較長的時間，集中精力搜集了不少佛教經典上的相關故實，以及中國古典小說中明顯受到佛教故事影響的篇章情節，詳加比較考察，得出不少前人所未見或罕言的結論。這不論對於吾人了解中、印文學間的關係，或者進一步探討中、印思想之異同處，都有十分重要的參考價值，宜稱為此學門研究中的扛鼎之作。

四　說唱與搬演藝術的會通

中國民間說唱技藝源遠流長，但早期的材料保存不多，予以重視並嚴肅探討的著作更少。戲劇的起源也很早，唐宋以下的相關記錄逐漸增多，明清的文人偶爾旁涉這方面的論題。等到二十世紀前後，西風東漸，國人文學觀念大變，加上敦煌俗曲、變文，以及各種講唱演劇資料陸續發掘刊布，

通俗戲曲的研究才漸漸在學術界取得一席之地。王國維（1877-1927）最早對宋元戲劇做全面性探討，不過在一九二二年至一九二四年王氏擔任北京大學研究所國學門導師期間，他的興趣已轉移到古史考證方面。後來又被聘至清華學校國學研究院，也不再舊調重彈。臺先生在北大研究所國學門服務研習，恐怕都沒有機會親聆王氏有關戲曲上的議論灼見，只能自行拜讀相關著述而已。在北平學界的師長輩中，熱心探討古典戲劇者甚少；同輩的齊如山（1876-1962）、鄭振鐸（1898-1953）、傅惜華（1907-1970），雖多所撰述，並積極參與戲劇保存運動，對先生沒有造成太多的影響。因此，在臺氏的相關著作中，涉及戲曲或說唱表演者，相對地比較少，而且多為渡海來臺以後的新作。

　　一九五〇年九月，臺北《大陸雜誌》1卷4、5期登載先生撰〈記孤本《解金貂》與《溫柔鄉》兩傳奇的內容及結構〉（上）、（下），論文共分為三節。第一節〈海內兩孤本〉云：「國立臺灣大學圖書館藏有《解金貂》與《溫柔鄉》兩傳奇，為國內不經見之書。此兩傳奇原為日本久保天隨氏舊藏，……北都友人曾知此間藏有此兩傳奇者，往往來信詢問，因略為述其內容，藉以作答，以未嘗專力於此道，不能有所考訂也。」此處所說「北都友人」，指的應是傅惜華。傅氏熱衷於曲藝俗文學書籍的查訪搜集著錄，臺灣大學圖書館藏兩種傳奇悉見於氏著《訪書記》。[28]

　　同一節臺氏又云：兩傳奇同一作者，皆署「江夏舊窗編次」，據《解金貂》白雲來序稱：「江夏黃先生」，是「江夏」為作者郡望，「蕉窗」應為作者別號。作者黃蕉窗的時代，尚不能考證出來。就兩書的作風看來，顯然受孔尚任（1648-1708）、洪昇（1659-1704）一派歷史劇的影響，而文筆卑弱。推測其年代，早不過乾隆中季，遲則在道光中間。

---

[28] 《訪書記》原本未見，此據郭英德《明清傳奇綜錄》（石家莊：河北教育出版社，1997年7月），頁937轉引。按：傅氏於30年代末，曾撰〈日本現存中國善本之戲曲〉長文，連續刊載於《中國文藝》第1卷第4、5、6期（1939年12月-1940年2月）。第6期，頁43即著錄臺北帝國學東洋文學會藏久保天隨遺物中的《解金貂》、《溫柔鄉》二種。郭氏所引述，當指此文。

第二節：《解金貂》內容與藝術成就。《解金貂》是以李白整個生平為題材，共有兩卷，卅四齣。第十六齣〈東巡〉止作上卷，餘為下卷。《解金貂》書名下，小字注云：「又名《清平樂》」。以李白〈清平調〉為題材者，清代尚有尤侗（1618-1704）、張韜兩家。尤劇主題為李白狀元及第；張韜則以李白醉後為唐明皇寫〈清平調〉三章為中心。《解金貂》敷演李白一生經歷，與尤、張二人不同。倒是明萬曆屠隆（1542-1605）的《彩毫記》譜李白傳記為歷史劇，處理極其自然，關節雖多，而針線甚密，起伏照應，脈絡相通，藝術技巧頗高。至如《解金貂》之鋪敘材料，比《彩毫記》增益不少，惟處置不甚得宜，以致貪多不化，頗有生湊之感，但見其頭緒紛亂，不見其主腦。再就主角李白的性格來看，其矛盾之處屢見，亦多可笑；至於賓白多重複敘述，不僅讀來生厭，尤失演奏效果。

第三節：《溫柔鄉》劇情與中心思想。本劇共兩卷，三十二齣。上卷十七齣，下卷十五齣。《溫柔鄉》題名下，小字注云：「一名《二美圖》」。本劇故事取材自舊題漢伶玄撰《飛燕外傳》，然《外傳》中之淫褻處，皆未採用。且寫至封飛燕為后、合德為昭儀即止，而不及以後事，與《解金貂》寫李白故實之貪多，恰恰相反。此外，情節中增加了一對忠臣與奸臣，誓不兩立，終因忠臣之極諫而剷除奸邪者。自此，皇帝雖荒淫深宮，立卑賤女子為后，也無礙國事之正常運作。這裡可以看出作者的微意：即使皇帝荒淫，只要朝有忠賢，也不致影響社稷安危。那麼，本劇所敷陳的雖是宮闈艷情以至二美爭風吃醋一類的事，卻別有寓意，也就算是作者的中心思想了。

一九七七年，臺先生對於二、三十年前的舊作有點補充，加了一段三百多字的〈後記〉。其文云：

> 余草是篇於194（良按：當作「5」）0年8月，時僅知作者姓黃，不知其名字生平，余推測其年代早在乾隆中，遲在道光中。後見傅惜華君編《白蛇傳集序》，又讀到《看山閣集閒筆提要》，才知道作（者）為黃圖珌，字容之，別號舊窗居士、守真子，江蘇松江人。生於1700年（清康熙三十九年）。雍正間官杭州、衢州同知，乾隆中卒。所著

有《看山閣集》及傳奇《雷蜂塔》、《棲雲石》、《夢釵緣》、《解金貂》、《梅花箋》、《溫柔鄉》六種。

他的《看山閣集·閒筆文學部》一章,將詞曲的作法列舉十四條,可以看出他對於此道的修養。最後識語,說明了他的寫作態度:「余自小性好填詞,時窮音律。所編諸劇,未嘗不取古法,亦未嘗全取古法。……毋失古法,而不為古法所拘;欲求古法,而不期古法自備。」這種見解都很高明,不過讀了他的《解金貂》與《溫柔鄉》,似乎與他自己的期許有相當距離。先是我看《解金貂·序》引他的兩句詩:「未叨一第皆由命,李杜原來是布衣。」以為他是一個失意的文人,原來他是個官僚身分的戲曲作家,一生著作,有六種之多,不能算少,可是竟被冷落著,則是藝術上不能達到上乘,我讀《解金貂》與《溫柔鄉》時已略有所指出。[29]

在一九五〇年至六〇年前後,臺先生在臺灣大學中文系主講中國文學史課程,曾陸續撰有講稿多章。除了一部分已增訂為專文公開發表外,遺稿仍然不少。今既已重加編校為《中國文學史》(上)(下)二冊,吾人得窺原貌。其中,屬於講唱戲曲的部分,計存:〈諸宮調述論〉、〈元雜劇述論〉、〈南戲述論〉三章。

第七篇金元篇,第一章〈女真族統治下的漢語文學——諸宮調〉,曾於一九七二年六月登載於《中外文學》一卷一期。[30]本章共分三節,約一萬二千字。

第一節:金人漢化北劇轉盛。女真族雖然以驃悍的武力控制了具有歷史文化悠久的中原,可是連自己的文字都沒有。(先是借用契丹文字,然後來創製自己的文字。)人數少而文化落後的金人,究竟禁不住漢文化的薰染,至於樂府歌曲,亦皆習漢風,並普遍於宮庭。金朝官制,雜班之伶人合同百僚赴朝參。每宴集,伶人集,曰雜班上。優伶在宮廷中活動搬演,已是常事。

陶宗儀《輟耕錄》卷二十五著錄金院本名目有六百九十種之多,足見金

---

29 原論文暨後記,並見《靜農論文集》,頁239-243。

30 本篇已輯入《靜農論文集》,頁157-171。又載《中國文學史》,頁629-645。

人樂曲之盛，其詞除諸宮調猶存外，餘皆不存。姚華（1879-1930）《曲海一勺·明詩》云：「雜劇一科，且為詞話開山，傳奇導源，授受相承，皆宗北宋。徽錄既降，宋徙而南，金據於北，北劇人金轉盛。」推尋北劇轉盛的原因，殆由金人本身一無所有，一旦入據中原，只有接受，並無排拒。其發展與創造，仍是漢人的力量，漢語的活動，竟便金人加強漢化，雖欲阻止亦不可能。

第二節：諸宮調的體制。諸宮調體制，是採用不同的宮調與曲調，合成一組，間以說白，以講唱某一故事。儘管故事本身如何錯綜曲折，都可以將它表達出來。這樣將說故事與唱曲合而為一，便是諸宮調的特徵。今諸宮調作品，僅有《董解元西廂記》、《劉知遠》、《天寶遺事》三種存世。《劉知遠》是殘卷，《天寶遺事》不特晚在元中葉，並且散見於《雍熙樂府》、《太和正音譜》等曲選中，唯有《董解元西廂記》最完整。

《董西廂》總共使用了十五宮調，一二九曲調。至於曲調之來源，出於唐大曲者二十章，宋大曲者六章，出於詞調者三八章，賺詞者二章，來源不詳者七六章。據此，足知董解元對於舊有曲調的吸收是如何廣博了。

《劉知遠》所使用的宮調曲調與《董西廂》不過略有不同而已。馮沅君說：「如果進一步考察，則劉、董間也有異點在，凡三：《劉知遠》多用商角，《董西廂》多用羽調，此其一。《劉知遠》有歇指調，《董西廂》則否，則其二。《劉知遠》不用小石調與黃鐘調，《董西廂》卻用二種，此其三。在這三點中，凡是董有劉無的還不必十分注意，因為《劉知遠》是個殘本，也許在散佚的一部分內有羽調小石調，或黃鐘調。」（《古劇說彙·天寶遺事輯本題記》，一九四七年商務印書館出版）

第三節：今存的《劉知遠》與《董解元西廂記》。《劉知遠傳》殘卷係俄人柯智洛夫（1863-1935）於一九〇七至一九〇九年間，發掘張掖黑水故城所獲得。日本青木正兒（1887-1964）〈劉知遠諸宮調考〉始予介紹。他認為《劉知遠》的體例，猶具原始的形式，其寫作期要較《董西廂》為古；就曲牌考之，亦較為單純；又其押韻法類宋詞而不類元曲，亦可見為古製之一端。就文辭來看，《劉知遠》的樸拙，也非《董西廂》的熟練風華可比。是

今所存金代的兩諸宮調，其產生的時代是有相當距離的。

《劉知遠傳》是以五代劉知遠與其妻李三娘為題材，合為十二折的說唱諸宮調，今僅存第一、第二、第三、第十一，第十二等五折。全篇雖失去過半，故事發展始末尚大致可掌握。然其編製粗鄙，關節疏漏，針縫不密，真正出於民間作者之手，還保留了諸宮調的原始性，與《董西廂》相比，藝術高下，實不可同日而語。

《董西廂》雖是以元稹〈鶯鶯傳〉為素材，事實上他改變了原有的故事，增加了人物、誇張了情節，又將原有的人物賦予新的造型，使之有聲有色。特別值得注意的，〈鶯鶯傳〉與《董西廂》雖係同一故事，而所表現的主題思想，卻大不相同。〈鶯鶯傳〉充分地暴露了士大夫階層無視女性玩弄女性愛情的觀念。至於《董西廂》所表現的思想，正與之相反，他可算是純情的歌頌者。

最後，拿《劉知遠傳》與《董西廂記》對看，前者雖說是出於講史，卻有極濃厚的泥土氣息，所表現的完全是農民意識，所反映的是動盪時代農業社會中種種不同的人物。《董西廂記》所表現的是另外一個極端，是傳統的士大夫的思想，兩性的愛慕固然衝破了禮法的藩籬，但他們的婚姻還是建築在門第功名的基礎上。

《文學史》第七篇第二章〈南戲〉，共分四節，約一萬一千字。第一節：南戲的發生，把發源於浙江東南部對外貿易商港溫州的南曲戲文出現年代，大抵推估在北宋末年。它的形成，相信與北宋唱詞的風氣大有關係。詞的體制，本是配合歌唱和音樂的。北宋唱詞風氣十分普遍，接著有趙令時連續用十二首蝶戀花詞調敘述〈鶯鶯傳〉的故事。再發展下去，到了宣和年間，有溫州地區的民間作者嘗試用不同的宮調來演述一個故事，因此形成一種新體戲劇──戲文；再經過一段時間，遂被有修養的文士所欣賞，進而參加寫作。

大約在南宋偏安政權穩定以後，已有相當高藝術水準的溫州調南戲流入了臨安（今杭州），不但立住腳跟，而且更加發達起來。元統一中國以後，因南戲在臨安有了深厚的群眾基礎，北方雜劇雖傳到南徼，彼此互有消長之勢，卻未能奪南戲之席。到元末明初，《琵琶記》、《拜月亭》、《荊釵記》、

《白兔記》等藝術境界頗高的戲文出現，不只壓倒北劇，還得到帝王貴冑的賞識，並直接影響了明代傳奇。

第二節：南戲的體制。南戲與北曲雜劇在體制上相同之處不多。大抵南戲限制較少，作者運用曲調頗為自由，又沒有折數的定規，作者乃能從容抒寫。其主要特徵為：（一）題目。用四句韻語，總括劇情的大綱，而題目的第四句，往往也就是本劇的戲名。（二）開場白。緊接題目之後，用一首或兩首詞，不限詞調，只念誦而不唱，主要在介紹演出之內容。（三）分齣。以齣為分場單位名目，但每劇分場（齣）並無定型。（四）演唱。元雜劇每折限一人唱一宮調，南戲卻無此限制。各種腳色可以合唱，也可以說白。（五）腳色。有生、旦、外、貼、丑、淨、末等，與雜劇不同而較完備。（六）格律。南曲之外，間雜北曲，後人稱之為「南北合腔」或「南北合套」，用以增加場面的效果。總之，南戲的格調結構，比雜劇作法要寬得多。

第三節：南戲北曲相互的關係。南北戲劇在題材方面，往往有許多共同處，這表示彼此間的相互影響。不過，因為作者多出於民間，大都為迎合觀眾的愛好的庸俗心理，互相抄襲用同一故事，不是意識的創造。根據錢南揚輯《宋元南戲百一錄》、馮沅君、陸侃如輯《南戲拾遺》兩書，可以找到南北劇彼此相同的題材，諸如：南戲，佚名《鶯燕爭春詐妮子調風月》；元雜劇，關漢卿《詐妮子調風月》。南戲，佚名《子父夢欒城驛》；元雜劇，鄭廷玉《子父夢秋夜欒城驛》……等，約有三十組之多。

第四節：南戲作品及其文學價值。北曲的廊宇廣，表現的是人生的多面，社會的群象，故重篇章；南曲的廊宇狹，所表現的是不夠寬闊，故重字句色澤。但既是戲劇，其關目排場比字句色澤更為重要。宋元南戲，今所知的篇目雖多，存在的殘曲多於全篇者，正是由於過多「工字句」的關係。其鴻篇巨製不能如雜劇之多者，正由於此種原因。

南戲作品，除了傳世的《琵琶記》與荊、劉、拜、殺五種，另有近世於《永樂大典》殘本中發現的《小孫屠》、《張協狀元》、《宦門子弟錯立身》三種南戲史上最早的資料。（一）《小孫屠》，題古杭書會編撰。內容幼穉，文字拙劣，安排也疏慢。（二）《宦門子弟錯立身》，古杭才人新編。本劇只有

六場（齣），屬於南戲的小品，故事單純而緊湊，其中含有二十九種劇名，給後人提供了考證的資料。（三）《張協狀元》，九山書會編撰。開場詞云：「《狀元張協》前回曾演，汝輩搬成；這番書會要奪魁名，占斷東甌盛事。」本劇也許是所謂的「後本」。故事離奇，繁冗淺浮，藝術價值比不上《宦門子弟錯立身》。[31]

　　第七篇第三章〈元雜劇〉，分為四節，文長約一萬八、九千字。第一節：元雜劇的時代背景。引述清趙翼《二十二史箚記》卷三十，〈元世祖嗜利鹽武〉、〈元初諸將多掠人為私戶〉及《元史·儒學列傳》等材料，說明元代君王將相的貪斂殘暴，不少讀書人或死於白刃，或淪為奴隸。此時，呻吟於暴政下的漢民族，雜劇成為他們精神之所寄，並影響了蒙古人色目人。女真族統治了華北，文學有諸宮調；蒙古族統治了中國，文學有雜劇。諸宮調與雜劇都是承受前代的影響而形成的新文體，是國土雖被異族所佔領，而文學卻不因異族的控制而苗長發展。

　　第二節：元雜劇所承受的影響。（一）宋雜劇搬演，已含豔段、正雜劇兩段、雜扮，可能是元雜劇定型為一本四折的濫觴。（二）金院本，其內容體制與雜劇大抵相同，只是雜劇在宮廷或瓦舍表演，院本則只在倡伎樂人集中的行院演唱。不過宋雜劇採用古典頗多，比較保守；金院本以調笑耍戲為主，腳色以白粉勾臉，影響了元雜劇，甚至後代民間戲曲的臉譜。

　　第三節：元雜劇的體制。元雜劇通常分為四折，之外，或加楔子於第一折之前，也可能有各折間。雜劇以歌曲為主，一折只限於一宮調之曲，舞臺腳色的語言（賓白），則居於次要的地位。歌曲文雅，賓白通俗，可收相互闡發的效果。元劇腳色，末旦主唱，為當場正色。正末而外，有沖末、外末、二末、小末；正旦而外，有老旦、大旦、小旦、色旦……等，都是有白無唱的副腳色。元劇的宮調，有出於大曲、唐宋詞及諸宮調，不一而足。它們在聲音上所表現的情趣，今已不可知。

　　第四節：元雜劇所反映的思想與社會生活。元劇是蒙古族統治漢人的社

---

[31]　同註3，頁647-661。

會文化現象的活標本，所表現的是漢人被野蠻控制下的心聲。明初涵虛子朱權（1378-1448）《太和正音譜》，分雜劇為十二科。一曰神仙道化，二曰林泉丘壑，三曰披袍秉笏，四曰忠臣烈士，五曰孝義廉節，六曰叱姦罵讒，七曰逐臣孤子，八曰鑬刀桿棒，九曰風花雪月，十曰悲歡離合，十一曰煙花粉黛，十二曰神頭鬼面。這十二種內在的思想，是地道的漢民族的，它所反映的不是一個拒絕漢化之游牧民族所能了解的。它的分科雖不夠精確，但對於劇作者所要表現的中心思想，卻甚明白而具體。

吾人依據此十二科來探看元劇的思想與社會生活，頗具有典型意義。[32]

以上三篇，既然是《中國文學史（稿）》的一部分，不難發現其中除了大量引述相關資料，予以鋪敍敷演；同時也儘量吸收近現代學者專家的研究結果。[33]之外，尤其注重文體發展的源流，不同作品形式與內容之異同，與乎臺氏個人的歷史觀點暨價值評斷。這就跟一般學術論文大異其趣了。

一九六二年，臺先生曾寫了〈讀《國劇藝術彙考》的感想〉一文，直到一九八六年六月，才以〈齊如山最後一封信〉為題，刊載於香港《大成雜誌》151期。[34]臺氏感慨平劇雖然具有極大的藝術力量，但它被有修養的文人所重視，亦不過是近幾十年的事。文人的重視，也只是居於輔導的地位，例如詞調的刪節，劇本的編製等，都不夠深入。至於將它當作獨立的藝術研究，從歷史、技巧等方面來探討其價值的，只有生長於平劇發源的舊京人氏

---

32 同註3，頁663-692。

33 以上三篇所參考引錄近人著述，重要者如：鄭振鐸〈宋金元諸宮調考〉，《文學年報》1期（1932年2月）；鄭騫〈董西廂與詞及南北曲的關係〉，臺灣大學《文史哲學報》2期（1951年2月）；馮沅君《古劇說彙》（上海商務印書館，1947年1月），同人《南戲拾遺》（北京：哈佛燕京學社，1936年12月）；青木正兒著、王古魯譯《中國近世戲曲》（上海商務印書館，1936年1月）；同人著，隋樹森譯《元人雜劇說》（上海開明書店，1941年7月）；錢南揚《宋元南戲百一錄》（北京：哈佛燕京學社，1934年12月）；王國維《宋元戲曲史》（上海商務印書館，1930年4月）；吉川幸次郎著，鄭清茂譯《元雜劇研究》（臺北：藝文印書館，1960年2月）；朱居易《元劇俗語方言例釋》（上海商務印書館，1956年9月）；羅錦堂《現存元人雜劇本事考》（臺北：中國文化事業公司，1960年4月）。

34 本篇已輯入《龍坡雜文》，頁149-154。

齊如山（1875-1962）而已。

平劇原是民間藝術，沒有記錄的文獻，爬梳整理，實非易事。齊氏所用的方法，全靠訪問老腳，然後歸納整理，得一結論。有如科學家、親身採輯，然後分析實驗，才得到結果一樣。在人們只知欣賞而不屑於去研究的時候，如山先生獨能盡其一生的精力從事於此，足見他的超人的眼光。

齊如山先生將有關國劇種種問題，擘肌分理，極客觀極精審的考出。他對國劇藝術的意義之所在，歸納起來，得到如下的原理：（一）有聲必歌；（二）無動不舞；（三）不許真物器上臺；（四）不許寫實。這就是說國劇的性質是歌與舞的表現，與現代寫實性的話劇正居於相反的地位。

臺、齊二人相識於舊都北平，五〇年代又因時局逆轉，再度於臺北聚首。彼此志業雖殊，關注民俗藝術的情懷則無不同。臺氏平日並非平劇愛好者，然對如山先生採輯此一民間藝術文獻資料的眼光與努力，卻十分推崇與肯定。這不單是交情而已，恐怕也是「歌謠研究會」、「風俗調查會」對臺氏造成持續性影響的見證。[35]

五　餘論

二十世紀的中國是一個政治動盪紛擾的時代，也是一個中西新舊文化衝撞磨合的時代。黃土大地上的老百姓，期待一種新秩序新內涵，一個具有生命力的現代化國家。人人都在時代的洪流中浮沉往來，有不少人隨波逐流，無聲無息；也有不少人卓然自立，揚名不朽。個人天生的才具，固然角色緊要，而後天的毅力堅持，也同樣影響極大。

臺靜農先生既有非凡的秉賦，又時時得到師友的激勵，再加上自我的淬

---

[35] 臺先生所撰民俗學方面的文章，尚有：〈南宋人體犧牲祭〉（江津國立女子師範學院，《學術集刊》，第 1 期，1945 年）、〈談酒〉（《臺灣文化》，2 卷 8 期，1947 年 11 月）、〈記四川江津縣地卷〉（《大陸雜誌》1 卷 3 期，1950 年 8 月）、〈冥婚〉（《大陸雜誌》1 卷 10 期，1950 年 11 月）等篇。〈談酒〉已載入《龍坡雜文》，另外三篇俱收錄於《靜農論文集》，因非本論文範圍，不再細說。

勉，終於在文藝創作和研究上，開出繁花，結成碩果，令人景仰與讚佩。至
如其學術眼光的長遠，觀念上的進步，也極讓人為之折服。單就文學的研究
而言，他不只重視「雅」文學，同時也重視「俗」文學；不僅要發揚古典文
學的傳統，也要開發民間文學的價值。如今，雖然哲人已遠，但其泱泱大
度，兼容並蓄的風範，不厚古不薄今的立場與原則，仍然在在發人省思。

關德棟與敦煌俗文學研究

朱鳳玉

嘉義大學中文系

摘要

關德棟先生博學多聞、涉獵廣泛，成就多方，尤其在中國俗文學之整理與研究，成果豐碩，貢獻良多，影響深遠，學界共知。四〇年代開始，關先生在中國俗文學研究上開始綻放光芒。關先生研究面向不論是文獻整理或學理探討；宏觀的總論，或微觀的考究，成果均相當可觀。其在敦煌俗文學方面主要為有關：（1）敦煌變文方面、（2）敦煌曲子詞、（3）王梵志詩等。其研究論題與見解，既繼承鄭振鐸中國俗文學的體系、理念而予以深化，又能突破，創立新解。這些特色，不僅呈現在關先生的中國俗文學研究上，也充分的展現在敦煌俗文學的研究成果。

本文除簡述先生事略、臚列論著目錄以便參考外，謹專就其在敦煌俗文學研究之表現進行論述。

關鍵詞：關德棟；敦煌；俗文學；變文；曲子詞；王梵志

一　前言

　　打從大學研習中國俗文學、敦煌文學開始，「關德棟」先生，此一名號就經常出現在閱讀的資料與老師的言談間。進了研究所，撰寫博士論文《王梵志詩研究》；畢業後，在大學教授「俗文學概論」、在研究所講授「敦煌文學研究」，對於關德棟先生有關中國俗文學與敦煌變文、曲子詞等研究成果與見解，更是經常加以述介與援引。然而對於這位景仰已久的俗文學、敦煌文學前輩學者，總是無緣相識。

　　二〇〇二年九月六日至九日，我應項楚教授之邀前往峨嵋山，參加四川大學中國俗文化研究所、樂山師範學院舉辦的「中國俗文化國際學術研討會」。會中有幸結識了關先生的二公子關家錚先生。之後的交流，陸續收到他發表的一系列相關論文，使我對當時中國俗文學的發展歷程有了更進一步的了解。由於家錚繼承父業，正針對二十世紀四〇年代，有關「俗文學」的主題以週刊形式，陸續出現在香港、上海、北平等一些主要報刊，進行整理研究。眾所周知，三〇～四〇年代中國一些著名的俗文學研究者如鄭振鐸、楊蔭深、朱自清、錢杏邨、趙景深、孫楷第、吳曉鈴、杜穎陶、葉德均、陳汝衡、徐嘉端、譚正璧、傅芸子、關德棟……等都為《俗文學》、《通俗文學》週刊撰文，發表有關小說、戲曲、說唱文學、民間文學研究等領域的大量文章，豐富了此一時期的俗文學研究成果，在中國俗文學研究史發揮了極為深遠的影響。關家錚對二十世紀四〇年代「俗文學」週刊的原始文獻進行搜集整理，對當時的俗文學研究者，進行全面總結描述和探討，梳理此時期俗文學研究的發展及其演變過程。

　　又由於我主持《敦煌學》編務，家錚特提供關先生所保存涉及敦煌遺書總目事宜的王重民佚札給《敦煌學》刊載[1]。這段期間更加深了我對關德棟先生在中國俗文學研究成果與貢獻的印象與景仰。

---

[1]　關家錚〈讀王重民先生佚札——有關《敦煌遺書總目》的一宗史料〉，《敦煌學》24輯（2003年6月），頁199-208。

今年四月底，收到家錚發來的 E-mail，得知先生不幸於四月廿八日病逝，一陣震悼低回後，不禁從書架及資料夾中一一檢取先生的相關論著，及家錚傳來的相關資料。由於本人正進行「百年來敦煌文學研究之述評與研究方法之考察研究」計畫[2]，對百年來敦煌文學研究的歷程進行審視，對於關德棟先生研究成果的述評乃是計畫中事，因決意先行撰寫〈關德棟先生與敦煌文學〉以紀念先生在敦煌文學研究的倡導與貢獻！今適值中國民俗學會舉辦「紀念婁子匡先生百歲冥誕之民俗學國際學術研討會」，乃特撰〈關德棟與敦煌俗文學〉既紀念婁先生倡導中國民俗學的不朽功績；又追悼關先生在敦煌俗文學之成就。

關先生博學多聞、涉獵廣泛，成就多方，尤其在中國俗文學之整理與研究，成果豐碩，貢獻良多，影響深遠，學界共知。二〇〇一年山東大學百年校慶，葉濤特別在《民俗研究》撰寫〈關德棟教授與俗文學、敦煌學和滿學研究——為山東大學百年校慶而作〉一文[3]，對關德棟先生的學術成就詳為介紹；二〇〇四年陳平原主編的《現代學術史上的俗文學》一書，特請車錫倫、山曼撰寫〈關德棟的俗文學研究〉一節[4]，以表彰關先生在俗文學研究上的貢獻。本文除簡述先生事略、臚列論著目錄以便參考外，謹專就其在敦煌俗文學研究之表現進行論述，其餘則不再贅述。

二　關德棟先生事略

關德棟先生，滿族人，屬鑲黃旗。一九二〇年七月十七日出生於北京。父親為中學教師，家教嚴格，培養了他勤奮好學的精神。十九歲時以優異成

2　本計畫獲國科會獎勵補助三年，計畫編號：NSC 91-2411-H-415-001，執行期間：2002年8月1日-2005年7月31日。

3　葉濤〈關德棟教授與俗文學、敦煌學和滿學研究——為山東大學百年校慶而作〉，《民俗研究》（2001年4月），頁68-75。

4　車錫倫、山曼〈敦煌的俗文學研究〉，載陳平原主編《現代學術史上的俗文學》（湖北教育出版社，2004年10月），頁510-514。

續考入北京大學，就讀於文學院中國語言文學系。在學期間，正值三〇年代中國俗文學發展初期，他深受鄭振鐸、錢杏邨、趙景深等當代中國俗文學大師的啟發與影響，展開對中國俗文學鑽研，厚植中國俗文學研究的學養。四〇年代之後，在報章雜誌連續發表了相當多的俗文學研究篇章，引起了學術界的重視。

大學畢業後，先後擔任：北京中國佛教學院講師、瀋陽博物院檔案編整處滿文檔案翻譯組長、上海佛學院教授、上海美術專科學校和上海無錫國學專修學校副教授。一九五〇年後，先後擔任：蘭州大學少數民族語文講師、副教授、福建師範學院中文系教授兼系主任、福州大學中文系教授兼系主任，一九五三年調任山東大學中文系教授，其間曾借調到中國社會科學院民族研究所從事《滿漢辭典》的編纂工作。

一九八三至一九八四年間，獲得美國路斯基金，應賓夕法尼亞大學東方研究系邀請，赴美講學。其講學研究成果，是一次成功的國際學術交流、訪問研究講學活動。

一九九三年，獲德國國家科學基金，應邀赴柏林國家圖書館和科隆大學東亞研究所滿學系從事合作研究。

在近六十年的教學生涯中，先後講授中國文學史、中國民族史、蒙藏佛教史、佛典文學、民俗學、人民口頭創作、民間文學概論、明清俗曲概論、敦煌文獻研究和梵文等課程。從一九五五年起培養研究生，一九八一年後又指導美國、法國、日本、義大利、韓國、巴基斯坦等國的碩士和博士進修士，指導進行「敦煌學」、「寶卷」、「聊齋說唱」、「明代時調歌曲」、「滿族諺語」、「講唱文學」和「中巴關係史」等課題的研究及論文撰寫。

關先生博學多聞、涉獵廣泛，因此他的學術成就是多方面的，主要領域則在俗文學、民間文學、敦煌文學及滿學等課題。研究成果參見下節所列「關德棟先生論著目」。

由於他學術成就德高望重，任山東省文史研究館館員，並兼任中國民間文藝協會理事、中國民間文藝家協會山東分會名譽主席、中國敦煌吐魯番學會理事、中國俗文學學會副會長、東方民族民間文化學會理事長、山東

省文聯委員、清蒙古車王府藏曲本編輯委員會顧問等職。《中國戲曲曲藝辭典》、《中國目錄學辭典》、《中國大百科全書（戲曲卷）》、《漢族現代文學藝術家傳略》、《中國民間文藝辭典》、《民間文學大辭典》等，都設專目介紹他的生平和學術成就。

三　關德棟先生論著目

　　關德棟先生從事整理與研究的相關領域不少，茲將個人蒐輯所得並參考關家錚提供之相關資料，彙整成關德棟先生論著目，條列於下，以便參考。

（一）專著（含整理與著作）

01 《新疆民歌民譚集》二卷，上海：北新書局，1950年出版。

02 《曲藝論集》，上海：中華書局，1958年12月出版，100頁；1960年北京：中華書局修訂第二版；1983年5月，上海古籍出版社新1版，207頁。

03 《挂枝兒》（校序），上海：中華書局，1962年出版；1987年，上海古籍出版社重版。

04 《山歌》（校序），上海：中華書局，1962年出版；1987年，上海古籍出版社重版。

05 《聊齋俚曲選》，濟南：齊魯書社，1980年出版。

06 《賈鳧西木皮詞校注》，關德棟、周中明校注，濟南：齊魯書社，1982年10月，264頁。

07 《聊齋志異說唱集》，關德棟、李萬鵬編，上海古籍出版社，1983年出版，354頁。

08 《聊齋志異戲曲集》，關德棟、車錫倫編，上海古籍出版社，1983年10月出版，932頁。

09 《子弟書叢鈔》，關德棟、周中明編，上海古籍出版社，1984年12月。

10《聊齋志異話本集》，關德棟輯校，濟南：齊魯書社，1991年出版，298頁。

11《挂枝兒・山歌選》，關德棟選注，濟南出版社，1992年出版，183頁。

（二）論文

01〈唐代的民間佛教文學──變文〉《佛學月刊》12期，1942年。

02〈談變文〉，《覺群》週刊1：1-12，1946年。收入《現代佛教學術叢刊》19《佛教與中國文學》，臺北：大乘文化出版社，頁189-214；又收入周紹良、白化文編，《敦煌變文論文錄》（上海：上海古籍出版社，1982），頁185-230。

03 ※〈記滿漢語混合的子弟書螃蟹段兒〉，《文史雜誌》1947年。俗文學專號。

04〈巴利文大會經漢學〉《世間解》，月刊1947年。

05〈讀「唐代俗講考」的商榷〉，（天津）《大公報・圖書週刊》15期，1947年4月12日。收入周紹良、白化文編，《敦煌變文論文錄》（上海：上海古籍出版社，1982），頁165-170。

06 ※〈升官圖跋〉（北京）《俗文學》，1947年。

07〈談「落花」〉，《通俗文學》週刊第8期。

08 ※〈略說「變」字的來源〉《通俗文學》（上海）25期，1948年。又收入周紹良、白化文編，《敦煌變文論文錄》（上海：上海古籍出版社，1982），頁235-238。

09 ※〈關於十二時〉，《通俗文學》週刊第26期。

10〈說「子弟書」〉，《通俗文學》週刊第31期。

11 ※〈關於《三仗鼓》〉，《通俗文學》週刊第39期。

12〈時調小書併譜〉，《通俗文學》週刊第42期。

13〈《博異志》遺文二則〉，《通俗文學》週刊第59期。

14 ※〈再記《十二時》〉，《通俗文學》週刊第60期。

15 〈王梵志詩補遺〉，《大晚報・通俗文學》，週刊第62期，1948年1月12日。

16 〈《還魂記》的佚文〉，《通俗文學》，週刊第63期。

17 〈漢武故事的佚文〉，《通俗文學》，週刊第64期。

18 〈《正續齊諧記》的佚文〉，《通俗文學》，週刊第66期。

19 〈《冥祥記》補遺〉，《通俗文學》，週刊第70期。

20 〈《玄怪錄》遺文〉，《通俗文學》，週刊第71期。

21 ※〈張採芝〉，《通俗文學》，週刊第81期。

22 〈「滿漢兼」的子弟書〉，（北京）《華北日報──俗文學》，週刊第10期，1947年9月5日。

23 〈《升官圖》──記滿漢兼子弟書之一〉，（北京）《華北日報──俗文學》，週刊第59期，1948年8月13日。

24 ※〈《醜女緣起》故事的根源〉，（上海）《中央日報──俗文學》，週刊第10期，1948年又收入周紹良、白化文編，《敦煌變文論文錄》上（上海：上海古籍出版社，1982），頁519-522。

25 ※〈「散花」源流及其他〉，（上海）《中央日報──俗文學》，週刊第14期。

26 〈論《枕中記》故事的根源〉，（上海）《中央日報──俗文學》，週刊第17期。

27 ※〈現存羅松窗韓小窗子弟書〉，（上海）《中央日報──俗文學》，週刊第20期，1948年。

28 〈公案傳奇〉，（上海）《中央日報──俗文學》，週刊第21期。

29 〈《柳毅傳》與佛經故事〉，（上海）《中央日報──俗文學》，週刊第23期。

30 〈《風月夢》中的俗曲〉，（上海）《中央日報──俗文學》，週刊第39期。

31 ※〈變文目〉，（上海）《中央日報──俗文學》，週刊第64期，1948年4月3日。

32 〈敦煌本的《還冤記》〉，（上海）《中央日報——俗文學》，週刊第77期，1948年8月6日。

33 ※〈降魔神變押座文與目蓮緣起〉《文藝復興》，1948年，「中國文學研究專號」，1948年12月。又收入周紹良、白化文編，《敦煌變文論文錄》（上海：上海古籍出版社，1982），頁503-508。

34 〈論子弟書〉，山東大學《文史哲學報》，1980：2，1980年4月，頁56-62。

35 〈略論圖理琛《異域錄》滿文本對漢文本的訂補及其他〉，《文物資料叢刊》5，1981年12月，頁180-194。

36 〈談聊齋俚曲〉，《山東大學文科論文集刊》，1980年。

37 〈談聊齋志異的一支俗曲——讀滿文書箚記〉，《曲苑》，1982年。

38 〈曲藝叢談序〉，中國曲藝出版社，趙景深《曲藝叢談》，1982年。

39 〈周貽白小說戲曲論集序〉齊魯書社《周貽白小說戲曲論集》，1986年。

40 〈中國曲藝史序〉春風文藝出版社，倪鍾之《中國曲藝史》，1991年；

41 〈影印清蒙古車王府藏曲本序〉，1991年北京出版社《清蒙古車王府藏曲本》。

42 〈德國柏林國家圖書館現藏滿文書籍簡記〉，《滿學研究》1995年第2期。

43 〈讀聊齋俚曲札記〉山東〈蒲松齡研究〉，1997年12月。

44 〈海外讀曲記〉（一），《曲藝講壇》第四期，1998年3月。

45 〈海外讀曲記〉（二），《曲藝講壇》第五期，1998年9月。

46 〈聊齊俚曲箚記〉《蒲松齡研究》，1999年第3.4期（總26期）「聊齋俚曲專號」。

47 〈關於聊齋隨手抄的道情〉，《蒲松齡研究》30期，1998年12月。

註1：前標※者，係收入《曲藝論集》。

註2：關於關德棟先生1942-1945年間的論著，因為非常零散，蒐集不易，故暫時不列入表中。

四　關德棟先生的敦煌俗文學研究

　　從上列論著目錄，可見關先生所從事的學術研究是多方面的，總的來說，主要是以中國俗文學為核心，其成果與貢獻也是以俗文學整理與研究最為突出且最具代表。以下謹就其俗文學研究成果中有關敦煌俗文學研究方面進行考察，就其發表的相關篇章，一一論要，闡明研究旨趣，以彰顯其研究成果。

（一）敦煌變文

　　一九〇〇年敦煌高窟藏經洞的發現震撼學界，其中最令中國文學界矚目的則首推敦煌變文，其次則是敦煌曲子詞與通俗白話詩。這與中國俗文學發展關係極為密切。從一九二〇年王國維撰《敦煌發見唐朝之通俗詩及通俗小說》，到一九二九年鄭振鐸〈敦煌的俗文學〉一文，首倡「敦煌俗文學」的概念，並用它來概括敦煌文獻中的「通俗的」、「民間的」、「大眾的」文學作品。在此一影響下，早期敦煌文學指的即是變文、曲子詞等，而變文、曲子詞等也自然是中國俗文學研究的新材料與新課題。

　　關先生就讀北京大學中國語文文學系時，正值三〇年代「中國俗文學」學科建立的初期，深受鄭振鐸、錢杏邨、趙景深等著名學者的影響，對於轟動學界的敦煌俗文學尤為留意，可說是國內較早研究敦煌俗文學的學者之一，特別是在有關變文的研究上，其研究成果與貢獻深受重視。在周紹良、白化文合編的《敦煌變文論文錄》一書，選錄敦煌藏經洞發現以來至一九八〇年以前，自王國維以下有關敦煌俗文學的研究篇章五十餘篇，關先生一九四六至一九四八年間發表的六篇有關敦煌變文的論文，除〈變文目〉為目錄外，其餘篇悉數被收錄。當時，不論在國內或國外，敦煌學的研究都屬於起步階段，研究者有限，而且大多限於少數得以獲睹敦煌寫卷者，國內撰文研究更是少之又少，且多屬序跋短文。關先生以一未滿三十歲的青年，且未出國親睹敦煌原卷，然卻能有如此的研究成果與見解，其對新材料的學

術敏感與見解，確實有其獨到之處。

關先生發表有關敦煌變文的論文：有總論變文此一講唱文學的、有專論變文名義的、有專就單篇變文進行內容題材本事考論的、更有網羅敦煌變文各個寫卷資料進行敘錄，以供研究者之參考。這在敦煌變文研究發展之初，至為難得，更何況敦煌變文涉及佛教文化與中國文學，關係複雜，資料新穎獲睹不易。先生時值青年，能充分運用此一新發現的新材料，整理、研究中國文學史上的新問題，展現個人的佛學根底與中國古典文學素養，提出見解，成一家言，為敦煌變文的整理與研究建功立業，著實不易。

他在一九四六年首先發表一篇長達數萬言的論文〈談「變文」〉，承襲了鄭振鐸的基本看法，進一步分別討論變文的淵源與體制，並涉及俗講儀式與變文命名等相關問題，他以為變文的淵源係受到「佛教翻譯文字的影響」，且與「六朝時代佛教的唱導文學」關係密切，特別是五世紀以後佛教徒的「轉讀」、「梵唄」與「唱導」等三種佈教方法，使佛教深入民間；其後逐漸演進，乃有「唐代的俗講與變文」的發展。同時論述「唐代的『變文』與『變相』」為當時佛教宣傳的兩種不同方式：一個是以繪畫為空間的表現者；一個是以口語文辭為時間的展開者，所以變文的題材也與變相圖一樣，圖畫俗講並用，傳教的效果一定很大。

在變文的體制方面，他以為變文這種文體，學者曾經給過「佛曲」、「俗文」、「唱文」等稱呼，但這些名稱並不普遍、且不正確、不合適。他贊成鄭振鐸對「變文」的提法，以為「變文」是一個最普遍的名稱，又將變文的體裁分為三類，即：（一）散文說白後不用引端，而繼以五言或七言韻。（二）散文說白後用「若為」、「若為陳說」等「引端」引起五言或七言的韻文。（三）通篇散文式說白，最後以「詩曰」引起「七言」詩四句終場，而繼以五言或七言韻文。

從變文組織的內容又區分為三類：（一）以散文作講述，韻文則重複歌唱散文的敘述。（二）散文部分作「引端」而銜接用韻文部分來描述。（三）在變文開始沒敘述前，先引一句或一段「經文」，然後據此經文，加以敷演描述。

　　依據變文的性質，分為：（一）敘述關於佛經的故事，（二）敘述關於非佛經的故事等兩大類。並將變文系統分類，如下表：

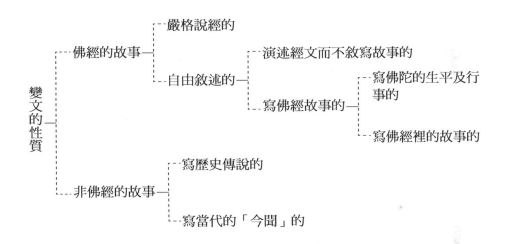

　　可以說是自敦煌文獻發現以來，早期中國學者對於變文做了較為全面且系統性的論述。

　　關於「變文」的涵意與起源，一直是中外學者所最關心且意見紛歧的熱門問題。最早對變文意涵提出說明與定義且影響最為廣泛的當推鄭振鐸，鄭氏以為：所謂「變文」之「變」，當是指「變更」了佛經的本文而成「俗講」之意。作為鄭氏的學生，關先生卻有自己獨特的見解，他在一九四八年發表了〈略說「變」字的來源〉一文，文中以為有關變文命名的來源問題，大約可以分為「鄭振鐸」、「長澤規矩也」、「向達」、「周一良」等四種不同的說法，而以為意見都只有一部分可取，且不甚圓滿。關先生覺得「變相」、「變文」的「變」字的來源是這樣：

　一、「變文」的「變」字就是「變相」的「變」字；

　二、「變相」就是「曼荼羅」；

　三、「變相」的「變」字就是翻譯梵語mandala一字的略語。

　　曼荼羅是梵語mandala字的音譯。變相的「變」字，就是「曼」字的一

音之轉。「變」字的原語是梵語mandala總比是citra（周一良疑心「變」字的原語，也許就是citra——此字有彩繪之意。）合理的多。

關先生此一說法可說是變文名義「外來說」的主要代表，這使他在當時學術界成為閃閃發光的一個青年學者，向達特別撰寫（補說唐代俗講二三事——兼答周一良、關德棟兩先生）一文來加以回應。雖然向達說「變或變本一辭的來源，周、關兩先生的解釋，都不能令人滿意，尚待續考。」但也發出了喟嘆：「二十年來注意敦煌俗講文學者，寥寥可數。今日得讀周、關兩先生的文章，不勝空谷跫音之感。個人除去歡喜讚歎而外，並向孫、周、關諸先生表示敬意」。時至今日，關先生的這些論文與見解，仍然是敦煌俗文學研究上具有一定參考價值與意義的篇章。

至於〈《醜女緣起》故事的根據〉一文，則以為「緣起」是一種韻散兼列的「變文」引子，在其內容方面也與「變文」一樣，多採取佛經裡面的故事。所不相同的是「緣起」偏重在篇幅簡短或有趣味的，而「變文」裡還有一些寫佛教以外故事的東西，在「緣起」裡是沒有的；因此，可以說「變文」是「緣起」的演出。

《醜女緣起》是取材於一個簡短而有趣的佛經故事，內容主要敘說：釋迦牟尼在世之日，渡脫波斯匿王醜女金剛一事。此故事來源，見於《撰集百緣經》、《雜寶藏經》及《賢愚經》等三部經典。《醜女緣起》的內容是根據《賢愚經‧波斯匿王女金剛品》敘寫的，內容情節與諸經略有出入，蓋緣起敷演故事著重趣味性，所以頗有佛經所沒有的情節。文中並比較《醜女緣起》與各經文情節之異同，考論敦煌寫本《醜女緣起》故事的根據。是早期對敷演佛教故事變文情節考源的典型。

〈降魔神變押座文與目連緣起〉一文，根據所僅存的一點材料，以為佛教經典的通俗講唱，除了變文外，還有所謂「押座文」與「緣起」。押座文是變文的引子；緣起則韻散兼列，其體裁較長於押座文，為用則相同。〈降魔神變押座文〉據傅芸子的說法「大約是由於中央佛坐下不錄著銘文的習慣上來看的。」這種體裁曾影響到以後俗曲的引子。〈目連緣起〉更是研究目連故事演變的珍貴材料。

至於〈變文目〉一文，則是關先生在向達《唐代俗講考》一文附錄「敦煌所出俗講文學作品目錄」的基礎上，將自己所見可以補充之篇目，合在一起，重為敘錄，以為自己研究方便，又供學界參考。總計四十六篇作品，分作：「押座文」、「緣記」與「變文」三組，每目除註明庋藏處、公刊處外，如學者於該目撰有論著，亦為註明，為四〇年代最完備之變文目。提供周紹良《敦煌變文彙錄》，王重民、向達等《敦煌變文集》等全面輯錄敦煌變文的良好基礎。

（二）敦煌曲子詞

唐代民間流行的歌曲眾多，佛教傳頌的歌曲中，固然以屬於佛教本身的梵響佛曲為主，但在佛教入世弘法的過程中，也多有運用俗曲來進行歌頌的。敦煌藏經詞中發現不少〈五更轉〉、〈十二時〉、〈百歲篇〉、〈行路難〉等佛教俗曲。其中特別是〈五更轉〉、〈十二時〉，數量眾多，題材多元，內容豐富，流行又廣，且源遠流長，傳誦不絕。關先生專研俗文學，於民歌俗曲多所用心，對敦煌寫本所保存的俗曲更是留意。一九四八年他發表了〈關於「十二時」〉一文，便是根據羅振玉《敦煌零拾》及劉復《敦煌掇瑣》中所輯錄的《十二時》進行探討。他以為：《十二時》的體裁，在今日的民間俚曲中，雖已找不出結構相似的東西來，但是《十二時》一體在南宋時仍然存在。他從文獻載籍中找到證據，即：宋・釋曉瑩所著的《羅湖野錄》卷三裡，曾提及寶峰湛堂淮禪師的一篇〈十二時頌〉。《羅湖野錄》撰述時代，為南宋高宗紹興二十五年（1155），在知在唐以後，直到南宋，《十二時》尚流行，可能只是通行於佛教歌唱之中，因此呼籲研究民間俚曲俗語者，不可忽視禪僧語錄。此篇雖為短文，但對〈十二時〉曲的溯源、合曲與佛曲間的關聯卻頗具參考價值。

之後，他又發表〈再記「十二時」〉一文，主要針對魏建功〈十二辰

歌〉[5]一文而發。魏氏以為《十二時》等敦煌發現的俗曲,是當時有的「流行的歌曲,佛徒宗教家隨便應用著並沒有確定的名稱。」並引《洛陽伽藍記》〈白馬寺〉條記沙門寶公的故事,而論證說:「把這種俗文學的名稱斷定應該叫做『十二辰歌』。」同時討論「這種歌原始形式當是四句,而特別是三言,有韻腳,是一、二、四句相協。因為依十二辰分章,故名『十二辰歌』。」並以《洛陽伽藍記》〈白馬寺〉條所記的沙門寶公或即梁沙門寶誌。關先生以為:《高僧傳》保誌的傳裡說:「上(梁武帝)嘗問誌云:『弟子煩惑未除,何以治之?』誌答云:『十二識者,以為十二因緣治惑藥也。』又問十二之旨,答云:『旨在書字時節刻漏中,議者以為書之在十二時中。』」這才是造成十二章的《十二辰歌》的最初根源。並認為葉德均〈十二時〉(見《通俗文學》33期)一文有關句法的論述,有修正的必要。

除了直接利用敦煌曲子詞〈十二時〉進行研究,並補充唐宋文獻載籍的相關資料外,也注意到近世流行在蘇北一帶和南京等地,民間宗教經懺活動中所唱的「散花」;其與《續高僧傳》所提及「落花」的關係,因而有〈談「落花」〉及〈「散花」源流及其他〉二篇文章的先後發表。並列一簡表說明了散花的演變:

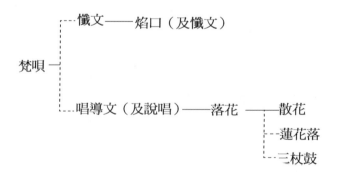

從「落花」到「散花」,逐漸形成為僧侶們謀生的一種技藝,內容與佛教已關係,僅只襲用曲藝而已,說明了梵唱的世俗化,變質為道地的俗曲。

5　魏建功〈十二辰歌〉,《大公報‧文史週刊》23期。

（三）王梵志詩

我國詩學昌盛，以有唐為最，自帝王貴族、文士庶民，以至方外倡優，咸有所作。其中，初唐隱逸白話詩人，出入三家，浸淫釋道，皈依自然，情真語俗，別饒風味的，則以王梵志、寒山為其代表。民國以來，由於胡適的力倡白話文學，對於初唐白話詩人特加表彰，而近代學者亦每喜援引禪理來論詩，所以特別重視寒山，造成寒山詩研究的狂潮。然而細索寒山詩的風格，則知其實與王梵志詩同流，均為似偈非偈的通俗白話詩，世人重視寒山，並非輕視王梵志，而是因為王梵志的詩集，後世不傳，沈晦無聞的關係。

考唐宋以來內典外書，有關王梵志的記述載籍，為數有限，然自清季以來，地不愛寶，沈霾千載之文物，一時大出。敦煌石室遺書中，赫然發現了許多研究王梵志詩的寶貴資料，使得國際漢學界又掀起了研究王梵志詩的熱潮。一九三五年鄭振鐸根據法藏敦煌寫卷 P.2718 及 P.3266 加以校錄，集成《王梵志詩一卷》九十二首，又據胡適之所錄 P.2914 第三卷殘詩六首，敦煌本《歷代法寶記》中引用的一首，費袞《梁谿漫志》所引的八首，以及黃山谷所引的二首，加以輯錄作為〈王梵志拾遺〉附於一卷本後，收入世界文庫第五冊。

一九四八年，關德棟發表〈王梵志詩補遺〉一文，對此進行補遺。他指出唐・范攄《雲溪友議》中有一條記載隋唐之間白話詩人王梵志的資料，唐・馮翊《桂苑叢談》裡也有一條記載，那就是《太平廣記》卷八十二引《史遺》的那段神話，范與馮兩人的時代相同，范為唐僖宗時人（874年左右）而馮所記多為咸通（唐懿宗860）以後事，所以這兩段記載關於王梵志事跡的傳說總是略有幫助。關先生以為：由於王梵志是林檎樹癭朽爛而生，林檎非中土固有，《述征記》、《洽聞記》多有記載，所以推想王梵志或為西域之異民族人士，此怪誕不經神話式的小傳，必別有出處，只可惜目前還找不出它的根源罷了。

王梵志詩在敦煌卷子裡發現後，多位學者曾先後整理、輯錄並看行。關先生以為最完備的本子就是鄭振鐸編入世界文庫的本子，然《雲溪友議》裡

提及的十幾首詩卻沒人注意，因特將《雲溪友議》中刊載而世界文庫中缺收
的王梵志詩加以補錄。

五　後語

　　中國俗文學的研究發展，一般以為始自「五四」前夕，一九二二年北京
大學歌謠研究會創刊《歌謠》週刊作為起點，這也意味著「歌謠」的蒐集與
研究是中國俗文學研究早期的重點與潮流。關先生三〇年代末就讀北京大
學，青年時代正趕上中國俗文學研究的浪潮，實可說是躬逢其盛。

　　在北大期間能親炙中國俗文學的幾位大師，尤其是鄭振鐸一九三八年出
版了《中國俗文學史》是建立中國俗文學體系的開始，關先生深受此一影
響，厚植學養。

　　四〇年代開始，關先生在中國俗文學研究上開始綻放光芒。研究論題不
論是民歌、俗曲、子弟書、彈詞、鼓詞或敦煌變文、曲子詞均有相當的涉
獵，論文的篇數雖然不多，但研究的面向不論是文獻的整理或學理的探討；
宏觀的總論，或微觀考究，成果均相當可觀。

　　研究論題與見解，既繼承鄭振鐸中國俗文學的體系、內容而予以深化，
又能突破創立新解。這些特色，既呈現在關先生的中國俗文學研究上，也充
分的表現在敦煌俗文學的研究成果，為早期敦煌俗文學研究提供了相當可觀
的參考。

　　我們從關先生的研究成果加以考察，不難發現他的特色：既重視文獻原
典，又關注實地調查；既厚植傳統學養，又留意新發現的材料。同時又融匯
古今，通攝雅俗；既重視個體微觀之考論，又能措意於宏觀體系之建構。

　　另外，值得一提的是，他在一九四八年八月六日上海《中央日報》《俗
文學》週刊發表〈敦煌本《還冤記》〉一文，主要是根據一九四七年九月
臺北國立臺灣大學出版神田喜一郎編印《敦煌秘笈留真新編》中所收法藏
P.3126號《還冤記》殘卷。以當時局勢動亂，且遙隔海峽兩地，甫出版之新
書，短短不到一年，若非對學術資料有敏銳、積極與勤奮之治學精神者，豈
能援引立論，凡此種種，均是後學者所應深思與效法學習的。

回顧與前瞻

——百年民俗學史的理論審視

何　彬

（日本）首都大學東京

摘要

　　中國現代民俗學科的歷史，從正式開始使用「民俗學」這個詞彙開始起算，已經度過了九十多年的光陰。本論文將二十世紀初至二十世紀七十年代末劃為第一階段，二十世紀八十年代以後劃為第二階段，目的是通過整體觀察民俗學科的動向，審視民俗學的理論發展，在提示歷史的足跡之後探索今後的發展方向。第一階段的學術史以年表形式敘述，按年代追述學科發展並增設理論傾向分析的欄目。第二階段敘述了兩個小分期各自的特點和第二階段表現出的學術性整合／分化傾向。文章論及從臺灣開始，給予大陸相關學界極大啟示的「學術研究本土化」動向，反思其對於民俗學科的意義，提出對第三階段的民俗學科的發展方向的見解。

關鍵詞：民俗學；歷史；理論；本土化

一　序

　　有關民俗的記載，在我國有史已久。然而民俗學作為一門學科出現在中國學術界，卻只是上個世紀的事。從「民俗學」最早開始使用的二十世紀初期為起點的話，屈指算來已經有近百年的歷史。二十世紀二十、三十年代，顧頡剛、鍾敬文、婁子匡等老一輩民俗學家們一面介紹國外的民俗學理論、一面從事收集各民族和各地的民俗資料工作，並且成立民俗研究組織、講授民俗學課程等等。他們用自己的親身行動實踐民俗學理論，用辛勤的文筆記述下當時社會的民俗資料，為我們開創了中國民俗學研究的第一個階段，也為後來民俗學在經歷戰爭和政治風雲之後實現第二個階段的飛躍發展留下了珍貴的民俗資料和學術經驗。[1]

　　現代民俗學在二十、三十年代取得了相當大的實地調查・理論研究的成果。但是，在初步形成學科規模之後，它經歷了戰火和政治風波幾起幾落的洗禮，在中國走過了數十年艱難、曲折的路程。二十世紀四十年代後期至七十年代末期，學科整體基本處於停滯狀態。直至二十世紀八十年代中、後期，中國大陸的民俗學科才得以重獲生機，重新開始邁出學術發展的腳步。

　　本文分兩個階段回顧二十世紀初至二十一世紀初近百年來民俗學作為一門學科在中國大陸上走過的路程。第一階段從二十世紀初至二十世紀七十年代末期，第二階段從二十世紀八十年代至今日。筆者試圖通過審視百年歷史中現代民俗學理論發展的傾向、特點或問題所在，以此為依據試論二十一世紀民俗學欲獲得更大發展應繼續保持和發揚光大的學術方向和基本要素。

---

[1]　按照許多民俗史研究的記述，民俗研究的歷史可以追述到清末或更早的時期，筆者並無異議。由於本文欲重點關注民俗學科的學術發展軌跡，因此筆者記述的現代中國民俗學的發展，以「民俗學」一詞開始使用作為學科發展初始，謹此說明。

二　學術史回顧──第一階段

（一）學術史年表[2]

　　本文首先從學術史角度，回顧二十世紀初至二十世紀七十年代民俗學作為一門科學所走過的路程。以下用年表的形式簡要敘述第一階段的學科發展的主要事項。不同於一般歷史年表之處，在於本表格最右面設置了「學術發展」欄目，用來簡要歸納、記述有關民俗學科的理論動向及發展傾向的要點。

現代中國民俗學第一階段年表（1913-1979）

年代	主要事項	相關事項	學術發展
1913年12月	周作人在《兒歌之研究》一文裡首先使用了「民俗學」一詞[3]，楊堃撰文指出民俗學一詞源自日語[4]	民俗學一詞使用較早，但作為一門學科的民俗學的起步由於多種原因，曾經有一段較長的停滯期。	

---

[2]　年表僅僅是筆者勾畫的現代中國民俗學從二十世紀初至二十世紀七十年代末的學術發展的大致輪廓。由於製作年表的主要目的不在於細致記述學科發展的歷史全貌，而在於重點勾勒出學科的學術發展傾向，難免有許多疏漏之處，祈望指正。

[3]　周作人〈兒歌研究〉，《紹興縣教育會刊》第4號（1913年12月）；轉引自王文寶著《中國民俗學史》（北京：巴蜀書社，1995年），頁183。

[4]　楊堃〈民俗學與民族學〉，《民族團結》第6期（北京：1983年）。

年代	主要事項	相關事項	學術發展
1918年2月1日	《北京大學日刊》61號刊登〈北京大學徵集全國近世歌謠簡章〉		此舉被視為近代中國民俗學運動的發端。中國民俗學科起步於文學革命，它邁出的學術第一步是採集歌謠。中國民俗學從其發展初期起，即與文學、口承文藝密切相關。
1920年12月19日	北京大學歌謠研究會成立（沈兼士、周作人負責）。	初期的民俗學研究活動，大多從採集民謠開始，爾後逐步向採集記錄風俗習慣發展。	該研究會成為現代民間文學史上第一個學術組織，也被視為現代民俗學活動的發端。北京大學由此被認作是中國民俗學的發源地。
1922年2月17日	《歌謠週刊》創刊（至1925年6月28日第97期後停刊歸入《研究所國學門週刊》）；1924年該刊開始徵集民俗學論文。	《歌謠週刊》除發表收集到的民間歌謠之外，還開闢了民俗相關的專號如「婚姻」、「臘八粥」等。	刊登口文學和民俗的記述與研究文章的早期專業刊物，亦是現代民間文學、民俗學史上第一部專刊。

年代	主要事項	相關事項	學術發展
1923年5月24日	《北京大學風俗調查會》成立		現代民俗學史上最初的與民俗相關的專業學術團體。
1925年4月30日	北京西郊「妙峰山民俗調查」：顧頡剛、容肇祖、常惠、孫伏園、容庚等人連續三天首次調查了妙鋒山廟會風俗。	調查內容在《京報副刊》出了六期《妙峰山進香專號》，三年後匯編成《妙峰山》一書；爾後多位學者也陸續去妙峰山作民俗調查。	此舉被譽為「開現代民俗學史上田野調查之先河」，是在首次妙峰山調查80年之後的2005年。2005年5月，中國民俗學會在妙峰山設立「中國民俗學調查紀念碑」並召開「紀念妙峰山民俗調查80周年學術研討會」，以示對前輩民俗學者的敬意，並表現出現代民俗學對田野調查的重視。

年代	主要事項	相關事項	學術發展
1927年11月1日	為避戰亂,學者南遷,民俗學的中心移往南方。位於廣州的國立中山大學成立《國立中山大學語言歷史學研究所民俗學會》,學術史一般簡稱為中大民俗學會;成員有顧頡剛、容肇祖、楊成志、鍾敬文、婁子匡、羅香林、董作賓等60餘人。受其影響,各地(浙江、福州、廈門、漳州、杭州等)紛紛成立了民俗分會。	民俗學會的會員們在廣東以及西南、東南地區開展民族調查、民俗調查。陸續出版了民謠民俗著述37種,其中有:婁子匡編《紹興歌謠》等歌謠著述14種;婁子匡、陳德長編《紹興民間故事》等故事傳說6種;謎語方面4種;顧頡剛、劉萬章編《蘇粵的婚喪》等風俗信仰方面4種;楊成志譯《民俗學問題格》等民俗研究9種。	中國第一個正式以民俗學為名稱的學術組織;研究民俗和民間文學為主。此期間的相關出版物為我們留下珍貴的民俗調查、研究資料;並表現出關注民俗學學科本體理論研究傾向,是中國現代民俗學理論發展史上的一個高潮。留學歐美的學者們將自己學到的歐美的民族學、人類學理論介紹給國內並且親身在國內進行民族、民俗調查實踐。民俗學研究結合社會學、民族學、人類學、考古學等學科的理論展開民俗調查與分析研究,是這個時期的一個重要特點。
1928年3月21日	國立中山大學《民俗週刊》創刊,「民俗」一詞逐漸被學界及社會所知。	該刊物前身名《民間文藝》,更改刊名意味著人們注意到民俗研究的重要性。	現代民俗學史上重要刊物;論述民俗學的文章陸續登場,意味著民俗從收集民俗資料進入研究民俗的階段。

年代	主要事項	相關事項	學術發展
1928年4月23日-6月10日	國立中山大學舉辦民俗學傳習班（授課對象主要為在校二年級以上學生）。	部分講題：民俗學概論、民俗心理、整理傳說的方法、收集風俗材料的方法、關於中國風俗材料書籍的介紹、歌謠概論。	開辦民俗學傳習班，標示著中國民俗學教育史的開始。意味著民俗學科從國外進入國內，在中國的土地上開始了培養本國下一代專業人才的階段。
1930年[5] 7月1日	民俗學會（後改稱中國民俗學會）在杭州市成立。[6]錢南揚、鍾敬文、婁子匡、江紹原等人編輯《民俗週刊》以及各種民俗學、民間文學專號並出版叢書。	鍾敬文、婁子匡編輯出版的《民俗學集鐫》第一輯、第二輯收錄了許多重要的民俗學譯文及論文。論文集對後來八十年代培養民俗學專業學生起了重要作用。	學術史一般稱之為「杭州民俗學會」，其重要作用在於促進了當地的民俗研究和民俗知識的廣泛傳播以及民俗學理論的引進。在現代民俗學史上，這一個時期是民俗記述以及民俗理論、民俗研究出版物繁盛的時期。
1936年9月15日	國立中山大學刊行《民俗》季刊第一卷第一期。	登載論述民俗學理論、民俗研究的學術文章是其一大特點。	
1943年冬	婁子匡、顧頡剛等人在重慶結成「中國民俗學會」。	以學會名義出版刊物《風物志》。	民俗學者的奮鬥，使戰火之下的中國民俗學又形成了一個小高潮。

5　原來依據一些民俗史的文字資料寫作「1931年夏-秋」，承葉春生、王秋桂兩位先生教示，按照婁子匡先生的回憶更改。

6　承葉春生、王秋桂兩位先生教示：據婁子匡先生回憶，成立會是在杭州西湖的小船上舉行的。

年代	主要事項	相關事項	學術發展
至四十年代末	連年戰火，民俗學調查與研究活動進入低谷時期。	學者們仍然在努力奮鬥，然而從整體看，不能不說學科的發展從此開始，進入數十年之久的低谷時期。	
1950年3月29日	《中國民間文藝研究會》在北京成立。二十年代、三十年代以來從事民俗活動的第一代民俗學者在加入該會的同時，極力倡導研究各民族民間風俗習慣。然而該研究會重視口承文學的傾向一直延續到六〇年代文化大革命開始。	受蘇聯影響，民間文學尤其是少數民族民間文學研究得到政府的鼓勵和承認，而「民俗學」作為一門學科的名稱被取消。極少一部分有關民俗的研究活動被置於民間文學學術組織之下。	此後一段時期，民俗學沒有得到作為一門獨立學科應有的承認，更談不到學術發展。五〇年代至七〇年代，可以稱作是民俗學科的冰河期。
1966-1976年	延續十年之久的「文化大革命」政治風暴，一切學術活動都被強行停止。	民俗文化遭到極大破壞，民間傳統傳承的鏈結被截斷、有些民俗甚至從此消失。	民俗學與其他學科一樣被打入冷宮。田野調查和理論研究無法進行，幾近空白。

年代	主要事項	相關事項	學術發展
1978年秋	文革結束、百業待興。「七教授」聯名向中國社會科學院遞交了《建立民俗學及有關研究機構的倡議書》。	「七教授」：顧頡剛、白壽彝、容肇祖、楊堃、楊成志、羅致平、鍾敬文倡議書強調民間文學包容在民俗學科之內，應當將民俗學作為一門獨立學科對待。	「七教授倡議書」成為現代民俗學第二發展階段的起點。主張民俗學是有別於民間文學的學科，這在五〇年代之後的中國學界具有創新意義，它標誌著民俗學即將擺脫置身於民間文學下屬的地位，開始獨立發展。
1979年	中國民間文藝研究會內設置了「民俗學部」。	「民俗學部」隸屬於民間文學研究機構之下，表明民俗學與民間文學在當時的客觀學術位置。	「民俗學部」是1949年以後第一個冠以民俗學之名的公立民俗研究機構。它是民俗學成為獨立學科前夜的過渡形態，同時也是中國民俗學與民間文學具有的特殊學術關聯的象徵表現。
1983年5月21日	中國民俗學會北京宣布成立（第一任理事長鍾敬文先生）。	1949年以後第一個正式的民俗學學術團體；繼二、三十年代民俗學興起以來，作為一門獨立學科的民俗學在中國的土地上邁出了它的第一步。	

（二）學術史的啟迪

通觀上述筆者稱為第一階段的六十多年的學術發展史，可以看出二十世紀二〇年代至四〇年代初是中國現代民俗學初步興起的時代，也是民俗學發展的第一個高潮時期，它同時也是第二階段的民俗學得以飛躍發展的重要的民俗學學術奠基時期。

在這個時期裡，有關民間文學和民俗學材料收集、調查的廣泛化、民俗學研究者的組織化以及各種方式陸續出版發行的大量有關民俗的記述和理論介紹、分析研究文章和民俗著述、民俗叢書等，對當時社會及學術界都產生了極大影響。民間文學、民俗學等研究與民眾生活密切相關內容的學科也因此逐漸為國人所知。當時收集或調查記錄的民俗資料以及各種民俗學叢書和民俗學譯文，曾經是八十年代以後大學民俗學課堂裡使用的重要的民俗學教材和參考資料。在整理民俗學史資料時，筆者再次感受到活躍於上述時期的第一代民俗學者、中國現代民俗學的開拓者們辛勤勞作獲得的碩果的學術重量以及它對後來學科發展具有的重要意義。

現代民俗學在第一階段最初的二十幾年裡取得如此豐碩的成果，一方面取決於學者們對研究對象的抱有的學術熱忱和學術使命感，這是決定學術發展成功與否的關鍵。只有對自己的學科、學科研究對象和學科目的抱有明確的學術熱忱，才能無條件地獻身於它、服務於它。擁有眾多持有如此觀點的研究者、關聯者的學科，則一定會有堅實的、光明的發展前途。另一方面，及時介紹外國相關理論以及在中國國土上由中國學者去實踐這些理論，這無疑也是重要因素之一。在這個歷史階段裡，一批曾留學歐、美、日的學者們不僅致力於將自己學到的民俗學、民族學、社會學、人類學的理論介紹給國內，並且親自在國內各地進行民族調查、民俗調查的學術實踐。他們的行動不僅為我們留下了專業理論指導下獲得的調查資料，也為二十世紀八〇年代以後的現代民俗學者和民俗學專業的學生們作出走向田野重視田野的表率。

不畏勞苦、積極從事走入民間、接近民眾的田野調查，是這個階段學者們的共通特點。努力收集保存在民間的第一手民俗資料，不據為己有而是及

時地以文字形式公諸社會，形成全社會關注民俗、了解民俗的風氣，是這個階段的又一個特點。大量記述民俗的出版物，為後來者留下了戰火之前的珍貴的傳統民俗資料。這些記錄成為日後中國民俗研究的重要資料來源，為日後的現代民俗學教育、研究都奠定了重要的基礎[7]。

積極運用社會學、民族學、人類學、考古學等學科的理論展開民俗調查與民俗研究，是這個時期的一個重要特點。同時，也是民俗學得以在這一階段能夠取得重要的學術發展和豐碩成果的重要原因之一。後面也要論述，採用近鄰或相關學科的理論、方法指導民俗調查和民俗研究，成為現代民俗學的又一個特點。這個特點在三、四〇年代無疑對民俗學科的發展起到了積極的作用。

以上，是通觀現代民俗學學術史第一階段的年表得到的一些啟迪。以下從學術傾向、理論研究及問題所在幾方面審視二十世紀八〇年代中期中國民俗學會成立之後至今的二十年的學術發展。

三 學術史回顧[8]——第二階段

（一）兩個小分期的特徵

一九八三年五月二十一日，「中國民俗學會」作為一九四九年以後第一個正式的民俗學學術團體，在北京宣布成立（第一任理事長鍾敬文先生）。民俗學結束附屬於民間文學之下的境況，作為一門獨立的學科邁出了第一步。但是，數十年之久的學術停滯使學科的發展面臨多種困難，但是在諸多熱心民俗學事業的人們的積極參與下，這二十來年民俗學科的收穫是十分豐碩的。以下把這二十年的學術動向分為兩個十年、兩個小分期敘述。

---

[7] 筆者於八十年代後期走入大學民俗學專業研究生的課堂時，首先接觸到的大多是這一時期出版的民俗調查記述和民俗研究、國外民俗理論介紹的書籍、論文的復刻版，至今記憶猶新。

[8] 這個階段本來也歸納了一份年表，限於篇幅，這裡省略年表，只用文字敘述。

第一個分期是積極導入海外理論、完善民俗組織建設的時期，時間大約是前後十年左右。

現代民俗學自成立之時起就面臨著系統理論匱乏的大問題。長期與海外學術交流的中斷，使得中國現代民俗學很難獲得最新的海外民俗學的研究信息和理論動態。學會成立前後中國國內發行的有關的書刊，主要是三、四十年代第一代民俗學者們的民俗著述復刻本和三〇年代以來國外理論翻譯書籍的再版，很少見當代最新理論學說的著述。從當時的有關出版目錄看，再版書籍之中，社會學、民族學、文化人類學、口承文藝方面的譯著和論著很多，有關民俗學專業理論的翻譯和著述並不多。民俗學會成立之後，即以上述人類學等相關學科理論的書籍為教材，培養民俗學專業的研究生以及供各地從事民俗工作的文化部門的人員參考使用。各地大學或有關研究機構的研究人員也以這些理論知識為指南，從事民俗調查和民俗分析。

對於尚沒有完善的固有系統理論的民俗學來說，借用其他相鄰學科的理論及研究方法作為本學科的研究工具無可非議。但是，來自各國不同時期不同理論派別的理論書籍發行之後，即被用來作為教材或民俗工作指南，缺乏對該理論產生的時代背景、文化背景。和該理論形成發展的脈絡做介紹及評價，這使民俗學科未能在短時間內消化、吸收這些理論，無法在此基礎上經過思索形成自己的理論方法，這不能不說是一個缺憾。

就在這同一個時期，臺灣學者們在長期跟隨西方理論進行自我文化研究之後，開始進行學術反思，在臺灣形成了後來被稱之為「本土化」的學術動向。中國民俗學剛剛開始復興，一九八〇年還尚未形成正式的全國性學術組織，很遺憾民俗學科未能與這個學術潮流及時相遇。在加強學術研究本土化意識、修正對待外來理論的姿態等方面，民俗學科落後於相關學科了。如果當時有可能與臺灣學者們做交流、及時汲取臺灣學者們從服從歐美理論到質疑、審視、修改歐美理論，創新研究概念、補充發展了由歐美學者們創建的理論的學術經驗的話，也許現代民俗學科的理論發展和研究今天會呈現另一番情景。

儘管如此，第一個小分期的十年裡取得的成果仍然很大，現代民俗學

科最初十年的發展是氣氛熱烈且碩果纍纍的十年。中國現代民俗學在缺乏系統理論和各種條件（如學科定位、專業研究機構、研究經費、海外學術交流等）尚不夠充分的環境下，積極地邁出了學科前進的步伐。各地紛紛成立了省級、縣、市級民俗學會，許多地方學會的會員同時加入全國的民俗學會，與三、四〇年代相比，從事民俗工作或在民俗專業學習的人數和規模大大增加了。此外，各地還創辦了各類民俗刊物用於普及民俗知識和發表民俗記述文章，民俗學會開辦了數期面向全國的民俗學講習班，邀請中外學者傳授民俗學知識、培訓民俗學專業人才。許多學校也逐漸申請設置了民俗學專業，培養民俗學專業人才的途徑增多了。「民俗、民俗學」一詞自四〇年代以後消聲匿跡，在這個時期又重新出現在學術舞臺上，它開始重新為社會一般人所知曉，民俗學科的獨立存在從幾十年前的理想變成了現實。

第二個小分期是九〇年代初期至今的二十幾年。它可以稱為是全面展開田野工作、認真探索民俗學理論、專業人才輩出的時期。

把關注的目光從書齋移向田野，是十分可喜的學術動向。通觀一九八三年學會成立之後的一段時間裡各種刊物上發表的民俗文章，民俗記述多於民俗研究；依據文字資料寫就的分析民俗、論述民俗的文章多於運用自己的田野資料寫就的記述或分析文章。在八〇年代，用他人記述或寫就的民俗記述以及歷史文獻做案頭筆耕的方法依然是學院或民俗研究的一種主要方式。而九〇年代以後，隨著與海外學界交流機會的增加、人們更多地接觸到國外的理論，人們的學術意識開始與國際水準接軌，許多海外學者直接到中國的土地上進行民俗學或人類學的田野作業，這使國內的學者和學生們受到良性刺激，感受到田野作業對民俗學研究的重要性和必要性。大批民俗學者和研究生們開始擺脫以文史資料為基本依據、以案頭作業為主的學術研究方式，走入民間、走入社會，觀察記錄現實中的民俗並以此為研究分析的對象。

一九九六年中國民俗學會編集出版的《中國民俗學研究》第二輯是民俗調查特輯。它表明民俗學學科對田野調查的重視，已經從個人規模上升到整體規模，民俗學的研究方式從書齋為主逐漸轉為注重田野工作。中國現代民俗學已經逐漸意識到作為一門社會科學，田野作業對研究的重要性。依據實地

調查的資料記述民俗、分析民俗的文章較前十年有了大幅度增長。最具代表性的事情，發生在今年：二○○五年五月，恰逢顧頡剛等老前輩學者們第一次赴北京郊區妙峰山廟會作調查活動八十周年。中國民俗學會在北京妙峰山舉行「紀念妙峰山民俗調查八十周年學術研討會」並舉行了「中國民俗學調查紀念碑」揭幕儀式。民俗學者們集聚在在八十年前老一輩學者們邁出有組織、有計畫地進行民俗調查第一步的地方，重申民俗研究的關鍵步驟是走入民間，深化田野調查，再次確認了田野調查對建立科學的民俗學科的重要性。

以田野調查為學術研討會的主題並在調查之地樹碑紀念，這是現代中國民俗學自學會成立以來前所未有的。它表明現代民俗學將民俗研究最基礎的一環放到了應有的重要地位上，預示出這門學科在致力於深入全面的田野調查的基礎上，今後會向更具科學性的方向成長。另一個醒目的動向是第一任民俗學會理事長鍾敬文先生在這十幾年裡不斷提出新的學術概念，他提出的對民俗學用詞及定義，以及表明的對待外國理論的態度等的一系列言行，給現代民俗學界發出需要積極探索本學科獨立發展途徑的信息。一九九○年他提出以「民間文化學」一詞取代「民俗學」、一九九六年又提出「民俗文化學」的概念；一九九八年他提出中國民俗學的定義是「多民族的一國民俗學」，倡導「建立中國民俗學派」。一些學者此後也陸續發表關於各種民俗概念及民俗分類以及民俗學研究方法的論述，對民俗理論的思維和討論開始增多。雖然對民俗研究和民俗學科理論的探討沒有形成學科整體參與的規模，然而與以前相比，理論意識在明顯增強，人們已經不再滿足於單純地記述各地風俗習慣。

民俗學會成立後第一個十年裡培養起來的民俗學專業的碩士生和博士生們作為新一代民俗學者，於八○年代末九○年代初完成學業陸續走上了民俗學研究和民俗學教育的第一線。在第二個十年裡，一大批中青年民俗學者成長起來並活躍在研究和教學第一線，由他們帶來的學科學風的一些改變是這個時期的又一個特徵。這批中青年民俗學者們直接聆聽過老一輩民俗學家的教誨、拜讀過民俗學前輩們二、三○年代的著述。他們基本都接受過專業理論教育和田野調查訓練的經歷，有許多人還到海外留學或進修過，並且基本

都獲得了博士（或碩士）學位。這批具有高學歷和實地田野工作經驗的民俗學者，大多數還具有自由運用某種外語進行學術交流的能力，他們與國外學界保持著多種交流關係，能夠及時把握學術研究的國際動向。他們還能夠嫻熟地查閱、處理網絡時代的大量電子信息，經常以網路會議或網絡方式展開全國性的專題學術討論或信息交流等等。

在九〇年代，當時的中國國情還不允許外國學者在中國單獨進行田野調查，於是外國學者們大多採取了邀請中國學者參與研究課題組的或聯合研究的形式。然而不可否認的事實是，以往中國方面的學者參加這類由國外出資的研究課題組時，大多只是作為陪同人員或負責與調查地的溝通聯絡，或者擔任國外學者的語言翻譯，他們所做的調查、研究內容並沒有得到應有的重視。如今，中國新一代學者們迅速成長起來，他們當中的許多人都擁有自己在本國土地上的傑出的調查和研究成果。他們的學術成長使他們本身也使民俗學科獲得國外的學術尊重，現在很多人都是以學術同行的身分參與海外課題組的研究。民俗學科新一代研究者的成長和活躍，使民俗學科面向國外的學術界逐步建樹了它的學術光彩，這是非常可喜的發展。

以上把二十年來的發展用按小分期方式進行了觀察和分析。此外，在這個作為中國現代民俗學第二階段的二十幾年裡，民俗學科還表現出明顯的強烈探索、尋求本學科獨立發展方向的動向。本文將這種動向稱之為「分化與整合的傾向」。下面將詳細論述這個問題。

（二）「分化」與「整合」傾向

近二十幾年來，民俗學科呈現出與相關學科或近鄰學科的接近或疏遠的變化，即與相關學科的「整合」或「分離、分化」──「分」或「合」的傾向，這些傾向從另一個角度向我們展示了民俗學科在發展過程中表現出的學科特徵。

首先當舉民俗學脫離隸屬於民間文學之下的學科位置，成立獨立的民俗學會的「分離、分化」行為。一九八三年五月二十一日，「中國民俗學會」

的正式成立，表明民俗學從長年緊密相伴的民間文學學科「分化」、獨立出來，開始作為一門單獨的學科立足於學術界了。雖然現代民俗學自誕生之始，即與民間文學結下不解之緣，其後在很長時期裡，相當一部分民俗調查或民俗記述也大都與民間文學有關。作為學會獨立之後，民俗學也始終與民間文學保持著遠遠超於其他學科的相當親密的關聯。但是，獨立成立民俗學學會本身對民俗學來說，無疑是一個新的出發點。

其次是民俗學向民族學、人類學學科理論接近的「整合」傾向。八〇年代之後，與民俗學近鄰的社會學、民族學及文化人類學在理論和社會實踐方面的發展都比較快，對社會的影響以及在學術界的影響都較為顯著。許多民俗學學者和民俗學專業的學生們也都把關注的目光投向這幾門學科。學習社會學、人類學理論，運用社會學或人類學的研究方法分析民俗現象在當時形成一股熱潮。一九九五年至二〇〇一年由北京大學社會學人類學研究所與各地的大學主辦的六次面向全國的普及社會學、文化人類學理論的「高級研討班」，數百名參加者是來自全國的博士學位獲得者或具有副教授以上職稱的人。而其中近半數是民俗學者或各類學校民俗學課程的教師。這個數據一方面證明中國的社會人類學、文化人類學具有在研究上兼顧研究民俗的學術旨趣的特點[9]，也從一個側面揭示出民俗學積極向相關學科接近、尋求研究民俗研究理論與方法的傾向。一些民俗學者嘗試把人類學式的分析方法導入民俗學研究，不再停留於記述民俗現象，而是通過分析民俗現象認識地域社會的性質或通過分析民俗事項把握傳統文化的創新特徵等。在爾後的一段時期內，許多民俗學研究人員運用人類學理論方法從事田野調查、研究，民俗學教師運用人類學理論開展教學。很多民俗學會會員同時也是中國人類學會或民族學會的會員。諸如此類的事實表明，民俗學科在理論方面表現出向相關學科尤其是社會人類學、文化人類學接近的學術性「整合」傾向。

借用其他學科的理論研究本學科的對象，這對尚未形成理論體系的民俗

9　黃澤〈中國人類學的民俗學淵源及學術取向〉，徐杰舜主編《本土化：人類學的大趨勢》（廣西民族出版社，2001 年 5 月），頁 295-305。

學科來說，作為將來形成自己獨特學科理論體系之前的過渡性手段是十分必要的。八〇年代以來的二十幾年裡，民俗學借用其他學科理論研究自己學科的對象，取得了很大成果。但是不可否認，這種作法也產生了一定程度的消極作用。過於接近相關學科、過於依賴其他學科的理論方法，使民俗學科在一定程度上淡薄了研究本學科基礎理論、建立學科理論體系的緊迫感。一方面運用人類學或民族學的調查手法和分析理論，一方面保持民間文學研究的濃厚色彩，這使民俗學在學術界的學科特色被淡化，民俗學在一定程度上失去了學科存在感。

一九九五年前後，人類學和民族學等學科之間就這幾個關係極為接近的學科的相互關係以及各自的學科定位問題展開了討論，目的在於明確界定彼此學科既接近又不完全相同的學術特性。民俗學在各個時代都曾經有過談及民俗學與民族學、民俗學與人類學關係的個別論考，但都只是個人的論述，沒有形成整個學科投入其中的大討論、大思索的局面。民俗學與相關學科的關係、民俗學學科本身一系列概念的界定與民俗研究涵蓋範圍的問題也就一直沒有明確結論地發展到今日。這也許是造成民俗學科的學術定位始終不穩定的一個原因。

相鄰學科相互界定本學科特徵與範圍的思考，是走向學術成熟的不可或缺的一環。民俗學科作為一門學科需要有鮮明的「分離」意識，需要明確本學科的研究視點、研究對象、研究手法與相關學科的不同之處。中國民俗學由於缺乏理論體系，在研究方面不能完全拒絕借助其他學科的理論。但是，出於多種原因「接近」鄰近學科而產生的近乎「整合」於該學科的傾向應該喚起注意。在採用研究方法、借鑒學術經驗方面，起步較晚的民俗學科的確需要對相關學科採取某種「合」的態度；但是面對相關學科，儘管研究對象或手法十分接近，民俗學科也需要具有明確的彼此並不完全相同的「分」的意識。

此外，鍾敬文先生一九九八年提出的中國民俗學的新定義「多民族的一個民俗學」，也可視作是又一種意義上的「合」的傾向。一九九八年十二月，鍾敬文先生提出中國民俗學應當是「多民族的一國民俗學」的主張。與

一九九〇年鍾氏提出「民間文化」概念相比，民俗學界對「多民族的一國民俗學」的呼應比較快。民俗學界在鍾氏提出新定義半年之後，在雲南省召開了「多民族的一國民俗學」學術討論會，承認鍾敬文先生對位於現代社會的中國民俗學概念、性質、研究對象的新界定。

　　一些外國學者對這個提法置疑，詢問為何不稱「多民族的民俗學」而一定要加上「一國」這個詞。對此，鍾敬文先生的回答是：他的這個提法是針對柳田國男「一國民俗學」一語而說的。「多民族」是要強調中國國內各個民族間的相互比較研究，因此特地在柳田国男主張的「一國民俗學」一詞前面加上了「多民族」一詞，用「多民族的」，「一國的」雙重詞語來界定中國民俗學研究的範圍[10]。這表現了鍾敬文先生認為民俗研究的範圍不應侷限於某個民族的內部，民俗研究需要採用比較的視點、需要研究相鄰民族的基本觀點。借用鍾敬文先生的話，中國境內諸多民族的民俗文化都是中國民俗學的研究對象。研究一國裡多民族的民俗，是「中國民俗學的特殊性格」[11]。

　　可以認為，鍾氏的這種主張意在改變迄今為止民俗研究方面存在的偏重關注本民族或某個單一民族的過於「分」的研究狀態，倡導將國內其他民族的民俗事項亦納入研究視野，把偏重單一民族民俗研究的作法改為包容其他民族民俗的包容性的「合」式的民俗研究。

　　筆者回顧學術史上學科整體表現出的「分」與「合」的傾向後得到的一點啟示，是可以將比較研究看作是一種包容式的「合」的研究方法。一個民族文化的研究，如果從內部和外部多方面、多角度地展開的話，得到的分析、研究結果也會是多角度、多方面、立體形式的。這不僅對中國國內各民族來說是如此，對超越國界的其他民族的研究也是如此。在外國諸多民族的民俗文化裡，也同樣存在許多可以用來作為關照研究中國各民族民俗文化的研究素材。這些素材也可以成為觀察、了解本民族文化的鏡子（在經濟等各

10　筆者於1999年夏帶著這個問題訪問了療養中的鍾老，上述內容是鍾老口述回答筆者記錄的內容。

11　鍾敬文《建立中國民俗學派》（中國：黑龍江教育出版社，1999年12月），頁27。

方面條件允許時，還可以考慮「海外田野作業」）。超越民族或國家進行跨文化式的比較研究，對人類學來說也許是理所當然的研究視點，然而對民俗學而言，跨國界的比較研究還是相當少的。如果採用這種「合」式的、包容性的研究觀點從事民俗研究，將周邊國家或位於其他國家境內的某個民族文化包容性地納入我們的研究視野，即運用比較研究的「鏡子」，多角度地關照本民族文化的話，則民俗研究可以得到更廣泛的視野和比較全面的分析結果。當然首先需要科學的界定比較研究的目的、對象和具體研究方法等等。

四　今後的展望

中國現代民俗學走過了近百年的歷史，這段百年歷史又分做兩個大階段。第一個階段長達半個世紀以上，第二個階段僅僅二十幾年。現在，民俗學科處於一個新的變動時期，變動的結果或者是進入學術史的第三階段，或者是第二級階段的延續。這裡對第三階段做預測式的展望，並且對今後的學科理論構建做一些試論。

（一）第三階段──「本土化民俗學」[12]

進入二十一世紀，民俗學科要向著成為具有現代科學性的學科的目標前進。要達到這個目標，還需要付出極大的努力，其中努力之一就是需要客觀地回顧本學科的學術發展史，從中總結出可資今後學科發展參考的經驗和教訓。筆者從回顧本學科學術史裡得到的一個啟示，就是民俗學需要學習、參照人類學、社會學科九十年代的作法，在整個學科範圍內展開如何吧「學術研究的本土化」導入本學科的理論構架和研究朝向的思索和討論。

12　承臺灣學者指教，「本土化」在臺灣不同的歷史階段裡，還有其他一些含意。本文所使用的「本土化」一詞，是專指二十世紀九十年代以後在中國大陸開展的以社會學、人類學、民族學為主的社會科學學術大討論而言，謹此說明。

筆者認為，對民俗學科來說如何加強民俗學學術研究的「本土化意識」，如何形成民俗學研究的「本土化特性」，是必須提到二十一世紀學科日程的、緊迫而又重要的問題。一個學科的成員們理論意識的增強，是完善該學科理論建設的一個重要條件。如果民俗學科的成員們都認真思考什麼是「民俗研究」的真正內涵、探索如何科學地觀察、記述並且科學地分析民俗現象，探討如何從歸納各類民俗現象的過程中，抽取出具有代表性的有關民俗傳承、變遷的規律並且如何用這些規律性去把握和解釋自己民族的文化在二十一世紀現代社會表現出的特徵和其變化等等，那麼就預示著中國現代民俗學開始向「本土化學科」方向發展，意味著民俗學科開始進入第三個發展階段。

在中國的國土上開展從「本土化意識」指導下的民俗調查和民俗研究，努力構建起具有「本土化特性」的民俗分析的理論框架，這是擁有百年歷史的現代民俗學科開始真正成為具有二十一世紀特點的現代學科的第一步，也預示著民俗學學術史上第三個階段會更加輝煌。在二十世紀七〇年代末八〇年代初期，中國民俗學忙於籌備建立全國性學術組織時，在臺灣展開了對沿用西方理論的學術研究的反思活動。中國國內人類學、社會學等學科於二十世紀九〇年代初連續數年認真開展了社會科學理論及研究的本土化、中國化的大規模討論，這場大討論的起因正是八十年代初由臺灣人類學等學科的學者們發起的學術研究中國化的討論。爾後接受這個活動的啟示，九〇年代在中國大陸掀起了一場熱烈的有關學術理論、學術研究如何本土化的根本性討論。這場討論的結果，使社會學、人類學、民族學等學科在理論建構和學術研究方向上發生了顯著的變化，其後的學科發展和學術研究結果都證明這場大討論對中國社會現代學科建設的重要性和必要性。

七〇年代以來，接受過歐美社會學、人類學等學科系統理論教育以及田野作業訓練的臺灣的民族學、人類學等學科的學者們，在幾十年完全依照西洋理論研究自我文化之後，感受到西方理論的侷限性，開始質疑西方的學術理論。他們運用自己研究本土文化的實地經驗，開始正面與西洋理論對話。指出西方理論裡的文化偏見，修正其不適用於研究、分析中國社會之處，

同時探討更適用於研究自我文化的理論概念和方法。繼一九八〇年的第一次「社會及行為科學研究的中國化」會議在臺灣召開之後，一九八三年三月在香港舉行了第二次有關中國化、本土化研究的「現代化與中國文化」研討會，來自中國本土的學者也參加了這次會議。在西方的理論不完全適用於研究東方社會、研究本土文化的本土學者，有必要在應用西方理論研究中國社會時對其進行修正、以發展人類學理論這一點上，海峽兩岸的學者們取得了共識。

九〇年代以後，上述諸學科及時汲取了臺灣同行學者的寶貴經驗、引進了由他們試行成功的史學方法與田野方法結合的綜合式研究方法和臺灣學者們提出的用於解釋漢族社區特徵的一些新概念。社會學、民族學和人類學科的學者們帶著明確的由本國學者研究、解釋本國文化的意識從事研究，其結果是這幾門學科尤其是人類學科在中國土地上的發展日益壯大，學科的研究成果也日益為社會所關注、重視。這幾個學科九十年代大發展的學術歷史，表明我們的學科沒有加入到當時的那場席捲全國有關學界的大討論，似乎缺了一堂十分重要的課。

對現代中國民俗學來說，它也面臨如何運用外來理論研究本國文化、本民族文化的問題以及如何在其他外國有關理論的基礎上構建自己的理論系統的問題。如何回答這個問題，如何妥善處理這個問題，是進入二十一世紀後民俗學科無法迴避的課題。

過去，是西方學者運用西方的理論研究中國文化，爾後是中國學者按照西方的理論和研究角度研究中國文化。如今，歷史上只是作為西方學者研究對象的國度裡，成長起一代有能力研究自己國家、自己民族的民俗文化的研究者。中國不再滿足於僅僅被別人研究、解釋。民俗學科現在的一代學者們已經達到了某種程度的學術自覺，他們積極了解和掌握海外的學術信息，但是並不完全盲從國外的理論或研究傾向。現在這一代民俗學者們開始了如何從事由本國人自主研究本國文化的探索。儘管距離構建完整的民俗學科的理論系統，尚有相當遠的路程，但是他們所表現出的種種特徵，表明中國現代民俗學已經開始邁向第三階段，即向「本土化民俗學」發展的階段。

（二）理論體系前瞻──採取走入他人理論體系、構建自我理論體系的方法

與社會學、民族學、人類學相比，民俗學科有它的特殊性。西方的人類學和民族學等學科已經有百餘年的發展歷史，積累了許多認識和分析人類社會的理論。這些理論雖然不完全適用於研究中國社會，但是可以有許多參考和借鑒。起源於歐美的民俗學科大多偏重神話、故事等口承文藝、民間文學內容的研究，這些研究也十分必要，中國的民俗學科的特點之一也在於此。然而當中國民俗學開始接受民族學、人類學的影響，逐漸擴展自己的研究對象和研究領域，把整個民眾生活作為本學科的研究範圍時，就已經形成了其不同於西方社會的（在某種意義上它顯得更接近於日本民俗學）民俗學科。

中國的民俗學從研究對象、研究目的等角度看，已經形成了不同於海外民俗學科的獨特之處，她從一門以民間文學學科的研究對象作為自己學科主要研究對象的人文色彩濃重的學科，逐漸發展為研究廣泛的社會生活裡的民俗文化因素的、具有更多社會科學性質的學科。於是，西方社會的注重口承文藝研究的民俗學理論自然有許多不適用於中國式的民俗學研究。如何在這種特殊環境下確立更符合自己學科特性的發展方向和構建能夠解釋、研究這些對象的理論體系，是進入二十一世紀的現代中國民俗學科迫切需要完成的重要課題。

學術研究的中國化，並不是盲目地拒絕一切外來理論。它的目的旨在充分理解外來理論之後，拋卻西方學界的偏見部分，選取其中適合研究中國社會的部分、捨去或修正其中不適合正確解釋中國文化的部分，在此基礎上創新出適用於分析、解釋中國社會的概念或定義。經過這種理性化取捨、修正之後重新構建的理論體系，才是研究本國文化有效的理論體系。學術研究的目的在於為真正認識自我文化服務、為構成適合本國人研究本國文化的理論體系和研究方法服務，這種學術性的轉向為人類學、民族學成為中國社會科學裡的顯學起到了重要作用。

臺灣的學者們長期以來一直承襲、使用西方理論和西方的選題方式研究

自文化。他們在充分了解西方理論的長處和侷限性之後，才開始學術反思、開始擺脫一味服從西方理論的方式，嘗試一面實踐西方理論，一面修改和創新西方理論的作法。臺灣學者們是在先走入他者的理論框架內，通過實踐、熟知這個理論體系的優缺點之後，再退出該體系，重新構建起更適合自己的理論框架。他們的這種先走入他者理論框架然後重建自己理論框架的作法被後來的歷史證明是成功的。這個成功的經驗啟示我們：民俗學科首先需要盡快地走入既有的外國民俗理論系統裡去，通過理解他者積累的經驗、掌握他者的理論框架，把握國際研究理論體系和研究動向。在這個基礎之上，再對他者的理論實行取捨、修正，才能最終構建起真正適合自己學科的理論體系。

（三）方法論見解一、二

通過以上對近百年學術史的簡單回顧，我們看到了現代民俗學科形成和成長的過程中與相關學科發展的諸多異同，同時還前瞻了民俗學第三階段應具有「本土化」的特性。對於民俗學科在二十一世紀的發展方向和研究問題的方法，學者們見仁見智會各有不同見解。筆者在此試論對研究方法的思考之一、二，獻拙於眾位智者同仁與先輩。

首先，研究方法應採取兩條腿走路式，即書齋式加田野式研究。這意味著民俗學既要重視收集、研究生存在田野的現實的民俗，又應當極力運用歷史資料進行民俗學理論分析研究。民俗學曾經擁有的單純依靠歷史文獻或他人記述的書齋式研究傳統，由於過於注重文字資料無視田野工作和田野資料的重要性從而受到指責。強調做實地的田野工作，並非否認研究前人留給我們的大量文字資料的工作就沒有價值。現代中國民俗學科研究的對象，存在於擁有悠久歷史和龐大的文獻資料的中國社會，當然極有必要繼續使用史學的、文獻研究的方法。只有依據史料，才有可能看到民俗文化在漫長的歷史長河裡的比較全面、完整的發展或變遷的面貌。如果繼續發揚擅長研究文獻資料的民俗學科的傳統，並與走入田野收集來的田野作業資料的分析相結合

的話，民俗學研究就有可能達到迄今沒有達到的新的研究境界，從而更加準確地把握住民俗文化發展、變遷的規律性，正確揭示出複雜的中國社會裡的民俗文化的本質。期盼這種「書齋式加田野式」或者稱為「歷史學加實證學」方式的研究能形成民俗學獨特的研究方法之一。

另一種兩條腿走路式的研究方法，是指記述民俗與分析論證民俗兩種方式的並存。記述民俗，是分析民俗的基本起點。在科學理論指導下的參與民俗、觀察民俗記述下來的民俗資料，是民俗學者從事理性論證的基本依據。民俗學研究者只有親自走入田野，運用理論指導下審視民俗現象、記錄民俗現象，才有可能據此論證出民俗文化之實質所在。既重視親身參加民俗實際調查、又重視對民俗現象做理論分析與論證，這應該是第三階段現代民俗學者應具備的研究態度和研究方法。

其次是開展多角度研究，既研究古老的尚存留在鄉村的民俗，也研究隨著社會發展而形成的各種新的民俗。民俗學科的研究題目不應當只限於關注過去的、古老的、即將消失的或者僅僅生存在偏遠鄉村的風俗文化。現代的、都市的文化當中也有表現民眾生活特性的民俗，也是該民族、國家或社區的民俗文化的組成部分。隨著社會的發展變化形成的各種都市文化、社區文化、旅遊文化、商業文化等等也都應當作為民俗研究、解釋的對象。如何在充分把握現有理論的基礎上選定學科獨特的、適用於中國民俗學者研究中國民俗的研究方法和研究題目，這是二十一世紀給中國現代民俗學提出的課題，是通觀現代民俗學近百年歷史的理論發展後得到的一個迫切的啟示。

如前所述，中國本土的人類學學科受到臺灣同仁八〇年代反思的啟示，於九十年代在本土開展了學術研究本土化大討論，這成為該學科的學術轉折和學術大發展奠定了重要的基礎。十幾年前，民俗學科沒有來得及跟隨人類學的學者們一起和海峽對岸的學者們進行學術交流、學術對話，錯過了一次民俗學科壯大成長的機會。二十世紀五〇年代以後，大陸的民俗學科在幾十年內基本沒有得到海外學術信息，海峽兩岸的民俗學者們也基本沒有機會互相交流。在二十一世紀的今天，兩岸的民俗學者有許多機會可以坐在一起交流了，期望通過兩岸民俗學者的交流能夠產生互補互助的學術效應。筆者謹

在此衷心祝願這種學術交流連綿不斷地持續下去，兩岸的民俗學者能夠不斷地交換信息、討論各自調查、研究民俗文化的新發現、新收穫，共同探討如和建立民俗學科二十一世紀的理論框架問題。

最後也祈望能夠有機會得到臺灣民俗學的學術史資料方面的交流和指教，以充實、擴展筆者的民俗學學術史年表，以便今後在介紹民俗學發展史時，能夠添上介紹臺灣民俗學的一欄。

五　結語

回首觀望現代中國民俗學，可知她已經走過近百年的路程了。古人告訴我們，只有認真地溫故，方能更好地知新。因此，有必要客觀地回顧一下民俗學科的學術歷史、重溫前輩學者們的教誨與功績，以作為推動二十一世紀現代中國民俗學科奮進發展的有效參數。筆者作為二十世紀八〇年代末才步入民俗學界的、現代中國民俗學的一員，有幸聆聽過多位老一輩民俗學者的教誨。在日本的大學做了教員之後，回國探望鍾敬文先生時，也幾次聽先生提到應當把民俗學做回顧與總結。爾後，當筆者有了在海外大學的講臺上以及學會上，講解中國民俗學歷史的機會時，便不揣淺陋地將現代民俗學科的學術發展做了上述歸納和分析[13]並且配以年表。筆者自知才疏學淺本不堪當此重任，文中的評述難免有諸多偏頗及疏漏。願以此引玉之磚，引發學界各位先輩、同仁和後學更為關注現代中國民俗學科的理論建設問題。

謹以此文告慰婁子匡先生，感謝先生辛勤一生，對中國民俗學做出了輝煌建樹。願民俗學科日益完善理論研究和學科建設，繼承老一輩民俗學者的志向，在二十一世紀重新認識自我文化的潮流中，不斷有新的發展。最後謹在此感謝成功大學中文系陳益源教授、成功大學臺灣文化研究中心王三慶先

---

[13] 由於筆者手頭沒有五十年代以後臺灣民俗學會的資料，這裡只論及中國大陸的民俗學，祈望見諒。同時也希望有機會重新編寫這段學術史時，能夠加上臺灣民俗學發展一欄。

生以及有關團體的諸位先生們為我們提供的這次與臺灣民俗學界交流的寶貴的機會，感謝各位學者給予的重要教示。

中國歌謠整理運動中的臺灣福佬歌謠（1895-1945）
——就《歌謠週刊》、《民俗週刊》、《臺灣情歌集》而論

黃文車

美和技術學院通識教育中心

摘要

　　日治時期臺灣掀起民間文學整理熱潮，這情形除了受明治以來日人的民俗舊慣整理的刺激外，中國五四運動後產生的歌謠整理運動亦有一定的影響。至於中國的歌謠整理運動乃受到十九至二十世紀歐美的歌謠採集活動啟發，因此除了激情的民族主義因素外，浪漫主義如盧梭者將「大眾」、「民眾」與「貴族」相對而論，兩個階級分別代表野蠻／文明、農村／都市都相對性的觀念，如是認為都市文明已腐敗，只有以鄉村農民為主體的平民大眾所有傳統是不可多得的寶藏，才是最珍貴的，如是觀點亦影響著中國歌謠整理運動者。不過如此大的歌謠研究會、北大民俗學會，或如廣州中山大學的民俗學會等組織對於臺灣歌謠的整理編輯有何成果？這是本文所欲觀察的重點之一。就整體而言，五四前後的歌謠採集至後來的民俗學研究成果頗為豐碩，無論北京大學民俗學會或中山大學民俗學會多將各階段的整理成果集結成冊，其中董作賓的《看見她》，以中國各地歌謠中用「看見她」發語起句的作品作為比較文本，進而觀察歌謠的傳播路線；而顧頡剛的《吳歌甲集》則對蘇州歌謠進行註解，並附有討論方

言、聲韻等文章，這些成果則在整理的基礎加上學術研究之功。其他像左玄、吳漫沙、婁子匡的《養女在臺灣》、劉經菴的《歌謠與婦女》、顧頡剛、劉萬章、婁子匡的《蘇粵的風俗》等更具有社會學／女性主義等學科的研究價值。又如雪如、婁子匡的《北平歌謠集》、婁子匡的《越歌百曲》、鍾敬文的《蛋歌》或下文所欲探討之謝雲聲的《臺灣情歌集》等等，將各地的民間歌謠整理成冊，不論是單純的歌謠整理或是進一步的學術研究，這些成果對於中國的俗文學、民俗學、社會學、語言學甚至近現代的女性主義批判等等學科，均是不可多得的珍貴史料。

本文所欲觀察的是日治時期臺灣民間文學採集整理進行之際，與臺灣只有一海之隔的中國，在其歌謠整理運動過程中注意了哪些臺灣歌謠？這些歌謠和中國歌謠整理運動有何關係？其被編輯呈現的動機為何？又具有何種時代意義呢？

關鍵詞：歌謠；中國歌謠；福佬歌謠；歌謠週刊；民俗歌謠；臺灣情歌集

一　前言

　　日治時期臺灣掀起民間文學整理熱潮，這情形除了受明治以來日人的民俗舊慣整理的刺激外，中國五四運動後產生的歌謠整理運動亦有一定的影響。至於中國的歌謠整理運動乃受到十九至二十世紀歐美的歌謠採集活動啟發，因此除了激情的民族主義因素外，浪漫主義如盧梭者將「大眾」、「民眾」與「貴族」相對而論，兩個階級分別代表野蠻／文明、農村／都市等相對性的觀念，如是認為都市文明已腐敗，只有以鄉村農民為主體的平民大眾所有傳統是不可多得的寶藏，才是最珍貴的，[1]如是觀點亦影響著中國歌謠整理運動者。不過如此大的歌謠研究會、北大民俗學會，或如廣州中山大學的民俗學會等組織對於臺灣歌謠的整理編輯有何成果？這是本文所欲觀察的重點之一。就整體而言，五四前後的歌謠採集至後來的民俗學研究成果頗為豐碩，無論是北京大學民俗學會或中山大學民俗學會多將各階段的整理成果集結成冊，其中董作賓的《看見她》，以中國各地歌謠中用「看見她」發語起句的作品作為比較文本，進而觀察歌謠的傳播路線；而顧頡剛的《吳歌甲集》則對蘇州歌謠進行註解，並附有討論方言、聲韻等文章，這些成果則在整理的基礎上學術研究之功。其他像左玄、吳漫沙、婁子匡的《養女在臺灣》、劉經菴的《歌謠與婦女》、顧頡剛、劉萬章、婁子匡的《蘇粵的風俗》等更具有社會學／女性主義等學科的研究價值。又如雪如、婁子匡的《北平歌謠集》、婁子匡的《越歌百集》、鍾敬文的《蛋歌》或下文所欲探討之謝雲聲的《臺灣情歌集》等等，將各地的民間歌謠整理成冊，不論是單純的歌謠整理或是進一步的學術研究，這些成果對於中國的俗文學、民間文學、民俗學、社會學、語言學甚至近現代的女性主義批判等等學科，均是不可多得的珍貴史料。

　　本文所欲觀察的是日治時期臺灣民間文學採集整理進行之際，與臺灣只

1　詳見胡萬川：〈民族・語言・傳統與民間文學運動〉，收錄於《民間文學的理論與實際》，（新竹：清華大學出版社，2004 年 1 月），頁 85-91。

有一海之隔的中國，在其歌謠整理運動過程中注意了哪些臺灣歌謠？這些歌謠和中國歌謠整理運動有何關係？其被編輯呈現的動機為何？又具有何種時代意義呢？

二　報刊雜誌中的臺灣歌謠

　　一八九五至一九四五年間，中國人士整理臺灣歌謠的資料並不多見，主要的整理工作大多是在北大歌謠研究會與中興大學民俗學會兩大指標性的組織期間完成。例如《民間文藝》11、12期合刊號有容肇祖的〈臺灣番歌四首〉，《民俗週刊》10期有靜聞的〈臺灣俗歌〉、68期有羅香林的〈臺灣生番歌〉。至於《風土雜誌》第2卷所刊林塋標翻譯的〈湖畔歌舞〉、〈月下的姑娘〉、〈粟祭〉等三首臺灣高山族歌據譚達先言應刊於一九四四至一九四五年間。[2]此外尚有北大歌謠研究會《歌謠週刊》第9號的〈臺灣的歌謠序〉等，其中包括臺灣福佬歌謠與臺灣原住民歌謠，這些是目前我們能掌握的報刊雜誌資料。

　　然而這些歌謠並非是中國人士親自前來臺灣採集的成果，限於政治與地域的隔閡，一八九五至一九四五年間中國人編輯的臺灣歌謠大多引自清領時期的地方志或日人的採集整理成果，例如羅香林的〈臺灣生番歌〉共輯有三十三首，乃是從余文儀的《續修臺灣府志》中選錄出來的；而《歌謠週刊》第9號的〈臺灣的歌謠序〉[3]及靜聞的〈臺灣俗歌〉[4]更是轉引自平澤丁東的《臺灣的歌謠與著名故事》（《臺灣の歌謠と名著物語》，1917）和片岡巖

---

[2]　參考陳益源：《民間文化圖像——臺灣民間文學論集》「譚達先　序」，（廣西：廣西民族出版社，2001年12月），頁12。

[3]　《歌謠週刊》第9號刊有〈臺灣的歌謠序〉，其中的「民謠選錄」錄有臺灣福佬歌謠，（北京：北京大學歌謠研究會出版，1923年3月11日），頁1-3。

[4]　靜聞（應是鍾敬文）：〈臺灣俗歌〉，《民俗週刊》第10期合刊，（廣州：中山大學，1928年），頁37-39。

的《臺灣風俗誌》[5] 二書。限於語言掌握能力，本文暫先將焦點放在中國人編輯的臺灣福佬歌謠部分。

（一）《歌謠週刊》第9號的〈臺灣的歌謠序〉

五四前後的歌謠學運動派生了現代中國民間文藝學、民俗學運動，同時促使中國民俗文化學的興起，[6] 當中最重要的成果多展現在歌謠研究會的《歌謠週刊》以及後來集結成冊的民俗叢刊上。《歌謠週刊》共刊行96號，後改成《國學週刊》而告終止，期間共蒐集到一萬三千多首歌謠以及不少的研究篇章，在這些豐碩的成果中我們在第9號的週刊上發現臺灣福佬歌謠的蹤跡。

歌謠學運動帶起了中國研究整理研究歌謠的熱潮，《歌謠週刊》自然需要向全國募集各地歌謠，不過截至第9號為止，「欠缺的也不只是山西的歌謠，簡直可以說全國二十幾首都沒有好的成績。」其中「研究中國近代歌謠的書，以我們所知道的有四本：一、韋大列的《北京的歌謠》；二、何德蘭的《孺子歌圖》；三、平澤清（平）七的《臺灣的歌謠》[7]；四、文訥的《中

---

5 片岡巖編著，陳金田譯：《臺灣民俗誌》，（臺北：眾文圖書，1990年11月，二版二刷），頁266。

6 鍾敬文：〈民俗文化學發凡〉，文章收錄於氏著的《民俗文化學梗概與興起》，（北京：中華書局，1996年11月），頁3-5。

7 按：據平澤丁東《臺灣的歌謠與著名故事》原書版權頁所標示的內容，編者為「平澤平七」（即平澤丁東），《歌謠週刊》所記的「平澤清七」應是誤植。平澤丁東的《臺灣的歌謠與著名故事》書中第一篇是「臺灣の歌謠」，分成「俗謠」與「童謠」兩部分，其中「俗謠」即閩仔歌，亦即是臺灣福佬歌謠，共有191首，其中有2首歌謠誤置於「童謠」中，故「臺灣の歌謠」中臺灣福佬歌謠應有193首，而「童謠」則有64則。《歌謠週刊》從193首歌謠中選錄30首，幾乎選出六分之一；此外，亦從64首童謠中選出19則，亦有四分之一強。《臺灣的歌謠與著名故事》中的臺灣福佬歌謠前52首多為編者用以說明「俗謠」特色與內容，自「緒說」開始針對「天象」、「動物」、「植物」、「人物」、「時代片段」、「批判惡俗」、「男女言情」、「嫁娶」等幾項子題依次分析臺灣福佬歌謠的風情特色，此部分為「閩仔歌概說」，而「閩仔歌集覽」乃平澤對先前研究者所

國的俗歌》。其中最好的有兩部，就是《北京的歌謠》和《臺灣的歌謠》，可以稱得起有藝術上的價值。」也就是說，一九二三年時或更早中國已可見到平澤丁東採集整理的《臺灣的歌謠與著名故事》（《臺灣の歌謠と名著物語》，1917）。《歌謠週刊》稱此書具有藝術上的價值，因此值得選錄其中歌謠，但其最初動機卻令人訝異：

> 《北京的歌謠》暫且不提，如今我們因為需要的是福建的歌謠，所以臺灣的歌謠也就有點連帶的關係，如今選出幾十首作為提倡，並祝我們的同志努力的搜集和研究。（頁1）

《歌謠週刊》自平澤丁東的《臺灣的歌謠與著名故事》選錄了三十首臺灣福佬歌謠，原因是他們需要「福建的歌謠」。和福建僅是一水之隔的臺灣不論是在語言或生活習慣上都密切相關，所以歌謠應會有「連帶」的關係！雖說一九二三年的中國歌謠研究會能將這些罕見的臺灣福佬歌謠刊出作為提倡乃屬難得之事，但最初的整理動機卻對臺灣歌謠甚不公平，因為臺灣的歌謠雖有不少隨著福建或兩廣的移民東來，但幾番世代過後，臺灣已孕育出富有本土色彩的歌謠了。

基本上《歌謠週刊》第9號所選的三十首臺灣福佬歌謠全係平澤丁東《臺灣的歌謠與著名故事》中的成品，除了極少數通用字的更動，如「舩」寫成「船」（第15首），以及數字的誤抄，如「蜜」誤為「密」（第29首）等外，內容文字完全一致。《歌謠週刊》所引的前十五首乃自《臺灣的歌謠與著名故事》中的「閑仔歌集覽」（p.27-）依序引出，第十六到三十首則再重頭挑選一次。可見第一次的選錄並未取足編輯者想要達到的數量，因此重新將《臺灣的歌謠與著名故事》再翻檢，以便完成後十五首作品的選錄工作。從《歌謠週刊》所選的三十首臺灣福佬歌謠來看，男女情思愛戀仍是這些歌謠的主題，如下略舉：

> 地下透風起土粉，天頂落雨起風雲。

整理的各種閑仔歌紀錄擇要呈現，（臺北：晃文館，1917年2月15日）。

　　與嫂刈吊心肝悶，粥飯沒食湆沒吞。（12）

　　兄歌不知嫂事情，為阮兄歌病相思。

　　咱嫂寫批不識字，吩咐朋友驚人疑。（14）

　　阿君要返阮要留，留君神魂用紙包。

　　等君去後提來解，日日看君在阮宅。（17）

　　大樹刣倒頭向天，甲葉落水能卷噎。

　　咱哥合嫂若有緣，千山萬嶺行沒倦。（26）

　　一時無看嫂的影，隔壁無看用聽聲。

　　不時聽聲共夢影，一半讀書一半聽。（27）

　　男女情思愛戀本是臺灣福佬歌謠的主題之一，其和臺灣社會大眾的生活情感息息相關。當《歌謠週刊》將這些歌謠介紹到中國之際，無疑地拓展了這些歌謠的生存空間。只是臺灣中國兩地未通時候，可見的臺灣歌謠有限，日人整理的成果作品成了中國人士編輯臺灣福佬歌謠少數來源之一。《歌謠週刊》的編輯群從平澤丁東的《臺灣的歌謠與著名故事》書中選錄再選錄，幾乎完全一致地呈現這些歌謠作品。其雖完整地保存三十首歌謠原貌，但卻只是照本謄錄，對於歌謠內容並無另外註解，至於平澤丁東採集臺灣福佬歌謠時所犯的改動或記音的失真亦無法發現，如十七首最末一句平澤氏記為「日日看君在阮宅」，《歌謠週刊》亦記成「日日看君在阮宅」，但若求歌謠合韻，並配合福佬話詞彙使用的原則，似應如李獻璋在《臺灣民間文學集》所記錄的「日日看君在阮兜」較為合宜。

　　男女情思主題的變奏，即是戀人情冷變心的僥心絕情，《歌謠週刊》亦發現了這一類的歌謠主題，如下所略舉：

　　水桶沒離得串索，咱嫂沒離得咱哥。

　　兄哥合汝盡情好，合汝先臬亦敢無。（28）

　　本成會好密（蜜）攪糖，今來即歹雪攪霜。

　　雪來攪霜並並冷，密（蜜）來攪糖並並清。（29）

　　變調的戀情是情人最痛苦的回憶，本來以為兩人相處可以如膠似漆，誰知情冷後卻似雪上加霜。不論是相思相戀，抑或情冷僥心，男女情思愛戀本是臺灣福佬歌謠中最主要的內容，其實這些情歌主題並非只在臺灣流傳。常惠在《歌謠週刊》第3號中發表了〈我們為什麼要研究歌謠〉[8]一文，文中提到：「歌謠是民俗學中的主要份子，就是平民文學中極好的材料。……各地方的歌謠代表各地方的特色。……歌謠它自有它的條格律，是唱的人沒有不守它的規則的，而它的規則絕不受一切的思想和文字的束縛，它多半注重在音調上。」常惠說有些歌謠會被誤為有什麼「心理的聯想」，但他以為「歌謠總是講聲調，不講什麼意境……千萬不要拿它講大哲學，那是大錯的。」這樣的理念和臺灣福佬歌謠中起句的起興、比喻或引韻說法，[9]頗可以相互參考。接下來常惠再提到歌謠本身，其認為歌謠是「最樸實不過的」，而其所舉乃是男懷人，女懷人的相思例證：

> 削竹棍兒，打桑葚兒，姐夫尋了個小姨子兒。關上門兒，蓋上被兒，左思右想不是味兒，管他是味兒不是味兒，黑夜躺著不受罪兒。（男懷人）
> 哎喲！我的媽呀！我今年全十八啦！人家都用轎子娶啦！我還怎麼不拿馬車拉啦！（女懷人）

　　如是說明著最樸實不過的歌謠中，男女情思愛戀主題佔了甚大部分，從《歌謠週刊》的研究文章和所選錄的他省歌謠，我們約莫可以發現這樣的情況，因此當其在選錄臺灣歌謠時，編輯群恐怕很自然地將目光只放在以「男女情思」為內容的臺灣福佬歌謠上，於是在《歌謠週刊》第9號中刊載的臺灣歌謠便幾乎清一色全是情歌了！不過平澤丁東《臺灣的歌謠與著名故事》中所編輯的「閑仔歌」主題包括更廣，除男女情思愛戀外，尚有臺灣歷史之事、臺灣的地名位置、人民的民俗習慣等主題。當翻閱《臺灣的歌謠與著名

8　常惠：〈我們為什麼要研究歌謠〉，《歌謠週刊》第3號，1922年12月31日，頁1-2。
9　黃得時：〈臺灣歌謠之型態〉，《臺灣文獻》3：1，1952年5月27日，頁6-7。

故事》進行臺灣歌謠選錄工作時，《歌謠週刊》編輯群似乎忽略了有關臺灣歷史、地名、風俗等主題的歌謠作品，這似乎意謂未身處臺灣的中國人士較無法體會理解臺灣大多民眾日常生活語言和民俗習慣，所以當其在選錄臺灣歌謠之際，也許可以關注同是樸實的情歌主題，但和臺灣這塊土地和人民的歷史或文化密切相關的其他歌謠卻被割愛了。

　　《歌謠週刊》所刊載的三十首臺灣福佬歌謠（或再包括其他19則童謠）可算是一八九五至一九四五年間報刊雜誌上單篇刊載數量最高的臺灣歌謠選錄，如是推動當時中國對臺灣歌謠的注意和整理有著一定的貢獻。不過就動機而言，這些歌謠乃是為了整理福建歌謠未得而被「連帶」地注意到，恐怕不是一開始的規劃；就歌謠內容而言，《歌謠週刊》編輯群同樣注意到以男女情思愛戀為主題的情歌，卻忽略了和臺灣歷史文化風俗息息相關的其他作品，或許是未處其地未能感同身受的應然結果，至於這些歌謠直接轉引自平澤丁東《臺灣的歌謠與著名故事》中的「臺灣の歌謠」，雖是幾盡完整地呈現，不過對於臺灣的福佬話詞彙自然也無法清楚掌握，這些都是較為可惜之處！

（二）靜聞的〈臺灣俗歌〉

　　民國十六年（1927）廣州中山大學語言歷史學研究所民俗學會創辦了《民間文藝》雜誌，由董作賓與鍾敬文擔任主編工作，歷時一年左右（-1928），從一九二八年三月到一九三三年六月則改題為《民俗週刊》，主編工作則由容肇祖、鍾敬文、劉萬章依次擔任。《民俗週刊》第10期上刊有靜聞所輯的〈臺灣俗歌〉十首，內容全為七言四句的臺灣福佬歌謠，主題皆是表達男女情思。其中九首歌謠使用了臺灣福佬歌謠中最為常見的「□□開花□□□」之程式套語，[10] 此即黃得時在〈臺灣歌謠之型態〉文中所說的「引

---

10 所謂「程式套語」，其中「程式是在相同步格條件下，常常用來表達一個基本觀念的詞組。它與其說是為了聽眾，不如說是為了歌手使它可以在現場表演壓力之下，快

韻」。[11]歌謠本身是「文本」，理所當然必須成為分析的客體，並產生意義，讀者可以選擇如何進行閱讀，因此這些多元的解「興」正說明文本的某些不確定性，但臺灣福佬歌謠中所傳達的情緒與思想，似乎又不必如是複雜深刻，翻讀中自然能見這些歌謠的真情流露！讓我們先從靜聞編輯的這些臺灣福佬歌謠來觀察：

> 綠竹開花在高山，腹肚痛著透心肝。
>
> 為娘掛吊要按怎？一陣燒熱一陣寒。
>
> 牡丹開花笑微微，娘仔生做真標緻。
>
> 害咱暝日病相思，想要共娘結連理。
>
> 芍藥開花紅又黃，溪尾過了是田園。
>
> 看見娘仔生即美，嘴頰來吻較甜糖。
>
> 楊梅開花仙山有，番船過海半浮沉。
>
> 未知娘仔在何處，恰慘被娘迷著符。
>
> 金鳳開花葉能黃，共娘相好情如糖。
>
> 惡人拐唆來斷路，咱今沒得睏同床。
>
> 鳳仙開花真大蕊，少年無妻真吃虧。
>
> 好魚好肉食未肥，暝日掛吊喘大氣。
>
> 木香開花人人愛，小娘坐在大稻埕。
>
> 兄哥無嫌即要來，門口叫聲阮就知。

速、流暢地敘事。在不同的語言系統中，程式可能具有完全不同的構造。」參考美·約翰邁爾斯弗里著，朝戈金譯：《口頭詩學：帕里——洛德理論》，（北京：社會科學文獻出版社，2000年8月），頁30。可見程式套語的使用主要乃在使講唱者便於記憶，記住既定的程式起句，當面對不同聽眾觀眾時候可以流暢順利的敘述，這也是講唱者的要訣之一。

[11] 黃得時將這種程式套語做了以下三種狀況的解釋：一、比喻，二、起興，三、引韻。起頭一、二句若使用比喻或起興起句的話，那和三、四句的關係自然可以理解，不過有些歌謠的起句未必和以下的文句有直接或間接的關係，這時便不能以比喻或起興視之，只好以「引韻」來解釋最為合理。參考黃得時：〈臺灣歌謠之型態〉，同注9。

夜香開花透冥香，牡丹含蕊掛吊人。

娘子迷哥著緊放，父母單生只一人。

桂花開了樹頂香，少年兄哥不是人。

一年僥千兼僥萬，採了花心過別叢。

上述的九首臺灣福佬歌謠全用了「□□開花□□□」此一程式套與起句，另外的一首是「娘仔十七阮十八，恁今青年有幾年？緊做緊嫁無延遲，不可延遲過了時。」則帶有勸善告誡的味道。此十首臺灣福佬歌謠乃是靜聞轉引片岡巖《臺灣風俗誌》中的歌謠而來。至於「靜聞」是誰？我們在謝雲聲《臺灣情歌集》書中鍾敬文所寫的序文可以找到答案，其文字如下：

> 記得前年冬天，我在某大學教書，於一位臺灣學生的書架上，發現一位日本人所著的《臺灣風俗誌》，中間所收羅材米，十分豐富而有趣，尤其是許多趣事，歌謠，更令我感到濃厚的興味。當時本打算都抄錄下來，後來不知為了什麼緣故，只抄一點便沒有做下去。……這個工作，終於這樣中途停止。我所抄錄的一點材料，一部分發表於某雜誌的專號上，一部分刊於年第九、十合冊的《民間文藝》中。……[12]

鍾敬文自日人片岡巖的《臺灣風俗誌》中抄錄下來的歌謠發表在第九、十合冊的《民間文藝》中，鍾敬文的序文寫於一九二八年三月二十三日，當時的《民間文藝》剛剛改名為《民俗週刊》，鍾氏是否一時之間無法改換說法我們不得而知，不過由鍾敬文曾從《臺灣風俗誌》中抄錄歌謠，〈臺灣俗歌〉中十首歌謠次序均見於《臺灣風俗誌》且這十首歌謠先後出現次序完全一致，此二因素，加上「靜聞」和「敬文」二名是同音異字關係，我們有很大的把握可以相信發表〈臺灣俗歌〉的「靜聞」應該就是民俗學者「鍾敬文」先生。《民俗週刊》上〈臺灣俗歌〉所刊的十首俗歌其實即是臺灣福佬

---

12 鍾敬文之「序文」，刊於謝雲聲編的《臺灣情歌集》（廣州：中興大學中國民俗叢書4，1928。此書後來由妻子匡等人編纂，於1969年由臺北福祿圖書公司複印再版）前，頁1-2。本文所使用者為再版版本。

歌謠，其引自片岡巖《臺灣風俗誌》中「臺灣的雜唸」第二部分「博歌」。
從〈臺灣俗歌〉的十首內容看來，全以男女情思為主題，而且比比可見臺
灣福佬歌謠中常見的用語，如「掛吊」、「按怎」、「兄哥」、「娘仔」、「暝
日」等等，尚有臺灣「大稻埕」一地名出現。不過因為這些歌謠轉引自日人
片岡巖的採集整理作品，已經過第一次的潤飾，靜聞的轉錄，呈現的應是第
三手的資料，加上轉抄時的疏誤反而減少這些歌謠原本應有的聲情趣味，如
敬文（靜聞）所抄的這首「娘仔十七阮十八，恁今青年有幾年？緊做緊嫁無
延遲，不可延遲過了時。」於《臺灣風俗誌》中本作「娘汝十七阮十八，恁
今青春有幾年？緊作緊嫁無延遲，不可延緩過了時。」其中「青春」被誤抄
成「青年」，「延緩」則抄成「延遲」──如是的失誤或許也和排版刊印者有
關，但如是轉抄者不自覺的更動，自然也會使原有語言的聲情受到影響！
其他如「鳳仙開花真大蕊，少年無妻真吃虧。……」這首，《臺灣風俗誌》
中本作「鳳仙開花真大蕊，少年無妻真克虧。……」，「吃虧」一詞雖可達
意，但卻不如「克虧」更能傳達臺灣福佬話的神韻。此外，註解處將「咱」
（我們）註成「我」，將「恰慘」（較……為慘）註成「巧遭悽慘」等，更有
望文生義之嫌！

我們應該肯定靜聞（鍾敬文）在《民俗週刊》上刊載〈臺灣俗歌〉十首
的貢獻，畢竟在臺灣中國兩地流通未暢的時代裡，其為臺灣福佬歌謠的流傳
做了努力。然而站在民俗學研究的立場，臺灣歌謠和當地民眾生活情感息息
相關，鍾氏因為研究興趣而出發，但可惜的是其轉抄自片岡巖《臺灣風俗
誌》中的博歌資料，又發生了誤抄和變換原有詞彙，以及註解時部分語詞的
望文生義等等疏漏，都讓這些歌謠缺少了原本應該藉由福佬語呈現的臺灣民
眾情感與鄉土風情。

三　個人編輯成果：謝雲聲的《臺灣情歌集》

（一）生平簡介[13]

　　謝雲聲（1901-1968），原名龍文，祖籍福建南安，先人遷居到晉江，傳衍到其父謝月波先生，再遷到廈門定居。其未滿二十歲就在廈門修畢中學課程，並參加廣東中山大學研究院「民俗學會」，研究民俗文學和詩文。民國十一年（1922），謝雲聲在廈門同文書院擔任教職，同時兼任《江聲》、《廈門》、《華僑》、《思明》等報紙的副刊編輯，以及新民書社的編輯主任。當時，他已經開始蒐錄臺灣福建各地的俗文學資料。一九二八年他的處女作《臺灣情歌集》，便在廣東中山大學民俗學會首先出版，這本集子是在日本治臺期間，謝氏在隔了海洋的中國大陸蒐集的臺灣民間流傳的二百首情歌。接著他便進行搜錄閩南各地的民間歌謠和福建全省的故事、傳說、神話等等，從其和鍾敬文的〈通信〉中可以看見除了《閩歌甲集》於一九二八年編就繕正後，其已擬定積極編輯《福建故事集》、《閩南謎語集》、《閩南風俗集》、《閩諺篇》等書，並希望可得中山大學民俗學會為其出版。[14]後來這些資料分別在廈門和上海精印發行，都有豐富的內容，其中《福建故事集》尚出版到第四集，可算是頗富價值的俗文學研究資料。

　　除了民間文學和民俗學上的造詣，謝雲聲的詩文都有湛深的表現，民國二十六年（1937）蘆溝橋事變後，中國境內烽火四起，謝氏便南行新加坡、越南等地執教，每逢佳節，觸景生情，懷鄉的愁緒使其吟詠出不少富有情感的詩作，而當地的風土民情也能入詩，特具民俗色彩。例如：

　　　　流離南嶠正秋中，難寫牢愁一雁通。

---

[13]　婁子匡曾寫了一篇〈悼念謝雲聲先生〉，原刊登於《大華晚報》，1969年1月24日。《臺灣情歌集》於1969年由臺北福祿圖書公司複印再版時便將此文收錄於書後，本文關於謝雲聲生平的介紹，多參考此文。

[14]　謝雲聲：〈通信──（與敬文先生）〉，《民俗週刊》第10期，1928年，頁40-41。

絃管幾家依舊似？最憐天際月微濛。（〈星加坡中秋〉）

狂風暴雨思淒然，海外重陽忍作筵。

秋晚不勝搖落感，一尊難遣奈何天。

江城歲歲憶歌酣，萬里飄零俯仰慙。

儘說甘來需苦盡，頻年苦已困春蠶。

（〈重九客居柔佛，聊賦兩章，自過其壽〉）

忽忽天涯急景催，園門零落只潮來。

吾家倘許團圓夢，拍酒回春補一回。

歲雲畫已夜如何？無力飛揚劇愴歌。

僬倖炎荒故人滿，流離一例望關河。

（〈戊寅除夕，時刻甘馬挽〉）

　　詩中流露的情感是令人動容的，國內烽火燃起，大地荒煙漫漫，遠在南
洋的謝雲聲亟力地向北眺望，卻看不出個所以然。西風起兮，又是秋季，蕭
永東的〈秋日偶成〉詩說得好：「西風到處物皆秋，吹入茅廬動旅愁。最是
異鄉人早覺，如斯蕭瑟幾時休？」[15]最是異鄉人早覺，恐因每逢佳節倍思親
吧！從新加坡的中秋，到馬來西亞柔佛的重九，再到甘馬挽的除夕，一年已
到盡頭，人卻還在遙遠的異鄉，如是心情，恐不是一雁飛信便能說盡離愁！
歲雲如何？時節如何？只能遠望關河，希望有朝一日團圓夢成。旅居南洋的
謝雲聲心情想必是苦悶的，詩中歷歷可見這樣的感嘆，一句「萬里飄零俯仰
慙」道盡心酸。來日當有許多美好願景吧？人們總說甘來需苦盡，然而多年
離苦，卻已困老春蠶！

　　這樣的苦悶對一位終年在外的學者身上是可以體會的，但他沒忘記學術
研究上的熱誠，旅居馬來西亞的日子裡，他致力於南洋地區的俗文學資料蒐
集，後來集結的成果有《故土民間故事》、《南洋謎話》等等，而《來燕樓
詩話》則在詩文研究上展現其專精的造詣。在謝氏旅馬期間，亦有不少佳作

15　蕭永東之〈秋日偶成〉詩作，發表於《臺灣文藝叢誌》第2年8號，「詞苑」欄，1920
　　年12月15日。

詩篇，如〈馬來亞雜詠〉：

> 蓬頭跣足說天然，顏色上身百態妍。
>
> 蔽體無分男與女，紗籠一幅許同穿。
>
> 隨人作息算經營，金曜權當日曜行。
>
> 生小未曾數生日，那知今歲是何庚？
>
> 自家嫁娶創奇聞，容易交寅容易分。
>
> 死到纍纍叢草裡，石頭大小認丘墳。
>
> 懸璿墜珥已驚人，鼻上更奇繫寶珍。
>
> 為問何人施虐政？自甘黔首忒無因。

　　仔細閱讀謝氏所作詩篇，記錄了馬來亞住民的面貌穿著、生活習慣、婚嫁喪葬，詩中所描述的情況，和郁永河《裨海紀遊》中的〈土番竹枝詞〉中所記下的臺灣原住民面貌風情，如：「胸背斑斕直到腰，爭誇錯錦勝鮫綃。冰肌玉腕都紋遍，只有雙蛾不解描。」（其三）、「番而大耳是奇觀，少小都將兩耳鑽。截竹塞輪輪漸大，如錢如椀復如盤。」（其四）、「輕身矯健似猿猱，編竹為箍束細腰。等得吹簫尋鳳侶，從今割斷伴妖嬈。」（其十二）、「夫攜弓矢婦鋤耰，無褐無衣不解愁。番屋一圍聊蔽體，雨來還有鹿皮兜。」（其十八）等等；或如孫元衡《赤崁集》中的〈裸人叢笑篇〉所記：「衛鬖縵靡草，鬇鬡如植竿。獨竦兕膚立，兩崎胼角端。不簪亦不弁，雜卉翼以翰。謂當祝髮從甌駱，爾胡不髡能自完！」（其二）、「管承鼻息颺簫音，筊亞齒隙調琴心。女兒別居椰子林，雄鳴雌和終凡禽。不顧耶孃回面哭，生男贅父老而獨。但知生女耀門楣，高者為山下者谷。貓女膩新相鬥妍，醉歌跳舞驚鴻翩。酋長朝來易版籍，東家麻達西家仙。」（其七）等。

　　或如黃叔璥《臺海使槎錄》中的〈番俗六考〉、〈番俗雜記〉中，以及朱仕玠《小琉球漫誌》中關於臺灣原住民的面貌打扮、生活習俗、婚嫁歌舞等紀錄，似乎有其極為接近的描述。[16]臺灣原住民本屬於南島語系一群，不論

16　郁永河：《裨海紀遊》。（臺北：臺灣銀行經濟研究室，臺灣文獻叢刊第44種，1959

是從人類學、語言學還是民俗學等學科切入觀察，想必都可以得到令人驚訝的答案。謝雲聲以古典詩文描摹記下南洋島民的原始生活面貌，或許亦可作為研究臺灣原住民早期生活習慣風俗慶典等方面的參考資料。

因國內戰火而旅居南洋謝雲聲終其一生未到過臺灣，但卻完成了《臺灣情歌集》此富價值的民間文學資料，如同其流離南洋時即便苦悶卻能一如往昔地秉持著研究熱忱和興趣，在當地進行民俗資料的蒐集和整理一樣，這些人生感悟的詩文作品和豐富有趣的民俗資料，並未因為其於一九六八年四月十七日上午病逝於新加坡中央醫院而消失人間，反倒益加光亮地照著民間文學和民俗學的研究大道！

（二）出版宗旨

謝雲聲在《臺灣情歌集》前的自序中曾提及編著此書的動機：「當我蒐集《閩歌甲集》材料的時候，間有採及臺灣的歌謠，同時我已感覺著臺灣流行的歌謠，大都關於愛情方面的，心裡便就想到編輯臺灣的情歌去。這個動機一起，累得我無日無時不在歌謠上工作。那想不到十個月間，竟然蒙了幾個好友的幫助，搜來不少的材料，和我平時的積稿，併合整理，遂成了這本《臺灣情歌集》。」因為感覺到臺灣流行歌謠的愛情主題，於是便有了編著臺灣情歌的念頭，而在此念頭興起不到十個月期間，終於累積一定的情歌材料，遂有《臺灣情歌集》問世！

《臺灣情歌集》共收有臺灣情歌二百首，書前並有鍾敬文的序文和編者自序二文，最前處尚附有謝雲聲和婁子匡二先生於甲午年（1954）十一月時於新加坡參加國際東方學會時在新加坡長城照相館合拍的照片，以及謝雲聲

年。）孫元衡：《赤崁集》。（臺北：臺灣銀行經濟研究室，臺灣文獻叢刊第10種，1958年。）黃叔璥：《臺海使槎錄》。（臺北：臺灣銀行經濟研究室，臺灣文獻叢刊第4種，1957年。）朱仕玠：《小琉球漫誌》，（臺北：臺灣銀行經濟研究室，臺灣文獻叢刊第49種，1984年。）

於當時留下書札，[17]書後則附有妻子匡所寫的〈悼念謝雲聲先生〉一文。對於自己編著的臺灣情歌，謝雲聲相信：

> 臺灣的情歌，是比較別的地方，多了幾倍，說不定是風俗人情地勢語言所使然的。而這一類的歌詞音節，又不僅是臺灣人會聽會唱，在福建沿海的居民，——像泉州同安漳州廈門——總也時常聽見流行這類的情歌。原因，臺灣的居民，原是我們福建人遷徙過去的，那地的歌謠，難怪轉而流傳到我們福建來咯。今日的臺歌和閩歌，有部分難以分別，也不外是為著這個原因。[18]

把臺灣的情歌和閩地歌謠的淵源拉在一起，這是風俗人情地勢語言彼此接近的原因，也是文化相似使然！謝氏如是之說，提供我們兩個繼續觀察的方向：其一，臺灣的情歌和閩地的歌謠有些難以區分，所以閩地所輯的歌謠便可視為臺灣的歌謠嗎？黃得時在〈關於臺灣歌謠的搜集〉文中提到：「這本《情歌集》一共收羅二百首，雖然大部分是採自泉州綺文堂所刻的《臺灣採茶歌》，但是由此可知大陸的民俗學者，多麼關心臺灣的歌謠了。」[19]泉州綺文堂的《臺灣採茶歌》內容究竟是否全是臺灣歌謠，恐怕也難有定論，不過廈門文德堂的《（改良）採茶歌》[20]內容與謝雲聲的《臺灣情歌集》極為相似，又廈門博文齋書局出版的《新樣採茶歌》[21]內容和《臺灣情歌集》亦有相似之處，這些採茶歌集時代不致差距太遠，當中內容又頗為近似，其間的關係應有相互牽連之處。但無論是文德堂的《（改良）採茶歌》或博文齋的《新樣採茶歌》，都是所謂的「歌仔冊」（或稱之為「歌仔簿」）。現在或許不

---

[17] 照片與謝雲聲先生遺墨均見於謝雲聲：《臺灣情歌集》，同注19。

[18] 謝雲聲：〈自序〉，收錄於《臺灣情歌集》，同注19，頁11-12。

[19] 黃得時：〈關於臺灣歌謠的搜集〉，《臺灣文化》6：3、4，1950年4月，頁34。

[20] 《（改良）採茶歌》又名《最新採茶褒歌》，收於曾子良主編：《閩南說唱歌仔（念歌）資料匯編》。

[21] 廈門博文齋書局的《新樣採茶歌》，可參考中央研究院漢籍電子文獻中王順隆教授製作的「閩南語俗語唱本『歌仔冊』」資料庫，http://www32.ocn.ne.jp/-sunliong/kua-a-chheh.htm。

太容易查證那本歌仔冊源自哪一書局，不過同是那個時代，同在福建的廈門和泉州，同屬於刊印歌仔冊的文德堂、博文齋、綺文堂同可見到「採茶歌」相同主題的歌仔冊，我們有理由可以懷疑它們之間或許就是「一本多貌」的呈現狀態，而謝雲聲自綺文堂的《臺灣採茶歌》中引出大量的所謂的臺灣情歌，那麼這些臺灣情歌自然不是純粹的臺灣情歌，這是我們必須確認的！

其二，謝雲聲在其自序中提到：「臺灣的居民，原是我們福建人遷徙過去的，那地的歌謠，難怪轉而流傳到我們福建來咯。」對於這樣的說法，鍾敬文在其為《臺灣情歌集》所寫的敘文中說道：

> 我在《臺灣的民間趣話》附記中曾說過：「這些趣話，就是在臺灣的福建人所傳述的。徹底說一句，這本是中國民間文藝的一部分，因移民的關係，而流佈到那裡的。」這話與謝先生的恰巧相反，我自然不敢絕對肯定謝先生的話是「倒果為因」，但就情理說，似乎應以拙見為近。歐洲人對於相同的神話故事，從前有過「借用」（Borrowing）及「發源於一個共同的中心點」等假設，這雖然再也沒有做關於「相同神話故事」的唯一的解釋之權威或可能，可是用以說明某部分特別的情形，是很有相當的效力的。我以為關於上面歌謠流地的因果，正可以應用了這個假設去解決。

站在中國移民史和文化同源的立場，我們似乎可以相信鍾敬文以為臺灣歌謠傳回福建是「倒果為因」的見解才是合理；不過情理之外，時代地域的改變更易促使歷史文化的變遷。明鄭以來的中國移民雖帶入源自中國的歌謠，但是時代和政權遞嬗，他們逐漸在臺灣落地生根，而所唱的歌謠愈加地「書臺語，作臺聲，紀臺地，名臺物」，臺灣的歌謠像是划不回原鄉的小船，卻有了新的方向和生命，可以自足自立，更和臺灣有了貼近的情感。

鍾敬文以為「借用」及「發源於一個共同的中心點」等假設並不是研究民俗學中「相同神話故事」的唯一解釋，也沒有作為關於相同神話故事唯一的解釋之權威或可能，但其後來所說對於「某部分特別的情形，是很有相當的效力的」的轉圜，指的還是謝雲聲說臺灣情歌回傳福建是「倒因為果」的

見解有問題。《臺灣情歌集》中的歌謠有許多部分引自泉州綺堂的《臺灣採茶歌》，我們當然可以相信鍾氏所言那些情歌並非全從臺灣回傳福建，例如情歌集中有些歌謠如是唱著——「黃河三年水流東，哥阿一年一年老！要是當十八九，驚無水娘睏共頭。」（48）、「廣東目鏡在人用，看見娘仔即嬈神。求娘因緣那不肯，無採哥仔了工情。」（55）、「火車要行吼三聲，福州上去是京城。即久無見娘一影，腳骨陰酸也周行。」（59）等等，這些歌謠有著較多的中國風情，應該是福建閩南歌仔冊中的歌仔或其他歌謠。但是《臺灣情歌集》中也有如：「李子要食粒粒酸，邦橋對面是新莊。娘阿生做即幼軟，嘴邊來斟恰甜糖。」（5）、「欽差造橋真是通，要造鐵橋到完工。護娘儂去話袂講，是你哥仔大楝憨。」（68）、「火船駛到滬尾港，親娘不通嫁別人。二人相好相痛疼，有頭有尾即是人。」（72）、「火船駛到大稻埕，親哥不通做呆子。二人相好來相通，娘仔不敢耽誤兄。」（73）等等，歌中所述及的「邦橋」、「新莊」、「滬尾」、「大稻埕」是臺灣北部地名，「欽差」乃是指「劉銘傳」，還有其他如「林板橋」（林本源）等等都可說明這些情歌已具臺灣色彩，當然可以算是具有臺灣本土特色的福佬歌謠。至於謝雲聲所謂「那地的歌謠，難怪轉而流傳到我們福建」的說法當然不完全如鍾敬文所說的「倒果為因」，因為確實有具有臺灣本土色彩的歌謠傳回福建，這是可以確定的事實！[22]

也許這些所謂具有臺灣特色的福佬歌謠，最當初還是來自中國閩粵移民，或自歌仔冊而來，但就採集整理歌謠的立場而言，應該是注重各地方有各地方的民間文學資料才是。鍾敬文的「倒因為果」說法乃就源流而論，而謝雲聲則看出臺閩二地歌謠內容的歧異性，我們必須綜合觀之，才更能清楚地掌握臺灣福佬歌謠的歷史變遷與本土發展。

---

[22] 陳益源教授在其〈中國大陸整理出版的臺灣民間文學〉文中亦早質疑鍾敬文「倒因為果」的看法是不完全可信的，同注2，頁154。

（三）《臺灣情歌集》中的臺灣福佬歌謠

1 內容主題

　　謝雲聲一生未到過臺灣，所以《臺灣情歌集》中的二百首情歌並非是其親自採集的成果，但雖少了田野調查的真實，卻未必全無價值可言。關於這本情歌集的內容，謝雲聲在書前自序中說到：

> 這本情歌的內容，是把臺灣流行的歌謠、採茶歌、博歌（按博歌二字，疑當作「駁歌」，謂彼此相駁之歌。）等，搜集在內。歌的形式，多為七言四句體，五句六句的，雖然也有，但不多見。唱法，男女相對，或男對男，女對女不定，有的兩人對唱，有的一人和一群對唱，獨唱的亦有。唱詠的地點，在山林、鄉村、田園等地方，隨處藉這歌詞問答為習慣，上山採茶的時候，尤喜高聲對唱，還有夜間在市衢用幾個燭臺，點光蠟燭，互相唱和，亦有兼奏音樂器具，補充他們的樂趣。

　　謝氏自序中提及這本情歌集的內容包括歌謠、採茶歌和博歌（駁歌），形式以七言四句為主，又以福佬語記音，因此大多都屬於臺灣福佬歌謠。就唱法和唱詠地點而言，謝氏的說法和平澤丁東《臺灣的歌謠與著名故事》中「臺灣の歌謠」之「俗謠」的「續說」甚為類似，和片岡巖在《臺灣風俗誌》第四章第二集「臺灣的雜念・八・博歌」的介紹更為接近，如片岡巖所說：「所謂博歌，就是用『甲問乙答』的方式對口合唱的歌。在臺灣的農村，相隔一塊田或一座山或一片沼澤，雙方以問答的方式高唱情歌。在市區裡，到了夜深時刻，中間擺一把椅子，在幾座燭臺前點上蠟燭，雙方隔著蠟燭，在眾人環視之下唱情歌，一邊唱一邊還有樂器伴奏。有時唱輸的一方，由於不能忍受失敗，就跟對方鬥嘴，所以博歌又名『相罵歌』。」[23]由是可見，平澤丁東的《臺灣的歌謠與著名故事》和片岡巖的《臺灣風俗誌》對謝雲聲在整

---

[23] 片岡巖編著，陳金田譯：《臺灣風俗誌》「第八小節　博歌」，同注5，頁266。

理《臺灣情歌集》時候，必然提供甚大的幫助。其實不只是謝雲聲，鍾敬文的序文中亦提及《臺灣的歌謠與著名故事》和《臺灣風俗誌》二書，並稱許之在民俗學上的價值是不會比任何任何民歌集低遜的。[24]

謝雲聲的《臺灣情歌集》收錄了二百首臺灣情歌，其中除了第二十一首「繡球開花結歸牌」、第一〇八首「柳煙開花天頂香」、第一〇九首「香梅開花成佛手」、第一二〇首「木筆開花色笑笑」、第一二一首「長春開花赤如金」、第一二七首「山藥開花在山嶺」等六首為七言五句型態外，其餘的一九四首均是七言四句的歌謠形式。這些福佬歌謠中，有許多可見於日人或之後臺灣人的整理成果，但也有不少是較少甚至從未出現過的。

首先，就歌謠內容而言，因為書名為《臺灣情歌集》，顧名思義當然全是以男女情思愛戀為主的作品，這些情歌有深刻思念者如「一夜到落廿四夢，暝日思想麼一項。古井不離杉弔桶，哥阿不離娘一人。」（85）、「杏花開來笑微微，兄哥親淺年廿二。今日我哥要返里，害阮春心病相思。」（137）、「日日夜夜塊思想，思思想想娘家鄉。時時刻刻塊思想，新新念念我阿娘。」（148）有濃情愛戀者如「娘子你愛哥亦愛，敢是天地來推排？為娘割弔流目淬，那無講出你不知。」（150）、「哥今共娘同心神，雙人相好加倍親。生死的確著作陣，不甘放娘你單身。」（197）當然也有相互稱讚的，如男讚女者如「生成就是娘一等，天下亦有小文明。藉倒天下十八首，較水君王分正宮。」（186）、「阿娘面白即巧粧，口點胭脂一點紅。情理比兄較玲瓏，心思比兄加倍通。」（188）或是女讚男者如「木棉開花有一枝，哥仔生成即文理。恰是潘安再出世，害阮相思十二時。」（107）等。此外，情冷

---

[24] 鍾敬文為《臺灣情歌集》所寫的序文中提到其所見到的《臺灣風俗誌》，並將之抄錄一小部分發表於《民間文藝》（《民俗週刊》）中，又提及平澤清（平）七的《臺灣的歌謠》（《臺灣的歌謠與著名故事》），說到北京大學歌謠研究會的《歌謠週刊》曾刊出一部分等事。鍾氏推崇平澤丁東的書是「毫未經文人之筆修飾過的琢玉」，給與之甚大的讚許。同注12，頁6。可見平澤丁東和片岡巖的採集成果是中國人士了解選取臺灣歌謠的重要來源之一，不過日人的採集雖多求能「客觀」，但是否全無經過潤飾改動，恐怕尚須斟酌！

變心也是情歌主題中重要的一類，如「鳥鼠走入牛角內，允死無活我真知。是娘心肝愛耍歹，哥今那想那不來。」（54）、「兄哥僥娘是不通，阿兄無力娘做人。是娘生呆不活動，兄你無看娘一人。」（155）或是咒詛以求證明清白或發洩怨忿者如「共娘你說不相信，當天咒詛護娘聽。別為那有水娘子，天地差雷來打兄。」（160）或「天雷無管兄今代，不免咒詛天地知。那是無做是要呆，任兄仙咒都袂來。」（161）、「茉莉開花白絲絲，誰人僥心路傍屍！是你當初對面講，說要共阮結百年。」（5）當然，相知相戀的情人分開有時也會為了不得已的理由，但求好聚好散的內容亦可見到，如「分開亦是姑不將，[25]不敢講兄你僥雄。親尪親某較對重，你咱亦是無久長。」（173）、「阿娘你今免煩惱，分開也是無奈何！勸娘失頭堅心作，不通不時要想哥。」（181）等等，關於情愛世界的來去酸甜，總讓唸歌者或聽歌者深深悸動，謝雲聲說這樣的臺灣情歌可以「放情浪漫地歌詠，但能使我們感覺著無限的羨慕。」（〈自序〉）

當然，男女情思愛戀是臺灣情歌的最大主題，不過在這個廣大的主題中，我們也可以發現從中透顯出來的其他臺灣社會現象，例如女子縛腳的問題，如歌謠中所唱：

> 金針開花疊疊針，親娘大腳兄無嫌。
> 是我當初看過目，無嫌小妹腳無縛。（11）
> 龍眼開花兩萋萋，要食紅柑十二月。
> 是阮自小失乾家，不通嫌阮腳大個。（12）
> 娘子生水縛細腳，端方四正好行踏。
> 共娘空損作鉤搭，二人相好食食膠。（62）

歌謠所唱是歌者也許是歌者的想像，只要女子誠實訴說失親，只要男子

---

25 按：謝雲聲註解此首的「姑不將」，將其解成「姑將」，似乎不甚達意。就臺灣福佬話而言，應是「不得已」之意。又，此部分所舉的歌謠作品為免和論文其他部分重複，儘量呈現在日人或後來臺灣人編輯臺灣福佬歌謠成果中較少見到的作品。

不會嫌棄，那麼一切是否就可以不計較？如是內容所欲乃在批判臺灣社會的纏腳歪風。根據明治三十八年（1905）日本殖民政府所做的調查，臺灣女子纏足比例約為百分之六六點六，[26]可見臺灣傳統「小足為美」的觀念仍深植民心，不過並非所有女子皆要纏腳，如客家女性、婦女貧女等便不受此觀念束縛，但在福佬族群為多數的臺灣社會，臺灣福佬歌謠確切唱出傳統社會崇尚金蓮三寸的病態，這樣的束縛仍然禁錮著臺灣大多女性的身體，迷思著臺灣社會大多民眾，尤其是男性的心靈。

另外如第一九一首中所唱「鹿港做醮做慶成，臺灣寶貝玻璃燈。哥汝說話無定性，難怪你娘心肝冷。」歌中述及鹿港做醮的地方民俗慶典，也提到臺灣的玻璃燈等現代器物，此歌唱自臺灣的機率想必很高。其他如第五十一首的「要食魚腥近海堆，要交娘阿著厝邊。出出入入通相見，恰好陰間燒庫錢。」又如第六十三首的「娘子生水十分美，用心計較沒得著。那想娘子那沒著，死到陰間不過橋。」等歌謠中提到的民俗信仰觀念，如人死後通往陰間需過奈何橋，需要燒庫錢等等社會傳統風俗，姑且不論此些歌謠是傳自福建或唱自臺灣，歌中所述的社會風俗想必是兩地人民共有的文化特色！

此外，關於臺灣歷史記錄的歌謠，無論是日人或後來臺灣人採集整理著作多會刊出此首：「欽差設景點電火，電火點來較光月。想要娘厝來去尋，也無天星也無月。」[27]歌中所說的欽差或許是指清領時期臺灣巡撫劉銘傳，其為臺灣率電點燈一事仍為美談，而謝雲聲《臺灣情歌集》中亦收有關於「欽差」之三首情歌：

欽差造橋在新莊，北橋要過開橋門。
要去娘兜路又遠，鐵打腳骨也陰酸。（66）

---

26 吳文星：《日據時期臺灣社會領導階層之研究》，（臺北：正中書局，1992年），頁263。

27 如平澤丁東的《臺灣的歌謠和著名故事》、東方孝義的《臺灣習俗》（原臺北同人研究會發行，1942年10月30日，今有臺北：南天書局重印本，1992年）、李獻璋的《臺灣民間文學集》（臺北：臺灣文藝協會，1936年，後由臺北龍文出版社重印）中均可見到。

　　欽差造橋真是賢，柴橋要造江一頭。

　　想要與娘你來門，無疑有頭無尾梢。（67）

　　欽差造橋真是通，要造鐵橋到完工。

　　護娘僥去話袂講，是你哥仔大楝憨。（68）

　　從第一首歌謠中所提到的「欽差造橋」、「新莊」等詞彙與歷史記憶，我們可以推想這位欽差和前面所說的「劉銘傳」或許是同一位，而這些歌謠很有可能也是唱自臺灣，與最前一首並看，似乎也在情愛之外，想見臺灣歷史的某段記憶！

2　流傳變異

　　《臺灣情歌集》中的二百首臺灣情歌，據謝雲聲所說是憑己之力和幾位好友提供不少材料而蒐集完成的。但是如前所述，這些歌謠有相當多部分是來自福建閩南俗曲歌仔冊內容，並非全是純粹的臺灣情歌。仔細翻閱《臺灣情歌集》，可以發現半數以上的歌謠可見於當時日人整理的歌謠集中，但仍有接近半數的作品少見甚至未見於這些日人的集子中；而且即便在日人的歌謠集中可見，但有些內容卻不甚相同，變異性的特色頗為明顯。關於這個部分，我們不妨挑選在《臺灣情歌集》中以「□□開花□□□」之程式套語起句的歌謠，和片岡巖的《臺灣風俗誌》和平澤丁東的《臺灣的歌謠與著名故事》當中類似之歌謠相互相較一番。

　　《臺灣情歌集》二百首臺灣情歌中共有五十九首乃是以「□□開花□□□」來起句，而《臺灣風俗誌》中的臺灣福佬歌謠共有六十六首，其中以「□□開花□□□」起句的歌謠則佔了五十八首，《臺灣的歌謠與著名故事》以此程式套語起句的歌謠則有三十五首。微妙的數字述說著這類形式的歌謠相當容易在臺灣福佬歌謠中被使用和傳唱。從兩者的文字比較，我們當可發現一些端倪：

《臺灣情歌集》、《臺灣風俗誌》、《臺灣的歌謠與著名故事》近似歌
謠相較表

《臺灣情歌集》	《臺灣風俗誌》、《臺灣的歌謠與著名故事》
水錦開花白波波、八仙過海藍採和。真名正姓共哥報，免得護哥去尋無。（1）	風蔥開花白波波，八仙過海隨時無。真名正姓共哥報，免得乎哥去問無。
水錦開花白蔥蔥、哥阿生水真害人。一年梟千共梟萬，採了花心換別叢。（2）	桂花開了樹頂香，少年兄哥不是人。一年僥千共僥萬，採了花心過別叢。[28]
水錦開花白猜猜，樹梅開花無人知。娘阿未大想要呆，起風落雨爾就知。（3）	水錦開花白猜猜，樹梅開花無人知。咱嫂心肝無意愛，合哥盡心那路來。（平）[29]
水仙開花好排場，兄妹二人相對著。那會二人同心肝，恰好青山冷水泉。（102）	水仙開花好排場，兄妹二人相對看。那能二人同心肝，恰好清水冷水泉。
芙蓉開花會結子，願共兄哥結百年。誰人僥心雷打死，頭先僥心路傍屍。（103）	芙蓉開花能結子，甘願共哥結百年。誰人僥心雷打死，頭先僥心路傍屍。
風蔥開花結成球，船車那歹著抹油。看見娘仔白甲幼，親像竹紙包紅綢。（106）	風蔥開花結成球，船身有時著抹油。看見娘仔白與幼，親像竹紙包紅綢。
木棉開花有一枝，哥仔生成即文理。恰是潘安再出世，害阮相思十二時。（107）	木棉開花有一枝，哥仔生成即文理。敢是潘安再出世？害阮相思十二時。
柳煙開花天頂香，月內無塗也無沙。仙桃因何乜會活？娘爾要嫁著嫁我。護你清閒免拖磨。（108）	柳煙開花天頂香，月內無土亦無沙。娘汝要嫁著嫁我。給爾清閒免拖磨。

---

[28] 「僥」，hiaul，負心、背約之意，例：「僥心」，hiaul siml；「僥雄」，hiaul hiong5，兇狠無情的「僥」又做「梟」。見董忠司總編纂：《臺灣閩南語辭典》，（臺北：五南圖書出版公司，2002/11，初版4刷），頁393。

《臺灣情歌集》	《臺灣風俗誌》、《臺灣的歌謠與著名故事》
香梅開花成佛手，二人當天食血酒。水潑落地難得收，是乜重誓咱來咒。誰人僥心罪著收。（109）	香楊開花成佛手，二人同天食血酒。水潑落地難保收，是較重誓咱來咒。
黃菊開花層層黃，用了錢銀無掩恨。盡驚娘子謝聖恩，好娘不通僥負君。（110）	黃菊開花層層黃，雞尾過了是新莊。要去娘厝路又遠，鐵打腳骨行能酸。[30]
黃菊開花會做茶，盡心相好無幾个。咱今聖佛著來係，父母不罵咱二个。（111）	紅菊開花葉做茶，盡心相好無幾个。咱今神明著來祈，父母不罵咱二个。
蓬萊開花在仙境，當今有錢真好用。阮今共哥即盡情，望要給哥相牽成。（112）	蓬萊開花在山境，當今有錢真好用。阮今共哥出真情，望要給哥相牽成。
瑤桃開花仙山有，番船過海半沉浮。未知娘仔在值處？恰慘護娘迷著符。（114）	楊桃開花仙山有，番船過海半沉浮。未知娘厝在何處？恰慘護娘迷著符。
禪樸開花在庭前，娘仔生水如天仙。看有食無干干癮，親像憨佛鼻香煙。（115）	禪樸開花在庭前，娘仔生美如西施。看有食無干乾唱，親像憨佛鼻香煙。
木香開花人人愛，小娘住在田厝內。兄哥無嫌即要來，門外叫聲阮就知。（116）	木香開花人人愛，小娘住在大稻埕。兄哥無嫌即要來，門外叫聲阮就知。

---

29 按：此表所舉對照的例子多引自片岡巖的《臺灣風俗誌》，引自《臺灣的歌謠和著名故事》一書者較少，若有則在歌後附上（平）以註明之；若同見於《臺灣風俗誌》和《臺灣的歌謠和著名故事》，則以（片）、（平）註明：未註明者皆引自《臺灣風俗誌》。

30 按：《臺灣風俗誌》中所錄此首又可和《臺灣情歌集》中第66首：「欽差造橋在新莊，北橋要過開橋門。要去娘兜路又遠，鐵打腳骨也陰酸。」相互比較，後二句是極相似的。

《臺灣情歌集》	《臺灣風俗誌》、《臺灣的歌謠與著名故事》
綢春開花播田天，甲蝦落水會捲連。娘仔烘爐茶鈷便，煎茶請哥合皆然。（117）	春仔開花是暑天，甲苞落水會捲璉。娘仔烘爐茶鈷便，煎茶請哥亦該然。[31]
官蘭開花葉彎彎，目尾共娘長交關。看見娘仔生好欸，害哥心肝不著亂。（118）	管蘭開花葉灣灣，目尾共娘相交關。看見娘仔生做美，害哥心肝不著亂。
梅花開透嶺上香，阮厝也是有大人。娘仔暗靜共哥講，起腳動手哥不通。（119）	梅花開透頂面香，阮厝又是有大人。娘仔暗靜共哥講，起腳動手仙不通。
木筆開花色笑笑，兄哥不是林邦橋。要提錢銀免按腰，是哥今年趁恰少。截長補短也會著。（120）	哥仔不是林五爺，要提錢銀免押腰。是哥今年儲較少，掠長補短總能著。

從上表的比較，我們可以很清楚的發現：不論這些福佬歌謠最初來自何處，在中國人士謝雲聲的《臺灣情歌集》裡和在臺日人片岡巖的《臺灣風俗誌》及平澤丁東的《臺灣的歌謠與著名故事》中，歌謠都因時代環境變遷而產生改變，例如《臺灣情歌集》中第一一六首的「木香開花人人愛，小娘住在田厝內。兄哥無嫌即要來，門外叫聲阮就知。」在《臺灣風俗誌》中第二句唱成了「小娘住在大稻埕」；又如同是以「黃菊開花層層黃」起句，但《臺灣情歌集》中第一一〇首接著唱的是「……用了錢銀無掩恨。盡驚娘子謝聖恩，好娘不通僥負君。」不過在《臺灣風俗誌》中後來則唱成「……溪尾過了是新莊。要去娘厝路又遠，鐵打腳骨行能酸。」在《臺灣風俗誌》中的臺灣福佬歌謠已多注入臺灣地名，讀來更帶有臺灣鄉土風情。又如《臺灣情歌

---

31 按：此首第二句「甲苞落水會捲璉」能見度高，相似的歌謠如《臺灣情歌集》中第36首：「大樹倒落頭像天，日曝樹葉會捲連。是娘三八無轉變，護哥不會合該然。」又《臺灣的歌謠和著名故事》中亦有「大樹剉倒頭向天，甲葉落水會卷嗹。咱哥合嫂若有緣，千山萬水行沒倦。」

集》第一二〇首和《臺灣風俗誌》中都提到了日治時期臺北板橋的富商林本源，不過情歌集中用的是「林邦橋（板橋）」，但風俗誌則用「林五爺」，必須是接近那塊土地的民眾，才能有如後者般貼近的稱呼。歌謠本是民間文學的一部分，因時因地而發生變異這是自然之事，但也因為如是變異，這些歌謠才更具臺灣本土味道！

當然我們也要承認在使用漢字的記音上，日人所記較不如謝雲聲所編輯者，其中多少或許都加入了編者個人的潤飾，如情歌集第一一一首有「咱今聖佛著來係」，風俗誌記成「咱今神明著來祈」，用「聖佛」和「係」（「係（下）願」），似較「神明」和「祈」更有福佬話味道；或是如第一二〇首有「是哥今年趁恰少」，風俗誌則記成「是哥今年儲較少」，用「趁」或用「儲」（kiam）更有其涵義，但前者絕對較貼近語音聲情表現。不過我們並不需要去判別孰優孰劣，歌謠的流傳自然有其集體創作的可能，太多的推敲也許容易犯了過度詮釋之弊。因此，即便我們無法說這些歌謠不是傳自福建，但我們可以確定的是：因為時代環境的變遷，這些歌謠更具有臺灣本土風情，而當她回首再回到中國之際，卻早已不是來時面貌了！

3 技巧字詞

《臺灣情歌集》中所收錄的臺灣情歌和一般臺灣福佬歌謠一樣，最具特色的技巧手法即是起句的「起興」、「比喻」或「引韻」的使用，無論是起興、比喻，或只是作為引韻之程式套語的使用，臺灣福佬歌謠的基本模式讓唱詠者可以琅琅上口，可以應急講唱，符合聽眾所需。鍾敬文在《臺灣情歌集》的〈序文〉中提到其曾經將廣東蛋民的「鹹水歌」和客家歌謠做比較，其發現：

> 這種歌（鹹水歌）雖是一種情歌，意思、語詞、卻很質直，頗少宛轉纏綿之致。歌謠多喜用顯比、隱比及雙關等表現法，而鹹水歌，則除常以別的事物「起興」外，其餘都是極直率的陳述，回環吞吐的風俗，絕少能得見到，我們若把她用南北朝的歌謠來打譬喻，那麼，歌

謠是南方的清商曲──子夜歌、懊儂歌、讀曲歌等；鹹水歌，卻是北方的橫吹曲──企喻歌詞、捉搦歌、馳驅樂歌、折楊柳歌等。」……臺灣人所唱的這種歌謠，其表現的藝術，很與質直少宛轉的蛋歌相似。首句長歡喜用「起興」之法，也為兩者近同之處。

在序文中鍾氏尚舉出臺灣情歌和蛋歌做比較，如臺歌的「紅竹開花樣樣紅，哥你交關有別人。新娘交來舊娘放，迎新棄舊不是人！」又如蛋歌的「東方日出一點紅，囉！妹當相好兄二人，囉！妹當要勿聽別人話，囉！有錢無錢無相干，囉！」其說這些都是「情急詞直」的歌謠，鍾氏猜想：臺灣人所唱的歌，和中國東南一代蛋民的鹹水歌如是類近，應該是人種、地理及歷史各方面都很有關係。這樣的推論恐怕還是過於簡單草率？蛋民和臺灣人的民族來源及背景，歌謠的特色及內容主題、技巧特色等都需要詳細徹底地研究比較一番才可以有更進一步的結論！不過，從鍾敬文所引臺歌和蛋歌之例來觀察，其說明這兩種歌謠都喜歡在首句使用「起興」之法，不過這樣的起興手法，其實更像是黃得時所說的引韻，也就是所謂的程式套語罷了！鍾氏解釋臺灣情歌的這個技巧手法雖只對了一半，但亦是曾用力於臺灣歌謠研究之明證。

除了起句或起頭二句的起興、比喻或引韻技巧外，這些臺灣情歌二句／三句之後的敘述很多都是平舖直述地表露唱者的情感思想，黃得時說七言四句的歌謠中，有時是四句全情；有時是一句景，三句情；有時是二句景，二句情；有時是三句景，一句情，[32]《臺灣情歌集》中最常見的即是第一、二、三種情況。其實黃得時所說的「景」即是起句（可包括一至三句）所詠唱之人、事、物等等，在情歌集中的臺灣情歌最常詠唱的有：（1）天象，如「日來煩惱日落申-」；（2）歷史，如「欽差造橋在新莊-」；（3）水名，如「黃河三年水流東-」；（4）人名，如「說到昭君兮人辦-」；（5）動物，如「鳥鼠走入牛角內-」；（6）植物，如「金英結子成葫蘆-」；（7）器物，如「廣東目鏡在人用-」；（8）交通工具，如「火船要行格塗炭-」；（8）地名，如「鹿港做

---

32 黃得時：〈臺灣歌謠之型態〉，同注9，頁4-6。

醮做慶成－」等等，這些被詠唱的類目雖有一定類型，但卻不宜過度格式化視之，畢竟歌謠仍應屬於活的民間文化，可以容許更動或創新的可能。

接著我們要探討的《臺灣情歌集》中的部分特殊字詞使用情形，當仔細翻讀這本情歌集，再和日人或之後臺灣人所整理的臺灣福佬歌謠相較，可以大略地發現：有些固定的稱呼其實是有差異的，例如《臺灣情歌集》中多用「哥阿」、「娘阿」、「娘子」，但日人或臺灣人所整理者多用「哥仔」、「娘仔」，如「哥阿現實真歹運」（25）、「娘子未大想要歹」（26）等；在表達「ho」時日人或臺灣人整理者多會使用「給」、「乎」、「呼」等，但相當少見到如《臺灣情歌集》中所用的「護」，如「護娘僥去兄無疑」（30）；在表達「ê」時，日人或臺灣人所整理者大多直接使用「的」，但《臺灣情歌集》中偶爾會用到「兮」字，如「雷天無管兄兮代」（161）等。這些字詞的不同使用只是一個大致狀況，但卻可以看出《臺灣情歌集》中的諸多臺灣情歌和臺灣一般所唱的福佬歌謠有些許地差異。

除此之外，最明顯的字詞使用差異在於「乜」字的使用，《臺灣情歌集》中共有八首情歌出現此字，如「亦無共娘你乜事，何故目尾拖過來？那要相好在心內？起腳動手人會知。」（27）或「旗竿立起成紅衫，蕊鳥看來青毛藍。恰娘相好一半暗，拆散因緣乜人甘？」（81）等等。「乜」，何也？此字應是客家語中的方音字，不論是北京話、福佬話與潮州話都很難見到此音此字，想必《臺灣情歌集》中的這些歌謠應該是和客家語系的採茶歌關係密切，記錄時才連這原本的客家方音字「乜」也一並記下，不過所舉第一首歌謠到李獻璋的《臺灣民間文學集》中已寫成「也無共娘你慶戴，何故目尾拖過來？若欲相好在心內，起腳動手人會知。」──已經脫去客家採茶歌外衣，道地地變成福佬歌謠了！

另者，又有一特殊詞彙──唐晡──出現在《臺灣情歌集》中第一五七首歌，此亦值得觀察。歌謠唱道：「不免瞞騙阮查某，心思未輪您唐晡。真知郎君外有路，明明是石說是塗。」謝雲聲於歌後註解「查某」，讀為「cha-bo」，女子也；而「唐晡」則讀成「ta-po」，男子也。稱男子為「ta-po」和臺灣大多民眾所發的彰泉音有著明顯的差異，可見「唐晡」並非閩南語的發

音，若依羅香林所言，稱男子為「唐晡」應是屬於福州語系統。羅氏在〈讀某君（鍾敬文）著《民間文藝叢話》〉中對「臺灣民歌的成分問題」提出自己的意見，其中便討論到情歌集中有關「唐晡」的問題，其言：

> 考福州稱男人曰「唐部」，或「唐部人」，稱女人曰「無諸人」，或曰「諸人」，或曰「諸婆」。據他們的傳說，當五代的時候，王緒率眾渡江，佔據福建，後傳至王潮，部隊中有所謂唐部人者，進掠福州，盡殺土著，無諸族的男子，將其女子收為各唐部士卒的妻子。男女的族屬不同，故以「唐部」為男子的通稱，而女子則通稱為「無諸」。此種傳說，是否與閩人歷史有關，則尚待考證。但福州人稱男子曰「唐部」，稱女子曰「諸人」，則為不可掩之事實。我嘗立一假定，謂臺歌中的「查某」就是「諸婆」的訛字，而「唐晡」就是「唐部」的訛字。[33]

　　這樣的假設未必無理，但也不能全以之為證。就音韻上而言，「晡」和「部」二字同音，二字相通轉有其可能性。至於「查某」和「諸婆」以北京話讀之，自然有其差異，但若以福州方言讀之，則「某」（bo）和「婆」二字則為疊韻關係，而「查」（cha）和「諸」二字則為雙聲關係（紐相同，韻不相同），若從此雙聲疊韻的關係來看「查某」和「諸婆」二詞，則其通轉的可能性亦是存在的。[34]如是說來，那麼情歌集中這首「不免瞞騙阮查某，心思未輸您唐晡。……」歌謠恐應原屬福州語系的歌謠才是。[35]於此我們必須肯定謝雲聲編著《臺灣情歌集》的努力與貢獻，其一生未到過臺灣，但卻對

---

[33] 參考羅香林：〈讀某君著《民間文藝叢話》〉，文章收錄於氏著：《民俗學論叢》，（臺北：傳記文學出版社，1958年12月1日），頁137。

[34] 同上注，頁137-138。

[35] 謝雲聲在《閩歌甲集》（廣州：中山大學民俗學會民俗叢書・13，1928年。後於1970年夏季由婁子匡等人編纂，由臺北東方文化供應社重印發行。）所整理的福建歌謠中亦可見到「唐晡」一詞，如其中第40首：「天烏烏，要落雨，老阿公，去掘芋……阿公吸一煙，阿媽生唐晡孫。」又如第191首「捏熊捏虎，捏著惡唐晡，不可捏著惡查某。查某真正惡，嘴叉叉半句無用乾家，乾家走來勸，嘴鬚挽鐵鐵。」等等。

臺灣歌謠產生興趣並進行編輯，其成就應是要稱許的。《臺灣情歌集》中的二百首情歌如謝氏自己所說的有臺灣流行的歌謠、採茶歌和博歌（駁歌）等內容，這些內容的敘述主題全以情歌為主，歌中亦有述及臺灣地名、臺灣風俗歷史者，可見這些情歌並非全是傳自福建。再將情歌集中以「□□開花□□□」程式套語起句的歌謠和日人的《臺灣的歌謠與著名故事》及《臺灣風俗誌》中相同起句的歌謠做比較，更可以發現：因為時代環境的變遷，那些或許從中國而來的歌謠已重新蘊藏臺灣本土風情的生命，當她再出現於中國之際，已成為所謂的「臺灣情歌」！當然鍾敬文說這些臺灣情歌回傳中國的說法是「倒因為果」也不能全然否定，因為其中的內容有很多是謝雲聲從泉州綺文堂的《臺灣採茶歌》中轉引記錄的，這些閩南俗曲歌仔冊本是臺灣福佬歌謠的前身，《臺灣採茶歌》中的歌仔和臺灣福佬歌謠有著相同形式和語言敘述的文化背景，相似度自然十分足夠。不過即便如此，我們卻不能忽略情歌集中有不少內容是轉引自在臺日人平澤丁東《臺灣的歌謠與著名故事》和片岡巖《臺灣風俗誌》中的臺灣福佬歌謠，而我們在情歌集中也發現客家語系民歌中使用的「㧎」字，或發現福州語系的方言詞彙「唐晡」等等，如此紛亂雜沓的情況正如這些歌謠彼此間的交互流傳與影響一般，當其隨著移民潮來到臺灣，多元的語言文化在此融合，再配合落地於臺灣民眾的集體創作，這些福佬歌謠中所唱所詠的，已多具足臺灣鄉土情韻了！

　　另者，同於一九二八年由謝雲聲整理的《閩歌甲集》雖晚於《臺灣情歌集》出版，且其中所處理的多是兒歌（童唸）等內容，不過在這些童唸中，謝雲聲將福建各地可見的兒歌和臺灣可見者一並呈現，如〈月光光〉、〈草蜢公〉、〈貓兮貓比霸〉、〈天烏烏〉、〈人插花〉、〈火金姑〉、〈龍眼官〉、〈抉米糕〉、〈一放雞〉、〈白鷺鷥〉、〈蛝蚼蠐〉、〈雷公驅驅彈〉等等，其中的〈土蚓爬輪沙〉和臺灣的民謠〈土蚓問答歌〉更同是使用問答方式對唱的唸謠，其內容有其相似之處卻又各見其異。[36]此外，《閩歌甲集》卷下的「民

36　如《閩歌甲集》中的〈土蚓爬輪沙〉（139首）中唱到：「……伊都會叫歌，土卑仔伊是兩空相弄通，伊隻會叫歌，竹火管豈沒兩相弄通。」而呂訴上所輯的〈土蚓問答歌〉中也有類似文字，如「問：彼枝竹火管，敢無兩空相朗通，伊都來勿叫歌？答：彼枝

歌」部分約莫只有三十八首七言四句形式的歌謠作品以及一首長歌〈十六盆牡丹〉，這些民歌除了福佬語歌謠外，尚有客家語歌謠，其內容都以男女情思為主，也多喜用起興、比喻或引韻等起句手法，更重要的是，《閩歌甲集》中的這些民歌和臺灣本地所流行的福佬歌謠和客家歌謠彼此間不論在文句或意涵或技巧方面都有相當程度的類似關係，我們覺得臺灣福佬歌謠和客家歌謠彼此間的影響並不是晚到臺灣才進行的，在《閩歌甲集》時代或更早，至少於福建閩南的歌仔流行之際，應已摻入客家採茶歌歌謠等養分，泉州綺文堂的《臺灣採茶歌》如此，文德堂的《（改良）採茶歌》或博文齋的《新樣採茶歌》亦也是如此！因此《閩歌甲集》中所謂的福建歌謠並不精粹，其應是涵藏著福佬／客家，福建／臺灣，童唸／歌謠等不同族群地域的歌謠集子，我們從中可見謝雲聲的用心整理，也更能印證歌謠流傳擴布後必然發生的變異！

四 結論

　　一八九五至一九四五年間臺灣正值日本殖民時代，正當日人為求移風易俗以求同化政策落實而進行臺灣民俗舊慣調查之際，隔著一灣海峽的中國，其實也正發展著歌謠整理運動和民俗學研究的熱潮，但期間中國人編輯整理臺灣福佬歌謠的成果目前可見的只有北大歌謠研究會《歌謠週刊》第9號的〈臺灣的歌謠序〉（1923）、廣州中山大學《民俗週刊》上靜聞（鍾敬文）的〈臺灣俗歌〉（1928）等等，以及謝雲聲個人整理編輯的《臺灣情歌集》和《閩歌甲集》中的少數內容。

　　整體來看，臺灣日治時期中國人士所編輯的臺灣福佬歌謠多轉引當時日人如平澤丁東的《臺灣的歌謠和著名故事》與片岡巖的《臺灣風俗誌》等書中的作品，《臺灣情歌集》和《閩歌甲集》的不數歌謠更有來自福建閩南歌

竹火管，竹來造，刀來刣……」等等。呂訴上：〈土蚓問答歌〉，《臺灣風物》1：1，1951年12月1日。

仔冊內容者。在一八九五至一九四五期間由中國人編輯整理臺灣福佬歌謠的少數成果中,《臺灣情歌集》確實較能呈現編著者的整理意識,不過其為豐足中國民俗學研究貢獻,但卻無能提供更深刻的臺灣福佬歌謠理解,這或許是那個時代那個環境中無法突破的困境。和日人採集臺灣福佬歌謠相較,中國人士的擇取仍多以情思愛戀主題為標準,臺灣的歷史文化和風俗等內容,因為未能親處臺灣而多付之闕如。此外,一八九五至一九四五年間中國人士整理臺灣福佬歌謠的動機多在於學術研究上的使命,大多的整理行為都應置入中國五四歌謠整理運動和民俗學研究的範圍,所以鍾敬文認為有心於漢族過去文化——即民俗——的搜集整理,那麼對臺灣的民間文藝便要感到興趣才行(《臺灣情歌集》,鍾序);顧頡剛以為臺灣民族以閩南人為多,故應連帶蒐集臺灣的歌謠(《閩歌甲集》,顧序)。從民俗學角度來看,整理各地的歌謠是必須的;從文化／人種／語言等背景淵源來看,臺灣的歌謠是必須整理的,不過臺灣的歌謠並非只是停留在其從福建流傳至臺灣時的面貌。從中國民俗文化學的視角來看中國人整理臺灣歌謠的工作,似乎容易將此視為「應為」,但只是「連帶」的「部分」(part)而已,如是整理態度總欠公允。畢竟,事實證明臺灣福佬歌謠經過百多年的醞釀內化已富藏了臺灣道地的鄉土風情,已是具有本土意識的臺灣民間文學作品——即便是那個以全體中國民俗文化為號召的時代裡,也不應該忽略臺灣這些民間文學作品早已傳唱許多,早已和臺灣的人民和鄉土息息相關,早已發展出自我的主體意識,並非只是「部分」而已!

中國民間故事的類型研究與形態研究

劉魁立

北京師範大學

摘要

　　本文主要是向各位報告中國大陸的故事類型研究與形態研究問題，以及我在這一問題上的一些思考。全文分四個部分：一、什麼是民間文學的類型研究？二、什麼是形態研究？形態研究在科學史上的淵源，以及普羅普如何進行民間故事形態研究；三、如何借助於形態研究為故事類型的確立奠定操作方案？四、如何將形態研究的成果應用於中國民間故事比較索引的編輯工作中。我的最終目的，是希望通過形態研究，為民間故事的分類體系摸索出一條可以用於判斷情節類型的學理方案，並以此投入實際操作，作為中國民間故事類型索引的編制標準。

關鍵詞：民間故事類型；民間故事類型索引；形態研究；普羅普；
　　　　AT分類法

　　民間故事類型學研究的倡導和奠基，首先應當歸功於顧頡剛先生。一九二四年顧先生發表《孟姜女故事的轉變》，自此為始，十餘年間，類型研究竟形成為一種風氣。特別是楊成志、鍾敬文一九二八年翻譯出版的《印歐民間故事型式表》、一九三一年鍾敬文發表的《中國的地方傳說》、《中國民譚型式》、一九三七年艾伯華發表的《中國民間故事類型》，以及其他學者發表的一些重要論文，影響至今猶在。

　　婁子匡先生童年即醉心於民間文藝，當他於浙江紹興中學肄業時，就已經搜集了大量的民間故事，其《紹興歌謠》、《紹興故事》早在一九二〇年代就開始作為國立中山大學民俗叢書得到出版。

　　婁先生作為中國民俗、民間文藝工作的組織者與研究者，他所做的龐大的資料彙集工作，為向全世界介紹古老的中華民族文化傳統做出了極大的貢獻，對於發掘民族文化遺產、宏揚民族文化精神是功不可沒的。婁先生投身中國民俗學，民間文學事業近八十年，著述甚豐，勞作甚勤，貢獻極大。值此百年華誕之際，我謹代表中國民俗學會，致以衷心的祝福！

　　婁先生等老一輩學者給我們留下了豐厚的民間文學遺產，如何充分地繼承和利用，是我們作為晚輩應有的承擔。今天我在這裡向大家報告的，是中國大陸的故事研究問題。作為論文，我只能在這裡講講其中一個方面，也即故事的類型研究與形態研究。一九八〇年代始，中國大陸的故事類型學研究別開生面，有了更廣泛、更深入的拓展，雖然參與的學者尚不為多，但卻孕育著蓬勃發展的趨勢和潛能。

一　什麼是民間文學類型研究

　　歷來的從事故事研究的學者，在對民間文學作品，特別是對故事的雷同性進行分析，對大量的雷同的材料進行比較研究時，以什麼作為參數，以什麼作為剪裁材料的標準，或者說他們在進行內容和形式分析的時候，如何看待這種內容和形式的本質，這是一個關鍵性的問題。這樣說來，具有不同學術思想、學術方向的研究者，不是把他們各有特色的比較法，單純地當作一

種手段和技能，同時也是他們方法論體系中的一個重要組成部分。從本世紀初開始直至今日，在將近一百年間，相繼有很多學者在這一問題上提出獨到的創造和發明。現舉出其中若干犖犖大者，加以分析和評說，我想採取紀年的辦法，或許可以使我們對於學術思想的發展和演進，有更明瞭的認識。

    1910年　阿爾奈（Aarne）──類型（type）

    1928年　普羅普（Propp）──功能（function）

    1932年　湯普森（Tompson）──母題（motif）

    1955年　列維－斯特勞斯（Levi-Strauss）──神話素（mytheme）

    1962年　鄧迪斯（A. Dundes）──母題素（motifeme）[1]

    基於「類型」的故事研究在整個故事學史上，無論是過去、現在，還是將來，都具有極其重要的意義。

    「類型」這個詞，至少有三層含義。第一層普遍名詞；第二層是在一系列學科中都廣泛使用的科學術語；第三層特定的專用術語，它有嚴格界定的能指和所指。比較類型學研究是在第二個層面上使用「類型」這個術語。類型學研究和情節類型研究，並不是一回事。情節類型研究，僅僅是類型學研究的諸多體現之一，或許並不是它的一個主要方面。關於情節類型，存在大量疑問、分歧、甚至責難，很多人另闢蹊徑，從事其他性質的類型學研究。情節類型，如果有條件地被算作是民間文學序列中的一個層次的話，那麼在情節類型之上和情節類型之下都還有許許多多層次可以進行類型學研究，在情節類型之外，更還有許許多多方面可以進行類型學的比較研究。

    現在我們把情節類型這一特指的術語概念放在一邊不談，從哲學的角度看，可以使用這個概念作為重要的方法論手段，借助它繪製關於客觀現實的

---

[1] 以上各項分別參見：Antti Aarne: "Verzeichnis der Marchen-typen", Helsiki, 1910（FFC No.3）; B. Пропп: "МорФология сказки" Л. 1928=V. Propp: "Morphology of the Folktale", 1958; Stith Thompson: "Motif-index of folk-literature", Vol. I-VI, 1932-1936, Bloomington; C. Levi-Strauss: "The Structural Study of Myth",〈Journal of American Folklore〉. Vol. 68, 1955; A. Dundes: "From Etic to Emic Units in the Structural Study of Folktales" .〈Journel of American Folklore〉Vol. 75, 1962.

理論圖像。

類型學有時也指分組歸類的體系。這種分組歸類的方法的目的在於，從一定的角度，將各種相同的、或者相近的事物和現象放在一起，使之建立暫時的和有限的關係，以便於我們把握、論證和研究這些事物和現象。類型學研究是根據一系列事物所具有的客觀的本質特點、關係和聯繫方式、以及結構屬性等，來劃分和組合類型的。

民間文學領域，幾乎在所有方面，都可以找到大量的不斷重複的事物、現象、關係、性質、狀態、原因等等，等等。我們通常會看到關於形象、藝術手段、情節、母題、講述人、聽眾、體裁特點、講述過程、作品對現實的關係、傳承和變異、語言和結構等方面的諸多問題的相同類型。類型學研究大有用武之地。

比較類型學研究是針對親緣關係的比較研究和流傳學派的比較研究而提出的。類型學研究看到了上述兩個學派在許多問題上的、特別是在一元發生論方面的笨拙不靈，才從新的角度來改造歷史比較研究法。

在歷史類型學研究的範圍內，比較的原則不再採用歷史紀年的辦法加以貫徹，不像過去時代一些流傳學派研究者把古代的文獻材料永遠看作是古於今天所記錄的材料那樣。各民族的民間文學向前發展，總體現出相似的歷史階段類型特點。因此，如果對不同民族的民間文學材料，用紀年的辦法來斷定它們的歷史本質，那我們所獲得的將是一幅混亂的圖影。在歷史類型學研究的範圍裡，針對一切物件都要根據它的歷史類型來劃定和說明它的本質特徵。正如普羅普所指出的，古希臘羅馬的材料很可能反映的是較晚的農耕社會的歷史階段，而現代的紀錄也有可能反映的是更早的圖騰關係。

總之，歷史類型學研究的目的，是為了研究和探尋民間文學、以及民間文化範圍內一切物件、一切事物和現象不斷重複的規律，研究和探尋形形色色類型的歷史階段的演進和嬗替的規律，形形色色類型傳承的規律，形形色色聯繫的規律。

當然，類型學研究方法，僅僅是民間文學研究諸多方法中的一種方法，如果把它絕對化或唯一化，在所有問題上都乞靈於類型學研究，讓它完成它

所不該也不能完成的任務，從而使它顯示出自己的無能為力，箇中的責任也是難以推諉給歷史類型學比較研究的。

撇開類型學的重要性和其在學術史當中的是是非非暫且不論，本文接下來要討論的是，類型依據什麼來確立？從整個科學發展史的長河來看，我們目前所能知道的最好的辦法就是形態學。那麼，什麼是形態學呢？

二　形態研究的淵源與民間故事的形態研究

哲學家幾乎從一開始就認識到分類具有雙重作用，一種是科學的（或形而上學的）作用，另一種是實際的作用。早期學者所強調的實際作用是把分類當作檢索方式，現代則更加強調把分類看作是資訊貯存和資訊檢索系統。

分類的主要任務是區分分類單位和建立等級結構以便做出最大數量的理論概括。生物學上分類的根據是，假定某一分類單位的幾個成員，作為後裔從一共同祖先處各自分享了一份共同遺產，它們彼此之間較之沒有這種關係的物種將會有更多的共同性狀。因而進化論觀點的分類在一切比較研究中具有相當大的啟發意義。這種分類隨時要接受更多性狀的檢驗，或者是通過與其他分類進行比較來檢驗。

「形態學」（Morphology），最初是為了生物分類而啟用的動植物機體結構形態的研究，其原意是動植物形態和結構的科學研究（scientific study of the form and structure of animals and plants）。

在生物學建立的早期，由於新的動植物以及大量生物的新的內部結構的不斷發現，使生物界的無限多樣性不斷增長。然而科學家也隱約的覺察到在大量動植物的表面之下，具有一些相對固定的結構模式。許多生物學家都在力圖找出這些模式，並以之為生命世界建立秩序。

詩人歌德為了尋求生物體中的潛在本質，提出一個觀點，認為植物的一切器官只不過是變形了的葉子，並試圖以植物形態的區別建立一種分類體系。歌德對他的研究工作非常認真，他於一八〇七年創造了「形態學」這個詞。

形態學家在前進化階段（Pre-evolutionary period）極力想為生物的多樣

性尋求一個解釋性學說。在當時本質論哲學思想的影響下，形態學家試圖在
所觀察到的大量變異性中尋找真正的本質、理想的模式，或者歌德所說的原
型Urform，他們取得了很大的成績，當然，也有過停滯。

形態學在居維葉時代更是盛極一時，居維葉意識到只有通過研究結構和
功能的關係才能真正瞭解結構。對居維葉來說，描述之所以必要，是因為它
能為普遍性的規律（概括）提供原始資料。他提出的兩條著名的形態學規
律是：器官互相關聯規律（Principle of correlation of parts），性狀隸屬規律
（principle of subordination of characters）。[2]

在人文學科，形態學作為研究方法也得到長足發展。自十九世紀中葉以
來，隨著語言的發展和對語言研究的深入，一些語言學家引入形態學概念和
方法，發展成為分析語言基礎成分的一門學科，用以研究語言學領域中詞
的內部規則及構詞規則。並使用了詞素（morpheme），詞素的不同形態（詞
素變體al-lomorph）及其構詞法（word formation）來作為概念工具。這些方
法，都對普羅普的故事形態學理論產生了深刻的影響。

前蘇聯美學家卡岡在二十世紀七〇年代初出版的《藝術形態學》中闡述
了整個藝術世界的結構，這是運用形態學的手段來分析藝術世界的一個典
型。一般意義上的形態學主要用於物件的各部分、要素、結構及整體形態的
分析。

2　器官互相關聯規律是指，身體的每個器官在功能上是和其他器官互相關聯著的，生物
　有機體的和諧協調與運轉是器官合作的結果。根據這一規律，居維葉認為，只要得到
　化石的一小部分就能夠重建完整的生物原貌。性狀隸屬規律基本上可以看作是一個分
　類學原則，使他能夠確立一套嚴格的法規來確認動物的高級分類單位。居維葉的成
　功的一個重要原因是居維葉的適應性形態學觀點，這種觀點強調生物有機體與其生活
　方式有關的一切結構的功能意義。他還認為，一切適應性變異都受模式一致原則的約
　束。近現代以來，當形態學研究擴展到包括顯微結構時，便又開闢了一個新的領域。
　對細胞進行的研究顯示，幾乎所有動物細胞和植物細胞都是按完全相同的方式構成
　的。同時，對低等生物細胞的研究也表明，在高等生物（真核生物）與低等生物（原
　核生物）之間，存在著明顯的差異或突然的斷裂。形態研究的新近發展已經延伸到了
　高分子領域，並且展現了一個包含無數新研究課題的廣闊天地。

形態研究在民間文學領域的應用，就是大家都很熟悉的普羅普的「故事形態學」。普羅普是進行民間文學作品結構分析的卓有成就的先行者。二十世紀二〇年代的俄國，是文學藝術以及學術研究領域的形式主義發展最集中、最蓬勃的地方。對於結構研究的興趣，也在漸漸地湧動著。一九二八年普羅普出版《故事形態學》。他提出了一個被他嚴格定義了的術語「功能（Function）」。普羅普認為，民間故事的內容和形式是密不可分的。但抽象地談二者之間的關係，對於具體的、深入的研究，沒有實質性的意義。深刻地認識對象，只有靠具體的、實際的研究。他認為情節是屬於內容的部分，但組織結構（composition）總不能算內容。儘管情節和組織結構是不能分開的。於是他將自己的工作分為兩步：首先進行形式的分析，特別是組織結構的分析；然後再進行內容的分析。《故事形態學》一書，就是根據故事各組成部分、以及各部分之間的關係來分析和描述故事的。他的另外一部著作，一九四六年出版的《神奇故事的歷史根源》就是這第二步工作的一個範例。

普羅普是這樣解說「功能」這一術語的：功能是根據在事件發展過程中的意義來確定的主人翁的行為。在英語裡 function（功能）一詞，可用以表示特定的主項所具有的作用、活動或目的之類的意義。一般說來，相互聯繫的因素，互為對方的 function（功能），功能的研究，正是強調在事物的相互聯繫和相互作用的過程中來認識事物。在普羅普對阿法納西耶夫所編《俄羅斯民間故事集》中的神奇故事進行普遍的、而並非抽樣性分析時，發現了如下一些規律性的特點：

第一，主人翁的功能是故事的恒久性的和固定性的因素，不論這些功能是由誰來完成的和怎樣完成的。功能（行動）的承擔者並不重要，可以任他隨機變動，重要的是功能（行動）本身。這些功能構成了故事的基礎成分。

第二，神奇故事所具有的功能的數目是有限的。

第三，諸功能的排列順序是永遠一致的。

第四，由此而得出結論：所有的神奇故事就其結構而言，都屬同一類型。他就神奇故事總共歸納出三十一種功能。

普羅普的這種獨創性的發現，由於歷史的惡作劇被掩藏了三十年。當然

我指的是在俄羅斯以外的範圍而言的。在作者的本土，出版的當時僅有兩篇文章是正面評價的。這部書雖然被教授們和研究者們推薦來閱讀，但卻沒有人循此道路前進，在此基礎上將這一研究發展開去。三十年後，出現英文版，這部著作立即聲名大振，隨後連續出版了幾種文字的版本，追隨者屢有所見。他的學術思想和探索方法，成了民間文化學結構主義研究史上的重要一頁。

那麼，這種故事學的形態研究對於我們確立故事類型又有什麼樣的幫助呢？

三　故事類型的確立有賴於形態分析

要確立故事類型，我們首先應該探究的問題是：一個簡單的故事，它主要由哪些材料所構成？它又靠什麼因素來組織材料？在這些材料中間，哪一個是重要的？哪一個是次要的？無論使用什麼標準來確立故事類型，這種標準都必須是唯一的，而不允許是多重的。為了要解決民間故事分類的實際問題，即要把現有的浩如煙海的民間故事文本材料按某種標誌加以清理和歸納，我們就不能不根據這一工作任務的需要，使自己的出發點和工作準則簡單化和封閉化，選定一個單一而具體的標準。由於文化與思想的標準無法做到單一而具體，我們只能借助於結構形態的標準。

所謂故事的形態，也就是指它的情節與結構模式。為了探索故事形態辨別的執行依據，我嘗試尋找一個可以討論的故事個案。於是，我翻檢八〇年代末九〇年代初在浙江省一百個左右縣區行政單位記錄出版的九九卷故事集，找到二十八篇狗耕田故事情節類型的文本（這是全部）。同時，為了方便參照起見，還擇引了五個三〇年代記錄出版的該情節類型的文本。

我對全部三十三個文本進行了比較，發現它們的情節都是直線發展的，一個細節（母題）的結束正是第二個細節的開始，而且篇篇如此，並無二致。如：

兄弟分家，弟弟得狗→狗為弟弟耕田→哥哥借狗耕田→狗不耕→哥哥打死狗→狗墳上長植物→植物給弟弟落銀銀→哥哥佔有植物→植物落毒蛇咬死

哥哥。

如果用圖形來表示的話，那麼——橫畫是直線，如：

→→→→→→

然而，一旦豎立起來，則有如竹形：

↑

↑

↑

↑

↑

經過試驗，我把這三十二條線立起來，加以重疊，結合成一幅圖形，於是就出現了一幅樹形的示意圖（見下頁），好像生出來許多枝丫。

由此我得出一些有意思的學理性的思考：

（1）二十八或三十三個文本都重複的情節部分我稱之為情節基準，這是眾多文本歸屬同一個故事情節類型的重要標志。

（2）同一個故事情節類型各文本都必有的母題稱為中心母題。（在這一類型裡有主次兩個中心母題：狗耕田；狗墳上長出植物。）

（3）同一故事情節類型的所有文本還可以劃出情節類型分支，我稱之為情節類型變體。在浙江當代狗耕田文本中我歸納出九個情節類型變體。

（4）因為有新的情節段或稱母題鏈加入，才構成新的情節類型變體。母題鏈分消極的（演繹和替代相應母題）和積極的（可以組織和推動情節的繼續向前發展）。

（5）母題作為情節的組成單位，有一系列重要特性：它特別活躍，民間作品的變異性主要體現在母題的變異性上。它有生成能力，可以帶動下面的情節。它有鏈結能力，可以附著在情節的前一母題上。它可以組織和推進情節的發展。

（6）母題與母題的鏈結有的空間小，有的空間大，可以有諸多變異。有時鏈結是多向的，有各種可能。

（7）從深層結構的角度看，狗耕田故事情節類型具有二元對立的深層結

浙江當代「狗耕田」故事情節類型的樹形結構圖：

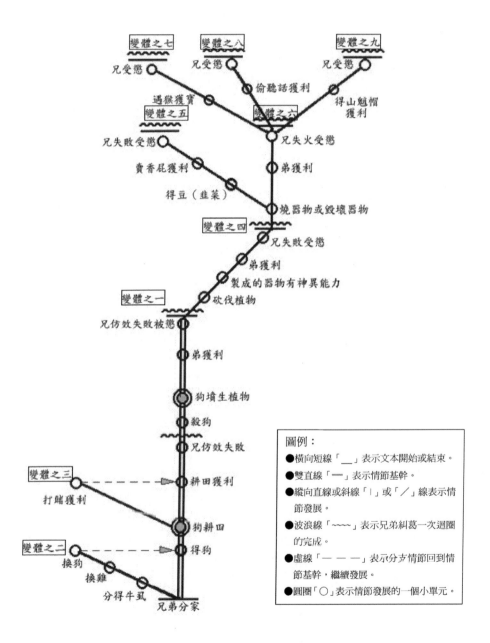

構。彷彿是圍繞一個軸心循環往復，螺旋式上升：

被奪→勝利→再被剝奪→再勝利……徹底的好結果。

剝奪→失敗→再剝奪→再失敗……直到滅亡或徹底失敗。

我很想沿著這一提綱所包含的思路繼續努力，不斷探索，但這不是我今天想要講的。以上討論所要重點說明的是，每棵生命樹也即每種故事類型，有且必有一條情節基幹。如果某組異文不能抽繹出一條情節基幹，它們就不能被視為同一類型的故事。也就是說，只有具備了這一情節基幹的故事，才能被算作同一類型的故事。從一組故事中能否抽繹出一條共同的情節基幹，應當被視作是否應劃成同一故事類型的惟一依據。

這一結論，是我的這項研究的中心目的。我的本意即是希望通過對「狗耕田」故事類型的學理研究，摸索出一條可以用於判斷故事情節類型的學理標準，並以此投入實際操作，作為中國民間故事類型索引的編制標準。

四　中國民間故事比較索引編輯方案

目的：

為開展民間故事的比較研究提供有效的工具書，同時可俯瞰整個中國漢族民間故事的大致情況，也為將來編輯東亞民間故事全面大型的比較索引工作打好基礎。

範圍：

中國的漢族民間故事（尤指神奇故事）。中國雖有五十六個民族，但從歷史上看，漢族給與其他少數民族以及東亞各民族的影響較大；另從中國尚未編就現代意義上的全國性民間故事索引的現實情況來說，中國學者應首先闡明漢族的故事情況。

資料：

主要依據中國民間故事集成的縣卷本。

分類法：

採用「情節基幹」為中心的方法。

按本索引的性質——工具書——來看，應該完全採用共時的、形態學的立場進行分類，而在編纂比較索引階段不必要進入任何歷時探索範圍。因為採用歷時性的觀點，就意味著已經進入了研究的領域，而要編輯的這部索引應當只是開始研究工作以前的工具書。當然，在取定類型的名稱的時候，可以而且有必要適當考慮其歷時性。

具體操作：

確定一批廣為人知的故事類型（例如50-100）。

按（1）的類型來準備資料。

首先聚集資料，然後進行比較，並決定典型故事等進行編輯工作。

成果形式：

中國民間故事情節類型索引範例（50-100）。

中日韓三國民間故事情節類型比較索引範例（50-100）。

中國各地民間故事情節類型（共時、歷時）比較研究。

中日韓三國民間故事情節類型（共時、歷時）比較研究。

這項工作正在籌備，即將開始，雖有一些困難，但我以為，對推動學術研究是大有裨益的，而且成功的前景是完全可以預期的。我希望得到各位先進的支援和指教。

戰後臺灣民間俗信研究的回顧與反思[*]

劉惠萍

花蓮教育大學民間文學研究所

摘要

臺灣民間俗信的研究，在戰後初期由日據後期的臺灣民俗愛好者與大陸遷臺民俗學者的共同倡導與推廣下，使得相關的民俗研究，得以持續發展。其後，又由於政治與社會環境的變遷，加上許多新生一代研究者與田野工作者的投入，以及這些民俗研究者的調查、搜集與整理，及相關研究著述的出版與刊行，使得臺灣民俗的研究進入另一嶄新的局面。

回顧戰後臺灣民間俗信研究的發展，可以發現：首先，在研究視野上，隨著不同學科理論的建立與相互豐富，以及新的學術人才的加入，和相關研究者調查與採集工作之不斷推展與資料的日益豐富，使得臺灣民俗研究者的視野漸形開闊，開始將研究的觸角由歷史文獻的爬梳，轉向實證的調查工作，並企圖與如人類學、歷史學、社會學等不同學科的研究方法加以結合，使得現代臺灣民俗的研究，滲透到民眾文化中的各個階層中。其次，在研究理論上，則由引介利用西方學者的觀點，發展到對外來理論觀點的修正與補強；至於在研究方法上，也由早期的依賴文獻論述，轉向實際生活的觀察與參與，以及配合各種

---

* 本文修改自發表於 2005 年 8 月 20 日、21 日，由成功大學中文系、臺灣文化研究中心主辦之「紀念婁子匡先生百歲冥誕之民俗學國際學術研討會」，感謝廣州中山大學民俗研究中心葉春生教授、中國民俗學會資深會員謝水森先生暨與會學者的建議及所提供的寶貴意見，謹此誌謝。

社會學科方法的應用。尤其是對於方法論上的強調，使得學科相關理論的探討成為可能。

　　因此，無論在研究視野與研究理論、方法上，由於各個發展階段中眾多研究者的努力與貢獻，使得臺灣民俗研究在研究體系上的建構，以及將民俗學作為一種現代性的學科，並與其他學科相聯結等方面，都發揮了具有標誌性的示範意義和學術影響力。

關鍵詞：戰後時期；臺灣民間俗信；研究方法；方法論

一 前言

　　臺灣地區由於歷史發展的獨特、族群的多元，故使得民俗文化的內容亦呈現出豐富多彩的特質。在方興未艾的臺灣研究領域中，臺灣民俗以其廣泛的涵蓋範圍，以及與庶民生活密切結合的程度，經常被援引以為佐證，用以豐富臺灣歷史、人文、社會的諸多面貌。

　　而臺灣地區的民俗研究，排除史前時代不談，自十七世紀的荷西時期至清代，從各種方志、遊記到雜記中對於臺灣風俗的描寫與記載，都為我們留下了許多珍貴的文字紀錄[1]。然而，這一時期由於民俗學的概念與研究方法尚未建立，雖有相當豐富的民俗資料，但卻只能停留在基礎史料的累積階段。及至日本佔領臺灣之後，日本政府為了對臺灣進行殖民改造，以期長期統治臺灣，開始對臺灣的風俗習慣進行全面性的調查與研究，並首度將現代西方民俗學的方法、理論引介到臺灣的研究上。儘管這一時期的調查成果豐碩，但這些調查的目的只是為了要推行殖民政策，並作為治臺施政之參考，故從嚴格意義上講，其研究的主體性亦尚未呈現。因此，真正基於對自身傳統文化的重新認識與保存的臺灣民俗研究，則要晚至二次世界大戰（1945）以後。

　　關於戰後時期臺灣地區民俗的研究，實應該涵括戰後臺灣所有住民之文化傳統的研究，然而，由於「民俗」一詞的範圍，自一八四六年英國考古學家湯姆斯正式提出「民俗」（Folklore）此一學術名稱起，至今雖已有一個半世紀了，但由於受到政治制度、社會時代、學術觀點和研究目的等多種因素

---

[1] 相關可供參考的文獻包括有如由臺灣銀行經濟研究室出版的《被遺誤的臺灣》、《臺灣島史》、《臺灣旅行記》等，以及由臺灣省文獻委員會出版的《巴達維亞城日記》三冊，都是研究荷西時期臺灣歷史的重要文獻；至於明鄭時期陳第的《東番記》、張燮的《東西洋考》等，則有不少較多臺灣人文風土的紀錄，另外以章回小說寫成的《臺灣外記》也有一定的參考價值。清朝時期的方志書如：高拱乾修《臺灣府志》、范咸《重修臺灣府志》、周鍾瑄修《諸羅縣志》、王必昌修《臺灣縣志》、周璽修《彰化縣志》……等，還有如郁永河的《裨海紀遊》、陳倫炯的《海國見聞錄》、黃叔璥的《臺海使槎錄》、六十七的《番社採風圖考》……等旅遊記聞，都是研究臺灣早期風俗習慣珍貴的第一手資料。

所制約，各國民俗學家對於 "Folklore" 這一學術名詞的外延和內涵一直存在著不同的理解甚至是截然不同的爭論，至今仍未達成共識，致使「民俗」一詞的概念眾說紛紜，觀點龐雜。以一九四九年美國出版的《民俗、神話與傳說的標準辭典》（*Standard Dictionary of Folklore, Mythology, and Legend*）一書為例，即載有「民俗」一詞的簡明定義達二十一條之多[2]，由此可見其定義之紛歧，及其涵括內容之駁雜廣泛。

另一方面，從嚴格意義上講，臺灣的「民俗研究」應當是指以臺灣本土社會中廣大民眾的傳承文化為主要研究對象的一門獨立之人文科學，其思想和學術視野、理論和方法也均應進入到世界性現代人文、社會科學發展的潮流之中。然而，由於戰後時期的臺灣民俗研究，也是在長期的經驗積累與拓展視野中逐漸枝成葉就的，所以，在這多方嘗試的過程中，或正如臺灣民俗研究前輩王詩琅在談及臺灣光復後的「民俗學」研究時所說的：

> 民俗學這一門學問，……所涉及的範圍廣泛，而且在臺灣又是屬於晚近才新興起的學術。歷史既然短暫，涇渭又尚未十分清楚，或者可以說它的學問範疇尚在成形之中。[3]

因此，在尚未有明確的研究範疇之前，本文擬僅就「民俗」中的「民間俗信」加以討論，並利用林美容於一九九七年增訂的《臺灣民間信仰研究書目》[4]中「民間俗信」部分所收條目加以統計分析。其他凡與民間宗教相涉者，或是關於民間故事、神話、傳說和諺語……等民間文學的部分，以及民間傳統技藝等內容，雖有時同屬「民俗」研究範圍中的一部分[5]，然囿於篇幅

---

2 Leach, Maria and Fried, Jerome ed.,*Standard Dictionary of Folklore, Mythology, and Legend.* Harper & Row, Publishers, Inc, 1972.

3 王詩琅〈臺灣民俗學家群像〉，收入張良澤編《王詩琅全集》（高雄：德馨室出版社，1979 年 10 月）卷八「臺灣人物表論」〈乙篇：臺灣人物錄〉，頁31。

4 林美容《臺灣民間信仰研究書目》（臺北：中央研究院民族學研究所，1997 年增訂版）。

5 葉濤、吳存浩《民俗學概說》（濟南：山東教育出版社，2002 年第 1 版），頁 10-11。

及個人學力，則於此暫略而不論。

　　直至目前為止，對臺灣民俗研究成果的討論，或有如直江廣治的〈中國‧臺灣‧韓國〉（1976）、松本浩一〈臺灣民俗學の現狀〉（1987）、高橋晉一的〈臺灣民俗研究の最新動向——臺灣漢人社會の民俗宗教を中心として〉（1992）等僅限於某一時期階段研究發展動態與現況的報導者；或有如劉枝萬的〈臺灣民俗研究の回顧〉（1961）、阮昌銳的〈臺灣民俗研究的過去與未來〉（1985）、〈臺灣民俗研究的回顧與展望〉（1987）及林美容的〈臺灣民俗學の發展について〉（1993）、〈臺灣民俗學史料研究〉（1995）[6]等著重在歷史或史料的回顧者，然對於戰後臺灣民俗研究相關的論著，除劉還月的〈廢墟中的新花園——戰後臺灣民俗研究概況〉[7]（1991）一文外，並未多見。為了具體說明戰後臺灣民俗研究的成果及貢獻，本文擬以戰後時期臺灣民俗研究為探討對象[8]，除了總結戰後時期臺灣民俗研究之成果，並將以研究方法與方法論的視角，重新對戰後臺灣民俗研究之成果與貢獻加以討論、評析，希望能從前賢的研究成果中吸取經驗，以為未來臺灣民俗研究發展之參考與借鑒。

6　劉枝萬〈臺灣民俗研究の回顧〉（《臺北文物》10卷1期，1961年），頁55-60。直江廣治〈中國‧臺灣‧韓國〉（和歌森太郎編《日本民俗學講座5‧民俗學の方法》，東京：朝倉書店，1976年），頁23-54。阮昌銳〈臺灣民俗研究的過去與未來〉（《臺灣文獻》36卷3、4期，1985年），頁25-52。〈臺灣民俗研究的回顧與展望〉（阮昌銳《薪傳集》，臺北：臺灣省立博物館，1987年），頁254-263。松本浩一〈臺灣民俗の現狀〉（《民俗學評論》27，1987年），頁20-39。高橋晉一〈臺灣民俗研究の最新動向——臺灣漢人社會の民俗宗教を中心として〉（《日本民俗學》196期，1992年），頁161-176。林美容〈臺灣民俗學の發展について〉（《ふおるもさ》4，1993年），頁3-7、〈臺灣民俗學史料研究〉（國立中央圖書館臺灣分館編《慶祝建館八十週年論文集》，1995年），頁625-646。

7　劉還月〈廢墟中的新花園——戰後臺灣民俗研究概況〉（《中國論壇》29卷2期，1991年），頁29-34。

8　由於戰後臺灣民俗研究的成果豐碩，數量不小，因此，本文並不像一般研究史的寫作方式，即先列舉所有的研究後，再就其觀點進一步論其得失，而僅此從學術發展史的角度，選擇在不同時期較具有代表性及影響性的作品來談。

二 戰後臺灣民俗研究發展概述

　　關於臺灣民俗的研究，較有系統且大規模的調查工作，實肇始於日本政府為便利長期統治殖民所開始著手進行之臺灣地區風俗習慣的調查，其調查的主要方向大體可分為兩個部分：一是漢人的歲時節俗與舊慣禮俗；另一則是臺灣原住民族的全盤調查。因此，日本政府除了成立直屬臺灣總督府的「臨時臺灣舊慣調查會」，先後完成了臺灣北、中、南三區的田野調查報告書以及《臺灣私法》、《蕃族調查報告書》、《蕃族慣習調查報告書》、《臺灣蕃族圖譜》等調查報告外，並成立了「臺灣慣習研究會」，積極從事臺灣舊慣習俗的調查與研究，並發行了《臺灣慣習記事》（共七卷）雜誌。除此之外，日本民間學者對臺灣民俗的研究，成果更是驚人，其中如伊能嘉矩的《臺灣文化誌》、片岡巖的《臺灣風俗誌》、鈴木清一郎的《臺灣舊慣冠婚喪祭與年中行事》、梶原通好的《臺灣農民生活考》……等，都是具有代表性的作品。此外，更有被視為日本人良心的抗議雜誌《民俗臺灣》[9]的刊行。這些可觀的成就，不僅為臺灣的民俗研究留下了相當多的第一手研究資料，並且也為戰後的臺灣民俗研究奠定了良好的基礎。

　　因此，戰後初期，臺灣民俗的研究基本上是在日據時期的基礎上發展起來的。其中，尤以《公論報》副刊「臺灣風土」版[10]，最受人們的歡迎與

---

[9]　《民俗臺灣》創刊於昭和16年（1941）7月15日，每月發行一期，總計發行43號，分成5卷1期，歷時三年有餘，於昭和20年（1945）1月1日發行終刊號。該雜誌是以蒐集和記錄臺灣和相關地方風俗為範圍，同時亦包括鄉土的歷史、地理、自然等各方面，由於其發行年代正值太平洋戰爭時期，也正是日本「皇民化運動」在全島雷厲風行地展開時期，這份由部分懷有反省精神的日籍文化工作者和臺籍文化人攜手合作的刊物，就保存臺灣民俗的意義而言，居功厥偉。該雜誌後於1988年8月由武陵出版社發行復刻版。參林美容〈臺灣民俗學史料研究〉，頁627-628。戴文鋒《日治晚期的民俗議題與臺灣民俗學——以〈民俗臺灣〉為分析場域》（嘉義：中正大學歷史研究所博士論文，1999年6月）。

[10]　《公論報》「臺灣風土」版由陳奇祿主編，每週出刊一次，前後發行長達7年，自民國37年5月10日發行第1期，至民國41年5月2日發行第157期時，因陳奇祿出國而暫停出刊近二年，以後陳奇祿返國，又重新復刊，而在民國43年2月1日發行第158

重視。自此，各報刊經常都有與臺灣民俗及掌故相關的文章出現，且蔚然成
風[11]。其中包括楊雲萍、藍蔭鼎、陳紹馨、戴炎輝、立石鐵工匠、金關丈夫、
國分直一、宮本延人等早期的臺灣民俗研究者，都是該刊物重要執筆人。
除此之外，還有許多鄉土研究專家如：吳槐、廖漢臣、王詩琅（王剛）、
莊松林（朱鋒）、石暘睢、林衡道、婁子匡等人，也經常在此發表。到了
一九四九年以後，則有更多的撰稿者加入，如研究史前考古的劉茂源、宋文
薰、石璋如、張光直、孫家驥；研究地方史料的方豪、劉枝萬；研究地方
戲劇的呂訴上；研究臺灣古地圖的陳荊和；研究文獻目錄的賴永祥、賴翔
雲……等，使得「臺灣風土」的內容更見豐富充實。[12]《公論報》「臺灣風土」
版的內容包羅萬象，遍及歷史、民俗、人物、建築、器具等，皆以敘述介紹
為主，提供讀者點滴兼趣味的掌故。其在臺灣民俗研究發展上，可說具有承
先啟後的重要意義，它一方面承襲了日據時期《民俗臺灣》的風格，另一方
面也為戰後的臺灣民俗研究提供了重要的學術交流平臺，在當時雜誌並未普
及之際，此一報紙專欄所載有關臺灣風土民情的資料，實能反映出當時臺灣
知識份子對鄉土關懷和認知的狀況，其意義重大。然由於此一副刊的稿件來
源或許有限，且譯稿不少，故此一時期的臺灣民俗研究，似乎還停留在反芻
戰前日本學者留下的大批材料階段。[13]

此外，在島內人們對於自身傳統文化日漸重視的情形下，亦開始有與本
土研究報導相關的雜誌刊行，如《臺灣風物》、《臺灣文獻》、《臺北文獻》、
《臺南文化》、《南瀛文化》……等，當中也可散見一些民俗學資料及研究
論文[14]。其中，同樣受到《民俗臺灣》影響的民俗刊物還有《臺灣風物》雜

期，至民國44年5月3日發行第195期後，因故停刊。

[11] 王詩琅〈臺灣民俗學家群像〉，頁22。

[12] 王詩琅〈臺灣民俗學家群像〉，頁26-28。陳奇祿〈我和臺灣研究〉，原載《新時代》
（臺北：正中書局，1975年7月）第15卷第7期，頁16-22。後收入陳奇祿《民族與文
化》（臺北：黎明出版社，1984年6月四版），頁141-142。

[13] 林美容〈臺灣民俗學史料研究〉，頁628。

[14] 當時由於民俗學在臺灣是一種新興的學問，所以從事此一工作的大多都是業餘性的，
此外，當時從事這一工作的省籍人士，很多是日據時期由文藝工作者轉此或兼此的，

誌[15]。創刊於一九五一年十二月的《臺灣風物》，由於早年該雜誌投稿者多受《民俗臺灣》風格的影響，因此創刊初期的內容是以民俗習慣的紀錄和隨筆為主，遍及歷史、地理、文藝、民俗、語言、宗教等領域，且兼及與臺灣有關的大陸內地掌故和風俗。爾後隨著臺灣本土意識的日漸高漲，以及臺灣研究的日益受到重視，其內容也漸有改變，近年則全然以臺灣的歷史和文化為主，特別是以學院派的臺灣史研究為主流。[16]

此一時期，較具有代表性的人物包括吳新榮、王詩琅、陳漢光和楊雲萍等人。其中陳漢光和楊雲萍兩位創辦了《臺灣風物》雜誌；王詩琅則常在《公論報》副刊「臺灣風土」版發表與臺灣風土有關的文章，五〇年代以後，則多在《臺北文物》、《臺灣風物》等雜誌上發表，這些篇章後於八〇年代初被整理成《艋舺歲時記》[17]出版，是戰後初期北臺灣民俗研究最重要的資料之一；而吳新榮則為出身於鹽分地帶，兼有醫師、作家等多重身分的民俗學愛好者，戰後以臺南縣文獻委員的身分致力於臺南地區的民俗研究，自五〇年代初期開始，前後近二十年，他完成了臺南地區最完整的採訪，所寫成的《震瀛採訪記》和《南臺灣採風錄》[18]，仍是現今最珍貴的田野文獻材料。除了一些日據時期即已從事民俗研究、且能改以中文寫作的省籍作家外，戰後初期，尤其自民國三十八年國民政府遷臺後，從事臺灣民俗研究的還有新自大陸來臺的中國民俗研究學人如凌純聲、陳紹馨、婁子匡、朱

因此，臺灣光復後，許多文獻工作人員與臺灣民俗研究的工作者，幾乎都是混清不清。詳見王詩琅〈臺灣人物表錄〉，頁22。

[15] 由陳漢光在民國40年12月發起創刊，至今仍持續發行中。歷任主編為楊雲萍、郭薰風、陸中英、紐先銘、毛一波、王詩琅、林明德、黃富三、張炎憲等人。

[16] 毛一波〈我編了十年的風物〉（《臺灣風物》31卷4期，1981年），頁18-20。阮昌銳〈臺灣民俗研究的過去與未來〉，頁31。張炎憲〈臺灣風物四十年──代序〉（高賢治編《臺灣風物分類索引》，臺北：臺灣風物雜誌社，1991年），頁1-4。

[17] 王詩琅〈艋舺歲時記〉，收入張良澤編《王詩琅全集》卷三（高雄：德馨室出版社，1979年6月30日初版）。

[18] 參張良澤主編《吳新榮全集5‧震瀛採訪記》（臺北：遠景出版事業公司，1981年10月初版）；吳新榮《震瀛回憶錄》（臺北：前衛出版社，1989年7月1日第一刷）。

介凡……等人，由於他們的加入，使得臺灣地區在民俗研究的陣容上大為加強，民俗研究的風氣亦日漸興盛。

首先，婁子匡把「中國民俗學會」由杭州移到臺灣，創立了「東方文化書局」，致力於中國民俗學、俗文學的搜集、編纂、研究和出版工作，並自一九七〇年開始，陸續輯錄影印發行各種叢書、專號和期刊，由他影印、主編發行的《東方文叢》、《中山大學民俗叢書》、《國立北京大學中國民俗學會民俗叢書》、《亞洲民俗・社會生活專刊》等俗文學、民俗學書籍總數在千種以上，為民俗的研究提供了大批寶貴的學術文獻資料，故被譽為「中國民俗研究論著的守護神」[19]。

及至六〇、七〇年代以後，由於對臺灣民俗研究有稍多的人涉入，因此其成果也日漸豐富，但由於相關的研究者多分屬在不同學科領域的研究部門或單位中，如中央研究院歷史語言研究所、中央研究院民族學研究所、臺灣大學人類學系、政治大學民族社會學系及邊政研究（後更名為「民族學研究所」，並增設「民族學系」），或各大學的歷史學系、中文學系中，更由於各研究者所受學科訓練的不同，其切入的角度、論述的方法及關切的重點亦自有不同，故使得戰後的臺灣民俗研究發展呈現出分散、微弱卻多元的情況。[20]

然自八〇年代以後，隨著政治、社會的安定，以及經濟、民生的繁榮，尤其自中期以後，由於政治上的解嚴以及各種政策上的開放，如報禁的解除，加上臺灣地區本土意識的抬頭，與臺灣歷史、文化、社會相關的出版物陸續被刊行。在這股臺灣研究熱的浪潮中，臺灣地區民俗研究的風氣亦隨之活絡起來。就正如劉還月在其〈廢墟中的新花圃──戰後臺灣民俗研究概況〉一文所謂的：

> 戰後的臺灣，從百廢待興走到今天前所有的繁盛局面，臺灣民俗的研究，也從隨時會被扣帽子的陰影中，走向百家鳴的新時代，更重要的

---

[19] 陳師益源〈婁子匡：中國民俗研究論著的守護神〉，載 1988 年 2 月 22 日《中國時報》「民俗週刊」第 6 號「拜訪大師」專欄，第 24 版。

[20] 戴文鋒《日治晚期的民俗議題與臺灣民俗學──以〈民俗臺灣〉為分析場域》，頁 29。

是，這些原本只是少數學者關心的課題，到了八〇年代，已有愈來愈多的各界人士參與和關注，……專業的出版社，如臺原、稻鄉相繼的出現，加上相關基金會，如中華民俗、施合鄭、西田社等的推波助瀾，使得研究本土不僅逐漸形成一種風氣，甚至還可能轉化成重要的文化運動……。這一切現象，都說明了三百年來的臺灣民俗研究，正邁入另一個全新的世代。[21]

在這股民俗研究熱中，其成果固然豐碩，卻也良窳不一，甚至漸呈現出一種將民俗研究通俗化的趨向。關於這種現象，林美容在其〈臺灣民俗學史料研究〉一文中，曾語重心長地提出他的憂心：

臺灣民俗學在臺灣是一門冷門的學問，各大學裡面沒有一個民俗學系，一般社會大眾以為民俗研究就是民俗報導。近年來，隨著臺灣研究的日漸興盛，雖然也刮起一陣民俗風，某種形態的民俗運動也蔚然成形。然而，各級學校教育體系的長期忽略，時代與社會的急遽變遷，讓很多人以為我們並沒有自己的民俗，對一些民俗活動與現象也沒有深刻的認識與了解。在這樣的背景下，吾人深覺臺灣民俗學是一個亟待耕耘的學問。[22]

然則，臺灣的民俗研究究竟應建立在什麼樣的理論基礎與研究方法上，以及如何朝更系統化、專門化的方向發展，則似乎仍有極大的討論空間。

三　戰後臺灣民間俗信研究成果計量分析

回顧戰後的臺灣民俗研究，其成果實可謂豐碩。然而，面對此一豐碩的成果，如何作具體的分析與討論，誠為一大難題。基於統計與分析的需要，在此僅利用林美容一九九七年增訂版《臺灣民間信仰研究書目》中「民間俗

21　劉還月〈廢墟中的新花圃——戰後臺灣民俗研究概況〉，頁34。
22　林美容〈臺灣民俗學史料研究〉，頁626。

信」部分所收條目加以統計分析。按該《書目》「民間俗信」部共收一四三
〇條書目，由於《書目》所收僅止於一九九六年之前的材料，故於此大略將
其按每十年分為一個階段，一九九五至九六期間較短，故亦併入一九八五至
一九九四年階段，故共計分為五個階段，於此將每一階段的研究成果以計量
統計表圖列如下，並嘗試按每一階段之發展狀況進行分析考察。

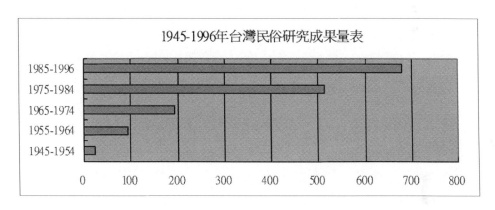

1945-1996年台灣民俗研究成果量表

第一階段自一九四五年至一九五四年，計有朱鋒、黃得時等人的文章23
篇。這一時期的臺灣民俗研究，一方面是繼承日據時期《民俗臺灣》未竟的
工作，另一方面也在嘗試開創臺灣民俗研究的新路徑。故其中或有許多是日
本學者的譯稿[23]，而省籍作家的作品則大多為簡介臺灣地區風俗或某一民俗的
短文，多為雜論散記性質，如黃得時的〈臺灣過年習俗談趣〉（1948）、朱
鋒的〈月餅與秋節〉（1952）、……等，都是以介紹臺灣地區各種風俗習尚
為內容的作品。這些文章或未見其學術性，然而對於戰後傳統習俗之記錄與
保存，固有其貢獻，同時也為日後有志於臺灣民俗研究的後學，提供了一定
的啟蒙作用。

---

23 如《公論報》「臺灣風土版」的稿件中便有許多為《民俗臺灣》刊載的文章和日本學
   者如金關丈夫、國分直一等人的稿件。又據陳奇祿自言：「主編『臺灣風土』的初
   期，來稿並不充裕。《民俗臺灣》上的文章往往成為我的稿源之一……。」詳見陳奇祿
   口述，陳怡真撰《澄懷觀道——陳奇祿先生訪談錄》〈貳、臺灣研究時期〉（臺北：國
   史館，2004年3月），頁64-65。

　　第二階段自一九五五年至一九六四年，計有九十五篇。此一時期，除了日據時期即已從事民俗工作的省籍學者外，還有許多新自大陸來臺的學人，以及新培養出來的人才，由於他們的投入，使得臺灣民俗的研究，有了較具體的成果。此一時期的著作，仍多偏重在傳統風俗及歷史源流的介紹，如曹甲乙的〈臺灣婚俗一瞥〉（1955）、〈臺灣舊時的婚姻習俗〉（1955）；吳瀛濤的〈臺灣婚姻俗事雜錄〉（1959）、〈臺灣的降神術——關於觀乩童的迷信〉（1959）；朱鋒的〈臺灣的古昔婚禮〉（1959）、〈臺灣的古昔喪禮〉（1960）、〈臺灣的古昔喜慶〉（1960）；林衡道的〈臺灣農村的冠婚喪葬〉（1960）、陳漢光的〈新年童謠（一）〉（1962）；施翠峰的〈臘月習俗〉、〈新年的節目〉、〈七月習俗〉（1963）……等。在專著部分，如何聯奎、衛惠林合著的《臺灣風土志》（1962）一書，書中包括漢人與原住民兩部分，由何氏寫漢人部分，衛氏寫原住民部分，是一部簡潔易讀的臺灣民俗入門書籍。

　　此外，此一時期，則有學者開始對一些民俗活動進行了初步的調查工作，如陳漢光的〈臺灣福佬人禁忌之調查〉（1960）、廖漢臣的〈基隆普渡調查報告〉（1964）……等。另外在臺灣原住民族風俗的研究中，曾長期深入臺灣原住民社會中進行田野調查的陳國鈞，則先後將其成果集結出版成《臺灣東部山地民族》（1957）、《臺灣土著社會婚喪制度》（1961）、《臺灣土著社會成年習俗》（1963）、《臺灣土著社會生育習俗》（1963）以及《臺灣土著社會始祖傳說》（1964）等書，這些著作資料詳實，調查的範圍既廣且深，在臺灣原住民族的研究上具有一定的重要地位。由此可以看出，自一九六〇年代開始，臺灣民俗學研究已漸突破了戰後初期泛論性的研究範圍以及文獻整理方法的侷限，開始以實地調查的田野研究（Field Research）為基本手段，對民俗生活作整體觀察的主張也開始逐漸形成風氣。

　　第三階段自一九六五年至一九七四年，計有一九四篇。自六〇年代末期開始，中國民俗學會的婁子匡有鑒於大量中國民俗學論著找尋不易，為了滿足中外民俗學者研究材料的需要，自一九七〇年起，陸續搜集影印了許多民俗資料文本，如《國立北京大學民俗學會叢書》二二〇種、《廣州中山大學

民俗學會叢書》三三冊[24]及大陸二、三〇年代民俗期刊五十種，適時為當時
兩岸三地的民俗學研究提供了龐大的研究材料，貢獻極大。除了對於中國民
俗學術文獻保留的巨大貢獻外，同樣地，婁先生亦留心於臺灣民俗的研究，
他從一九六七年開始，連續在《大華晚報》撰寫了三牛的「臺灣人物」專
欄，後來更結集成《話說人物》、《臺灣人物傳說》二書，凡一一六篇。至
一九七一年，更與許長樂合撰《臺灣研究源流》一書，稱得上是「大陸遷臺
民俗學者中，最先關注臺灣民俗、最能入境隨俗、也是最肯結交臺灣民俗學
者的第一人。」[25]

　　另一方面，日人國份直一的《臺灣の民俗》（1968）一書，對早期臺灣
民俗，尤以臺南地區的風俗習慣多有介紹，是一部以實態調查為基礎的臺灣
民俗研究專書，其中特別是關於臺灣沿海民俗以及民船相關的論述，曾受到
學界高度的評價。直至今日，仍是民俗愛好者最基礎的入門書。而省籍作家
吳瀛濤的《臺灣民俗》（1969）一書，則是戰後首位以中文將臺灣民俗資料
集大成的人。

　　此一時期，各地方的文獻機構與團體，對於民俗的研究也扮演著舉足輕
重的角色，如臺灣省文獻委員會、臺北市文獻委員會、高雄市文獻委員會、
南投縣文獻委員會……等，這些文獻委員會除了研究整理地方史志外，主要
工作還有編纂、採集和整理文獻、保存維護重要古蹟和舉辦文獻學術及民俗
座談活動等，對於臺灣民俗的採集、整理和保存作出了不少具體的工作。
另外，大陸各省市的旅臺地方文獻社團，以及所出版的各相關研究刊物，如
《江西文獻》、《陝西文獻》、《察哈爾省文獻》……等，其成立宗旨固然在徵
集與調查中國各省市、地方的歷史文化、風土人文，然而在相關的徵集與調
查工作之餘，對於臺灣地區的民俗亦多有涉獵。

---

[24] 按臺灣東方文化出版社刊印之《廣州中山大學民俗學會叢書》計有32種、33冊，然據
　　近年來廣州中山大學民俗研究中心葉春生教授的調查與整理，發現現存廣州《中山大
　　學民俗學會叢書》共計37種、39冊。

[25] 詳見陳益源師〈婁子匡民俗學論著舉隅〉，載《廣西民族學院學報（哲學社會科學
　　版）》第22卷第3期（2000年5月），頁54。

此外，如中央研究院民族學研究所、中央研究院歷史語言研究所等學術研究機構，以及各大專院校從事民俗研究的學術單位，如國立臺灣大學人類學系、國立政治大學民族社會學系、邊政研究所及各大學歷史學系等，對於臺灣民俗的研究及年輕民俗研究人才的培育，亦功不可沒。

但由於受到戰後初期人文社會科學研究趨向的影響，這一階段對民俗作追本溯源研究的傳統研究方法，仍佔有一席之地。如在歲時節俗的研究方面，曾任職臺北文獻會執行秘書的王國璠所編寫之《臺北市歲時紀》（1968）一書，便收錄了一百多條臺北市的歲時節俗，並將每個節俗與大陸各地區的相關風俗加以比較其異同之處，是早期相當重要的一本歲時工具書。而早年曾任職於臺灣省文獻會的廖漢臣，其所著的《臺灣年節》（1973）一書，則選刊了春節、人日等十七個臺灣的歲時節俗，運用了許多文獻的資料，對每個節俗作源流和現況的考察，並將其與自清代以來之變遷，以及臺灣與大陸風俗之差異作了深入的探討。這種以比較民俗學的研究方法對臺灣民俗之內涵所作的努力，自有其不可磨滅的功勞。至於生命禮俗的部分，日本學者池田敏雄的〈臺灣人の誕生儀禮〉（1968）一文，則對臺北市萬華地區的誕生禮儀作了詳細的記錄，同時也將其與大陸及日本地區的誕生禮作了比較，是一篇具影響力的經典代表作品。

另一方面，田野的調查與採集工作，是民俗研究不可或缺的一部分，在臺灣對民俗進行較長期而有計畫性的調查與研究工作，則要到六〇年代後期。首先，中央研究院民族學研究所在首任所長凌純聲的指導下，於一九六八年開始了「宜蘭縣礁溪詩結村的民俗調查」研究，還有一九七三年國立政治大學民族社會學系在阮昌銳的主持下，進行了「綠島民俗調查研究」……等，都對後來的臺灣民俗研究產生了深遠的影響。而這些研究者們對於田野調查工作的注重，也都深刻地影響著後來如陳奇祿、李亦園、唐美君、王崧興等學者的研究進路，這種汲汲於田野工作的精神，和以各族比較材料來探討一些基本社會文化特質的研究方法，使得田野工作的優越能力成為臺灣民俗研究的特點之一。

此外，對於國外學者理論的引進與應用，以及研究方法論上的注重，

則為這一時期臺灣民俗研究的另一特色。自二次大戰以後,由於西方的民俗學、人類學、民族學和社會學等學科的迅速發展,因此,相關的學說理論及著作開始被大量地引進與譯介進來,使得國內民俗研究的視野得到了很大的擴展。於是,開始有許多研究者運用西方的象徵論、結構主義、功能理論、文化與人格、行為科學與科際整合,以及應用人類學等學科的相關理論,來進行臺灣民俗的研究。如李亦園運動功能理論對臺灣農村的冥婚習俗進行探討[26]、利用文化與人格學說探討「童乩」的問題[27]等,對於後來的研究都產生了深遠的影響[28]。另一方面,此一時期對於方法論的著重,則使得相關的研究不再只是材料的陳述與堆積,而開始有了研究的重點與重心,如此,也使資料的收集有一系統架構為依據,更容易呈現出資料本身所具有的意義。

另外值得一提的是,自六〇年代後期開始,一些歐美人類學者開始從事臺灣漢人社會的習俗信仰研究,其背景或正誠如陳紹馨所說的:「近年來有不少歐美學者,對中國社會、文化的研究,甚感興趣。一些社會科學家欲前往中國大陸做研究,由於目前未能進入『鐵幕』,故不得不以臺灣或香港為『代用品』,來研究中國社會。」[29]這些早期來臺的人類學研究者,可能由於對歷史材料及研究的應用能力有限,因此,在他們從事研究時,往往會採取研究無文字社會的策略來進行[30],如 Wolf, Arthur 的 "Chinese Kinship and

---

[26] Li, Yih-yan, Cost Marriage, "Shamanism and Kinship Behavior in a Rural Village in Taiwan", in Matsumoto, N. & T. Mabuchi(eds), *Folk Religion and the World View in the Southwestern Pacific*. 1968, pp. 97-99。

[27] 李亦園〈是真是假假童乩〉(《中國論壇》3:12,1997年),頁25-29,後收入《信仰與文化》(臺北:巨流圖書,1978年)一書,頁101-115。

[28] 如李亦園先生對童乩及文化與人格問題的興趣,間接引介了醫藥人類學的研究,因而影響了他本人及其學生的研究,如宋和的《臺灣神媒的社會功能:一個藥人類學的探討》(臺大考古人類學研究所碩士論文,1978)、張珣的《社會變遷中仰止鄉之醫療行為:一項醫藥人類學之探討》(臺大考古人類學研究所碩士論文,1981)等。唯因此二人均當過 A. M. Kleinman 的研究助理,故在其研究架構上,受Kleinman影響的色彩似乎較濃些。

[29] 陳紹馨《臺灣的人口變遷與社會變遷》(臺北:聯經出版事業公司,1979年),頁1。

[30] 黃應貴〈光復後臺灣地區人類學研究的發展〉(《中央研究院民族研究所集刊》第55

Mouring Dress"（1970）一文對臺灣傳統喪服制度進行的研究[31]，即是此一時期外國研究者對臺灣民俗研究的典型代表。

此一時期，在繼承過去良好學術傳統，以及新理論、新方法的引介、建構下，臺灣民俗的研究逐漸走出了一條屬於自己的道路。自六〇年代後期開始，便出現了許多既重實際，又重方法與理論的研究，如長期以來投入臺灣民族學研究的中央研究院民族學研究所，在其所內出版發行的《集刊》、《專刊》等專門刊物中，便有許多具特色的研究成果。[32]此外，深入且詳實的專門著述亦所在多有，如劉枝萬的《中國民間信仰論集》（1974）一書，共由六篇論文組成，是一匯集臺灣漢人社會詳細實態調查資料與文獻，並試圖從民俗學角度，闡述中國民間信仰的重要著作，書中對於民間祭典之醮祭習俗的分析、以及對稻米信仰論和由臺灣閭山派法師創立的收魂法之詳細的調查研究，都曾被高度評價為中國人所作真正的民間信仰的研究。[33]

同樣地，日本學者亦有一些對臺灣民俗進行的田野研究，如國份直一的〈臺灣における——シヤーマミズの世界——特み童乩の落獄探宮をめぐって〉（1971）一文，對於乩童的巫術信仰有深入的探討。日本學者鈴木滿男的〈盆に來る靈〉（1972）、〈臺灣の祭祀における男性巫者の登場〉（1973）等文，則是以比較民俗學的方法，將臺灣的民間信仰置於東亞細亞民俗研究的一環中，來討論臺灣的乩童信仰。此外，可兒弘明的〈人形芝居と道教〉（1973）、〈誼子の慣行について〉（1976）、〈農曆7月の臺灣農村〉（1974）

期，1983 年春季），頁 121-122。

[31] Wolf, Arthur, Chinese Kinship and Mourning Dress, Maurice Freedman, ed. In Family and Kinship in Chinese Society, Stanford: Stanford University Press. 1970, pp. 189-207.

[32] 如陳中民的〈晉江厝的祖先崇拜與氏族組織〉（《集刊》23期，1967）、王崧興〈中日祖先崇拜的比較研究〉（《集刊》31期，1971）、Bruce Holbrook 的 "Chinese Psycho-social Medicine Doctor and Dang-ki"（《集刊》37期，1975）……等。其中，對於臺灣民間祭典與廟會建醮的習俗亦有多關注，如劉枝萬的〈臺北松山祈安建醮〉（《專刊》14期，1967）、許嘉明的〈松山建醮與社區〉（《集刊》25期，1968）、王崧興的〈龜山島——漢人漁村社會之研究〉（《專刊》13期，1967）等，都是當時相關研究的重要成果。

[33] 直江廣治〈中國‧臺灣‧韓國〉，頁45。

等，則是以民眾道教的觀點，探討臺灣民間信仰民俗的佳作。另外，還有日人窪德忠對土地神、城隍信仰的課；直江廣治對於民間祭祀團體中的神明會、乩童、法師的法術等的調查，都是這一時期以田野調查方式對臺灣民俗進行研究的代表。

第四階段則自一九七五年至一九八四年，計有五一四篇。第五階段則自一九八五年至一九九六年，計有六七八篇。由以上的統計可以發現，這兩個階段，臺灣民俗的研究，無論在數量或品質上，都遠遠超越了前面幾個時期，使得臺灣民俗的研究進入了一個巔峰的頂盛時期。這股臺灣民俗研究的熱潮，究其原因，實與臺灣地區的學術、政治、經濟與社會文化的發展切切相關。

首先，在前一階段的研究基礎上，這一時期以強調實地田野調查為基本手段的民俗研究方法更蔚然成風。如余光弘《綠島漢人的喪葬儀式》（1980）……等，都是當時民族學式民俗研究的代表。此外，人類學研究者對民俗研究的涉入，如胡台麗的〈臺灣農村婚俗的變貌——兼談社會文化現象的了解與解釋〉（1980）一文，則運用了 Geerz, C.的文化觀念理論，從社會文化理論，從社會文化的角度對臺灣農村婚俗的演變所進行的分析與討論，亦為民俗學的研究提供了不同的學術範式與視野。

其次，自一九八〇年代以降，由於臺灣本土意識的抬頭，與臺灣歷史、文化、社會相關的議題，一時之間成為一種「顯學」。在這股臺灣研究熱的浪潮中，臺灣民俗的研究亦隨之蓬勃發展。加以由於經濟的發展，社會的急速變遷，許多傳統的古老風俗漸隨著工商業的發達而面臨了消亡的命運，面對這種傳統文化的失落，許多有心人士及學者們開始重視傳統民俗的研究，因此在一片民俗尋根聲中，報章雜誌開始競相刊載介紹民俗文化的篇章，電視廣播也製作了各種與民俗相關的節目，使得民俗文化受到了大眾的喜愛與維護，同時也促進了民俗的研究。

另一方面，在相關的政策上，一九八七年臺灣政治的解嚴、一九八八年

報禁的開放[34]，也使得國內的政治風氣大開、民眾的自主意識興起，相關的研究亦隨之有了更新的突破。在這波臺灣民俗研究熱中，出版的相關刊物、著作、資料數量頗豐，如稍加詳述的話，那將是本文篇幅難以勝任的，故此，僅簡列如下：

（一）報紙副刊

此一時期於報紙副刊中開闢有民俗研究專欄的包括有《中國時報》副刊《民俗週刊》及《中央日報》長河版的《民俗專題》。

始刊於一九八八年一月八日的《中國時報》副刊《民俗週刊》，其撰寫方向主要定位在歲時民俗、民間禮儀、節慶、宗教信仰等內容，每週刊出一篇文章，迄一九八九年五月停刊。[35]

稍晚於《中國時報》《民俗週刊》的《中央日報》長河版的《民俗專題》，自一九八八年二月一日始刊，迄同年九月五日，共刊出三十二輯。其內容主要以加孟姜女、牛郎織女……等民間傳說故事之研究為主，其間亦偶

---

34 自國民政府遷臺後，在戰火未熄、內部不穩、國際孤立、經濟困窘的時代背景下，國民黨政府開始建立以軍事威權體制來維繫政權的統治領導，因此，對於新聞自由多所限制。在報禁政策方面，早期臺灣地區報紙同時受到三重限制：一是張數的限制，如1950年限制報紙每日只能出版一大張半（六個版面）、1957年放寬為兩大張（八個版面）、1966年擴增到兩大張半（十個版面）、1969年起限制為三大張（十二個版面），從此二十年不變。二是核可證的限制，自1951年開始限制新報成立，這讓臺灣報紙數量長期維持在31家，其中黨政軍直營15家，而民營的16家中也大多由黨國信賴者經營，新的競爭者難以加入；三是印刷的限制，自1960年起限制一家報紙只能設置一個印刷廠，不能跨地印刷。在此三重限制中，以限張對編輯影響最大，報紙為了在狹隘的三大張版面內擠進越來越多的新聞，實無法提供太多的版面與「無關乎民生大計」的民俗文化作相關的介紹。

35 專輯全部文章於1994年之後由王秋桂教授主編成書，分別收入《民族與民俗》（臺北：稻香出版社，1994年）、《神話、信仰與儀式》（臺北：稻香出版社，1996）、《表演、藝術與工藝》（臺北：稻香出版社，1996）等書。

有涉及相關民俗者。[36]

（二）研究刊物

　　早期以研究臺灣原住民為主的中央研究院民族學研究所，自一九七〇年以後，開始積極投入漢人社會的研究，八〇年代以後，除漢人社會的研究外，並逐漸開始關注臺灣的民俗宗教之研究[37]。早期該所出版的相關研究刊物包括有《中央研究院民族學研究所集刊》、《專刊》、《資料彙編》等。八〇年代以後，由於臺灣本土意識的高漲，以及田野研究方法的盛行，更於一九八六年十二月發行《臺灣史田野研究通訊》季刊，其內容則以臺灣本土的研究為主要對象。此外，由各地方政府文獻委員會所發行機構刊物，如《臺灣文獻》、《臺北文獻》等刊物，亦經常發表有民俗相關的研究成果。至於民間發行的刊物，則有《民俗曲藝》、《民間知識》及《漢聲雜誌》等。以下謹將此一階段前後臺灣地區民俗研究的主要雜誌列表如下：

臺灣地區民俗研究主要雜誌一覽表[38]

1　行政機關刊物（含現已廢刊者）

雜誌名	刊行期間	刊次	發行地、發行者
臺灣文獻	1949.8-	季刊	臺中・臺灣省文獻委員會
臺北文物	1952.12-1961.6	季刊	臺北・臺北市文獻委員會

36　參與此一專輯之學界人士包括有：王國良、吳玉蓮、李國俊、李殿魁、汪志勇、周純一、林美清、洪淑苓、張火慶、陳兆南、楊振良、廖振富、蒲麗惠、潘江東、鄭志明、魏子雲等人（按姓氏筆劃排列）。

37　黃應貴〈光復後臺灣地區人類學研究的發展〉，頁118-130。

38　本表主要參考高橋晉一〈臺灣民俗研究の最新動向——臺灣漢人社會の民俗宗教を中心として〉，頁164，並參考國家圖書館「中華民國出版期刊指南系統」，http://readopac.ncl.edu.tw/cgi/nc19/m_nc19製作而成。

雜誌名	刊行期間	刊次	發行地、發行者
臺北文獻	1962.6-1966.12	季刊	臺北・臺北市文獻委員會
臺北文獻（直）	1968.7-	季刊	臺北・臺北市文獻委員會
臺北縣文獻叢輯	1953.9-1956.4	不定期刊	臺北・臺北縣文獻委員會
新竹文獻	2000.04-	季刊	新竹・新竹縣政府
竹塹文獻	1996.10-	季刊	新竹・新竹市政府文化局
新竹文獻會通訊	1953.05-1954.12	月刊	新竹・新竹縣文獻委員會
苗栗文獻	1981.6-	季刊	苗栗・苗栗縣政府
臺中文獻	1988.10-1997.11、2003.3-	不定期刊	臺中・臺中市政府
中縣文獻	1980-?	不定期刊	臺中・臺中縣政府
彰化文獻	1954.06-?	不定期刊	彰化・彰化縣文獻委員會
彰化文獻	1954.06-?	不定期刊	彰化・彰化縣文化局
南投文獻	1998.08-	年刊	南投・南投縣政府
南投縣文獻叢輯	1953-	不定期刊	南投・南投縣文獻委員會
雲林文獻	1952.11-	年刊	雲林・雲林縣政府
嘉義文獻	1961.10-2000.10	年刊	嘉義・嘉義縣政府
嘉義縣文獻	2002.06-	年刊	嘉義・嘉義縣文化局
嘉義市文獻	1983.2-	年刊	嘉義・嘉義市政府
臺南文獻	1951.10-1972.6	季刊	臺南・臺南市文獻委員會
臺南文化（新）	1976.6-	季刊	臺南・臺南市政府
南瀛文獻	1953.3-	季刊	臺南・臺南縣文獻委員會
高市文物	1955.3-1957.6	季刊	高雄・高雄市文獻委員會
高雄文獻	1979.12-1988.1	季刊	高雄・高雄市文獻委員會
高市文獻	1988.6-	季刊	高雄・高雄市文獻委員會
高縣文獻	1980-	年刊	高雄・高雄縣政府
屏東文獻	2000.10-	年刊	屏東・屏東縣政府文化局

雜誌名	刊行期間	刊次	發行地、發行者
宜蘭文獻	1956.04-?	不定期刊	宜蘭・宜蘭縣文獻委員會
宜蘭文獻雜誌	1993.01（復刊）-	雙月刊	宜蘭・宜蘭縣文化局
花蓮文獻	1953.3-1955.10	年刊	花蓮・花蓮縣文獻委員會
臺東文獻	1952.6-1960.10	不定期刊	臺東・臺東縣文獻委員會
臺東文獻	1997.5（復刊）-	年刊	臺東・臺東縣政府

2 研究誌

雜誌名	刊行期間	刊次	發行地、發行者
民族學研究所集刊	1956.3-	半年刊	臺北・中央研究院民族學研究所
民族學研究所資料彙編	1990.1-	不定期刊	臺北・中央研究院民族學研究所
臺灣史田野研究通訊	1986.12-	季刊	臺北・中央研究院臺灣史田野研究室
臺灣大學考古人類學刊	1953.5-	季刊	臺北・臺灣大學文學院人類學系

3 一般刊物

雜誌名	刊行期間	刊次	發行地、發行者
臺灣風物	1951.12-	季刊	臺北・臺灣風物雜誌社
民俗曲藝	1980.11-	雙月刊	臺北・施合鄭民俗文化基金會
民間知識	1952.8-	雙週刊	臺北・民間知識社
漢聲雜誌	1978.1-	不定期刊	臺北・漢聲雜誌社

此外，我們亦常可在一些相關的學報，如《民族社會學報》、《臺大史

哲學報》，或如《大陸雜誌》、《幼獅月刊》、《幼獅學誌》、《中國論壇》、
《中華文化復興月刊》、《聯合月刊》、《東方雜誌》、《臺灣省立博物館科學
年刊》、《香火雜誌》等刊物、雜誌中，看到不少學者們的民俗研究成果。
在這些刊物中，創刊於一九八〇年十一月、由「施合鄭民俗文化基金會」發
行的《民俗曲藝》，可以稱得上是臺灣唯一以「民俗」為刊名的雜誌。該刊
內容著重在報導和研究地方戲曲、傳統工藝及民俗文化，為一難得的專業性
雜誌[39]。

（三）叢書

自八〇年代開始，亦出現了許多以介紹臺灣民俗為主的叢書，如由專
以出版臺灣史、臺灣相關圖書為主的臺原出版社出版刊行的「協和臺灣叢
刊系列」、「臺灣智慧叢書系列」，以及常民文化出版的「常民文化叢書系
列」……等，自一九八九年開始陸續出版了如黃文博的《臺灣風土傳奇》
（1989）、《臺灣冥魂傳奇》（1992）、《南瀛民俗誌》（1994）；王灝的《臺
灣人的生命之禮──成長的喜悅》（1992）、《臺灣人的生命之禮──婚嫁
的故事》（1992）；林文龍的《臺灣掌故與傳說》（1992）；劉還月的《臺
灣民俗誌》（1986）、《臺灣歲時小百科》（1989）、《臺灣民間信仰小百科》
（1994）……等相關著作。另外，還有自立晚報的「臺灣本土系列」（1986-
）、臺灣風物雜誌社的「臺灣風物叢書」（1988-）、稻鄉出版社的「臺灣文化
系列」（1990-）、張老師出版社的「文化顯彰系列」（1991-）……等，也都
是以臺灣歷史文化、風物民情為主要內容的叢書。然其內容亦多為偏重泛論
或報導性質。

---

[39] 吳亞梅〈「民俗曲藝」的故事──施合鄭傳奇〉，《大學雜誌》190期），頁36-39。何聖
芬〈「民俗曲藝」之分析〉（《文訊》37期，1988年），頁104-113。

（四）相關著作

　　此一時期相關的研究著作，大致上可區分為兩種類型：一種是較嚴謹的學術論著，如李亦園的《臺灣土著民族的社會與文化》（1982）、劉枝萬的《臺灣民間信仰論集》（1983）、阮昌銳的《莊嚴的世界》（1982）……等，都可謂是八〇年代臺灣民俗研究的代表作。另一類則為較偏向於一般民俗知識述介的作品。隨著八〇年代以後的鄉土研究熱，許多的民俗報導者、業餘研究者亦開始將其個人的心得與見識集結成書出版，然其內容則多偏向報導性質，對於民俗知識的推廣與普及，有不小的貢獻，但這些著述有時卻僅具敘述形式，缺乏嚴謹筆法。其中較知名的作者包括有劉還月、黃文博等人。劉還月早期以民俗為研究範圍，近期則是著力於平埔族的研究，曾成立臺灣民俗百科田野工作室，並於一九九三年開辦臺原民間學院，以民間學者的身分，獨力進行臺灣民俗研究。著有《臺灣民俗誌》（1986）、《回首看臺灣》（1987）、《臺灣土地傳》（1989）、《臺灣歲時小百科》（1989）、《風華絕代掌中藝——臺灣的布袋戲》（1990）、《變遷中的臺閩戲曲與文化》（與林勃仲合著，1990）、《臺灣的歲節祭祀》（1991）、《臺灣民俗田野手冊——行動導引卷》（1991）、《瘖瘂鶴鳴》（1991）、《臺灣傳奇人物誌》（1992）、《臺灣民間信仰小百科》（1994）、《南瀛平埔誌》（1994）等書。

四　戰後臺灣民俗研究的回顧與考察

　　回顧戰後臺灣民俗的研究，隨著臺灣地區本身政治、經濟與社會文化的發展與變動，以及新的研究方法與觀點的運用，自有許多不同的變化與突破。在此，謹提出個人觀察的一些心得，以就教於博雅方家：

（一）研究視野上的開拓

　　戰後初期，由於受到研究環境的影響，尤以自一九四九年國共戰後的初

期，在一種以正面、保守、尊崇傳統教化的文化氛圍中，臺灣地區的民俗研究，基本上呈現出強烈的大陸來臺人士對故土思念的趨向，即使如《公論報》的「臺灣風土」這類似介紹本土風情為主要訴求的刊物，也出現了這樣的論調：

> 日本人據臺五十年，在表面上，臺灣免不了遺留有許多日本人的影響，但是臺灣的居民，百分之九十八是漢人，他們的祖先移居臺灣時所帶來的開疆闢土堅韌不拔的精神，正是中華文化的菁華。李先生（按：李萬居）以為這個事實，應予究明，並作闡揚，這也許就是《公論報》的「臺灣風土」副刊創刊的原因。[40]。

因此，這一時期的民俗研究者如婁子匡、朱介凡、郭立誠……等大陸來臺學者，他們便常撰文講述回憶舊時家鄉的民情風俗，如年節景象、月令禮俗、傳統民間俗信……等，或利用歷史文獻來探討臺灣民俗文化的淵源與特色，並會從民俗學研究的角度切入，以證明臺灣和大陸在血緣及文化習慣上的源流一體、無法隔絕。固然，這與當時的政治環境有密切的關係，然而這樣的研究方法，卻使得臺灣民俗的研究缺乏其獨立性。

但隨著日後不同學科理論的建立與相互豐富，以及新的學術人才的加入，和研究者調查與採集工作的不斷推展與資料的日益豐富，則使得臺灣民俗學研究者的視野漸形開闊。其關心的主題不再只是即將消失或已經消失的風俗習慣，而開始能面對被研究者當時所面臨的實際問題，同時將研究的觸角由歷史文獻的爬梳，轉向實證的調查工作，並企圖與如人類學、歷史學、社會學等不同學科的研究方法加以結合，使得現代臺灣民俗的研究，滲透到民眾文化中的各個階層，如對於物質、經濟文化，以及宗教、信仰等各種人文精神的探討，都有相當不錯的成就。其中尤以如李亦園、劉枝萬……等人

---

[40] 1975 年 7 月，陳奇祿先生曾為文說到當年主編「臺灣風土」時的概況所說，詳見陳奇祿〈我和臺灣研究〉，原載《新時代》（臺北：正中書局，1975 年 7 月）第 15 卷第 7 期，頁 16-22。收入陳奇祿《民族與文化》（臺北：黎明出版社，1984 年 6 月四版），頁 141-142。

對漢人社會的研究與成果，更將臺灣的民俗研究帶入了科學的研究範式中。
另一方面，正由於探討主題的擴張，也使得相關的研究主題得以被重視而加
以發展，因此，在研究對象上，也由臺灣地區的研究，逐漸向外幅射，而擴
大到整個漢人社會的研究，乃至於中國以外其他地方的研究上，提供了相關
研究者更寬廣的視野。

（二）研究方法上對其他學科的借鑑

在研究方法上，臺灣早期的民俗研究由於多受到日本民俗學派的影響，
較偏重於比較民俗學的研究方法。然自二次大戰以後，由於西方的民俗學、
人類學、民族學和社會學等學科的迅速發展，其中，又以「人類學」的發展
最受矚目。由於該學科通過撰寫民族志的革命，依靠田野研究突出地發揮了
學科的創造性，因此，一直以來，西方民俗學的研究又多受人類學的影響，
對於學者搜集、整理和撰寫等學術活動對資料品質的打造作用，亦多所注
意，同時也逐漸開啟了民俗學與人類學、社會學等學科之間廣闊的交叉領
域，以及共用資源的平臺。於是，在這一國際學術的新潮流中，臺灣地區的
民俗學研究，也在借鑑此一學術研究的趨向，開始將田野工作與文獻工作相
結合，並學習吸收其他如人類學、社會學的理論與方法，於是有了許多突破
性的研究。

此外，在研究方法論上的強調，也使得論證與推理成了研究報告中的重
要部分；使理論性的探討成為可能。所以，在相關的研究方法上，也由早期
的以歷史文獻為主要論述材料，漸漸發展到對實際生活的觀察與參與的提
倡，以及配合如問卷、量表等各種社會學科方法的應用。

然而，當我們在借鑑其他學科的理論時，如何建構出一套真正適用於臺
灣民俗研究的方法，可能也將是所有有志於臺灣民俗研究者的重要使命，或
正如王嵩山在〈臺灣的民俗研究方法論反思〉一文中所說的：

> 臺灣的民俗研究有一個長久的傳統，即是偏重追求學術性的基礎資料

蒐集的研究方法。整體而言，方法論的重要性較少被注意。……相對
於漫遊於浩翰文獻資料的方法，臺灣的民俗研究在強調田野資料蒐集
為方法的傳統之下，辛勤的書寫者與編輯者共同累積了汗牛充棟的民
俗資料。雖然如此，我們依然要提出一些嚴肅的問題：民俗資料的書
寫如何成為一門學問（也就是「民俗學」）呢？民俗學的基本範疇與
性質是什麼呢？……我們如何客觀的觀察、理解（verstechen）與詮
釋「社會事實」與「理想類型」呢？一個特定的社會體系如何建構民
俗呢？在多元文化並存的臺灣，從事民俗研究能不能有新的視野與途
徑呢？[41]

　　基於這樣的學術自覺與反思，近年來相關的研究者也開始從實際的田野
工作執行中，著眼於研究方法的強調，並從實際的研究工作中漸漸體會到原
有依賴西方學者的理論架構之研究的有所偏失[42]，進而開始提出新的觀點與修
正，使得臺灣民俗的研究更趨成熟。

（三）在研究內容上的與社會脈動結合

　　另一方面，隨著戰後臺灣社會的不斷發展與變化，學術研究也同樣在不
斷地發展、進步，故民俗學研究的內容與範圍也日益擴大。首先，隨著臺灣
社會的發展與進步，新的事物與現象不斷地湧現出來。大陸「民間文學之
父」鍾敬文在論及「古代學和現代學的問題」時，即曾經反覆地強調過一個
非常重要的觀點，他說：「民俗學的研究是現代學，它研究的資料主要是從
現代社會中採集來的。」[43]所以，學術的研究本應將這些新湧現出來的事物或

41　王嵩山〈臺灣的民俗研究方法論反思〉（《民俗曲藝》142期），頁1。

42　中研院民族所於1980年12月21至24日，舉辦了一場名為「社會及行為科學研究的中
　　國化」的學術研討會，對臺灣社會科學的過分西化，尤其是美國化，提出了反省。這
　　一有意識的自省，也表示著一個新的發展階段之開始。

43　鍾敬文《民俗學與民間文學・新的驛程》（北京：中國民間文藝出版社，1987年），
　　頁411。

現象作為自己的研究對象。因此，個人根據一九四五年至一九九六年臺灣民間俗信研究的成果，作成了下列一「1945-1996年臺灣民間俗信研究成果量表」，在這個圖表中，吾人可以發現，隨著近二、三十年來臺灣的社會亂象叢生，生活中時時充滿了許多令人煩惱的糾葛和錯綜複雜的壓力，這些所謂的「世紀末」亂象，反映在日常生活中，便產生了許多追求怪力亂神的「巫術信仰」，相對地，這一類型的民俗研究亦隨之增加。

一九四五至一九九六年臺灣民間俗信研究成果量表

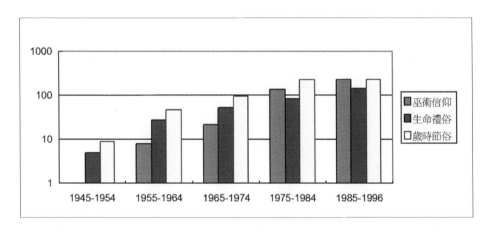

首先，從量表中可以看出，自一九七五至一九八四年時期開始，臺灣民俗研究中關於「巫術信仰」類的研究，有明顯升高的趨勢，尤其自一九八五年以後，則與自戰後至一九八四年以前各時期一向高居研究總數榜首的「歲時節俗」類研究不相上下。這頗能反映臺灣民俗的研究與社會脈動結合的現象。

此外，以「巫術信仰」類的研究成果為例，自一九四五至一九六六年間，臺灣地區巫術民俗研究的發展，亦可以看出其時代特色。從以下的「1945至1966臺灣巫術民俗研究成果量表」中也可發現，原先在一九四五至一九七〇年間，研究數量一直掛零的「民俗醫療」研究，自1970年以後，也開始受到了極大的關注。其他如巫術信仰中的風水澤日、靈媒、扶乩等現

象的研究，也都有突出的表現，這可能都是一種將研究的觸角伸展向當前社
會所面臨的實際問題的結果。

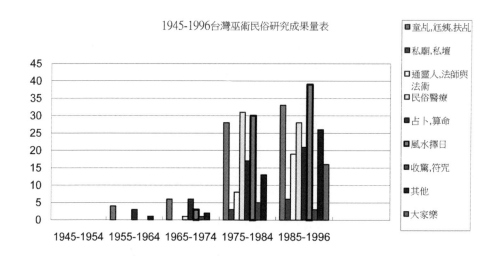

1945-1996台灣巫術民俗研究成果量表

五　結語

　　總結以上的討論，個人以為臺灣民俗研究的發展，在理論與方法上，由
於以上幾個發展階段中眾多研究者的努力與貢獻，特別是在七〇、八〇年代
間，使得臺灣民俗的研究在研究方法的建構，以及將民俗學作為一種現代性
的學科並將其與其他學科相繫聯等方面，都發揮了具有標誌性的示範意義和
學術的影響力。

　　更值得重視的是，由於近一、二十年來，在民俗田野作業的大力推動
下，雖然其規範與力度上還存在不足，卻仍大大地超越了過去長久累積的成
果。如何有效地運用這些實地調查的第一手材料，以及如何對於這些田野材
料和民俗事項進行真切且深入的描述與詮釋，以及如何強化具有深刻觀察和
解釋力的描述，都將是這一學科今後所應該面對與真正有所發展的課題。同
時，隨著西方社會文化理論的發展，反思臺灣多族群文化的研究，我們實應

該嘗試建構起具有本土文化敏感度且合宜的詮釋性概念、語彙和研究工具，藉以追求更深化的臺灣民俗研究。

　　總之，戰後臺灣民俗的研究，從初始時期受戰前日本民俗學研究影響、與對傳統漢族文化溯源的懷舊情狀中，幾經演進與波折，期間由於社會的發展以及民族文化自覺的抬頭，更加上諸多前輩的努力與成就，使得這一學科的發展，逐漸走向上獨立的道路。而臺灣民俗的研究，也正以其熟悉民眾生活、民俗傳承與創造的優勢力量，積極參與了臺灣社會、歷史、文化重新被認識的重要使命當中。

節日研究架構新議

楊玉君

中正大學中文系

摘要

傳統的節日研究多以單一節日為切入角度，此一向度所累積的基本成果功不可沒。然而為求節日民俗研究的深化，本文主張未來發展應朝向節日與節日之間的橫向比較及分析。

本文首先提出節日光譜的概念，以生殖崇拜及死亡恐懼為光譜的兩端，作為節日的性質分類的依據。一旦建立節日光譜的序列，將可解釋不同節日習俗中的異同現象。此外，筆者同時舉出幾組超越節日光譜的配對研究，如元宵及中秋，上巳及重陽，夏至及冬至等等。

在節日的行為方面，本文指出幾種共同的節日行為：採集、佩掛、儀式性行動及占卜，作為另一種橫向研究的提綱。

最後，本文以燈及人形節物來作為橫向的節日研究的實例操作，所推論出的成果大致與前揭節日光譜的概念相符。

關鍵字：節日光譜；節日行為；避疫；生殖；人形節物

歷來常見的節日研究多以縱向的歷史考察為主，只要隨手翻開任何一本
以節日為主題的書，都可以看到其章節依歲時順序，依春夏秋冬循序討論各
個重要節日。這樣的架構作者、讀者皆習以為常，卻忽略了這種縱向的研究
方式可能的侷限：不同節日之間的相類似活動——比如說三月上巳及五月端
午都有的踏百草，以及清明和重陽都有的射柳——在傳統的架構下失去了被
討論的機會及空間。如果能將節日研究的方向轉移至節日之間的橫向關係，
則節日研究的內容將可更為深化。筆者必須指出，節日的橫向關係並非新
的試題，張銘遠先生的《生殖崇拜與死亡抗拒》（北京：中國華僑出版社，
1991年）即試圖以生死兩極來重新為節日分類。然而，該書的方向並沒有得
到後起學者的認同，傳統式的節日研究架構仍然歷久不衰。只有零星的單篇
論文偶爾出現部分節日之間的比較研究，如張啟成的〈端午探源——兼論重
陽〉（《貴州文史叢刊》2002年第2期，頁1-4），劉偉生的〈上巳踏青與重陽
登高的生命意蘊〉（《文史雜誌》2001年第5期，頁22-24），其中也有以女性
習俗為主軸的洪淑苓〈女性節日文化初探——以近代方志中的「元宵走橋」
等習俗為例〉（《臺大文史哲學報》第59期（2003年11月），頁297-336），
常建華的〈明代方志所見歲時節日中的女性活動〉（《中國史研究》（韓國）
第20輯（中國女性史·特輯號），2002年10月，頁133-147）。因此，本文
希望能再一次引起學界的注意，將節日研究的焦點，從單一節日的深度研究
轉移至節日與節日之間的橫向關係探討。以下，筆者將提出幾種討論節日可
行的框架。

一　節日的分類

為節日分類，主要是為了給予節日一個可以共同討論的軸心，依據張銘
遠先生的作法是將節日劃分為生殖崇拜與死亡抗拒兩類。然而在本文中，筆
者將此兩極定為「節日光譜」之兩端。提出節日光譜此一概念是因為有許多
的節日習俗可以同時具有生殖崇拜及死亡抗拒的兩面意義，不宜歸之於任何
一極而有偏癈。同時各個節日又因其所包含的活動內容差異，而呈現強弱不

同的生殖崇拜或死亡恐懼的程度。假使將節日性質當成一個光譜，以生殖崇拜或死亡恐懼為光譜的兩端，則個別節日將會因其性質的偏向而座落在光譜的不同點，而非聚集於對立的兩端。

例如元宵適值開春之始，習俗內容多有為促進婦女多產或土地豐饒的生殖崇拜儀式，前者可以以通稱「走橋摸釘」的求子習俗為例。婦人為求子，在元宵節的夜晚出門「走百病」，[1]又到城門上去「捫釘」，藉著「丁」與「釘」發音相似的交感巫術原理，期望達到一舉得男的結果。同時，元宵又適值農耕週期之始，促進土地豐產的儀式，也多在元宵前後舉行，例如，元宵節期間演出的樂舞小戲就具有娛神祈求豐收的意含，被斥為淫戲的色情成分，更是交感巫術中的模擬原則的運用，藉著男女之間的性暗示對答及表演，以期達到促進作物豐收的作用。另一方面，戴著面具演出的儺儀式劇，則是脫化自遠古的逐疫儀式，演出的目的在驅逐疾病不祥，以保平安，而與逐疫相關的各種儀式或活動，則都可視為對抗死亡的手段。以祓禊為主要活動的上巳節，在節日光譜中毋寧是落於光譜之中段的。由水邊進行的儀式性的洗浴、佩帶驅邪植物等活動看來，以禳災避疾除不祥為其目的。然而在同時，因為到春郊水濱祓除而同時興起的春季嬉遊又偏向了男女社交、生殖祈子的主題，故而上巳同時具有祈福和消災的目的。而清明節雖是祭祀往生者的節日，又有插柳以祓不祥的習俗，應是偏向光譜中死亡恐懼的那一端；然而它同時也受到時間相鄰的上巳節俗傳統影響，因此也有到郊外踏青的習俗，伴隨踏青而來的男女社交顯然是歌頌生命的春季習俗。食寒節名義上是紀念介之推的焚骸，似也屬偏向死亡恐懼的一端。然而後世所發展出來的寒食習俗多有食生菜等「咬春」、「吃生」的習俗，[2]等於是藉著吃生菜將春季勃

1　（明）王士性著，呂景琳校《廣志繹》卷二（北京：中華書局，1982 年），頁18。清人所輯之歲時類書《月日紀古》卷一，以為走百病出自《荊楚歲時記》佚文：「歲時記：燕城正月十六夜，婦女群遊，其前一人持香辟人，名辟人香。凡有橋處，相率以過，名走百病。又暗摸前門，釘中者兆吉宜子。」然而，這段佚文從未見引於任何清代之前的歲時資料，疑為誤值。

2　丁世良，趙放《中國地方志民俗資料匯編》中南卷下（北京：書目文獻出版社，1990

發的生命力轉移至自己體內。換句話說,凡是春天的節日都脫不了與生殖祈願相關的色彩。這也使得上巳、寒食、清明這三個節日的性質更加複雜而不易輕易界定。同樣的情形也發生在歲末至新春的這段期間,這長達十餘日的除舊佈新過程,很難輕易的切割為一或多個節日。其中的各種節日活動,從趕鬼儀式的不同衍化到迎春納吉的種種祈願,複雜的程度也非三言兩語可以概括。另一方面,落於光譜中偏向死亡恐懼這一端的節日,如端午,中元,重陽等,則集中顯示了較顯著的避災禳惡的防護生命的意義。在這些節日中,死亡的恐懼具體化為毒、鬼、疫等概念,因而必須在節日當天進行各種措施來化解這些毒惡的威脅。這包括飲食上的調攝、符咒的佩戴、具體儀式的進行、以及其餘具有大儺逐疫精神的相關活動。雖然節日光譜的排比,尚待更精確的、全面性的節日內容分析才能繪出其雛型,但光譜的序互一旦建立,將有助於解釋為何某些性質相類似的習俗會集中出現在某些節日之間。例如元宵、七夕和中秋這一組節日,它們的節日活動高潮──賞燈,觀星,及拜月──都在夜間,其習俗活動都特別強調女子的參與。女子們在這些節日裡迎紫姑(不管名為廁姑,七姑,或月姑)占卜,[3]已婚女子多選在此日進行求子的祭祀或儀式,同時在這些節日的夜晚,女子得到暫時性的外出自由,可以成群結伴上街賞燈賞月。只要確立這些節日在光譜中的定位,就可以了解為何這些習俗不會出現在凸顯死亡恐懼心理的其他節日中。

除了節日光譜之外,幾個傳統節日之間還有一些超越節日光譜但可以「配對」討論的組合。這些可配對的節日主要成對的邏輯來自於二元對立的概念,《史記》應劭注的這段文字:「天子春朝日,秋夕月;朝日以朝,夕月以夕」[4]最能呈現出日/月、春/秋的二元對立概念。先談第一組:元宵與中秋。雖然在上述的節日光譜中,此二者已被歸為同屬生殖崇拜的節日,但它們同時也是位居農耕週期首尾的標的性節日,亦即所謂的「春祈秋報」。

年),頁950-951。

3　請參巫瑞書〈「迎紫姑」風俗的流變及其文化思考〉,《民俗研究》總第42期(1997年第2期),頁28-35。

4　〈本記〉卷六,武帝紀,頁185。

因為土地信仰攸關農作物收穫豐欠，所以在春耕之始的元宵先加意祈禱，到了秋天收穫後更需誠心答謝土地。

　　第二組：上巳與重陽。這一組當然也屬於春秋二元對立的節日。此外，根據中國人對數字陰陽屬性的瞭解，[5]奇數屬陽，偶數屬陰。月日皆為奇數的日子因其陽氣暢旺，最容易成為節日的日期。其中，上巳與重陽又因為九作為三的倍數，比起其餘的節日更多了一份內在的聯繫。上巳在水濱祓禊，重陽在山巔避災，上巳為春季之始，人們從冬季的蟄伏中恢復戶外活動，重陽則是一年當中戶外活動的尾聲，過了重陽，天氣逐漸寒冷，所以有所謂上巳「踏青」，重陽「辭青」的說法；在祭祀儀式方面，上巳上墳，重陽祭祀，上巳和重陽又都有採集佩戴驅邪植物的習俗；與上巳互相滲透融合的寒食清明有放風箏除晦氣的習俗，和重陽放風箏也是遙遙相對。

　　第三組節日是夏至和冬至，夏至又因其位移的結果，須將端午視為同一節日的變形。諺語道：「夏至一陰生，冬至一陽生」，是以得知此二節日的配對主要是因為陰陽二元相對。中國人信奉中庸之道的處世原則，認定萬世萬物在登峰造極的同時也埋下毀滅的種子。即如《文子》所言：「陽氣盛，變為陰，陰氣盛，變為陽，故欲不可盈，樂不可極，忿無惡言，怒無作色」。[6]夏至在北半球正是太陽直射北回歸線的日子，自夏至之後，白天縮短，黑夜變長，亦即陽氣消退，陰氣滋長。相對的在冬至，太陽與北半球的距離自此日起逐漸縮短，陰氣日漸消退，陽氣也日日增長。故而在夏至這天，為防止陰氣過度壯大，需以各種措施預防陰氣所可能帶來的賊害，在冬至這天，則因陽氣處於初初萌芽的階段，更需加意扶持，不能讓陰氣有機可乘。因而這兩個節日原本的相對立性質，竟造成了習俗上的某些類似，例如這兩個節日都有食狗肉或羊肉來補陽氣的食俗。

　　以上提出的這幾組節日的相類似點，旨在說明另一種角度的節日研究途徑，並希望能藉著指出這些可能的成組配對研究模式，凸顯出傳統的單一節

5　黃有漢〈論中國古代數字的崇拜〉，《史學月刊》（1988 年 5 月），頁 20-24。
6　《文子》卷六〈上德〉，頁 114。

日向度的研究侷限。

二　節日的行為

　　以往的節日著作，多先以某節日提綱挈領，再於其下分別詳述該節日的習俗內容。筆者的建議是反其道而行之，以節日的行為作為分類綱目，再討論具有同樣節日行為的各種不同節日。各種行為項目之間並非完全排斥，如下文所舉的採集例，往往採集到的植物就是下一階段服食的食品或是佩掛的飾物。幾乎是所有的節日都伴隨著特殊的節日飲食出現，飲食的目的雖不見得昭然若揭，但是往往都和養生避惡有關。關於節日飲食，由於筆者另有專文〈避疫養生與節日飲食〉論及，[7] 茲不贅述。

（一）採集

　　節日的採集行為雖然少見專題探討，卻是個不能忽視的重點。說到採集，可能最先讓人聯想到的就是重陽節的採茱萸和菊花了；不過其他的節日也有很豐富的採集習俗。另一個很明顯的採集習俗乃是端午節的踏百草，《荊楚歲時記》：「五月五日，四民並踏百草」，踏百草又稱鬥百草，或踏青，在節日當天男男女女到郊外去採集各種葉菜或植物，特別是具有療效或驅邪功能的植物。所採集的植物一般有兩種基本功能，其一為服食，其二為佩帶。例如上面這一段踏百草的記載緊接著的就是「採艾以為人，懸門戶上，以禳毒氣。以菖蒲或鏤或屑以泛酒。」

　　除了採集行為本身之外，另一個從採集延伸出來的節日活動則與男女社交有關。《鏡花緣》中，曾藉女子之口提出鬥草之戲是：「我們閨閣一件韻事」，[8] 可見到郊外踏青鬥草也有女子積極的參與，而崔護人面桃花的故事更

7　將發表於2005年11月之「第九屆中國飲食文化學術研討會」。
8　李汝珍《鏡花緣》第七回（臺北：世界書局，1974年），頁311。

是為清明踏青染上了戀愛的浪漫色彩。在中國西南少數民族聚居的地方有一群以女子為主的春季節日習俗，如姑娘節、姐妹節、挑蔥節、採花節等等，節日的內容主要是女子至郊外採集所需花草枝葉，以之染飯後與同伴至郊外野餐，並與青年男子互相對歌擇偶。[9]在這裡，採集花草葉菜的習俗顯然傳承自上巳及寒食[10]（這些節日也都集中在農曆的二、三月），而對歌擇偶的社交習俗也是《詩經·溱洧》水濱男女聚會，謳歌相感的遺風。如果以採集作為研究的主軸，再參酌同時期的季節性行事，應可描畫出節日習俗的嬗變以及意義的轉折。

（二）佩掛

　　本段的佩掛意指包含兩種內容：即個人髮髻或衣服上所佩帶，以及家屋房舍門窗上所懸掛的物品。前者如人日戴人勝，元宵的雪柳，鬧蛾兒，立春日的春勝，清明節時插於婦女髻上的柳枝，榕葉，乃至於端午的香包，長命縷，釵頭符等等。後者則包含了新年門戶飾桃人，帖畫雞，清明插柳，端午插掛菖蒲及艾草，重陽節插茱萸草等等。比較不為人所知的還有端午的傳說中曾有以楝葉包粽投江以祭屈原的故事，[11]和中元節祭祖時鋪襯桌面的楝葉。[12]，相關傳說尚未見，但立秋日也有佩掛楸葉的習俗。筆者甚至以為，元宵的懸掛燈籠也具有避災的意義，[13]這可以從相關的傳說中得到印證。節日

9　惠西成、石子編《中國民俗大觀》〈貴州苗家的姐妹節〉（上）（臺北：漢欣出版社，1993 年），頁 362-364。

10　《荊楚歲時記》，「寒食挑菜」，頁 118。

11　宗懍撰，杜公瞻注，王毓榮校注《荊楚歲時記》（臺北：文津出版社，1988 年），頁 180：「漢建武中，長沙歐回，白日忽見一人，自稱三閭大夫，謂曰，君常見祭甚善，但常所遺，苦蛟龍所竊，今若有惠，可以楝葉塞其上，仍以五綵絲縛之，此二物蛟龍所憚也，回依其言。世人作粽，并帶五色絲及楝葉，皆汨羅之遺風也。」

12　南宋·孟元老撰（ca. 1147），民國·鄧之誠注《東京夢華錄注》卷之八（臺北：世界書局，1999 年），頁 321：「中元前一旦，即賣練葉，享祀時鋪襯桌面。」

13　例如四川成都地區認為元宵掛的燈可以辟除一切瘟疫，《中國民俗大觀》（下），頁 563。

的傳說往往具有同一結構：即為禳解即將到來的禍事，某人由神仙預示，只要在門上懸掛某種信物，災禍便會過門不入。這故事的結構與《舊約》中猶大人過逾越節時，在門上塗羊血以免與埃及人同遭屠戮的故事有異曲同工之妙。所謂的災禍在故事中總不出兵災戰事或天災之類，總之是造成普遍性災難，而非一家一姓受害的事件。這樣的故事暗示了節日佩掛習俗目的在於禳災，也就是說有這種佩掛習俗的節日以抗拒死亡為出發點。

（三）儀式性行動

所謂儀式性行動指的是可見的行動本身之外，另帶有一隱含的內在意義，比如說節日的歌舞表演本身不是為了娛人，而是娛神，競賽也不是為了獎品，而是在打亂原有的秩序，以準備迎接其後的新和諧。[14] 儀式性行動最清楚的例子應該算是神祇遶境，例如大甲媽祖必須每年去新港媽祖處進香，那可以請一輛專車花半天來回接送嗎？不行！因為八天七夜的遶境的過程也是進香的重頭戲之一，信徒認為神明遶境可以帶來地方上風調雨順，人畜平安，所以遶境遊行的過程絕不能免。節日的儀式性遊行，可以舉的例子則有元宵節的「走百病」或「遊百病」走百病的習俗是在元宵或是正月十六夜晚，女子會成群結伴上街閒步，走百病並沒有一定的目的地，但是想要求子的女性會到城門上去捫釘或是走三橋。性質同走百病的還有華北的黃河九曲燈，其實就是一種迷宮，據說走了黃河九曲燈就可以解消百病。[15] 除了元宵，中秋的節俗有一種「走月亮」，其實也是同樣的習俗。顧祿的《清嘉錄》（1830）卷八中秋條也提到了這個習俗：「婦女盛妝出遊，互相往還，或隨喜尼庵，雞聲喔喔，猶婆娑月下，謂之走月亮。」

即使是沒有特別名目的嬉遊，在節日的這一天都可能帶有避禍祈平安的

---

14 王秋桂〈元宵節補考〉，收入苑利主編《二十世紀中國民俗學經典·社會民俗卷》（北京：社會科學文獻出版社，2002年），頁268。原刊於《民俗曲藝》第65期（1990年5月）。

15 《中國民俗大觀》（下），頁581-584。

目的，這一點在黃石先生的《端午禮俗史》（1963，臺北：鼎文書局，1979）中已經有詳細的說明。其實連端午節都有遊百病的習俗，有些地方甚至認為不出遊的人，一年到頭都不會吉利。[16] 若將此概念推而廣之，則舉凡鬥百草，踏青，遊百病，甚或登高歸根結柢都是為了讓過節的人外出，以免在家裡遭殃。這一點，我們仍然要舉幾則傳說來說明。

《後漢書·禮儀志上》：「後漢有郭虞者，三月上巳產二女，二日並不育，俗以為大忌，至此月日諱止家，皆於東流水上為祈禳自絜濯，謂之禊祠。引流行觴，遂成曲水。」[17]

《續齊諧記》：「汝南桓景，隨費長房遊學累年。長房謂曰九月九日汝家中當有災，宜急去。令家人各作絳囊，盛茱萸以繫臂，登高飲菊花酒，此禍可除。景如言舉家登山，夕還，見雞犬牛羊一時暴死。長房聞之曰此可代也。今世人九日登高飲酒，婦人帶茱萸囊，蓋始於此。」[18]

在這兩則例子中，故事解釋了上巳為何要到水邊去祓禊和重陽為何要登高的習俗，在同時也指出了節日當天「諱止家」的緣由，如果節日沒有外出嬉遊採驅邪植物避災的話，很可能發生的禍事就是人畜的死亡。浙江桐鄉農家有在三月三日出避於外，稱之為「避青」的說法。[19] 既稱出外為「避」，則可知如滯留在家必有災禍臨門。因此，在這意義上，不只是遊百病，包括鬥百草，春季嬉遊，划龍舟或登高等等節日習俗，都是可以避災的儀式性行為。

---

[16] 如貴州地區，男女端午遊百病時兼採花草，夜間再以花草入水沐浴，謂之遊百病，洗百病。不出去遊百病及洗百病的人，一年到頭都不會獲得吉利。《中國民俗大觀》（下），頁613。

[17] 《後漢書·禮儀志》上，頁3111。

[18] 《荊楚歲時記》，頁212。

[19] 胡樸安《中華全國風俗志》（原序1922）上篇卷三（鄭州：中州古籍出版社，1990年），頁18。

（四）占卜

差不多每一個節日都存在著某種神明或超自然力量溝通的方式，有些是正式的祭祀，如新年的拜祖先；有些則只是一些有儀式的進行，如占卜。關於節日的占卜行為，大致的內容有卜來年運道，婚事或蠶桑產量，作物收成等等，進行占卜的節日常見的就是年初至元宵以及中秋，分別是占卜今年及來年的重要時機。東方朔《占書》就提及年初占卜的方式：「歲正月一曰占雞，二曰占狗，三曰占羊，四曰占豬，五曰占牛，六曰占馬，七曰占人，八曰占穀，皆晴明溫和為蕃息安泰之候，陰寒慘烈為疾病衰耗」（《事物紀原》卷一）。也就是說以所對應的那一天天氣來占卜該物種未來一年的吉凶豐欠。中國北方也有在元宵節蒸麵燈占卜的習俗，方法是以米麵塑蒸為碗狀，可塑十二生肖燈，或十二月份燈，以蒸熟掀鍋的那一刻視麵燈中的殘餘水分多寡來預測該生育未來吉凶或是該月份雨水多寡。元宵和中秋又特別具有一神秘的關係，使得它們的占卜結果也互相牽動到對方。有俗諺云：「八月十五雲蔽月，來歲元宵雨打燈」，「雨打上元燈，雲罩中秋月」，[20]這也可作為前面所指出的元宵／中秋配對討論的又一佐證。

另一種占卜則以扶乩的方式進行，也就是所謂的「迎紫姑」。迎紫姑的習俗一般限於女性，在節日的夜間三五成群的以箕或帚簡單裝飾成偶人，再以兩人手扶之，祝禱後以乩身搖動的次數作為所卜之事的回答。迎紫姑的習俗常見於元宵、七夕，和中秋，各地的稱法互異，有「三姑」、「七姑」、「月姑」、「茅姑」、「廁姑」等等。占卜一事既是與超自然存在的溝通，照理說在各個節日都是可行的時機，但是為何在中元或重陽等節日沒有占豐欠、迎紫姑的習俗，這一點或許仍有賴回歸到節日光譜的架構中來加以解釋。

20　胡樸安《中華全國風俗志》下篇卷三，頁72。

三 節物

　　另一種橫向的節日研究，是以節日期間出現的節物為入手對象。以下就分燈及人形節物兩項分別敘述。

（一）燈

　　例如元宵節提燈籠，似乎天經地義，以至於少有人提出為何要張燈的問題，相較之下很少人會注意到中秋節也是另一個張燈的時機。而元宵張燈的型式多樣，除了掛在門上的、小孩手提的，還有一種燈，以許多小燈盞點燈，散置於井，竈，門戶，砧石等地，謂之「散燈」。[21]同樣具有點燈習俗的另一個節日是中元，中元放燈的目的在通知孤魂野鬼前來領受普渡施食，故於河流放河燈，在旱地則放路燈。[22]這種燈一般都是紙摺成的，以量制勝的許多小燈。以元宵歡慶的心情對照中元祭孤的蕭殺，大概很難讓人把這兩個節日的張燈聯想在一起。不過如果我們聽聽民眾對於張燈提出的說法，或許可以瞭解這二首之間並不如乍看之下的不相干。前面曾提及，有人以元宵掛燈籠為避瘟的方式，而中元放水燈據說也是為了驅疫，江蘇吳江縣放水燈時僱請數艘船隻游行河內，「末後一隻，則專將五彩紙摺成之燈，點著火燭放入河內。紅白相間，倒也可觀。但是云可驅疫去災……」。[23]為何形式差距相當大的兩種節日放燈活動都和逐疫有關呢？如果把燈化約為火，就可以比較清楚的看到其中的關係。

　　火用在逐疫，最遠應可追溯到古代的大儺儀，在漢代宮廷內舉行的這場歲末逐疫的儀式，火佔了相當重要的地位。在臘日之前夕進行的大儺參與的

---

[21]　丁世良，趙放《中國地方志民俗資料匯編》華北卷（北京：書目文獻出版社，1986年）；光緒《順天府志》，頁2。

[22]　見胡樸安《中華全國風俗志》下篇卷三，頁75、88；《重修福建臺灣府志》（1741年）卷六〈風俗〉，頁96-98。

[23]　胡樸安《中華全國風俗志》下篇卷三，頁75。

人數眾多,除了帶頭的方相氏、一百多人的侲子外,遇有戴面具,打扮成為食諸惡鬼的十二怪獸,另外還要有大鼓聲助陣,以大聲吼叫及恐嚇的言詞來驅逐惡鬼。這儀式當中,一個重要的元素就是火。「因作方相與十二獸儺,嚾呼,周遍前後省三過,持炬火,送疫出端門;門外騶騎傳炬出宮,司馬闕門門外五營騎士傳火棄雒水中。」[24]大儺的逐疫隊伍在宮殿內持火炬遶行一週,等於是以火的光明力量驅趕黑暗的惡勢力,最後還要把逐疫用的火把讓騎兵們快馬加鞭的送到城外棄置,象徵惡鬼均隨著火把消失在河水中。直到現代,以火作為驅邪的媒介仍是全世界普遍可見的民俗現象。因此,張燈放燈可以避瘟逐疫似乎顯得理所當然。各種不同的節日運用到燈的場合不在少數,或許未必都可以放在逐疫的脈絡中探討,然而以上的初步討論至少確實指出了一個可行的方向,未來更細緻的分析研究必能再發掘出更多節日深層的意義。

(二)人形節物

人形節物這個詞乃筆者自王育成先生所提出的「人形方術」轉化而來,王先生認為人形方術的用意在透過人形替身以影響或作用於被替代者,主要分為代厄人形(目的在替代人承受各種災禍)以及詛咒人形(傷害人的媒介物)。[25]本文以「人形節物」一詞來概括指稱出現在節日當中具有人形的各種物品,包含符咒、飾物、擺設及食品。節日中可見的人形節物幾乎完全排除詛咒的功能,而以代厄以及祈願為主要目的,茲將各個節日中可見的人形節物初步整理條列如下:

---

24 《後漢書‧禮儀志》中,頁3127。

25 王育成〈中國古代人形方術及其對日本的影響〉,《中國歷史博物館館刊》(1997年第1期),頁32-56。作者以精彩的考古發掘例證分門別類的敘述了古代各種人形方術的種類及作用,極具參考價值。

歲末新春

《風俗通義》「桃梗」

按：黃帝書：「上古之時，有荼與鬱壘昆弟二人，性能執鬼，度朔山上立桃樹下，簡閱百鬼，無道理，妄為人禍害，荼與鬱壘縛以葦索，執以食虎。於是縣官常以臘除夕，飾桃人，垂葦茭，畫虎於門，皆追郊於前事，冀以衛凶也。」

人日

《荊楚歲時記》：「正月七日，為人日。以七種菜為羹，剪綵為人，或鏤金箔為人，以貼屏風，亦戴之以頭鬢，亦造華勝以相遺，登高賦詩。」[26]

元宵

舊時北京的東嶽廟、蟠桃宮、白雲觀等廟會盛行「拴娃娃」的祈子習俗，以正月十五為其中重要的求子時機。據說這習俗在天津的娘娘廟已流傳了兩百多年：「大凡婚後多年沒有子女的人家，先要到正殿娘娘的金身塑像前虔誠祈禱，頂禮膜拜一番，然後花上幾個銅板，到側面的娃娃殿再行三叩之禮，用特買的一條紅線拴在選好的泥娃娃身上。……然後才恭恭敬敬地把拴有紅線的泥娃娃請回家供奉起來。」[27]一旦得子，要再回贈廟方更多的泥娃娃還願。

上巳

《千金月令》：「三月三日，取艾為人，掛戶以備一歲之灸用。」[28]

端午

《荊楚歲時記》：「五月五日，謂之浴蘭節，四民並蹋百草之戲，採艾

---

26 頁52。

27 郭兆勝〈娘娘宮裡拴娃娃〉，《文化月刊》（1999年第3期），頁34。拴娃娃的習俗並不限於正月十五，二月二，三月十五春季節日也都適於拴娃娃。見張新〈二月二，拴娃娃〉，《走向世界》（1997年第1期），頁30；《中華全國風俗志》下篇卷五，頁31。

28 孫思邈《千金月令》輯本，收於守屋美都雄《古歲時記之研究》第二篇，〈資料篇〉（東京：帝國書院，1963年），頁396。

以為人，懸門戶上，以禳毒氣。」

「端午刻菖蒲為人或葫蘆形，帶之辟邪。」[29]

七夕

《東京夢華錄》：「七月七夕……皆賣磨喝樂，乃小塑土偶耳。悉以雕木彩裝欄座，或用紅紗碧籠，或飾以金珠牙翠，有一對值數千者，禁中及貴家與士庶為時物追陪。」[30]

《輦下歲時記》：「七夕，俗以蠟作嬰兒形，浮水中，以為戲。婦人宜子之祥，謂之化生。」[31]

中元

河北省光緒《懷安縣志》：「十五日，……相傳天狗下降食嬰孩，民家蒸麵為人，令小兒自抱，俾作替身，亦有從外家持贈者。」[32]

　　以上的各種人形節物，其意義目的各有不同。首先應說明人形的節物並不需是特定對象的造像，雖然《風俗通義》中的桃人顯然是神荼鬱壘之像，而端午的艾人也有人將其附會為張天師，[33]但大部分的人形節物並不需有特定身分。人形節物在各個節日的代表意義並不完全相同，但是大致仍符合前揭節日光譜的精神而呈現生殖／死亡，祈／禳的對比。比如說過年及端午的人形，都以衛凶驅邪為目的，三月上巳的艾人明顯和端午艾人屬同性質的節物，雖然名義上為治療針灸用，然而艾同時也具有驅邪避惡的意義。人日節的人勝，據說目的在於：「像人人新年，從新改形容」，[34]但實際上應為剪

29　頁156-157，頁181。

30　卷之八，頁316。

31　李綽《輦下歲時記》輯本，收於守屋美都雄《古歲時記之研究》第二篇，〈資料篇〉（東京：帝國書院，1963年），頁460。

32　丁世良，趙放《中國地方志民俗資料匯編》華北卷，頁191。

33　吳自牧著，符均，張社國校注《夢梁錄》卷三（西安：三秦出版社，2004年），頁39：「五月，……五日，以艾與百草縛成天師，懸於門額上。」

34　《荊楚歲時記》，頁53。

紙人形以避邪，防止活人受禍害。[35]中元節以蒸麵人贈小兒目的也在替災、厭災，例如河北光緒《懷來縣志》提出的說法：「七月，……市上蒸麵人，與孩童分食，謂遇凶年不至人相食，以此厭之。」以及《懷安縣志》：「十五日，……相傳天狗下降食嬰孩，民家蒸麵為人，令小兒自抱，俾作替身，亦有從外家持贈者。」[36]

關於人形節物代厄的心態，以胡樸安所記載的端陽小人形解釋得最為清楚。

當五月朔日，人家都用棉花棉布縫做小狗、小人、小口袋等等形狀，帶在小孩身上。男孩所戴之小人，做成男孩形狀，女孩所戴者，做成女孩模樣。眉目口鼻，描摹清楚，並囑小孩戴在身上，時刻留神保守，不可丟失。俗謂小孩若失卻身上之模形，一年之內，必有大災。……若小孩能保守其所戴之模形，則所有災殃，即由模形小人代受。[37]

胡樸安以十分輕蔑的語氣為我們記載了這些民間的說法，他斥之為「其迷信殊屬可哂」、「如此迷信，其愚不可及也」！不過，也多虧了他的偏見，使得後代人得以一窺民俗的意義。上述的分男女差異的小兒香包，在臺灣的端午節仍偶有所見，見下圖。

35　王育成〈中國古代人形方術及其對日本的影響〉，頁40。

36　丁世良，趙放《中國地方志民俗資料匯編》華北卷（北京：書目文獻出版社，1986年），頁139、191。

37　胡樸安《中華全國風俗志》下篇卷一，頁87。

　　總之，當人形節物出現在死亡恐懼氣氛濃厚的節日時，它的功能都在代
厄、替災。

　　相對的，遇到元宵和七夕這種生殖禮儀盛行的時機，人形節物也就帶上
生殖的色彩。弗雷澤爵士在《金枝》上曾舉蘇門答臘的例子，指出當地想懷
孕的婦人，會將木雕的小玩偶放在膝上，她們相信這樣可以達成懷孕生子的
心願。[38]這顯然是交感巫術中模擬原則的運用，所以「拴娃娃」在家供玩偶，
就是運用同樣的求子原則。而七夕的「化生」為宜子之祥，同樣作為小兒裝
扮的磨喝樂功能也近似。[39]在這樣的理論之下，筆者頗疑中秋節時供兔兒爺，
也有相似的意涵。《燕京歲時記》：「每屆中秋，市人之巧者，用黃土搏成蟾
兔之像以出售，謂之兔兒爺。有衣冠而張蓋者，有甲冑而帶纛旗者，有騎虎
者，有默坐者。」[40]多產的兔子原即為生殖象徵，而且兔兒爺又不以兔子原形
塑像，而是把它擬人化，打扮成兔首人身的將軍模樣。然而由於兔兒爺的確
不算具有確實的人形，姑存而不論。

　　本文只是個小小的實驗，目的在證實橫向節日研究的價值。希望能藉此
短文拋磚引玉，號召更多的學者來投入節日研究的範圍。

38　弗雷澤《金枝》第3章，〈交感巫術〉，頁25。
39　關於化生、磨喝樂與求子的關係，請參見楊琳《中國傳統節日文化》〈七夕節〉（北
　　京：宗教文化出版社，2000年），頁272-285。
40　富蔡敦崇，《燕京歲時記》（北京：北京古籍出版社，1981年），頁79。

論民間文學的學科認知與研究方向

鍾宗憲

輔仁大學中文系

摘要

本文由現代「民間文學」研究的興起著手，分析其學科內涵，以及「民間文學」與「俗文學」、「通俗文學」在定義上的相關問題，同時擴及於研究態度與研究方法的討論。最後，敘述臺灣地區民間文學研究的發展概況，並對於未來可行的研究方向，提出若干建議。

關鍵詞：民俗學；民間文學；文學史；鄉土教育；研究方法

一　前言

在討論現代學術分類之中，「民間文學」這一門學科的相關問題之前，有兩個問題應該先被考慮到：第一是「民間文學」在最初被倡議提出的社會背景；第二是對於「民間文學」的存在與學術本質的認清。

之所以這樣說，事實上是基於個人的一些不解：以今天的眼光來看，民間文學所指的「民間」究竟該如何界定？「民間文學」又該如何界定？最初提出這樣一個概念的，即使不是同樣的學術語詞，意義究竟為何？那樣的意義是否產生時代性的轉變？研究者能否自覺地呼應或引導這樣的轉變？再者，如果「民間文學」研究確實必要，那麼具體的研究方式與角度除了田野採集、蒐集文獻與類型歸納之外，還有哪些面向可以再作思考？有沒有可能回歸到屬於「文學」領域的研究範疇之中？

不可否認的，「民間文學」這個詞彙本身就具有敏感性。敏感性來自於一種認知：民間文學就是普遍民眾心聲、民間文化的縮影。就官僚系統而言，專制時期可以採風資政，或因利導俗；民主時期甚至可以凸顯民粹，或藉以媚俗。就知識體系而言，傳統上認為不登大雅之堂，而心存輕蔑；現代學術則肯定俗性文化的重要，卻又徘徊於流行文化與通俗創作之間。就社會結構而言，古代傳播資材有限，民間以講述、搬演的方式傳播歷史、新聞，其間或有神聖性、或具娛樂性，同時也從中獲得知識，但是幾乎無所保存；今日社會分工細密，生活節奏快速，傳媒無所不在，卻也眾聲喧嘩。「民間文學」的敏感性，在於執政者的主張，在於學界的視角，也在於社會的價值認定。

這些敏感的性質，使個人在民間文學研究中產生若干模糊、游移的思緒，因此本文將從前兩個值得考慮的問題展開，整理過去的相關論述，提供一些粗淺的心得。

二 民間文學的學科建立

　　關於第一問題，我們可以做一個簡單的回顧。早在民國二年（1913）魯迅就已經撰文倡議成立「國民文藝研究會」，並標舉出以蒐集整理「各地歌謠、俚諺、傳說、童話等」為任務，其目的在於「輔翼教育」[1]。魯迅所說的國民文藝，其實包括美術、工藝，但是文學的部分，顯然是魯迅所著重的[2]。「國民」的概念，乃至於「輔翼教育」，則彰舉出那個時代革命事業的努力目標。

　　也許是前人經營出來的時勢所趨，也許真的是魯迅主張的影響所及，對於這方面研究的鼓吹和學人的具體行動落實，還是必須以民國十一年（1922）由蔡元培發起，劉半農、沈尹默、周作人等編輯的北京大學《歌謠》週刊，與歌謠研究會的成就最為特出，而成為學界關注的焦點[3]。《歌謠》週刊從民國十一年十二月創刊，到民國十四年六月第一次停刊，合計出版九七期[4]，共計選刊二二〇〇首歌謠，約三百篇民間文學相關論文；而第69期刊載顧頡剛所撰寫的〈孟姜女故事的轉變〉，更可以說是中國民間文學研究的第

1　參考鍾敬文：《中國民間文學演講集》（北京：北京師範大學出版社，1999）頁242-243。魯迅於1913年2月在北京《教育部編纂處月刊》第1卷第1冊發表〈擬播佈美術意見書〉一文，署名周樹人，原為句讀，參見魯迅：《魯迅全集》（北京：人民文學出版社，1981）冊8，頁45-50。

2　當時的主要提倡者，還有周作人。劉錫誠先生說：「周作人就是比較早地接受了日本和西方民俗學的薰陶，而起手提倡和研究中國民俗學的一人。」周作人對於神話、童話、兒歌的研究倡導最力，而魯迅對於民間文學的重視與呼籲，也產生重要的影響；魯迅在民間故事與通俗小說的整理上，如《古小說鉤沉》、《會稽郡故事雜集》，甚至是第一部中國小說史《中國小說史略》，都開啟了後來的研究序幕。以上資料參見劉錫誠：〈中國民俗學的濫觴與外來文化的影響〉，《中國民俗學七十年》（吳同瑞、王文寶、段寶林編，北京：北京大學出版社，1994）頁13-33。註內引文出自頁14。

3　1928年容肇祖、顧頡剛、傅斯年、董作賓、鍾敬文在廣州中山大學成立民俗學會，同一時期創辦了《民間文藝》週刊，12期以後更名為《民俗》週刊。《民俗》與稍早北京大學的《歌謠》同是早期蒐集、研究民間文學的重要刊物。

4　根據葉春生先生所提供的資料，北京大學《歌謠》週刊共三卷103期；廣州中山大學《民俗》週刊共123期；廣州中山大學民俗學叢書共37種39冊。

一個專題[5]。

以時代的角度觀察，對於民間文學的重視以及研究風氣的抬頭，應該與二〇世紀初期整個社會環境有關，尤其是與整個追求平等普及的革命氣氛有關。從魯迅撰文到《歌謠》週刊創立的這段期間，除了西方學術觀念的陸續引進，像民俗學、文化人類學等學科觀念的影響之外，拋棄阻擋現代化的傳統包袱、喚起民眾追求新中國的革命風潮，無疑地提供了民間文學研究極佳的溫床。

國民革命表面上是藉由推翻帝制來重建政體，實際上是對於國民才是國家真正的基礎與命脈所繫這樣觀念的重新認識。五四運動（1919）[6]所說的「德先生」（民主）、「賽先生」（科學），背後的意義就是：政治權力普及化、社會階級平等化、科學觀念先進化、技術推廣生活化；而共通的概念則是維繫於「普及化」的思考上，因為唯有達到「普及化」的目標，國力才能整體提升。想要將「普及化」這樣的觀念具體表現出來，就必須重視「普及化」的真正對象，也就是國民大眾。武力革命是一種手段，但是將國家徹底洗牌的工具是教育──透過教育來啟蒙群眾，透過教育來團結群眾，透過教育來凝聚國家未來發展的共識，也透過教育來找到國家未來的生力軍。因此而衍發出來的現象，就是白話文學的提倡與國語運動的形成，這兩者的綜合體，則是胡適所說的「國語的文學」[7]。

---

[5] 以上資料原參考楊振良：〈花師民間文學研究所的課程規劃〉（臺北：國文天地，第17卷第3期，總195期，2001年8月，頁33-36）頁33。

[6] 「五四事件」發生時間是1919年5月4日。廣義的「五四運動」時間，按周策縱先生的說法是1917年到1921年之間；見〈五四運動的定義〉（Introduction: Definition of the Movement），鍾玲譯，《五四與中國》（周陽山編，臺北：時報文化出版企業有限公司，1987）頁17。周策縱先生原書《五四運動史》（*The May Fourth Movement: Intellectual Revolution in Moden China,* Cambridge, Mass.：Harvard UP, 1960），中文全譯本有楊默夫編譯，臺北：龍田出版社，1984年再版。

[7] 胡適在〈建設的文學革命論〉一文中提出：「國語的文學，文學的國語」。本文引自皮述民、邱燮友、馬森、楊昌年：《二十世紀中國新文學史》（臺北：駱駝出版社，1999年1版3刷）頁42。

其實整個白話文運動應該叫做國語文學運動。黃遵憲提出「我手寫我口[8]」的概念之後，胡適等人藉以發皇，成為文學革命的主要內容之一。然而，既然要「我手寫我口」，當然不能避免俗話俚語，所以白話文運動一方面推翻傳統文人所把持的書寫系統，唾棄傳統文人所使用的文言書寫，另一方面自然是要重新認識民間在日常生活中的語言方式[9]，藉以反映出屬於全體國民的文化內涵。而後者提供了民間文學蒐集與研究一種推波助瀾的刺激與助力[10]，但是也很容易造成地方性方言書寫的盛行，而違背了當時中國一體的原則。為了避免這樣的問題，因此在大力鼓吹白話文書寫之餘，必須由國語運動來搭配，既可以統一國家語言，也可以真正達到教育社會民眾、提升國家體質的目的[11]。

---

[8] 黃遵憲〈雜感五首〉：「我手寫我口，古豈能拘牽。即今流俗語，我若登簡編，五千年後人，驚為古斕斑。」本文引自皮述民、邱燮友、馬森、楊昌年：《二十世紀中國新文學史》，頁16。

[9] 對於這種認知，執行最力、要求最強烈，並予以政治化的是中國共產黨。毛澤東〈在延安文藝座談會上的講話〉就說：「什麼是不熟？人不熟。文藝工作者同自己的描寫對象和作品接受者不熟，或者簡直生疏得很。我們的文藝工作者不熟悉工人，不熟悉農民，不熟悉士兵，也不熟悉他們的幹部。什麼是不懂？語言不懂，就是說，對於人民群眾的豐富的生動的語言，缺乏充分的知識。許多文藝工作者由於自己脫離群眾、生活空虛，當然也就不熟悉人民的語言，因此他們的作品不但顯得語言無味，而且裡面常常夾著一些生造出來的和人民的語言相對立的不三不四的詞句。許多同志愛說『大眾化』，但是什麼叫做大眾化呢？就是我們的文藝工作者的思想感情和工農兵大眾的思想感情打成一片。而要打成一片，就應當認真學習群眾的語言。」引自皮述民、邱燮友、馬森、楊昌年：《二十世紀中國新文學史》，頁633。原出處為毛澤東：《毛澤東集》（中國共產主義研究小組刊印，1976），卷8，延安期IV（1941年7月-1942年12月）頁115-116。延安文藝座談會召開三次，分別是1942年的5月2日、16日、23日，「講話」全文經修改在1943年10月19日的《解放日報》（延安）第1版公開發表。這是一種對於「普及化」的極端手段運用，但是扣除掉政治色彩、意識形態和對於創作箝制的部分之外，在精神上卻是與當時的運動觀念相當。

[10] 包括前註所引的毛澤東「講話」，鍾敬文先生認為：「毛澤東同志在《講話》中觸及這個問題，雖然是從文藝工作者的思想改造角度提出的，但也確實有力地推動了民間文學的收集、整理工作。」語見鍾敬文：《中國民間文學演講集》，頁229。

[11] 簡體字運動也是國語運動的內容之一，主要都是為了教育大眾、普及教育的目的。

在這樣的背景底下，白話文運動如火如荼的展開；而重視民眾生活層面的「民俗學」與「民間文學」的蒐集研究工作，也同時在進行著。換言之，白話文運動普及化的民間性格所造成的集體氛圍，輔助了民間文學研究的開展；當然，對於整個民間文化、民間語言型態的重視，也同樣激化了白話文運動的醞釀與成功。這是現代民間文學研究史上，一個極其重要的背景。

早期對於民間文學的名稱相當分歧，如：民眾文學、平民文學、通俗文學、民俗文學、大眾文學、農民文學、鄉土文學、口耳文學、口碑文學、講唱文學、大眾語文學（而文學兩字或稱文藝）[12]。但是這些名稱背後的共通概念都是「民間」與「口傳」。然而對於民間文學的範疇，則出現許多不同的意見，例如：婁子匡、朱介凡兩位先生的《五十年來的中國俗文學》一書，認為民間文學應該包括講的（含神話、傳說、故事、寓言、笑話），講唱之間的（含歌謠、諺語、謎語），歌唱的（含俗曲、說書、鼓詞、彈詞、寶卷）、閱讀的（通俗小說）、演唱的（地方戲曲）[13]；管成南採用鄭振鐸《中國俗文學史》的分類，加以增補，認為應該包括民間詩歌（含民間雜曲、敘事詩歌、原始詞曲）、通俗小說（含短篇小說、中篇小說、長篇小說）、流行劇曲（含戲文、院本、雜劇、傳奇、地方戲）、講唱文學（含變文、諸宮調、寶卷、彈詞、鼓詞）、遊戲文章（含笑話、諧賦、雜作）[14]；而目前有一些大陸地區學者則認為民間文學只限於所謂「勞動人民」的口頭文學創作[15]。

如果回歸到研究民間文學的背景來看，白話文運動的一些主張，例如：陳獨秀所提出來的三大主義：「曰推倒彫琢的阿諛的貴族文學，建設平易的

---

[12] 參見,婁子匡、朱介凡：《五十年來的中國俗文學》（臺北：正中書局，1963）頁 1。

[13] 婁子匡、朱介凡，頁 17-18。

[14] 參見管成南：《中國民間文學賞析》（臺北：國家出版社，1993）頁 30-38。另，鄭振鐸的分類參見鄭振鐸：《中國俗文學史》（臺北：臺灣商務印書館，1986）頁 6-13。

[15] 像張紫晨：《民間文學基本知識》（上海：上海文藝出版社，1979）、烏丙安；《民間文學概論》（瀋陽：春風文藝出版社，1980）、段寶林：《中國民間文學概要》（北京：北京大學出版社，1981）、鍾敬文：《民間文學概論》（上海：上海文藝出版社，1990），都認為「民間」就是指勞動人民。甚至旅居海外的大陸學者譚達先先生，在《中國民間文學概論》（臺北：貫雅文化事業有限公司，1992）一書，也抱持同樣觀點。

抒情的國民文學；曰推倒陳腐的鋪張的古典文學，建設新鮮的立誠的寫實文學；曰推倒迂晦的艱澀的山林文學，建設明瞭的通俗的社會文學。[16]」其中所做出來的對比是：貴族—國民，古典—寫實，山林—社會，就是要摒棄學而優則仕的傳統知識份子的書寫方式，建立屬於全體國民、反映現實生活的平民性書寫。以同樣的概念來面對「民間文學」，民間文學是相對於傳統知識份子文學（或稱之為雅文學、文人文學、士人文學[17]）的一種文學範疇。

　　這樣的相對性，凸顯出民間文學研究的價值——也就是本文所說的第二點：對於「民間文學」的存在與學術本質的認清——知識份子應該回歸於民間，重新反省民間文化、語言型態在歷史上、社會上的定位與影響。如果民間文學確實是廣大民眾的集體性創作的話，那麼民間文學對於生活的反應就要比文人文學、士人文學來得直接而且廣泛；如果知識份子是出身於民間、生活於民間，那麼民間生活經驗所累積的知識，乃至於民間語言創造，都會深深地感染到知識份子的學理體系與文藝創作之中。就如同鄭振鐸先生在《中國俗文學史》中所說：

> 許多正統文學的文體原都是由「俗文學」升格而來的。像《詩經》，其中的大部分原來就是民歌。像五言詩原來就是從民間發生的。像漢代的樂府，六朝的新樂府，唐五代的詞，元明的曲，宋、金的諸宮調，那一個新文體不是從民間發生出來的？[18]

　　民間文學與知識份子文學的密切關係，可見一斑。而「升格」的概念，實質上就是民間對比於知識份子，俗對比於雅，這樣的一種評價。

　　所以，「民間文學」這一學科的基礎，是建立於：以知識份子為核心的

---

[16] 「三大主義」的主張，出自陳獨秀於1917年2月在《新青年》發表的〈文學革命論〉一文中。本文引自皮述民、邱燮友、馬森、楊昌年：《二十世紀中國新文學史》（臺北：駱駝出版社，1999年1版3刷）頁41。

[17] 「作家文學」當然包括其中。但是如果只是單稱為「作家文學」，會顯得涵蓋面不夠，而且容易引發「文人書寫」是否就是「作家書寫」的問題。

[18] 鄭振鐸，頁2-3。

學術集團，對於整個民間文化、民間語言型態重要性的重新認識，從而反省歷史的、社會的構成與文學藝術的來處。

三　綜論民間文學的界定及其特質

那麼究竟什麼是「民間」？什麼是「民間文學」？如果善意的理解「民間」這一詞彙，「民間」代表著普遍社會大眾的整體，也就是所謂的「老百姓」；但是如果以社會領導階層的角度視之，「民間」則是相對於威權力量的廣大弱勢群眾。固然在帝制時期或專制政治體系時期，「民間」沒有政治權力，確實是弱勢的。但是面對掌握書寫記錄權力、並能具體廣泛傳播的知識份子時，「民間」也依然是弱勢的。

許慎的《說文解字·敘》曾經提到文字的功能：「蓋文字者，經藝之本，王政之始。前人所以垂後，後人所以識古。[19]」文字是知識經驗傳播的重要工具，也是文化進展的重要指標。因為有文字可供書寫記錄，所以知識經驗可以超越時空的限制，直接或間接的加以累積。「前人所以垂後，後人所以識古」，一方面是代表著歷史的意義；而另一方面，也意味著操作知識經驗的權力掌握。從「垂後」與「識古」的本質意義來看，無論是歷史的或操作知識的內涵指涉，都牽涉到一個根本的問題：「傳播」所扮演的角色。

「垂後」與「識古」的語意概念就是傳播，而且是一種時間縱線上的傳播。文字在這樣的概念之中，就是一種傳播的工具。而知識份子是文字的閱讀、使用者，文字的運用成為知識份子的專有權力。日人柳田國男（YANAGITA Kunio, 1875-1962）的《傳說論·傳說的定義》將民間傳承分為三類：第一類是「有形文化」，或稱做「行為傳承」；第二類是靠耳朵聽的語言藝術，稱為「口頭傳承」，這是口傳心授的無形的傳承；第三類是「信仰傳承」，也就是民間的心意現象，包括民間各種祈咒、禁忌、占卜、神靈、

---

[19] 引自拙編：《新添古音說文解字注》（許慎選，段玉裁注，臺北：洪葉文化公司，影印經韻樓藏版，2001 年 10 月增修一版二刷）頁 771。

療法等等[20]。所謂的「民間傳承」，是指有別於政府機構所宣導的、有別於知識份子所修飾的、純屬於有別於社會菁英的廣大民眾的一種傳承方式；簡單的說，就是在經典文獻記載以外的。換言之，在民間傳承系統裡，文字是沒有被運用的；或者應該說，在眾多的傳播媒介種類中，民間系統是無法使用文字來傳承的。

事實上，所謂的「學術」應該是出自民間經驗知識（現實的與心理的，包括宗教的）的整體累積，但是經驗知識的傳承與創說，卻基本上歸攏於以知識份子為組成核心的所謂學術體系。以「垂後」與「識古」的角度來理解，民間經驗知識固然可以藉由非文字的方式來傳播，但是民間經驗知識顯然相當程度的被摒除於以掌握文字權力為核心的學術體系之外。當文字成為「垂後」與「識古」的主要工具時，知識份子便成為權力的擁有者：以文字紀錄來篩選或修改民間文學、經驗知識以至於整體文化。

簡言之，「民間文學」中所謂的「民間」，應該意謂著沒有威權力量的非官方集團，同時也應該是非知識份子的社會族群集團。曾永義先生說：

> 「民間文學」的「民間」，就語意而言，顯然是對宮廷和官府而言的，在古代是指被統治的庶民百姓，在現在是指社會的廣大群眾。[21]

但是在古代有一些不曾任官、或只有短暫時間任官的文人，如晉代的陶淵明、唐代的孟浩然等，他們的作品似乎從未被認為是民間文學。因此，「民間」的意思在傳統上應該還是作為「文人」或「士人」的相對語詞為宜。而從當時鼓吹重視民間文學的時代意義來看，也應該如是觀之。

另外，曾永義先生還提到：民間文學的創作方式，「難道集體之外沒有個人？難道口頭之外沒有書面？[22]」這是一個很不容易找到明確答案的質疑，同時牽扯到了「民間文學」是否就是「俗文學」、甚至「通俗文學」的問題。

---

[20] 詳見柳田國男：《傳說論》（連湘譯，北京：中國民間文藝出版社，1985年）頁3。

[21] 曾永義：〈民間文學、俗文學、通俗文學命義之商榷〉（臺北：《國文天地》第13卷第4期，總145期，1997年9月，頁18-29）頁25。

[22] 曾永義，頁25。

其實過去有很長一段時間學界都稱民間文學為「俗文學」，前文所引用的包括：鄭振鐸先生的《中國俗文學史》和婁子匡、朱介凡兩位先生的《五十年來的中國俗文學》，都將民間文學稱為「俗文學」[23]。鄭振鐸先生的《中國俗文學》開宗明義就說：「何謂『俗文學』？『俗文學』就是通俗的文學，就是民間的文學，也就是大眾的文學。換一句話，所謂俗文學就是不登大雅之堂，不為學士大夫所重視，而流行於民間，成為大眾所嗜好，所喜悅的東西。」[24] 從這段話裡，不難發現鄭振鐸先生是採取最為廣義的概念，用「俗文學」來作為與「雅文學」相對的所有文學創作的語詞。簡單的說，「俗文學」就是一切「不登大雅之堂」的文學，也就自然包括了「民間文學」。

俄羅斯漢學家李福清（B. Riftin, 1932- ）先生認為民間文學與俗文學關係密切，但是卻不一樣，併列舉出民間文學有別於俗文學的三個特點：第一，「民間文學是口傳的，俗文學是書寫的，但是後者是在民間文學的基礎上，模仿民間文學，再照一般平民的口吻而寫成的」；第二，「是作品的變異性」；第三，「民間文學用方言，但是我卻沒聽說過文學作品如話本是用方言來寫的」。李福清先生舉了《三國志通話演義》、《儒林外史》、《紅樓夢》等通俗小說作為例子，然後他結論說：

> 俗文學是在高雅文學和民間文學的中間，特別是在中國，俗文學非常發達，後來由通俗文學取而代之，所以我認為民間文學和俗文學是不一樣的。[25]

---

[23] 曾永義先生也稱「民間文學」為「俗文學」，認為「俗文學」可以涵蓋「民間文學」。可參見曾永義：《俗文學概論》，臺北：三民書局，2003。《俗文學概論》書中除了對於俗文學諸多類型有詳盡的介紹之外，尤其著力於「俗文學」意義的界定，其中還首度提出「民族故事」的類型概念。

[24] 鄭振鐸，頁1。

[25] 李福清先生的說法，出自〈「俗文學教學與研究」座談會〉（周嘉慧記錄整理，臺北：《國文天地》第13卷第4期，總148期，1997年9月，頁6-17。座談會時間為1997年6月7日，由臺灣大學中文系曾永義教授主持），頁8-9。李福清先生專精於中國通俗小說與民間文學研究，他所認為的民間文學特徵是：口耳相傳、變異性、集體性、傳承性與傳統性、多階段性、方言性、原始的與發達的民間文學。見李福清：《從神話到

民間文學與俗文學之間關係的討論，學界爭訟已久。陳兆南先生的說法頗能澄清這個問題的關鍵所在：

> 我們現在會把俗文學、民間文學等混在一起，是因為有不同的觀念。俗文學它對應的觀念是雅文學；而民間文學相對應的則是作家文學，它們本來應該是在不同範疇底下來討論的，我們現在卻把這兩個不同的東西混在一起談。[26]

從這個說法來思考，今天所謂的「民間文學」，到底是不是真正的「民間」文學？是有爭議性存在的。以目前對於知識發展與文字發展的認知為前提，經驗知識或學術的傳承最初應該是以口傳或表演的方式來進行傳播與流傳，也就是透過記憶、肢體來加以傳承。問題的癥結在於：剔除文字的使用，早期肢體的表演仍然依靠著記憶，口傳的方式也依靠著記憶，然而記憶卻是會因人、因時空而產生變化；是流動的，非固定的。今天我們所聽到的、閱讀到的各種經典文獻，都只是在某一個特定的時空裡被文字傳述下來或採集記錄下來，事實上在此之後還可以繼續的再創說、再傳播，甚至可能出現更新的語境內容與本文紀錄。所以，我們透過文獻閱讀，或是考古發掘，很容易會發現一種「沉默現象」。「沉默現象」指的是兩個部分：第一部分是非口傳的文獻記載出現斷層，或者出現片面的個別紀錄、或者足堪對照的文獻時間差距過大，在缺乏共時性參照資料的情況下，很難具體討論。第二部分是當口頭傳播在被文字記錄的前後仍有各種被修改、演繹、附會的因素存在，這段「沉默」而沒有被記錄的期間長短與內容，難以估計。如此一來，以文字所記錄的民間知識或民間現象尚且未必可信，又如何能肯定口傳與記憶是可信的呢？而民間文學又如何能成為「民間文學」呢？

民間文學至少應該區分為兩種概念：（一）被文字所記錄的民間文學；（二）繼續以非文字形式傳播的民間文學。雖然這樣的區分，乍看之下毫無

鬼話》（臺中：晨星出版社，1998）頁15-16。

[26] 陳兆南口述，出處同註25，出自〈「俗文學教學與研究」座談會〉，頁11。

意義，然而其背後所代表的意義，卻值得重視。

今天我們之所以仍能取得不同時空下的民間文學材料，不可否認的，確實來自於文字記錄。甚至應該如此認為：在缺乏相關輔證的情況下，只能相信藉由文字所記錄的所謂「民間文學」。因為「沉默現象」確實存在；而不同時空下的文本差異，也確實存在。其間，「暫時性定本」與「永久性定本」的差異，成為最主要的觀念所在。如果沒有非文字形式傳播的民間文學存在，也沒有其他不同版本的流傳，則被文字所記錄的民間文學將成為「永久性定本」；如果繼續有非文字形式傳播的民間文學，或其他不同版本的存在，則被文字所記錄的民間文學都只是「暫時性定本」，甚至可以加以考辨、推翻。然而，被文字所記錄的民間文學還隱藏著一個重要問題：如何分辨「創作」與「記錄」？民間文學有「集體性」、「匿名性」的特質，我們經常受到「匿名性」的影響的侷限，大而化之的膨脹了「集體性」的意義。集體性，意謂著共同創作。而此一共同創作的原始，是單一個體創作之後，被他人接受，再經過傳播衍展而成？還是在某些特定的場合共同即興接續創作？事實上是有極大的差異的。雖然兩者都由於作者的刻意匿名或是流傳中的散失，而出現「匿名性」現象，但是顯然前者並非完全等同於「集體性」創作。同時不能忽略的是，因某些特殊功能與意圖而刻意匿名的背後，是否是純然的「自發性民間文學」？那麼很有可能的情況是：創作者固然可能是紀錄者，紀錄者也可能就是創作者。換言之，文人（知識份子）創作與民間創作在文字紀錄的前提下，確實有灰色模糊的區域，難以分辨。

如同我們對於許多不知道真正的創作者卻又廣為流傳的作品的懷疑一樣，即使是一種集體的創作，也應該會有原始的創說者才是。曾永義先生對於「集體」、「口頭」的質疑即是反映這樣的認知。

確實，幾乎所有的民間文學研究者都同意民間文學有五個特質：自發性、集體性、口頭性、傳承性、變異性[27]。如果將「自發性」、「集體性」、

27　如：祁連休、程薔主編《中華民間文學史》（石家莊：河北教育出版社，1999），頁
　　15；葉春生：集體性、口頭性、變異性、傳承性，《簡明民間文藝學教程》，頁35。

「口頭性」做一種簡單的綜合性說法,就是指明民間文學是民間自發性的集體口頭創作;如果再加上「傳承性」,那麼民間文學就是一種口傳文學,或稱之為口承文學;因為具有口耳相傳的特質,所以民間文學是「變異性」就遠比書寫文學來得明顯。而民間文學的產生,是某些特定時空底下的自然創作,所以具有強烈的開放性,人人皆可參與其中,甚至加以修補、篡改。譚達先先生注意到關於「匿名性」的問題:

> 在過去的社會裡,勞動人民創作民間文學作品,是為了滿足集體進行自我教育、自我娛樂的需要,根本不是像某些書面作家一樣,為了名留史冊,或者去獵取科第、功名,或者「藏之名山,傳之其人」,或者像現代的作家去獨佔「著作出版權」等等,然後進行創作。因此,他們自然不注明作者姓名;即使原來有作者姓名的個人作品,一旦流傳開去,經過群眾集體的刪改、補充、豐富,就自然地成為集體的,傳播者就會把這個作者的名字略去。也可以說,如從某一意義上說,「匿名性」的存在,正足以證明民間文學是勞動人民所共有的。[28]

　　雖然譚達先先生只將民間文學的「民間」理解為「勞動人民」,並不適當[29];但是「匿名性」的提出,無疑地解決了民間文學與俗文學、通俗文學之間的糾葛[30]。「俗文學」是「雅文學」的對比語詞,雅俗之間,一方面在於

---

[28] 譚達先:《中國民間文學概論》(臺北:貫雅文化事業有限公司,1992)頁58。

[29] 民間文學的創作者不必特定專指「勞動人民」。黃志民先生認為:「舉凡在民間的所有的人,如市民、地主、富農、富商,甚至於僧道、巫婆、地痞、流氓,都是構成民間的客觀成分。民間事實上是一個相當複雜而不單純的概念,勞動人民固然是民間的一部分,甚或是過往歷史階段中構成民間的主要部分,但絕非唯一的或唯一可以被接受、值得肯定的一部分。」黃志民:〈民間文學的範圍〉(臺北,國立政治大學中文系主編:《中國通俗文學、民間文學學術研討會論文集》,1993年5月1-2日,頁203-222)頁207。

[30] 鄭振鐸先生在《中國俗文學史》中就已經主張「俗文學」有「無名的集體的創作」的特徵,這是因為鄭先生的「俗文學」概念包含了「民間文學」。雖然《中國俗文學史》的內容並沒有專談通俗小說的章節,而以歌謠、韻文為主要對象,但是將「元代的散曲」列入第九章,顯然已經前後矛盾。後來的許多相關論述都只強調「集體性」,而

審美標準的認定差異，一方面也在於文人主觀的接受程度。傳統文人多只注重詩歌與散文這兩種文類，認為小說是「道聽塗說，街談巷議」的小道，因而不屑為之。即連戲曲一類，也是如此。所以傳統小說和戲曲，都可以算是「俗文學」、「通俗文學」。然而當劉禹錫以民歌「竹枝詞」形式來創作歌謠，文學史論者、詩歌論者大概會認為那是雅文學，而非俗文學。民間文學的民間性，高於俗文學、通話文學，因為民間文學的創作者，或者包含傳播者，並不在意個人創作的專有性，甚至是不拘泥於創作的形式，而是一種發乎自然的表述、編造。因此，無論是作者刻意匿名，或是傳播過程中因被遺忘而出現匿名，民間文學在沒有專有性的束縛之下，始終擁有持續不斷再生的生命力存在。

當然，如果原本屬於民間文學的文本，一旦被知識份子所記錄、改寫、編收，同時冠以記錄者、改寫者、編輯者的名字而成為作者名，除非研究者能夠求索明確證據而翔實考察，否則這一類的民間文學是很難被確認出來的。

四　民間文學的研究文本問題

關於民間文學研究，真正令人感到困惑的是研究文本該如何認定？劉守華先生認為：「我們通常所說的民間文學從其表達方式來看，主要有口頭講述的散文體故事和口頭詠唱的韻文體詩歌兩大類。後來又派生出有說有唱、說唱結合的民間曲藝以及說唱加表演的民間小戲。[31]」這樣的基礎分類中，劃分出「民間故事」是指「口頭講述的散文體故事」。並以此反思民間故事在歷史發展中的必然變化，他說：

> 民間故事是由民眾以自發方式世世代代口耳相傳的口頭敘事散文，其本來的或原初的形態是口頭文學。我們把這類口述故事稱為故事的原

沒有凸顯出「匿名性」的重要。

[31] 劉守華：《中國民間故事史》（武漢：湖北教育出版社，1999）頁1。

生態。我們能夠見到的故事材料都是由文化人把它記錄下來,用文字
整理寫定,以書面形式留存至今的,它們是民間故事的轉化或再生形
態。它們忠實於原作的程度不一,如基本上保持了原作的風貌,仍可
作為民間故事看待;如取其一點加以生發或改頭換面另行製作,那就
應歸屬於和民間故事只有某種聯繫的作家文學之列另行看待了。[32]

　　以學科的範圍來看,這個說法解決了民間文學在被記錄之後,與文人文
學、士人文學、乃至於通俗文學之間的糾葛;以宏觀的角度來看,這個說法
也認清了今天的研究對象都是透過「被記錄」而來所引發的種種質疑。然而
這些觀念的釐清,並不代表解決採認文本實踐上的問題。

　　首先,想要先反省的是採錄方面的問題。田野調查與採錄,算得上是第
一手的民間文學研究文本。但是「第一手」的文本是否就是「正確」文本?
舉一個例子。個人曾經在二〇〇〇至二〇〇一年連續兩年自費調查、蒐集
環瀘沽湖區域摩梭、漢、普米等民族民間故事、歌謠。其中,瓦垮村達巴郭
文才[33]（摩梭人）口述〈九兄弟的故事〉,大意是洪水過後,萬物都被摧毀殆
盡,剩下唯一的男人與一位叫做「娘枝妹」的仙女結婚。故事的最後是:

> 年輕人在天庭的時間,已和仙女結為夫婦,兩人一起回到人間,還帶
> 著天庭的五穀種子。他們倆什麼種子都拿了,但是有兩種沒有拿到,
> 一種叫燕麥,一種叫圓根（就是「蔓菁」,一種類似蘿蔔的食物）。
> 於是仙女就回天上去偷,但是被天庭發現了,天庭就施法讓圓根看起
> 來很大,但吃下去都是水,又因為仙女偷燕麥時把燕麥藏在腰帶,所
> 以燕麥不能做為一種敬神、敬老等祭祀用的東西。年輕人與仙女從此
> 就在人間繁衍人類。

---

32 劉守華:《中國民間故事史》,頁12。
33 郭文才,當時七十三歲,摩梭人,不會說漢話。「達巴」是當地巫師的名稱。其所敘
　述的故事的翻譯工作,主要由和郭文才有表親關係的二車次爾（楊二車,當時四十五
　歲,現為木垮行政村書記）、王高若（當地醫生）擔任。

　　這個故事，根據《四川神話選》所記錄，同樣由郭文才老先生講述類似的故事，題名為「九兄弟」，只提到：「小兄弟同小仙女回到凡間的時候，帶著天帝給他們的蕎麥種，小仙女還用頭髮偷偷夾著些圓根籽。天帝發覺了，心裡不歡喜，就說圓根背起重，吃著是水，所以現在圓根雖然大個，但全是一包水水。[34]」並沒有關於燕麥的部分。而類似的故事，還包括李霖燦先生所稱：「這是麼些族中流傳最廣的一個故事」的〈洪水的故事〉[35]。〈洪水的故事〉出自納西族東巴經典，是有文字記錄的經典，裡面有關於「開天九兄弟的那一族，闢地七姊妹的那一族」的說法。李霖燦先生所說的「麼些人」，與大陸官方認定的納西族基本相當，而另稱瀘沽湖周邊的摩梭人為「沒有文字的麼些人」[36]。這些故事雖各有參差之處，其基本結構是一致的。值得注意的是，環瀘沽湖區域確實有「燕麥不能做為一種敬神、敬老等祭祀用的東西」這樣的說法，而這則故事也反映出當地對於女性的某些負面觀念。

　　民間文學沒有定本，郭文才老先生講述的〈九兄弟的故事〉，雖然出自東巴經，但是仍屬民間文學文本。然而同一人講述，《四川神話選》所失落的部分卻是很值得思考。相距十年，我們無法判斷郭文才老先生在兩個時間點上的講述，出現差異的真正原因；或許講述的情境不同？或許他個人的遺忘或臨時添加？或許被記錄者刻意刪除？這就是所謂的是否「正確」的問題，因為當地沒有人記得這個故事的全貌。如果「燕麥不能做為一種敬神、敬老等祭祀用的東西」真的出自這個典故，那麼環瀘沽湖區域的摩梭人很可能並非至始自終都是母系社會[37]，這個典故可以當做一個例證。但是如果這個

34　侯光、何祥錄編選：《四川神話選》（成都：四川民族出版社，1992）頁184。《四川神話選》書中將郭文才記錄為蒙古族，是依照民族識別的官方文件，瀘沽湖北岸的摩梭人皆被分類為蒙古族，這是民間與官方的認知不同所致。

35　李霖燦：《麼些研究論文集》（臺北：國立故宮博物院，故宮叢刊甲種，1984）頁334-351。

36　李霖燦：《麼些研究論文集》，頁259。李霖燦先生說：「永寧是沒有文字的麼些人居住中心」，又說：「永寧號稱女兒國」。

37　當地摩梭人行「走婚」制，是母系社會。「走婚制」，也就是一般俗稱的「阿夏婚」或「阿注婚」。「阿夏」是摩梭古語，意思是親密的伴侶，只用於情侶間的相互稱呼，

說法只是郭文才老先生自己添加，則又另當別論。所以如何判斷民間文學採錄文本的「正確」性？是確定文本的第一個課題。其次，是傳統文獻方面的問題。例如劉守華先生的《中國民間故事史》書中，提到《戰國策・楚策》中「狐假虎威」的故事，他說：「我們有理由認定，它是一則來自民間口頭的動物故事。[38]」而劉先生所說的理由是：老虎和狐狸是中國民眾所熟悉的兩種動物，人們巧妙地融合對於這些動物的民俗心理來集體創作，後來被戰國時期的遊說之士所加工運用。但是以目前所見資料來檢視，「狐假虎威」的故事看不出來有所謂的「口頭傳承」，也看不出來當時普遍流傳的跡象。或許這是經過文人整理記錄之後，必然出現的問題，以今天所見的文獻資料要去驗證某一則故事是民間文學，其實難度很高。

對於「狐假虎威」故事的問題，我們可以反省的是：像「志怪」、「話本」這類的作品，我們都知道與民間故事息息相關，但是能不能因而推敲出誰先誰後？來確定所謂「民間文學」的存在？這會不會陷入雞生蛋、蛋生雞的詭論當中？其實關於民間文學的討論，有一個重要態度是對於歷史文化事實的客觀呈現。但是在整個以「民間文學」為先的主觀印象主導下，便會很容易落入：凡具有民間意識、或以民間文化為素材的文人創作，都一定是先有民間文學，才有文人創作的刻板結論。既然沒有辦法找到相對應的資料可以將文人書寫的作品往上推溯，那麼先保守的說明確實是文人書寫早於民間文學又有何妨？這一樣可以表現出民間文學的流變狀況，而不損及民間文學的重要性，反倒是應證出文人書寫與民間文學之間的彼此交融感染現象。

「阿注」的意思是與「阿夏」一樣的，但是語源則是從普米語借用來的稱呼，普米族與摩梭人的生活圈重疊，很難分得清楚。「走婚制」的特色是，建立婚姻關係的男女，各居住在母親家，男人只有在夜晚時到女方家居住，翌日清晨返回自己的母親家生活，而所生的子女，屬於女方家的成員，由女方撫養長大，生父並不與子女在一個家庭裡生活，也沒有撫養子女的義務，而且男女雙方隨時可以終止阿夏關係，完全是以感情與愛情作為維繫彼此關係的基礎，所以這種婚制，又被稱作是一種「男不娶，女不嫁」的自然婚制，至於這種婚制所形成的家庭社會體制，自然是以母親為核心的母系社會。

[38] 劉守華：《中國民間故事史》，頁46。

再一方面，文人運用民間故事的材料或講述形式來重新加以創作的，是否還算是「民間故事」？柳宗元名篇《三戒》中的〈黔之驢〉，祁連休先生說：「它不但在故事情節方面有民間故事的韻味，而且還採用了民間故事三段體的結構模式（新到的驢子長叫而將虎驚走；虎熟悉驢叫後與驢嬉戲、衝撞；驢憤怒踢虎而被吃掉），是一篇頗有民間故事特色的動物寓言，千百年來一直為世人傳誦。[39]」〈黔之驢〉這篇寓言體的散文，並不能算是民間故事，柳宗元的出身也不適合列入「民間作家」之林。「千百年來一直為世人傳誦」是指這個故事很可能會變成民間傳說；而經過各種不同場合、不同人物的講述，內容細節或有修改，故事主軸卻不變，於是更可能出現不同版本的「民間故事」。〈黔之驢〉也許是柳宗元的再創作[40]，但是沒有明白證據顯示這一點，那只能說〈黔之驢〉是柳宗元的個人創作[41]。

劉城淮先生曾經針對《戰國策》的寓言，提出一種看法：

> 史傳記載了大量的歷史故事，當春秋時期（鍾按，指春秋時期的寓言）主要流傳於民間時，它很少將歷史故事作為創作素材；而當寓言在戰國時期風行於士大夫中時，由於士大夫們熟悉歷史故事，歷史故事便成批湧入它的領域，供它再創作——也就是說，大量的歷史故事為寓言的發展灌輸了血液。[42]

---

[39] 祁連休、程薔：《中華民間文學史》（石家莊：河北教育出版社，1999）頁346。

[40] 民間故事有「地緣傳承」的方式，〈黔之驢〉也許是柳宗元依照到達當地之後的聽聞所改寫或記錄的。「地緣傳承」的觀念，見范利（筆名月朗）：〈民間故事傳承路線研究〉（北京：《民間文學論壇》，1988年第3期，頁46-52）頁48 50。

[41] 季羨林先生曾經在〈柳宗元《黔之驢》取材來源考〉一文中，從比較文學的角度，認為〈黔之驢〉不是柳宗元自己創作的。但是季羨林先生沒有在中國的書籍裡找到任何相關資料，反是以印度、古希臘、法國找到類似的故事，來藉以說明理由。像這樣的論證方式，自然顯得牽強。季羨林：《比較文學與民間文學》（北京：北京大學出版社，1991年1版，2001年3刷）頁48-54。

[42] 劉城淮：《探驪得珠——先秦寓言通論》（西安：陝西人民教育出版社，1992）頁46。按語為筆者所加。

　　歷史故事在士大夫表達與創作的運用中，成為先秦典籍中的寓言。接續這樣的觀念，民間文學也可能被士大夫所利用，進而擴充了先秦寓言的內容。但是，史傳的記載猶有可供對照的材料，民間文學卻鮮少有這樣的條件。畢竟文字的書寫與記錄，主控權力不在「民間」。反倒是以後世的發展來看，先秦寓言提供了民間文學不少發展的原料。

　　以口頭傳播為主的民間文學，文本確實難求。從傳統文獻記載中，析離出民間文學文本，更是難上加難。目前的解決之道，大概只能從研究視角與態度上來予以克服。

五　民間文學的研究視角

　　民間文學的研究視角，可以從三個角度來加以省思：第一，文化記憶與傳播流變的角度；第二，回歸文學基本研究的角度；第三，民俗學方法運用的角度。

1　文化記憶與傳播流變的角度

　　民間文學的基本傳播方式是口頭傳播，所以又可以稱之為「口承文學」或「口傳文學」，那麼民間文學的內容，原本就是透過個人記憶或集體記憶來加以傳承保存的。大凡以口傳方式來進行傳播與流傳的基本傳承脈絡是：

　　a.創說（或是最初的文化記憶）→ b.講述，傳播→c.建立記憶（或重新記憶）→ d.自覺或不自覺的再創說（遺忘或增添）→e.再講述，再傳播→f.被記錄為書寫文本（記憶的另一型態）或保留於語境階段（再記憶，再講述，再傳播，以下類推）

　　所謂的「文化記憶」，指的是一種對於文化內涵的記憶性認知。「記憶」未必是「現實的曾經」，但是「記憶」可以是「真實」的，足以影響到現實的認知。從思維方式的角度來看，「真實」或者是物象上的具體表現，足以運用實證的手段來加以檢驗；「真實」也或者是心象上的虛構呈現，只能以理解、領悟的感知來尋求答案。就記憶本身來看，除非是有意而為的扭曲，

否則每一位民間文學講述者都會認為自己所記憶的內容是真實的；即使在不自覺當中，該內容已經被重構變更了。而講述行為背後的動機，是因應某種現實上的需求：也許為了建構歷史；也許為了道德教訓；也許單純為了娛樂休閒。但是也因為自認記憶是曾經的真實，所以「真實」往往可以被改變，也可以被重新建立。

只要是一種「傳播」，內容都可能會發生變動，更何況是沒有書寫為「定本」的口頭傳播。以神話為例，依照對於中國神話發展的理解，神話可能的傳播情況有七個，這些都是產生記憶修改的流變可能原因，甚至是創說的一種背景：

一、弱勢文化族類向強勢文化族類抄襲，或因而激發的一種反省；

二、民族的遷移，包括因民族移動而傳播或與當地民族的神話傳說融合；

三、政治力的強行灌輸或有計畫的宣導；

四、學術上的爭執或學派的融合與交流、而有了跨區域性的活動與交換；

五、文人的參與和創作。通常反映於文學作品中；

六、歷史溯源上的需要與記載；

七、被宗教所借或流入民間傳說並隨之流傳。

今天我們所看到的、閱讀到的神話，都只是在某一個特定的時空裡被傳述下來或採集記錄下來，之後還可以繼續的再創說、再傳播，甚至可能出現更新的語境內容與本文記錄。當然，前文由a到f的傳承脈絡，是理論中假想出來的傳播發展縱線。萬一，這一縱線在目前看來無法銜接呼應時，所出現的情況，就是之前所謂的「沉默現象」，也等於是縱線中的失落環節。

無論是田野的第一手採集，或是根據某一文獻進行民間文學研究，我們所見到的文本通常是 f 階段的文本。這樣的民間文學文本出現之前，從a到e都處於不可知的「沉默現象」之中。其代表意義僅僅是 f 階段的那個時期的文化記憶，而未必是最初創說時或其間發展時的文化記憶。對此，不適宜強以為說，而無限上綱的往前附會追溯。因為這樣的文本，充其量是 f 階段當

時人的記憶認知，不必過度延伸。

就這個角度而言，共時性、橫向傳播性資料的研究比重應該遠重於歷史性、縱向傳播性資料的研究比重[43]。而回復當時的文化記憶，也才能真正凸顯出民間文學的價值，反映出該時期民間文化的真實內涵。

2 回歸文學基本研究的角度

民間文學經常被「誤置」於民俗學之中[44]。之所以說是「誤置」，主要是因為包括部分民間文學研究者在內的許多學術工作者在認知觀念中，只將「文學」視為民間風俗的載體或遺留物，而往往忽略了文學學科本質上的看家本領：創作理論、文學形式、內容詮釋以及傳播方式的研究。儘管民俗學與民間文學在研究材料與研究背景上有所重疊，但是畢竟民間文學強調的是「文學」性質，這兩者並不適宜完全等量齊觀。換言之，民間文學是界於民俗學與文學之間的綜合性學科，兼具兩者特性，而不應該只向某一方傾斜。

單以創作的角度而言，民間文學研究者無論是面對本文或語境狀態下的研究對象時，可以反省的是：創作出於某種感知、某種體悟，固然會反映出一些社會背景，然而能否忠實呈現出社會通象，確實是個問題。從歷史考察，一直到現今，都曾有「偽民間文學」反映出「偽輿論現象」，最後成為我們一時認知的「民俗現象」或「社會現象」。或許會有人問，如何在已經匿名的情況下推斷「集體性」的真偽？這一方面必須藉由文學理論當中關於「創作論」與「接受論」的各種方法來推測，也必須參酌版本差異、背景考證與

---

43 芮克里夫·布朗（A. R. Radcliffe-Brown, 1881-1955）說：「有兩種解決問題的途徑，我們可將其分別叫做共時性的（Synchronic）和歷史性的（Diachronic）研究。在共時性的研究中，我們僅僅注意歷史上某個特定時期的文化。最終目的也許可這樣表述，就是盡可能準確地確定任何文化生存所必須適應的條件。我們關注於文化和社會生活的本質，試圖發現在我們的資料所呈現的許多特殊性的普遍性。」芮克里夫·布朗：《社會人類學方法》（夏建中譯，臺北：久大文化公司、桂冠圖書公司聯合出版，1991）頁82。
44 「民俗學」是周作人首先提出的學術語彙。依據當年北京大學《歌謠》週刊發刊詞的概念，民俗學的內涵包括今天所謂的民間文學。直到今天，大陸地區的學術分科中，仍是如此。

語言風格等面向的研究成果。其中,政治性創說與移風易俗、文化接觸的觀念,尤其應該列入思辨的考量之中。或許在社會中廣泛的口耳相傳之餘,誰是最早、最原始的真正作者,根本就無從查驗。但是不全然迷信「集體性」的籠統存在,而從創作的本質與傳播、接受的理論來判斷,相信會有助於民間文學的討論根基。其次,在文學的形式部分,鄭振鐸先生最初已經強調民間文學(當時以「俗文學」概念涵括)與「正統文學」的發展息息相關,這是屬於「文學史」的思想範疇。八〇年代在湖北神農架林區採集到的《黑暗傳》,被譽為第一部漢族的創世史詩[45]。文學史中有著敘事詩的脈絡可循,也有著講唱文學的形式變化可以推敲。《黑暗傳》以七言形式居多,又可以上溯變文以後的三、七雜言的講唱系統。諸如此類,以既有文學史研究成果來相驗證,不但可以拉長民間文學的研究縱深,也可以促進相關問題的釐清。

再則,當我們進行民間文學研究工作、或是進行內容的相互比對時,雖然很容易發現經常會出現相同的結構單元、相同的講述模式,而以此開展出相關的研究主題。然而主題性、類型性或母題的歸納與創造性、藝術性的思考在民間文學的研究範疇當中固然要緊,更重要的是:從不同的「異文」之中,對於同一主題、同一類型,在不同的時代、區域所產生的不同內容或差異性內容的比較研究,並對於所差異的內容加以詮釋。而「異文」的存在與否,是傳統文獻中民間文學是否存在的主要判定原則之一。

最後,就內容的詮釋來看,則必須回歸民間文學的本質樣貌,甚至追溯作者或記錄者的生活閱歷及其思想取向,反省傳播過程中各時代、各區域的語言現象與其背後的文化現象。例如梁祝故事在各地流傳的差異現象即是。這確實是民間文學的重要特質,也是將民間文學獨立於其他學科的主要依據之一。

---

[45] 《黑暗傳》是神農架地區流傳的民間歌謠,流傳範圍包括整個湖北省西部與四川省東部,即巴山、巫山一帶。形式上是由歌師自問自答來敷衍故事的進行。1984 年 9 月 21 日《湖北日報》以頭版顯著位置報導「神農架發現漢族首部創世史詩」。1984 年 7 月,華中師範大學中文系劉守華教授因此在「少數民族神話學術討論會」中發表〈鄂西古神話的新發現〉一文,該文並編入高校教材《民間文學概論十講》中。

3 民俗學方法運用的角度

　　民俗學是與社會學、民族學、文化人類學關係密切的一門學科，其學科的研究基礎，建立於「民族誌」（Ethnography）的建構上。所謂的「民族誌」，就狹義而言，是透過田野採集工作，對於一個特殊文化的記錄與分析研究；就廣義而言，則是利用各種文獻資料與文化實踐的融合，來梳理出民族文化的整體內涵。「民族誌」的基本意義在於：從民族誌的建構，塑造出文化的模型，再透過歷史的、比較的民族學方法，詮釋其民族特質與文化內涵。在研究方法的運用上，社會學、文化人類學的方法特別著重於前者，即田野採集工作；歷史學的研究方法則比較著重於後者。而具體將民族學與民俗學中「民族誌」的建構概念落實下來的，對本國學術發展而言，主要是少數民族研究以及民間文學的採錄與蒐集。

　　同時關注到文獻的、文物的[46]、口頭的、行動的相關資料與訊息，以及這些資料與訊息對於民間文學的保存方式，是以民俗學的角度研究民間文學的一大特色。確實，由於民俗學與考古學在二〇世紀的蓬勃發展，使許多民間文物的搜羅與出土文物的考據慢慢成為民間文學研究的重要佐證。例如曾勤良先生的《三峽祖師廟雕繪故事探原》[47]一書，就是運用民間文物來討論通俗文學與民間故事。另外，包括畫像石、岩畫、壁畫、建築雕塑，乃至於宗教儀式與各種民俗曲藝，也都保存、反映許多過去的、現在的民間文學。

　　但是，在方法運用上應該先建立一個前提：民間文學研究不是只在田野的採集與類型的分類而已，也不完全等同於民俗學的研究。換言之，民間文學研究是以討論民間的文學現象為核心，而不是單純討論民間的生活實況。這一點如果沒有加以掌握，那麼民間文學研究的地位將模糊不清，成為只是民俗學，甚至社會學、民族學、文化人類學底下的一個旁支，而喪失其獨立

---

[46]「文物」，依據宋兆麟（1936-）先生的定義是：「簡單地說，文物是人類的文化遺物，而且是有一定價值的遺物。」宋兆麟：《民族文物通論》（北京：紫禁城出版社，2000）頁3。

[47] 曾勤良：《三峽祖師廟雕繪故事探原》，臺北：文津出版社，1996。

學科的特質，同時也脫離了整體文學研究的範疇。反過來說，民俗學研究成
果所構成的民間文化體系，是民間文學詮釋的重要基礎。兩者之間間的關
係，如同「文史不分家」的文學與歷史一般，各有所重，卻也相輔相成。

那麼民俗學方法可以運用之處為何？至少有兩大部分：第一，田野考察
方法可以還原民間文學的產生背景，其中也包括對於社會因素與語言單元的
還原。烏丙安在《民俗學原理》一書中所提到的：民俗質、民俗素、民俗
鏈、民俗系列、民俗系統等等關於民俗構成的觀念[48]，可以運用於民間文學
研究中。透過實地觀察與參與的田野考察工作，蒐集相關背景資料，再將民
間文學的文本，析離出語言符號單元，由符號單元聚合成文學結構與形式現
象，最後以民俗文化模型的重建對照於民間文學文本的意義指涉。如此一
來，民間文學研究將不會流於憑空想像，也不會有喪失學科主體性的問題。
同時，民間文學的研究成果還能夠填補單純田野考察過於注重表面化現象的
不足。

第二，民俗學對於文化傳播圈、文化特定活動的研究與分析，對於民間
文學研究極為重要。周延精緻的民俗學研究，運用社會學的方法，將社會的
組成份子依據血緣、年齡、行業等等項目加以分類，探究其生活特質；又從
歷史變遷與地理分布，框畫出若干特定民俗區域，記錄其彼此衝突、交融的
情況；再從節慶儀式等各項活動的排定中，顯現其生活規律與人生態度。凡
此，對於民間文學的產生、發展與保存，在研究上都有著莫大的助益。

民間文學研究者能夠不迷信民俗學方法，但是又能夠同時借重於民俗學
研究成果，則民間文學的範疇與內涵可以因此而擴大，其研究意義與價值也
才能夠加以提升。

六 結語

臺灣學界有很長一段時間，忽略了民間文學的重要性。雖然口據時

---

[48] 烏丙安：《民俗學原理》（瀋陽：遼寧教育出版社，2001）頁13-31。

期,日本學者對於臺灣風俗與民間文學的蒐集與記錄,已經頗有成就,例如一九二一年日人片岡巖所編撰的《臺灣風俗誌》[49],收錄了臺灣漢族的雜念(歌謠)、大人謎、小人謎、遊戲韻文、小笑話、滑稽故事、奇事怪談等;至於臺灣原住民族的民間文學部分,有一九二三年佐山融吉、大西吉壽所編撰的《生蕃伝說集》[50],一九三五年小川尚義、淺井惠倫編撰的《原語による臺灣高砂族伝說集》[51]收錄了大量的第一手口傳資料,這些書籍都為臺灣民間文學留下當時許多豐富的資料。但是一直到了一九三六年,才有第一本由臺灣文人李獻璋先生所編撰的《臺灣民間文學集》[52]出版面世。

國民政府來臺之後,由於種種主客觀因素的影響,長達四、五十年的時間,只出現婁子匡、朱介凡兩位先生所撰寫的《五十年來的中國俗文學》這樣一本具有代表性與份量的書籍;在原住民族民間文學的部分,也只有少數像陳國鈞先生的《臺灣土著社會始祖傳說》[53]這樣的書籍,而從事原住民族研究則多集中在像李亦園先生等人類學者的關注上[54]。真正大規模的蒐集採錄與研究工作,要到了民國七〇年代(1981)前後,由陳奇祿先生領域,或由中文系或外文系出身的學者,像金榮華、王秋桂、曾永義、王孝廉、李豐楙、

49　片岡巖:《臺灣風俗誌》,陳金田譯,臺北:眾文圖書股份有限公司,1990年2版2刷。原書出版於1921年2月,由臺灣日日新報社發行。

50　佐山融吉、大西吉壽:《生蕃伝說集》,臺北:南天書局有限公司,1996年2月刷(臺北:杉田重藏書店,1923,初版)。

51　臺北帝國大學言語學研究室:《原語による臺灣高砂族伝說集》,小川尚義、淺井惠倫編撰,臺北:南天書局有限公司,1996年2刷。最初出版時間為1935年。

52　李獻璋:《臺灣民間文學集》,臺北:龍文出版社股份有限公司,1989。本書完成於1935年,出版於1936年。據懶雲(賴和)所寫的「序」說:「這一次,幸而獻璋君不惜費了三四年的工夫,搜集了約近一千首的歌謠,謎語;更動員了十多個文一同好者,寫成了廿多篇的故事和傳說,這不能不說是極盡臺灣民間文學的偉觀了。」語見「賴序」,頁2。

53　陳國鈞:《臺灣土著社會始祖傳說》,臺北:幼獅書店,1964。這段期間,臺灣省文獻委員會、林衡道先生也扮演著重要的角色,作出不少具體的工作。

54　參考胡萬川:〈臺灣民間文學的過去與現在〉,臺北:《臺灣史料研究》創刊1號,1993年2月,頁23-30。

林明德、胡萬川、陳慶浩（旅法學人）等多位學者的聯合與呼籲，才發動新一波搶救、蒐集、研究民間文學的高潮，迄今仍方興未艾；原住民族民間文學的部分則在八〇年代中期由浦忠成（巴蘇亞・博伊哲努）等幾位學者陸續展開。

另一波新的臺灣民間文學研究高潮，或許可以視民國六〇年代（1971）的「鄉土文學論戰[55]」為前哨。隨著鄉土意識、本土意識的逐漸抬頭，以及政治風氣的逐漸開放，對於重新認識臺灣、尋找臺灣本土文化的傾向也就越來越明顯。之後，行政院文化建設委員會成立，同時開始邀請學者、社會人士舉辦「民間劇場」——以系列展演、遊藝的方式，介紹傳統民俗的文藝活動。另一方面，學者也逐漸透過國家科學委員會的補助，結合地方性文化中心，進行全面性的採集、整理工作。在這樣的努力下，目前臺灣地區各地方縣市政府文化局都編輯出版有「民間文學集」，各地的地方文史工作室也陸續出現。這些前所未有的成就，確實營造出臺灣地區民間文學研究的良好契機，而且較諸《歌謠》週刊當年更為成熟。

從認識民間基層文化，瞭解社會基本構成的層面來看，民間文學確實有無法抹滅的價值。從整個文學歷史演變的過程來反省，民間文學研究確實應該與知識份子文學研究等量齊觀。「民間」出自鄉土，出自一塊共同生活、具有共同文化背景的鄉土。所以民間文學研究的成果，可以落實於鄉土文化的教育工作。但是誠如白話文運動不等於方言文學運動一樣，在肯定、留存各地白話方言之餘，共通的文化語言，共通文化根源的求索，才能關注到不同區域、不同族群的彼此感染、交融，保留其生生不息的活力，並煥發出關

---

[55] 臺灣文壇的「鄉土文學論戰」的基本引爆點是來自 1972 年到 1973 年間對於現代主義詩的批判。主要是針對現代主義的兩個大問題：1. 背離傳統，一味崇洋；2. 陷入虛無，遠離現實。因此批評者強調現代詩必須具備民族性（認同民族傳統）與社會性（回歸本土現實）。而「論戰」的高峰期是 1977 年到 1978 年，「鄉土寫實論述」批判現代主義背離社會、逃避現實的傾向，因此提倡文學與社會結合。一方面固然有其前衛意義，但是另一方面又落入文化保守主義的窠臼，以訴諸民族主義和文化純粹論來解決文化主體性的危機。戰場的延續，成為「鄉土文學」與「中國意識」、「本土意識」之間的意識形態論辯。

懷鄉土、關懷一群生活於鄉土之中所有人的熱情。也唯有如此，民間文學研究的意義，才能夠真正彰顯出來。

因此，現階段的民間文學研究可以整理出下列五個具體方向：

第一，區域性民間文學研究，包括某一區域中的單一族群、不同族群的民間文學研究，或是不同區域的比較研究。也許直接進行田野採錄，也許利用既有文本，重要的是確實面對文本的進一步解析與討論，而不是單純的整理、記錄。

第二，類型性的比較研究。各種類型、母題的歸納固然重要，但是歸納的結果不是只用來套用，而是應該比較出同一類型、同一母題中的文本差異，再討論出造成差異的原因所在。因此這些差異，往往反映出特殊的文化背景。

第三，社會性、民俗性的分析研究。民間文學雖然反映一般社會的生活實況、或者是庶民大眾的具體心聲，但是其具體生活內容的構成，才是產生民間文學的關鍵。物質的、行為的各種材料，應該與口頭的、書面的文本交叉對照，還原其發生的語境。

第四，符號性的解讀研究。「符號」的內容，包括語音、文字與詞彙，是構成文學的基本要素。但是同一概念，可能由不同的符號來加以表示；或者，同一符號可能有不同的概念。同時，符號在傳播中可能出現自覺或不自覺的變化，所以解讀的工作，相當必要。

第五，新興民間文學型態的研究。面對當前諸如順口溜、網絡短訊、改編歌謠等等新興民間文學現象，可以蒐集整理，討論其形式變遷與內涵指涉，反映當代的時代意義。

七　後記

本文發表於二○○五年八月二十、二十一日的「紀念婁子匡先生百歲冥誕之民俗學國際學術研討會」，承蒙臺北大學民俗藝術研究所俞美霞教授、廣州中山大學中文系葉春生教授指正，謹在此表達謝忱，並補充說明如下：

就學科本身的範圍而言，民間文學常常被安置於民俗學之中，以民間文學觀念的啟蒙與廣義性的民俗學範疇來看是不錯的；但是就實際的研究方向來看，這兩者之間其實並不相同。關於這點，葉春生先生做了很好的解釋，他說：

> 民間文學中的神話、傳說、故事、歌謠、諺語、民間戲曲等，都是民俗學的重要材料，但研究民間文學本身的科學——民間文藝學，卻是民俗學所不能包括的。同樣，民間文學以外還有許多民俗事象，如風俗、習慣、節日、迷信、禁忌、信仰、巫術等，這是民間文學所不能範圍的。[56]

「民俗」的意思應該是民間風俗，民俗學則是研究民間風俗的時空背景、形成原因、表現方式以及演變的過程，主要的內容與方法是屬於社會科學領域的[57]。民間文學當然提供了這些方面的材料，但是民間文學畢竟強調的是「文學」的性質，包含了創作的理論、文學的類型、表達的內容以及傳播的方式。所以就算是在研究的材料上有重疊部分，這兩者仍舊不能完全等同視之。

---

56 葉春生：《簡明民間文藝學教程》（長沙：湖南文藝出版社，1987），頁26-27。民俗學與民間文學，過去學術界都採用英文Folklore的概念將這兩者合併為一；目前大多數學者都另外以Folklore literature來作為「民間文學」一詞的英文翻譯，「民俗」則仍然英譯為Folklore。但是Folklore literature的使用，仍有疑義。又，根據葉春生先生在本文宣讀後，針對民俗學與民間文學交叉關係，所提供的具體結論是：民俗學可以分為「有形文化」、「心意現象」與「口承文藝」三大區塊，其中「口承文藝」是民俗學與民間文藝學（民間文學）重疊的部分，但是民間文藝學另有民俗學之外的其他範疇。

57 可參考日人後藤興善等：《民俗學入門》（王汝瀾譯，北京：中國民間文藝出版社，1984）第1章、第2章，頁5-19。王文寶先生將民俗學的內容分為五大類別：（一）生產習俗；（二）生活習俗；（三）文化習俗；（四）組織制度；（五）信仰與迷信。見王文寶：《中國民俗學史》（成都：巴蜀書社，1995）頁8-9。由此可見民俗學與民間文學的學科性質差異。

臺灣民間故事中的「巧女」故事

——兼論臺灣民間故事中的「媳婦」形象

洪淑苓

臺灣大學中文系

摘要

　　「巧女」故事是民間故事中著名的類型，臺灣地區在九〇年代起的民間文學採錄工作，也搜集到不少的「巧女」故事。這批資料與早期如婁子匡所收錄的巧女故事的對照、比較，將是本文的重點；而故事中對於「媳婦」的倫理規範以及其形象塑造，也將納入討論。本文首先探討婁子匡、艾伯華、丁乃通、屈育德等學者對「巧女」的情節類型分析，而後以臺灣的「巧女」故事作為分析重點，整理出臺灣的「巧女」故事類型四類九式：（一）善處事的巧媳婦：1.完成謎語中的家事；2.代丈夫或公公解圍；（二）善說話的巧媳婦：1.避諱公公的名字；2.以同類問題反詰對方；（三）口才便給的巧女、巧媳婦：1.題詩獲勝；2.隱語嘲諷；3.吟詩譬喻；4.祭祀祝禱；（四）對詩擇婿的巧女。就媳婦形象而言，除巧媳婦之外，也有（一）得黃金的孝順媳婦與遭雷劈的不孝媳婦；（二）給婆婆用破碗的不孝媳婦；（三）笨媳婦與三八媳婦。本文認為，「巧」與「孝」是臺灣民間故事中，對媳婦的兩大要求標準；但「孝」的形象可能逐漸超越「巧」，是值得注意的現象。

關鍵詞：巧女；巧媳婦；民間故事；臺灣文學；婁子匡；情節類型

一　前言

　　「巧女」故事是民間故事中著名的類型。此類故事大都以一個聰明的女性為主角，她可以輕鬆自如地為自己或別人應付各種難題，因此贏得讚賞，或被聘為人媳；有的故事女主角的身分就是人家的媳婦，她通過公公等的考驗，因此也可稱「巧媳婦」故事。巧女故事普遍流傳，例如婁子匡曾收錄廣東、浙江、江西、河南、河北、安徽、黑龍江和遼寧等省縣的巧女故事；丁乃通收錄的資料較廣，除了婁子匡的材料外，還包括湖南、四川、福建、山西、山東，以及新疆、西藏、雲貴等地的少數民族，可見巧女故事的普遍性，無論漢族和其他民族，都有類似的故事。

　　即使以大陸八〇年代搜錄所得，於今出版的《中國民間故事全集》來看，巧女故事的類型也不出這個範圍，其分布地則可再加上臺灣、湖北、江蘇、陝西、吉林、青海等地區，除漢族之外，少數民族如廣西壯族、瑤族、雲南白族、貴州侗族、湖南苗族、江西畬族、遼寧滿族、吉林朝鮮族、寧夏回族，新疆的維吾爾族、柯爾克孜族、哈薩克族，以及藏族、蒙古族等，也都有他們自己的巧女故事。[1]

　　臺灣地區在九〇年代起的民間文學採錄工作，也搜集到不少的巧女故事，自桃園、臺中、彰化、臺南與宜蘭，閩南語或客家族群，都有類似故事，其或以「巧心舅」（客家話「心舅」即「媳婦」之意）、「賢慧媳婦」為題，恰恰說明巧女故事的普遍流傳，值得深入探討。這些近年採集的故事資料，與早期巧女故事的對照、比較，將是本文的重點；而故事中對於「媳婦」的倫理規範以及其形象塑造，也將納入討論。

1　詳見拙作：〈智與巧：巧女故事的兩個界面〉，收入鍾慧玲主編：《女性主義與中國文學》（臺北：里仁書局，1997 年 4 月），頁 1-34；以及〈描繪玲瓏的姿影──巧女故事的類型與深層結構〉，《國文天地》13 卷 4 期，1997 年 9 月，頁 40-43。

二　巧女故事的情節與類型

　　有關巧女故事的研究，筆者曾發表〈智與巧：巧女故事的兩個界面〉[2]。文中以《中國民間故事全集》的四十個故事為材料[3]，對一些問題已有所觸及。今再針對其故事情節類型集中討論，以便提供討論的綱領。

　　在二、三〇年代，婁子匡先生已經注意到巧女故事。他曾經搜錄二十九個類似的故事，和「獸娘」故事合為一集，書名為《巧女與獸娘的故事》[4]。據書末附錄的〈巧女與獸娘故事的探討〉一文指出，巧女故事共三型十一式，每式又各有情節公式可循。簡列如下：

　　（一）善處事型：（1）不賠貓式；（2）答難題式；（3）做衣物式；（4）
　　　　　代解圍式；（5）感得助式
　　（二）善說話型：（6）諱人名式；（7）隱語嘲人式；（8）出言獲勝式
　　（三）善理解型：（9）識諱名式；（10）知隱物式；（11）明圖信式

　　婁子匡是開啟巧女故事研究的先河，他的成果備受後人注意，影響頗深。例如一九三七年，德國學者艾伯華（Wolfram Eberhard）《中國民間故事類型》[5]中即大量參考婁子匡的研究，其書中的「聰明的女人」與「擇偶」兩大類別，都可視為巧女故事的範疇，包括：

　　28 聰明的女人 I：機智的行為
　　28 聰明的女人 II：完美的回答
　　28 聰明的女人 III：她做衣服

2　同上注。本文增加艾伯華的《中國民間故事類型》中的類型表，並將丁乃通的851C
　　（賽詩求婚）與465A〔百鳥衣〕列入。
3　王秋桂、陳慶浩主編：《中國民間故事全集》（臺北：遠流出版公司，1989年6月）。
　　這四十個故事的標題等資料，見拙文：〈智與巧：巧女故事的兩個界面〉文末附錄。
4　婁子匡：《巧女與獸娘的故事》，國立北京大學民俗叢書冊九（臺北：東方文化書局複
　　印，1970年春）。
5　（德）艾伯華著、王燕生、周祖生譯、劉魁立審校：《中國民間故事類型》（北京：商
　　務印書館，1999年2月）。

28 聰明的女人IV：解救丈夫

28 聰明的女人V：感動公婆

28 聰明的女人VI：名字禁忌

28 聰明的女人VII：拒絕

28 聰明的女人VIII：賽詩

28 聰明的女人IX：猜來訪者的名字

28 聰明的女人X：被猜中的謎

28 聰明的女人XI：畫圖信

29 擇偶I

29 擇偶II

一九八七年，丁乃通《中國民間故事類型索引》[6]所整理出來的相關類型約有十四個；他採用世界民間故事通用的AT分類法，包括：

851C〔賽詩求婚〕

875〔聰明的農家姑娘〕

875B1〔公牛的奶〕

875B5〔聰明的姑娘給對方出別的難題〕

875D〔在旅途終點遇到的聰明姑娘〕

875D1〔找一個聰明的姑娘做媳婦〕

875D2〔巧媳婦解釋重要的來信〕

875F〔避諱〕

876〔聰明的侍女與求婚者們〕

876B*〔聰明的姑娘在對歌中取勝〕

876C〔聰明的姑娘幫弟弟做功課〕

6　丁乃通：《中國民間故事類型索引》（中譯本）（上海：中國民間文藝出版社，1986年7月）。該書原為英文著作，1978年由芬蘭民間文學工作者學會出版。

876D*〔巧婦思春〕

879*〔巧女使兄弟免遭監禁〕

465A〔百鳥衣〕

其中876*〔巧婦思春〕指的是：有個聰明的姑娘想找個情人，但她要求這個情人也必須是聰明的，因此她把對聯貼在門口，能夠解讀其意的人才做了她的情人。這和876〔聰明的侍女與求婚者們〕、876B*〔聰明的姑娘有對歌中取勝〕類似的是，都以答難、對歌、對詩的行為凸顯女性的智巧，876D*〔巧婦思春〕與876〔聰明的侍女與求婚者們〕也都有求婚、求偶的情節。由於具有求婚、求偶的情節，因此851C〔賽詩求婚〕也應該考慮列入。排列在最後的465A〔百鳥衣〕，編號雖不在875、876這一區，但仍非常接近「巧媳婦」的故事模式，其內容大約說：美貌的妻子被國王或強權者所奪，她從此都不笑，但暗中與丈夫約定，教丈夫穿上奇怪的百鳥衣來朝見，妻子終於笑了，於是國王要求換穿百鳥衣，丈夫因而取代了國王的位置，打敗國王，夫妻二人團圓。因為故事凸顯了妻子的智慧，因此應該也可列入。

一九八八年屈育德〈論巧女故事〉曾提出答難型、抗暴型、助人型與擇婿型[7]。抗暴型即是上文的〔百鳥衣〕型。屈氏的四個大類，在前三位學者的分類中都可找到對應的情節類型[8]。

屈育德明白定出擇婿型，尤其值得注意。因為以艾伯華、丁乃通二位學者的分類法來看，女性運用智巧擇偶都是常見的故事，它賦予女性婚姻自主的願景，也相當有意義。它和「難題求婚」的母題有著密切的關係。故事大都以女子出題考驗求婚者（通常是三個），而最後女子選擇了她覺得對詩對得最好的一個（通常是地位最卑下的一個）。艾伯華的「擇偶」類，丁乃通

---

[7] 屈育德：《神話、傳說、民俗》（北京：中國文聯出版公司，1988年9月），頁147至163。此外，亦有王麗：〈論巧女故事的婦女觀〉，《中國文化研究》總第6期，1994年，頁91-99；林宛瑜：〈巧媳婦故事類型研究〉，《人文及社會學科教學通訊》15卷3期，2004年10月，頁36-57。

[8] 詳見拙作：〈智與巧：巧女故事的兩個界面〉第一節，同注1。

的876D*〔巧婦思春〕與851C〔賽詩求婚〕都具有此意涵[9]。

此外,大多數故事都是以男性家長為故事中的重要物,但根據屈育德的引述,苗族民間故事中,則有婆婆的角色介入。他敘述的故事第一個是巧媳婦通過婆婆的為難與考驗,婆婆因此氣憤而死;另一個故事則是巧媳婦透過諧謔的模仿,故意打破碗,點醒不孝的婆婆,使之懂得孝順太婆[10]。這類故事似乎略有婆媳不和的色彩,也提示我們,由巧女故事,或許也可以略窺民間故事中的婆媳關係。

三 臺灣的「巧女」故事類型與情節分析

在臺灣各縣市採錄的民間故事集中,經筆者初步查閱,大約可得三十二個「巧女」以及相關的故事。這些故事敘述或詳盡或簡要,但大至仍可看出臺灣民間對這類故事的吸收與轉化。以下就加以分類並分析一些現象,各故事資料來源,請參看文末附錄。

(一)善處事的巧媳婦

1 完成謎語中的家事

這類故事表現巧女善於治家處事,故事通常是某家公公故意要求其媳婦做一些困難的事,媳婦不解其意,巧女從旁解說,助之完成,最後往往也被聘為該家兒媳。這類故事中公公提出的要求,往往是指定往返的日期、採買一些東西、烹煮食物、縫製衣物,但不明說這些事情,反而像謎語似的,只

9　這類故事婁子匡似未收入其《巧女與獃娘》。

10　第一個故事大約是:有個婆婆出難題考驗媳婦,一連六個,婆婆難不倒媳婦,氣憤而死,聰明媳婦就和丈夫愉快地過日子了。第二個故事:有一個婦女虐待她的婆婆,叫老人用一個粗糙的貓碗盛飯吃。孫媳婦看不過去,就故意把碗打破,對著太婆說:你把這個寶貝碗打破了,將來我拿什麼給我的婆婆盛飯吃呢?她的婆婆才省悟,從此不再虐待太婆。同注7,頁153、165。

有巧女可以猜出謎底，助人或自己完成這些規定與家事。這類故事接近婁子
匡的「善處事型：（1）答難題式或（2）做衣物式」、艾伯華的「聰明的女
人 II：完美的回答」或「聰明的女人 III：她做衣服」，也相當符合丁乃通的
875D1〔找一個聰明的姑娘做媳婦〕，但往往會加上 875B1〔公牛的奶〕的情
節。例如臺中的《東勢鎮客語故事集（二）》《巧心舅》（巧媳婦），故事內
容大約是：有三兄弟，最小者尚未娶妻。某日，公公要兩個媳婦回娘家去，
十五去十五回，而且要「買菜籃挑水」，「買上套下，下套上」。兩個媳婦不
解其意，十分著急。幸而被一個巧女知道，就告訴她們，「十五去要十五回」
即是本月十五日去，直到下月十五日才回來；「買菜籃挑水」即是買豆腐，
裝在菜籃裡，豆腐會滴水，合「挑水」之意；「上套下」即帽子；「下套上」
即襪子。兩個媳婦回來時，一切都打點好了，公公就問她們實求情，得知巧
女未嫁，即聘為三媳婦。這裡可看到公公的要求像謎語，而由巧女為其媳解
說答案，讓她們可以如期完成公公的交代。

　　其次再看，這個故事到此，接著是 875B1〔公牛的奶〕的情節。

　　三媳婦進門後，很懂得治家理財。因為當時國家規定有三個大字一般人
不准寫，而這家人卻將之寫在門上，引起「巡察」的注意[11]，於是盤問她公
公，並限定他率一頭懷胎的公牛來贖罪。公公因此擔憂愁悶，茶飯不思。三
媳婦代替公公到「巡察」那裡報刊，並說：「我公公在家坐月子。」「巡察」
聽了很不高興，三媳婦就說：「公牛能懷胎，我公公就不能坐月子嗎？」就
這樣，圓滿解決事情。

　　另一則也出自臺中縣《東勢鎮客語故事集（三）》的〈巧心舅〉（巧媳
婦），內容稍有不同，巧女只是從旁協助某家媳婦，故事最後也沒有聘為兒
媳的結局。其內容大約是：一個媳婦回娘家，但不懂公公的要求：十五日回
去、十五日回來；還要買「紙包風」、「紙包火」、「布遮水」回來。幸好遇

11　這三個大字是是什麼，講述者並未說明。「巡察」大約是日據時期以來，臺灣民眾對
　　警察的稱呼。由於很多臺灣各縣市民間文學集都以記音採錄、普通話譯寫的方式呈現
　　資料，為求便於理解，本文所之故事內容，皆引自其普通話譯寫的文字，以下亦同。

到一個巧女告訴她：今天十五日回去，下個月十五日回來即可；而要買的東西是「扇子」、「火柴」和「傘」。媳婦遵照其言行事，回家後，「公公很高興，認為自己娶了一個巧女當媳婦了」。

《宜蘭縣口傳文學》也有〈巧媳婦〉，故事中出難題的是婆婆，她想要試試新媳婦是否靈巧（「有巧無」），就叫媳婦煮飯、買菜，她說：「米煮升半，二升半，三升半，四升半。」、「買半夜也是菜，半壁籬目菜，有目空殼菜，空殼無目菜。」媳婦很聰明，知道婆婆說的是米煮一斗，菜買四樣：蛋、菜豆、芹菜和蔥[12]。

2　代丈夫或公公解圍

這類故事大都因丈夫或公公與人打賭（或吹牛比賽），結果他輸了，必須請客。他回到家後，妻子或媳婦就想個更誇張的話，讓客人服輸。故事類型接近婁子匡「善處事型：（4）代解圍式」、艾伯華的「聰明的女人IV：解救丈夫」。例如婁子匡收錄的〈付酒錢〉，故事中的丈夫阿三和朋友阿大、阿二比賽吹牛，說出「我不相信」的人必須付酒錢。結果阿三輸了。後來朋友來家中找他，阿三的妻子就說：「他回來的時候，雞拿著門檻把他打死了。」阿大和阿二都說：「雞哪裡會打死人呢？我不相信。」阿三的妻子就說：「那末酒錢大家自己去付清。」[13]這裡當然也可看出妻子的頭腦靈敏、能說善道，但著重的仍是她代丈夫把事情處理好了，因此是「善處事」的類型。

在臺灣民間故事裡，可參看《彰化縣民間文學集（七）故事篇（四）》〈諏古〉（荒誕事）：有對夫妻，妻子比較能幹。先生與人打賭吹牛，最荒誕者為勝，輸的人要請客。結果她先生講輸了，回來後很煩惱。他妻子問他那贏的人說了什麼，原來贏的說的是：「我打一門鼓，結果十三省的人都來迎鼓。」他妻子就說沒問題，請那人來家裡吃飯。後來贏的人來了，問：「你

---

12 原文附「說明」：婆婆出題考驗新進門的媳婦，題目設得十分巧妙，煮多少米？出的是「含口算」（答案：婆婆說的數字加總，十二升等於一斗）；買什麼菜？出的是湊句的「謎猜」。《宜蘭縣口傳文學》，頁209。

13 同注4，頁38-39。

先生在家嗎？」他妻子答：「他不在，他去大陸種田，因為他有一隻牛吃了一口，結果一口吃了五萬多株稻苗。」五萬多株稻苗就是一分多地，贏的人說：「啊五萬多株？一分多的地，太荒謬了！哪有那種牛，吃一嘴就五萬多株稻苗？」他妻子才說：「如果沒有，怎會有那種皮可以做那種鼓？」結果換他贏了。這故事也是由能幹的妻子以牙還牙，說出更誇張的話，壓倒原先勝利者的威風，替丈夫解圍。

又如臺中縣的《大甲鎮閩南語故事集》〈巧新婦〉的故事是以媳婦為公公出氣為主軸，故事說巧媳婦的公公和外親家（巧媳婦之父）比賽吹牛，外親家以「一隻蚊子腳掉下來，全村人都抬不動」的誇張話獲勝，因此到親家府等待招待。巧媳婦就故意炒熱鍋子，但老半天都沒有端出菜來，外親家很不耐煩，巧媳婦解釋：因為一隻大蚊掉下來把鉤子砸壞了，所以沒得上菜。她的誇張勝過外親家，因此替公公省下了一頓請客的飯菜。

（二）善說話的巧媳婦

1　避諱公公的名字

這類故事或稱「諱九」，屬婁子匡的「善說話型：（6）諱人名式」、艾伯華「聰明的女人 VI：名字禁忌」以及丁乃通 875F〔避諱〕。由於故事中的公公，其名號上的避諱（通常是「九」字「六」字等），因此就由公公或其友人，故意在言行間表現這個字詞，例如九個人帶九瓶酒、韭菜等，看這個媳婦如何不說「九」的字音，而把事情交代清楚。巧媳婦果然運用各種靈巧的詞彙，通過考驗，贏得公公及眾人的讚賞。[14]

臺灣地區的「諱九」故事避諱的則是「狗」字，因閩南話狗與九同音這。例如桃園縣的《蘆竹鄉閩南語故事（一）》收有〈巧新婦的故事〉（聰明媳婦的故事），講述者一開始就說：「晚輩的名字不可以和父母長輩一

---

[14] 詳見婁子匡：〈巧女和獃娘故事的探討？五、諱九故事的試探分析〉，同注4，頁143-147。

樣，也不可以叫出父母的名字。」在故事末尾又強調：「以前的媳婦真的很難當，要遇到能幹的媳婦。否則呀，她公公的名字叫做「狗」，要如何閃得過？每一戶人家都有養狗，你要如何閃得過呢？」[15]。

《彰化縣民間文學集（五）故事篇（三）》所收〈無事牌〉故事，也是以公公名叫「阿狗」為忌諱，但整個故事是建立在官員不滿其家高掛「無事牌」的衝突上，因此官員故意派九個人去他家找狗，這個聰明媳婦便以四個人站在客廳，五個人站在屋簷下，要尋找他家的「細毛」和「金耳」的形容[16]，通過這層考驗。故事後半段又接以「懷孕的公牛」的無理要求（875B1〔公牛的奶〕），但巧媳婦則以「我公公的子宮在疼」回應，終於了結紛爭。

2 以同類問題反詰對方

有的故事藉巧女的機智妙語，反問了出難題的人，因此獲得讚賞，被視為聰明伶俐的才女，聘娶為妻或媳。這類故事屬於丁乃通的876〔聰明的侍女與求婚者們〕。在婁子匡「善處事型：（2）答難題型」、「善理解型（（9）識諱名式（10）知隱物式），說的是巧女巧妙回答或猜出人名、隱物，其情節公式最後都有「或更聘娶之」、「其人娶女歸」、「人服而娶女」的情形，大抵也都顯示娶個聰明女孩為妻的意義；艾伯華的「28聰明的女人IX：猜來訪者的名字」、「28X：被猜中的謎」，與婁子匡相同。但這些類型都和本文這裡的歸類有些不同，這裡比較著重的是巧女「以子之矛、攻子之盾」，以類似的問題或隱語反詰對方。

例如臺中縣的《東勢鎮客語故事集（四）》的〈才女〉，故事以弟弟遭人挑釁問難，姐姐教之如何對答，因為答對了，所以被聘為妻子。故事大約是：兩兄弟在插秧，一個人騎馬而過，下馬來問他們：「上坵水漕漕，下坵水漕漕，小阿哥！你一邊插幾千棵秧？」他倆都答不出來，直在田邊發愣。

---

[15] 胡萬川總編輯：桃園縣民間文學集3《蘆竹鄉閩南語故事（一）》，頁44-47。講述者張玉雪，引文引自其普通話譯寫部分。

[16] 「細毛」和「金耳」在河洛話中都是狗的意思。

後來姐姐來送點心，瞭解情形，才為他們想出對策，也問問那人：「一隻馬兒耳掀掀，小伙子！你一天騎幾千步？」騎馬者轉回來後，兩兄弟就以此問他。騎馬者覺得姐姐很聰明，就要娶她為妻。故事最後，騎馬者說：「不管你是富有還是窮，她對上了我出的詩對，是個才女，就是我太太。」、「只要是才女，不管美醜，都是我太太。」由講故事者最後重複的話，我們看到強調「才女」的特質，它可以超越窮富、美醜的條件。

（三）口才便給的巧女、巧媳婦

1 題詩獲勝

這類故事屬婁子匡「善說話型：（8）出言獲勝式」、艾伯華聰明的女人VIII：賽詩」、丁乃通876B*〔聰明的姑娘在對歌中取勝〕；藉婁子匡所錄的兩則〈清和橋〉故事看，都是巧女、和尚與書生對句爭勝。他們三人約定以「清和橋」三字為題，和尚說「有水也是清，無水也是青，走到青邊加一爭，便是靜；靜靜清清人人愛，身邊掛個素珠袋，先修彌陀，後修如來。」書生說「有口也是和，無口也是禾，走到禾邊加一斗，便是科；科科舉舉人人愛，身邊掛個筆墨袋，先考舉人，後考學臺。」都是用以標榜自己。巧女最後說：「有木也是橋，無木也是喬，走到喬邊加一女，便是嬌；嬌嬌滴滴人人愛，身邊掛個子孫袋，先生和尚，後生學臺。」不但誇獎了自己，還趁機佔了便宜，自稱和尚、書生的媽。[17]

臺中縣《清水鎮閩南語故事集（二）》收錄〈過橋題詩〉與此類似，由和尚、「教育界人士」和女人就剛建好的「清和橋」分別拆字題詩，最勝者先過橋。和尚先說：「有水亦清，無水亦青，水去添爭便是『靜』；清清淨淨人喜愛，我去西天當如來。」次為「教育界人士」：「有口亦和，無口亦禾，去口加方便是科。科舉人人愛，我去四川當學臺。」；最後是一個女人：「有木亦喬，無木亦喬，去木加女便是嬌。嬌嬌滴滴人人愛，娘生兩兒來，一兒

---

17 第一則採自浙江杭縣，洪潤時述；第二則採自浙江紹興，黃鑫述。同注4，頁46-48。

四川當學臺，一兒四川當如來。來！來！來！兩兒隨我來。」講到到這裡，說故事的人說：「因為她的詩把前面兩個人都包含進去了，很顯然地，她佔了上風，於是另外兩個男人只好心服口服的讓她先過橋。」

2　隱語嘲諷

這類故事屬婁子匡「善說話型：（7）隱語嘲人式」、艾伯華「聰明的女人VII：拒絕」、丁乃通876B〔姑娘在對歌中取勝〕以及876C〔聰明的姑娘幫弟弟做功課〕；故事大多是一個男人出對子給巧女對，巧女不但對出來了，還藉機羞辱對方。故事中的男人往往是秀才、老師或和尚，反映民間對士人或和尚的嘲弄。

婁子匡曾收錄〈做對子〉，以「先生先死」反譏不才的私塾老師[18]，而《彰化縣民間文學集（七）故事篇（四）》〈先生先死〉與其內容十分接近，套用的對子也相同。故事是：某個人家聘請一個秀才當古文的漢學老師，上課時，學生的母親就站在門邊，一直抓癢抓得不停。秀才存心捉弄她，就出個題目給學生對：「癢癢抓抓，抓抓癢癢，不癢不抓，不抓不癢，愈癢愈抓，愈抓愈癢。」學生對不出來，就跑去問他母親。她一聽，就知道秀才在挖苦她，於是她就說：「生生死死，死死生生，不生不死，不死不生，先生先死，先死先生。」「先生」就是老師，這對子當場讓秀才下不了臺。

另一則〈秀才猜謎〉，一個秀才進京趕考，半途中遇婦人正要挑飯給家人吃。秀才問婦人要挑飯給誰吃，婦人說：「要給我先生的舅舅的姐夫吃。」秀才猜不出來，自覺不聰明，就不去趕考了。這個故事中的嘲弄意味不明顯，可能因為講的比較簡省。其他類似的故事通常是由秀才與女子互相出題對方，秀才猜不出，最後落得自討沒趣或自覺受辱而離去[19]。

---

[18] 採自山西稷山，同注4，頁50-51。

[19] 參見婁子匡收錄〈罵秀才〉（採自浙江紹興）、〈罵和尚〉（採自浙江餘姚），同注4，頁52-55。

3 吟詩譬喻

有些故事的內容較單一，只是說明故事中的女子善於吟詩譬喻，由此而產生趣味。因此前人都沒有特別列出情節類型。例如：臺中縣《大甲鎮閩南語故事集（二）》〈巧查某子〉（聰明的女兒），有個女孩善做詩，一邊刺繡一邊唸：「尖腳秀才，日落黃昏你就來，一點紅花君採去。」她的嫂嫂、媽媽不解詩意，以為她與人暗通款曲，經過盤問，才知「尖腳秀才」是指蚊子，因蚊子叮她，才說「一點紅花君採去」。

類似的，也見於《宜蘭縣口傳文學》〈躼腳秀才〉，故事說一個壞兄嫂聽見小妹在房間唸：「躼腳秀才未暗你就來，予我五哥若伸去你就知。」因而向其兄告狀，說小妹偷人。其兄親至小妹房間查看，原來是在打蚊子，「躼腳秀才」是蚊子，「五哥」就是五隻指頭。

這兩個故事內容簡短，譬喻對象都是「蚊子」，這個母題，在其他篇幅較長的故事中也被借用過，例如婁子匡收錄的〈捧夫成帝〉，故事一開頭就是巧女兒善作詩，某晚她被蚊子吵得睡不著，所以吟詩成篇：「帳外蚊子叫嗡嗡，紅花小姐在帳中，等到三更人睡盡，全身白肉任你動。」她父親認為女兒有淫邪的行為，就將她用豬籠扛去河頭淹死，幸而遇到一少年搭救，讓她以少年趕的豬為題，當場賦詩一首，證明先前那首詩只是講蚊子吵人。這女兒果然做了一首詩，獲得平反，然後嫁給少年。但後來兩人又虞皇帝刁難，這女兒就想做詩諷刺皇帝，並趁危亂中殺了他，把少年扶上王位，做了皇帝[20]。這故事以善於賦詩的巧女為主角，前後有三首詩，都是因眼前景而吟誦，但整個故事以最後的反抗強權為主題。由此我們可知，民間故事的流傳，可能只借用了其中一個簡單的情節，自成小故事，產生新的趣味。也有相反的情形，早期的資料較簡省，後來的資料反而增添對稱的內容。例如臺中市《大墩民間文學採錄集》〈一個賢慧新婦佮一個三八媳婦〉（一個賢慧媳婦和一個三八媳婦）：有兩個老人是好朋友，一天，甲到乙家中吃飯，飯後乙媳婦泡茶敬他們，她看到公公的鬍鬚黏著飯粒，就說：「阿爹！阿爹！

---

20 採自廣東翁源，官世科述，同注4，頁56-60。

面前一個池，池面長柳枝，柳枝歇白鷺鷥。」公公聽到他的暗示，趕緊用手一摸，飯粒就掉下來了。甲在一旁觀看，覺得這個媳婦真賢慧，會說文句，於是回去後就講給巧女的媳婦聽。他媳婦聽了，覺得沒什麼了不起，她也會說。有一天飯後，甲就故意將菜黏在鬍鬚上，他媳婦泡好茶出來，看見了，就說：「阿爹！阿爹！面前一個孔，孔面長草叢，草叢長蛤蟆。」甲聽了，說：「這下好了，我的臉竟搞到屁股去。」甲被這個三八媳婦氣得說不出話來。類似的故事在婁子匡收錄的資料中，是放入「獸娘」的部分，而且也比較簡單，譬喻的只有一句詩：「白鶴停青松」，而笨媳婦說的是：「屁股拖蚯蚓」[21]。

這類故事著眼於善於譬喻的口才，除了點出趣味，也有蘊藏人情世故的地方。例如：《彰化縣民間文學集（五）故事篇（三）》〈過年 ieng 無枵新婦〉（大年夜不餓媳婦）：有一個婆婆常虐待她三個媳婦。有一次過新年，晚上圍爐要吃豐盛的年夜飯，她捨不得讓媳婦吃那麼好，於是就在那天下午先蒸了一些糙米讓媳婦吃飽。到了晚上要圍爐時，公公就對三個媳婦說：「人家說，大年夜不餓媳婦，你們每個人都要多挾點菜，吃飽一點。」有個媳婦反應快，馬上回她公公說：「糙米糜食去飽，好物就無巧」（「糙米吃到飽，再好的食物也吃不下」），公公反應也很快，立刻就察覺是他老婆又虐待媳婦了[22]。這裡的巧媳婦，她用「糙米糜食去飽，好物就無巧」的押韻句子，婉轉巧妙的說出她和其他妯娌的惡劣處境，非常有意思。

4 祭祀祝禱

除了吟詩譬喻的文採，臺灣民間故事中，另外出現在祭祀場合表現機智口才的巧女。從她們口中呢喃的祝禱詞，表現出她們熟諳禮儀，懂得變通，也有的藉機吐露心聲。

---

[21] 〈屁股拖蚯蚓〉，採自浙江奉化，俞玉文述，同注4，頁123-124。

[22] 依原書記音的稿子，講述者只講到這裡，但整理者林培雅的普通話譯稿最後添加了幾句話：「所以現在人家說：『大年夜不餓媳婦。』就是從這裡來的。」《彰化縣民間文學集（五）故事篇（三）》頁153。

例如〈啞口新娘〉：新娘子老是不說話，叫她，只有微微笑。於是公婆擔心她是個啞巴，就想個方法來試探她。四個月過去，冬至日到，家裡要拜拜，剛搓好湯圓，公婆即藉故離開，囑咐新娘子負責拜拜，公婆即躲在樓頂偷看。只見新娘煮了湯圓，在供桌擺好，一邊拜拜一邊唸：「冬至是冬天，家家戶戶得擎圓。有的三栲栳，無的兩簸箕[23]。迄婿家官無在厝，神明公媽來食圓。」講的真好，公婆這才放心。這個故事隱含著對新媳婦的考驗之意，看她懂不懂祭祀禮俗。

又，同樣是冬至日拜湯圓，有的故事說的卻是媳婦藉祝禱詞訴說心中的委屈，故事同見於《宜蘭縣口傳文學》，其〈保佑小姑快快死〉：某個人家的小姑虐待嫂嫂，嫂嫂都不敢說。到冬至日搓湯圓拜拜，婆婆就讓她負責拜拜，自己躲在房間裡面偷聽。這個嫂嫂就唸：「冬至是冬天，家家處處人擎圓，高迄低迄[24]落來食，保庇豬，保庇羊，保庇家內新婦娘，保庇丈夫大賺錢，保庇家官添福壽，保庇小姑快快死！」旁人才知道，原來是小姑虐待嫂嫂。

《宜蘭縣口傳文學》又有〈伯公伯婆〉：一對貧窮的夫妻因為家中無雞無肉，丈夫不敢去拜伯公伯婆（客家話：土地公土地婆），就叫妻子去拜。妻子準備了一斤吊菜（客家話：茄子）去拜，丈夫就待在樹上看，聽見妻子一邊拜拜一邊唸著：「伯公，伯婆，家庭貧窮就無奈何。街上也有酒也有肉，我是一斤酒煮一斤茄。」丈夫聞言笑了出來。故事中妻子真是應了「巧婦難為無米之炊」這句話，但她懂得權變，心誠則靈，比起躲在樹上的丈夫可強多了。

藉祭祀場合表現口才，可說是臺灣的「巧女」故事的特別之處。除了媳婦身分者，也有以小妹的身分，為姐姐討回公道。例如《彰化縣民間故事集（二）》〈巧小妹〉（聰明妹妹）：某家公公過世後，媳婦每天早晚都要供祭品祭拜公公，並且要在靈前哭。忽然間，有隻貓跑到廚房想吃鍋中的燉肉，但

---

23 據原注，栲栳，狀似米篩的大型竹編器具，可盛裝湯圓；簸箕，狀似米篩，形體較小。這兩句是說富有的人家準備的湯圓較多，貧窮者準備的較少，但無論多寡，祭拜神明的意思是一樣的。

24 據原注，高迄低迄，天公地媽，即「神明」的意思。《宜蘭縣口傳文學·上》，頁232。

不小心打翻鍋子，鍋子竟扣到貓的頭上，貓掙扎不出來，就往靈堂這裡跑。正在哭的媳婦看到這情形，忍不住笑了出來，引起婆婆生氣，認為她不孝，就把她趕回娘家去。媳婦哭著回去了，她的妹妹為她感到不平，就自己到親家去。她點香祭拜親家公，嘴裡始終反覆唸著：「姊姊爹、姊夫爹；親家母夫、我親家公。」惹得親家母忍不住笑出一聲來，她立刻指責親家母死了丈夫還笑得出來，親家母無言以對，這女孩才說說：「好啦！我要回去了，我要叫我大姊回來。」

　　無論是拜神或弔喪，祭祀本該是嚴肅的場合，但故事中的巧小妹以「童言無忌」的方式惹得親家母暗笑，使她藉機討回公道，替姐姐出口氣，洗刷「不孝」的罪名，得返婆家。〈巧小妹〉和〈伯公伯婆〉的故事有個共通點，都是以「無厘頭」式的滑稽語言破解尷尬的處境，扭轉了劣勢，充分凸顯「巧女」靈巧活潑的處世智慧。

（四）對詩擇婿的巧女

　　「擇婿型」故事是巧女故事中，相當富有積極正面意義的。在古代聽憑父母之命，媒妁之言的婚姻形式下，這類故事恰恰反映了婚姻自由、自主的需求。艾伯華「29擇婿Ⅰ」與「29擇婿Ⅱ」，丁乃通851C〔賽詩求婚〕以及876D*〔巧婦思春〕都是相似的情節類型。

　　例如《宜蘭縣口傳文學》〈一個查某囝卜嫁三個囝子〉：一個愛賭博的父親，先後向開藥店的、做土水的、做長工的三個人各借五十元，以為若是贏了錢就可以還人家，不然就要把女兒嫁出去。但他都賭輸了，不知如何是好。聰明的女兒就把三人找來，告訴他們誰可以對出對子，就可以娶她為妻。女兒以手勢示意：「頭一個：手指頂頭，第二個：指土腳，第三個：指頭前，第四個：指後旁，第五個：比一個指頭，第六個：比三個指頭，第七個：比五隻指頭」，在這七個動作後，三人分別猜測其意，開藥店的以「天門冬」、「地骨皮」等中藥名稱為答案，不對；做土水的，以「天房」、「地磚」等建築物名為答案，也不對；最後，長工說：「我，我叫天，天不知；

叫地，地未應；進前無路，退後無步、你一個查某囝、允三個囝婿、害我白了五十元。」

　　類似這種打啞謎的擇偶方式，也見於《中國民間故事全集》冊二，福建民間故事〈姑娘嫁給誰〉：富家少女秀花選婿，她打出手勢指法給人情，醫生、泥水匠和秀才，都錯解其意，只有家中的長工蔡良猜出她比劃的是「上無兄、下無地（指上又指下），前無親、後無戚（指前又指後），做三年長工（伸出三指），五十兩工錢為聘金（伸出五指）」，因此成為乘龍快婿[25]。這類謎題的解答並無絕對標準，由出題的女子自由心證的成分較大，但她往往選擇長工這個角色，長工的答案未必文雅完美，但有樸實的趣味，也代表民間故事預期的接受者是平民百姓，因此娶得美嬌娘的，都是貧苦卑下的男子。是故我們還可找到類似的故事，對詩獲勝的，除了長工，農人也是最佳男主角。

　　例如《彰化縣民間文學集（十八）【芬園花壇秀水地區】》〈求婚做詩〉：有個女子很漂亮，有三個人在追求她：老師、殺豬的和種田的，女子就唸一首詩讓他們三人對，對得上的，女子就和他訂婚。女子的詩是：「水錦開花白如霜，桃花開花一點紅，石榴開花連連對，樹莓開花暗濛濛。」老師對的是：「手拿紙筆白如霜，紅心朱筆一點紅，作詩話語連連對，猜有猜無暗濛濛。」女子覺得他太驕傲，不取。殺豬的說：「我手拿豬刀白如霜，插下豬血一點紅，豬肝豬肚連連對，會賺不賺暗濛濛。」女子以「殘忍！殘忍！」為由，不取。最後是種田的，他說：「哦？小姐！你臉抹粉白如霜，嘴點胭脂一點紅，若是當我老婆雙連對，十月懷胎暗濛濛。」女子聽了，說：「棒！懂得欣賞、讚美人家！」依故事最後看，應是這種田的人雀屏中選。

　　這類故事對長工、農人的偏愛，還可從一個故事得到旁證。

　　《宜蘭縣口傳文學》收有〈十里耕田夜歸眠〉：一個女子以做詩擇婿的方式招親，最後她選擇種田人。那些落選的人不免心中有怨。一天，女子要送

飯給田裡的丈夫，恰好遇到落選的人，那人出言嘲諷：「面像桃花腳像蓮，肩挑午飯向君前，如何不嫁王朝相，去嫁農夫枉少年。」女子就回答：「王朝宰相何甚言，王君一愁配海邊，不如我嫁農夫団，十里耕田夜歸眠。」[26]可見其擇婿的標準，不在於榮華富貴，而在於夫妻可以朝夕相處，感情才能和諧。

此外，我們也可看到有的故事對「對詩擇婿」的情節運用有些模糊，但基本上仍可屬此類。

例如《宜蘭縣口傳文學》〈三個童生〉：故事說三個童生即將上京應考，半途借宿一員外家。其中一個較調皮者，戲稱這是他丈人家。員外心中不悅，叫人把這個童生綁在樹上，又故意對其他二人十分禮遇，待翌日天明，此二人以為員外對其婿（童生）特別招待，所以先行離去。童生被小姐從樹頂救下，但故意出對子考他：雞啄面盆嘴敲鐘。」童生一時對不出來，就以趕考為由離去。沒想，童生遲到了，考試已經結束。但恰好那年也沒有人錄取前三名，童生趁主考官上路報告皇帝時，攔路陳情，以路遠趕赴未及為理由，請求讓他補考。主考官大發慈悲答應，就順口說出眼前景象：「馬過柴橋腳踢鼓。」要童生對出下聯。童生想起小姐的對子，就說：「雞啄面盆嘴敲鐘。」對個正著，於是童生就獲取為狀元。後童生晉見皇帝，皇帝欲賜封其家人，童生就說有個丈人在某地。員外獲得消息大驚，恐童生要來報復。小姐安撫員外別怕，由她出面即可。童生到來，小姐聽取他考上的過程，就說：「原來如此，安爾這個狀元算來是我替你考著的！」童生才自覺慚愧，不再和員外計較。

這個故事保留了女子出對聯給男子，但男子答不出來，與「對詩擇婿」的情節類型不同。不過由小姐搭救，又故意考他，就有些才子佳人、後花園贈金故事的影子。後來這句詩成為男子應考時的助力，形成女子說「這個狀元算來是我替你考著的」局面，使兩家不再結怨。依故事發展推斷，最後也

---

26 本故事中尚說明，以前女子纏腳，所以這女子要過橋時，須等人揹她過橋。剛好一個落選者經過，兩人就有這樣的對答。故事只講到女子對詩為止，筆者推測，故事應該會發展為落選者認輸，必須揹女子過橋。

應該是大團圓喜劇收場，童生真的成了員外的女婿。勉強兜了一圈，也是因為「對詩」而結下的姻緣。

四　臺灣民間故事中的「媳婦」形象

　　除了上文所列舉的各種「巧媳婦」，臺灣民間故事中，又常見孝順媳婦或與不孝媳婦的對比故事，也有笨媳婦、三八媳婦的角色。

（一）巧媳婦以外的「媳婦」類型

1　得黃金的孝順媳婦與遭雷劈的不孝媳婦

　　孝順媳婦的故事通常是說有個孝順媳婦到鄰居家幫忙張羅拜拜，後來鄰居請大家吃飯，孝順媳婦捨不得吃肉，就把肉留在桌邊，想帶回家孝敬婆婆。在回家的路上，不巧這塊肉掉進臭水溝中（或尿桶裡），她將之拾起清洗，再拿給婆婆吃。這時天上打雷，她以為雷公要處罰她，就誠實表明心跡。她的孝心感動了天，因此就賜給她黃金等財物。而不孝媳婦則欲東施效顰，反而真正遭到天打雷劈的報應。臺中縣《石岡鄉閩南語故事集》〈有孝新婦佮不孝新婦〉（孝順媳婦和不孝媳婦）、臺中縣《外埔鄉閩南語故事集》〈有孝新婦和不孝新婦〉（孝順媳婦和不孝媳婦）與《彰化縣民間文集（五）故事篇（三）》〈有孝新婦〉（孝順的媳婦）大抵都是如此。其中以臺中縣《外埔鄉閩南語故事集》收錄〈有孝新婦和不孝新婦〉（孝順媳婦和不孝媳婦）說得最詳細：

　　故事前半有「兩兄弟分家」的情節，但是由老二宗義、潘氏夫婦佔便宜，在潘氏的堅持下，老母親由老大宗華、李氏夫婦奉養，且老二分到耕穫較好的水田，老大則分到旱田，收成較差。潘氏還拒絕婆婆向她討米，放狗咬婆婆，把婆婆嚇到她家門口跌倒，昏迷不醒。潘氏怕惹麻煩，就叫傭人用樓梯把婆婆扛回去給老大宗華。在大媳婦李氏細心照顧下，婆婆的病情才不致惡化。有一天，鄰居家要拜拜，就叫李氏過去幫忙，拜拜完畢，還留她吃

飯。孝順的李氏就留下鄰居夾給她吃的肉，帶回去給婆婆吃。李氏把肉拿到婆婆房間，婆婆很高興，伸手去接，一不小心卻掉到忘記蓋上蓋子的尿桶裡。「還好那時候尿桶裡的糞便表面已經有點乾了，所以那塊肉掉下去的時候，只沾到一點點大便，還不算太髒。」所以婆婆就叫李氏拿去洗一洗，再用熱水燙一燙給她吃。李氏照著婆婆的話做，這時卻打雷了，李氏向雷公說明情形，請求等她拿肉給婆婆吃，做好家事後，她會到榕樹下等待雷公懲罰。當她處理完所有的事後，在榕樹下等待。不久，果然雷聲閃電大作，但卻劈倒了榕樹，露出一鍋黃金，原來這是老天爺要賞賜給李氏的。宗華、李氏夫婦因此變得富有。二媳婦潘氏打聽到李氏得黃金的經過，就想如法炮製。但她做得很勉強，連拿肉給婆婆，床邊的尿桶本來是蓋好的，她還故意拿開蓋子，故意讓肉掉下去，再拿去洗一洗、燙一燙，又勉強她婆婆一起要吃下去。當她在做這些事時，果然天打雷了，她仿照李氏的話，告訴雷公她等會兒到大樹下受罰。潘氏帶著丈夫一起到大樹下等候雷公，果然雷電交加，一道閃電打中他二人，他們就死了。

這故事一開始就說：「現在我來講一個孝感動天，和不孝遭惡報的故事」，可見講故事者的道德意識。但說故事的人在細節部分也照應得很好，一再插入他自己的批評，例如：「她是故意掉下去的，哇－，真要命啊！明明沒那個心，還要這麼做，把一塊好好的肉丟到尿桶裡去，實在狠心啊！」

《臺南縣閩南語故事集（三）》〈孝順媳婦〉所說的，也是孝順媳婦得黃金的故事，但它和上述故事不同，它說的是一個可憐的家庭，先生被車撞，所以婆婆、先生、小孩都由媳婦照顧扶養。這個媳婦把都市裡的房子賣了，改到山上買一大塊地，全家住在那裡，靠養鴨為生。有一天她發現鴨子都跑到山洞裡吃東西，排出來的大便硬硬的、金金亮亮的，她把這些東西撿起來存著，送到金子店鑑定，果然是金子。這是她孝順感動天，從此，她就變得富有了。

在強調孝感動天的故事寓意下，對於不孝媳婦的懲罰，也是充滿濃厚的道德訓示的意味。例如臺中縣《東勢鎮閩南語故事集（一）》的〈不孝新婦的故事〉（不孝媳婦的故事）就比較特別，它由丈夫來執行懲罰，殺妻以表

孝順。故事說因為丈夫常常外出工作，妻子就趁機虐待瞎眼的婆婆。一天，丈夫從城裡寄了肉脯回家要孝敬他母親，但妻子卻私自佔有，還把水蛭油煎炸乾，冒充肉脯給婆婆吃。待丈夫回家，詢問母親肉脯好不好吃，母親說肉脯太韌，她都咬不動，丈夫有疑，才察覺是妻子虐待母親，最後他在水池邊把妻子砍殺了，妻子的頭掉落池中，被水蛭吃了，後來就變成一隻不知名的鳥飛走。比起「天打雷劈」的結局，這個故事中的「殺妻」情節，看起來挺殘忍的，因此最後以變形的方式處理，可能比較好些。

2 給婆婆用破碗的不孝媳婦

另有不孝媳婦故事，以「破碗」為主要情節，例如臺中縣《東勢鎮客語故事集（一）》〈不孝心舅〉（不孝媳婦）、說的是不孝媳婦以有缺口的粗碗給婆婆吃，並且對她很不好。後來婆婆死了，媳婦想把破碗丟掉，她兒子叫她別丟，可以留下來給她自己老的時候用。不孝媳婦至此才幡然悔悟。又，《東勢鎮客語故事集（三）》〈不孝心舅〉（不孝媳婦），這裡是由不孝媳婦的兒子故意拿新碗給奶奶用，不孝媳婦很不高興，他兒子就說：「我要把那個破碗留起來，等你老的時候給你用。」不孝媳婦這才省悟，知道自己錯了。

臺中市《臺灣民間文學採錄集》〈不孝新婦〉與此類似，故事中不孝媳婦欺負其婆婆眼瞎，每餐都用一支水瓢裝飯給她吃。後來婆婆死了，不孝媳婦的兒子就把水瓢洗乾淨，說將來要留給媽媽裝飯吃。這和前一個故事類似，都是由不孝媳婦的兒子提醒其惡行。說故事者雖沒有說出不孝媳婦因此知道自己錯了，但故事的寓意應該相同。

《彰化縣民文學集（五）故事篇（三）》〈不孝新婦〉說的則是不孝媳婦把婆婆趕到田裡的破草屋，每天都用破碗裝飯給她婆婆給。後來，她自己也娶了媳婦，新娘子問她奶奶在哪裡，才發現這件事。於是有一天，新娘子自願裝飯給奶奶吃，她在盛飯時，故意把這個破碗打破，然後就一直哭。她婆婆叫她不要哭，她回答說：「好可惜啊！這個碗應該留著，以後放著好給媽媽，給你吃啊！」她婆婆才悔悟，說：「嗯！如果我們這麼做，幼輩也會照著做。」故事最後說：「後來（婆婆）才不敢這樣，為了那個孫媳婦卻變得

孝順。」

以「打破碗」為情節轉變關鍵,這也見於其他類型的民間故事,但內容可能是子、女看父、母對祖父、母不孝,因此就故意打破碗或做一只打不破碗,以便將來留給老人家使用。這類故事的主題通常以訓示孝道為要旨,丁乃通將之歸類為980A「半條地毯禦寒」[27]。而前文引述屈育德所收集的苗族故事,則將之歸為巧女故事的「助人型」,著重在勸諫婆婆的孫媳婦身上,認為她以智慧點醒了婆婆,幫助弱勢的太婆。從臺灣的故事看來,說故事者側重的卻是「不孝媳婦」的行為,因此雖有《彰化縣民文學集(五)故事篇(三)》的〈不孝新婦〉以孫媳婦點醒婆婆不要虐待太婆(奶奶),但故事仍是以「不孝媳婦」為題。若是點醒者是兒子,自然也不能列入「巧女」故事了。

3 笨媳婦、三八媳婦

臺灣民間故事中尚有笨媳婦或三八媳婦,例如《宜蘭縣口傳文學》所收的〈做人真歹做〉,故事由婆婆出難題給媳婦,但媳婦不能依婆婆之言用麵粉捏出一個人形,因此感嘆「做人真歹做」,而婆婆則趁機教誨,「伊的意思就是要新婦瞭解,做序大人(長輩)安怎分攏分未平,真艱苦做。」

又有三八媳婦,如上文引的臺中市《大墩民間文學採錄集》〈一個賢慧新婦佮一個三八媳婦〉。

笨媳婦與三八媳婦的故事大都建立在「畫虎不成反類犬」的趣味點上,婁子匡的《巧女與獃娘》亦收錄了相當多的故事,並且也區分成二類十二式[28]。而這本《巧女與獃娘》,似乎有意以二者為對比;但從以上的討論,我們卻看到在「巧」與「獃」的對比之外,臺灣的巧女故事反而更以「孝順」和「不孝順」為對比的焦點。這是個值得再思考的地方。

---

27 同注6,頁319。

28 包括(一)做錯事型:做女紅式、調餐餚式、辦雜務式、不懂事式;(二)講錯話型:借書答語式、恭頌長者式、避諱成拙式、記物答客式、客人的姓氏、答生兒子式、述做女紅式、諱言脫口式。同注4,頁134。婁子匡將巧女與獃娘故事合為一集(《巧女與獃娘》),似乎有意以二者為對比。

（二）巧與孝的規範意義

　　臺灣的「巧女」故事有的與傳統的巧女故事的情節公式已有相當差距，但從巧媳婦到增加孝順媳婦的形象，又塑造不孝媳婦、三八媳婦作對比，尤其側重婆婆的角色份量，強調孝順的觀念，使我們不禁推測，這其實也呈現父權體系的觀念，企圖以此規範為人媳婦的言行舉止。婆婆在這裡仍是家長的象徵，由她來落實家長的威權。另一方面，我們也發現，在前文第二節「（一）善處事的巧媳婦」與「（二）善說話的巧媳婦」中，大都與公公有關，所牽涉到的都是媳婦的「巧」的特質；在本節中的故事又大多與婆婆有關，所牽涉到的是媳婦「孝」與否的問題。我們初步推測，與「巧」有關的，應是承襲傳統的「巧女」故事；與「孝」有關的，或許正是比較後起的臺灣民間故事。而由於臺灣社會的移民型態，開墾、械鬥，男丁或者較早亡歿，因此婆婆較長壽，所以故事中都是出現婆婆的角色。就觀察所得，這些故事並沒有「惡婆婆」，反而出現「惡媳婦」，而且都受到天譴，或得到啟發，產生悔悟之心。這一點，和後來通俗故事、電視劇裡呈現「惡婆婆」、「可憐媳婦」的形象，也有迥然不同的地方。

　　「巧」與「孝」可說是臺灣民間故事對媳婦的兩大要求標準，也因此「巧媳婦」、「孝順媳婦」可說是其指標性的人物形象。

　　「巧女」故事揭示了「巧」的特質，以此歌誦女性的靈巧智慧，也建立了一種選媳婦的標準。從以上這些故事，我們確實看見女性在處理人際關係、操持家務等各方面的才能，在在凸顯女性善解人意、語言靈活的特色。「巧」也表明了尚智不尚武的文化觀念，與道家的陰柔觀最為接近。「巧」當然也對女性形成一些侷限，但也是傳統社會給女性有限而可以自由發揮的空間[29]。

　　所有和「巧」字連接在一起的正面的詞：靈巧、智巧、巧妙、巧手、

---

[29] 「巧女」故事對女性的意義，拙作〈智與巧：巧女故事的兩個界面〉已有多方面的探討，此不再重複。

巧笑，似乎都頗能襯托女性的特質。唯有「乖巧」，是值得再思考的。因為
把「乖」字加在前面頭，那麼這「巧」就必須被乖順的德性給馴服，有所範
限。也因此，當「乖」字被當作首要的條件時。民間故事裡的「巧媳婦」就
會退位，「孝順媳婦」得到表揚。

　　從古代女教篇章來看，「孝」、「順」即是身為人媳者最重要的品德表
現，特別是「順」德。例如先秦的經典《禮記・昏義》對新婚婦人的教化：
「舅姑入室，婦特以豚饋，明婦順也。」、「婦順者，順於舅姑。」漢代班
昭《女誡》也說：「姑云不爾而是，固宜曲從；姑云爾，而非，猶順命也。」
直到清代民間仕紳對出嫁女兒的教誨，也相當強調順從，例如陸圻〈新婦
譜〉：「事公姑不敢伸眉，侍丈夫不敢使氣」（「做得起」條），「愉色婉容，
是事親最要緊處」（「顏色」條），說的即是必須柔順以侍公婆、丈夫；更
要做到人前人後都是一樣孝順：「新婦當面孝順難，背後孝順全在語言中檢
點，起念處真實」（「背後孝順」條）[30]。

　　孝是美德，孝順父母、公婆是人子人媳應盡之道。但有鑒於古代女教
經典文獻對女性的規範往往是片面的，或者比對男性的要求來得更多更嚴
格（譬如我們幾乎不曾看到《男誡》、《新婚譜》），因此看到「孝順媳婦得
黃金」、「不孝媳婦遭雷劈」、「給婆婆破碗用的不孝媳婦，將來也會用破碗」
這樣的故事開始流傳，從女性的立場看，不免特別特別感受到其中的社會規
範如此沉重。

五　結語

　　「男大當婚，女大當嫁」，在傳統社會中，婚嫁對女性一生的影響，恐怕
大於男性。因為她將從女兒身分轉變為人妻、人媳，乃至於人母的角色，擔

---

[30]　參考張鈺佩：〈漢代女教典籍中女性的家庭角色與地位〉，高雄師範大學教育學系《教
　　育研究》7期，1999年，頁169-179；謝好珊：〈陸圻「新婦譜」評析〉，《中國文化月
　　刊》279期，2004年3月。

負起更多責任。這些角色當中,「媳婦」這一環尤其是個關鍵,它代表女性踏入婚姻後,和夫家建立起人際網絡的起點,在經典文獻中屢見「內則」、「婦德」、「女誡」等篇章,用來教化女性如何做一個稱職的妻子和媳婦;即使是在民間歌謠中,也不乏「竹仔枝,梅仔子,做人媳婦別道理,晏晏睏,早早起,起來抹粉點胭脂。入大廳,拭桌椅,入灶間,洗碗箸,入繡房,做針黹,阿老兄,阿老弟,阿老丈夫好八字,阿老親家好家世,阿老親姆賢教示。」的訓示[31]。臺灣民間故事中的巧媳婦、孝順媳婦、不孝媳婦、笨媳婦、三八媳婦也許都聽過這樣的歌謠,而表現不同的作風吧!

---

31 李獻璋:《臺灣民間文學集·歌謠篇·彰化》(臺北:龍文出版公司,1989年2月),頁14-15。

附錄：臺灣地區採錄之巧女及相關故事資料一覽

書名	篇名	起迄頁碼	講述者	定稿者
			採錄者	整理者
桃園縣民間文學集3 蘆竹鄉閩南語故事集1	巧新婦的故事	44-47	張玉雪	
			劉定華 林素琴	陳素主
臺中市「臺灣民間文學」採錄集	*不孝新婦	129-133	賴廖端	
			賴妙華	賴妙華
臺中市大墩民間文學採錄集	一個賢慧媳婦和一個三八媳婦	118-123	廖學古	
			賴妙華	賴妙華
臺中縣民間文學集3 石岡鄉閩南語故事集	*有孝新婦和不孝新婦	74-81	黃逢愃	李栩鈺
			黃淑貞	
臺中縣民間文學集11 東勢鎮客語故事集	*不孝心舅 （心舅：媳婦）	36-39	楊 敏	金其河
			徐登志	
臺中縣民間文學集15 東勢鎮客語故事集2	巧心舅	98-103	徐鳳英	李明星
			鄭秀馨	陳素主
臺中縣民間文學集18 大甲鎮閩南語故事集	巧查某子	138-141	陳黃彩鑾	
	巧新婦	142-151	曾金泉	
			柯清江	陳素主
臺中縣民間文學集20 東勢鎮客語故事集3	*不孝心舅	68-7	賴阿銀	
			徐登志	張瑞玲 張仲良
	巧心舅	78-81	朱玉蘭	
			徐登志	張瑞玲 張仲良
臺中縣民間文學集25 清水鎮閩南語故事集2	過橋題詩	96-99	王海竈	
			陳永隆	林培雅
臺中縣民間文學集26 東勢鎮客語故事集4	才女	56-61	朱玉蘭	
			徐登志	張瑞玲

書名	篇名	起迄頁碼	講述者 採錄者	定稿者 整理者
臺中縣民間文學集28 外埔鄉閩南語故事集	*有孝新婦佮不孝新婦	76-101	李遠成 柯文成	柯文成 林培雅
臺中縣民間文學集34 東勢鎮閩南語故事集1	*不孝新婦的故事	34-37	林張秀緞 徐登志	廖麗雪 陳素主
彰化縣民間故事集2 故事篇1	巧小妹	48-53	葉素英 翁麗卿	陳素主
彰化縣民間文學集5 故事篇3	*不孝新婦	14-15	林趕走 葉素玉 曾秀蘭	林培雅
	*有孝媳婦	84-87	林趕走 葉素玉 曾秀蘭	李麗玲
	過年ieng（傍晚）無枵（餓）新婦	152-153	黃吳秀錦 洪淑真	林培雅
	無事牌	156-159	黃吳秀錦 洪淑真	林培雅
彰化縣民間文學集7 故事篇4	先生先死	12-13	洪塗長 蔡桂玉	李麗玲
	秀才猜謎	16-17	謝洪盞 張文進	張文進 陳素主
	諏古（荒誕事）	308-310	楊本 葉素玉 曾秀蘭	陳素主
彰化縣民間文學集18 【芬蘭花壇秀水地區】	求婚做詩	130-133	黃源榮 吳偉競 柯喬元 賴雁容	陳素主

書名	篇名	起迄頁碼	講述者 採錄者	定稿者 整理者
臺南縣民間文學集4 臺南縣閩南語故事集3	*孝順媳婦	36-45	吳　孔 廖炳焜	陳素主
宜蘭縣口傳文學上冊 第二篇傳說／故事	編號10巧媳婦	210	簡葉玉桂 黃修榕	
	編號23十里耕田 夜歸眠	210-21	俞李樹梅 陳穎慧	
	編號15三個童生	214-215	林孝阿琴 蔡欣茹	
	編號4一個查某 囝卜嫁三個囝婿	220-222	陳旺叢 許瑞芬	
	編號14躼腳秀才	230	未具名 林素春	
	編號15伯公伯婆	232	黃源林 （客語） 張秀玲	
	編號16啞口新娘	232	張林蕉 張秀玲	
	編號17保庇小姑 快快死	232	陳阿猜 許瑞芳 林素春 陳穎慧	

臺灣民間故事「醜女變美女」故事釋義

謝明勳

東華大學中文系

摘要

　　本文係針對施翠峰《臺灣民譚探源》一書收錄之「醜女變美女」故事進行探討。本事概以簡單之「二元對立」（美／醜、尊／卑、上／下、善／惡、施／不施、富／貧、貴／賤）概念，強調素樸之「種善因，得善果；種惡因，得惡果」之果報想法，講述之基調極為淺顯，其中並無太多的微言大義有待掘發。本文擬就該事內容所述，標舉數目：命定：疑信之間「變」與「不變」的弔詭思維。詮釋：故事的理解進程與超越現實的合理想像。超越：試煉、度脫與聖俗交融。新變：由「心變」而「形變」。希有助於對民間故事之深入瞭解。

關鍵詞：民間故事；命定；試煉；變形

一 引言

　　施翠峰《臺灣民譚探源》一書，嘗收錄一則「醜女變美女」故事[1]。該事描述：一對夫婦十分有錢，然卻生性鄙吝；相對於此，霧中之女傭阿月，雖然身分卑微、相貌不佳，心地卻是十分善良。有一次，在主人壽宴之後，阿月將一些殘餚剩飯，分食予由「仙人」幻化而成之「乞丐」，之後並且得到仙人「改變容貌」之回報；主母於驚訝之餘，意欲仿傚其事，然卻因「動機」、「做法」異乎前者，結果事與願違，反而招致意想不到之不幸。

　　本事蓋以簡單之「二元對立」（美／醜、尊／卑、上／下、善／惡、施／不施、富／貧、貴／賤、得／失）概念，強調素樸之「種善因，得善果；種惡因，得惡果」之果報觀念。[2]此一固定不變之「敘事」模式，雖不斷被歷來之講述者所使用，然其所可能發揮之作用，在人們可以「事先預期」的答案中，總是讓不同的聽講者心存幻想，引頸企盼「類似」結果發生。為「善」者在上天（或神仙、或精靈）的協助庇護之下，其原本所受到之「不公」待遇（不論是先天、或後天），通過某種「濟助」而得到改善；而故事中用以映襯之所謂「惡」者，卻因為人心永無止境的貪婪，與個人別有所求的不良動機，終將招致懲罰。[3]

　　人生在世，不論是外在的形貌美醜，或是內在的心性善惡，甚至是社會

1　見施翠峰《臺灣民譚探源》（臺北：漢光文化公司，1985年5月，初版），頁45-49。

2　許多不同國家之民間故事，經常採取此一「相同」之敘事策略。諸如：兩兄弟（阿里巴巴與四十大盜、水中精靈、三根斧頭等）、兩姐妹（灰姑娘、蛇郎君）系列故事，其事多會以相同血緣之兄弟（或姐妹）中的某一人，因故必須面對若干「不公」待遇，然在因緣際會中，幸運之神的突然降臨，讓行善者得到「意想不到」之財富。孰料，此一結果必然會引起另外一人的覬覦，他們企圖依循相同軌跡，獲致類似幸運，然在事情進行過程中，人心的善良、動機、作為，與其是否能夠獲得正面回報之間，儼然有著一條極為明確的對應關係。唯有願意主動與人分享所有的施予者，方能獲得被施者的回報；而生性鄙吝，一味追求財富，不願與人分享者，必定不會得到上天的眷顧。

3　此一「獎善懲惡」的陳說模式，其試圖導正人心作為的「教化」意圖，通過相類故事的一再講述，終必可以達到強化人心道德信念的「載道」目的。

的身分高低，以及家庭背景的良窳與否許多都是與生俱來，難以用外力來加以改變。然而前人對於其事之理解，或認為其所以出現如是差異，必定有其緣由，在理由其事的過程中，前後因果的相互羈絆，錯綜複雜的對應關係，讓整件事情的思考理路，時而有跡可循，時而跳躍歧出，一切解說皆是以「片段合理」的方式在進行處理；講述者在承繼主流意識，用以圓融詮釋某一現象之餘，繼之而起的「不合理」情況，則必須通過另外一個「合理」解釋，方才能夠讓整個事情顯得通情達理。[4]

本事之詳述基調，極為淺顯，其中並無太多的微言大義靜待世人掘發，然而民間故事講述者所慣用之文學手法與潛藏其中之道德觀念，卻有足資眾人思量者，在人們口耳相傳之間不斷反覆傳說其事的同時，一般庶民百姓所篤信的價值觀念，通過相同（或類似）的敘事模式，不斷地深鏤在人們的腦海之中，最後終必成為眾口鑠金的一種「必然」真實，與社會大眾的「共同」認知。

以下，試就該事內容所述，標舉數目，論之如下：

二 命定：疑信之間「變」與「不變」的弔詭思維

「命定」思維對於國人之深遠影響，實由來已久，絕大多數的人對於此一概念，基本上都是奉行不渝的，而在歷經無數事件的不斷印證，此一「認知」模式早已深鏤人心，成為主導世人行為舉止的無上法則，無遠弗屆的突破時代界線，如影隨形般的籠罩於人心之上，甚至演變成為顛撲不破的真理，深具普世意義的價值觀念。

事實上，歷來人們對於與生俱來之貧富差別，究係肇因於何，實有不同理解。《莊子》、《列子》將其歸之於「命」，認為其乃冥冥之中已然設定之事，絕非人智所能度量釐測；其所言述之「命」，無疑是「意志天」的具體

---

4 詳究其說之目的，咸信亦只不過是讓整個事件能夠發生「撫慰人心」的文學醫療作用，讓多所「不平」之人心，能夠因此一「後設」說解而稍得寬慰。

呈現，人們對於世上許多無可奈何之事，但能以「聽天由命」方式處之，世人實無力去質疑此一「不可變」的必然結果。⁵中國古代諸多敘述性文學作品（諸如下引六朝志怪小說之「命定」故事⁶及唐代傳奇「定婚店」故事⁷等敘事性文本之講述），無非都是在陳說人們對於「命」的一些基本看法，初時「姑妄言之，姑妄聽之」的深層懷疑，甚至是以具體行動，針對傳言中的「命定」之事進行挑戰，然在經歷過一番綿歷多時的「質疑」、「挑戰」與最後的「印證」過程之後，除再次說明「天命已定」、「命不可違」的事實之外，其原先想要推翻「命定」的根本企圖，及屆此時，早已煙消雲散，當人們於事後再次省視其事，愈益堅證其說之不可誣也。」⁸

---

5 《莊子‧大宗師》敘子桑之言曰：「吾思夫使我至此極者而弗得也。父母豈欲吾貧哉？天無私覆，地無私載，天地豈私貧我哉？求其為之者而不得也。然而至此極者，命也夫。」（見郭慶藩《莊子集釋》，臺北：木鐸出版社，1982年9月，初版，頁286。）其事藉由子桑之落拓貧病，苦思其故，父母親炙其子之天性，天地至公無私之特點，萬不可能欲其生而貧苦，亦不可能使之貧苦，然何以造成此一事實，其故安在，必然是「命」使之然也。《列子‧力命》嘗載錄一事，楊朱引古人之言云：「不知所以然而然，命也。今昏昏昧昧，紛紛若若，隨所為，隨所不為。日去日來，孰能知其故？皆命也夫。」（見引自楊伯峻《列子集釋》，版次不詳，頁129。）主張對於眾人所不知之理，或可以「自然」視之，或可以「命」名之，其事萬不可以人之智度量之。據此二事故言。

6 六朝志怪小說「命定」故事，當可以「陳仲舉」事（其事見《搜神記》卷十九「陳仲舉」條及《幽明錄》（《古小說鈎沉》輯本）第41則）、「華歆」事（其事見《列異傳》（《古小說鈎沉》輯本）第22則及《搜神後記》卷三「華歆當公」條）為例，詳參見下文論說。

7 唐代傳奇「定婚店」故事，見《太平廣記》卷一五九「定婚店」條（臺北：文史哲出版社，1987年5月，再版，頁1142-1143），其事強調「陰騭之定，不可變也」之旨。又，《廣記》「定數」類，凡十五卷（卷146-160），王夢鷗《唐人小說校釋》嘗據其內容、題旨推測：「其時人對命祿之關切，猶甚於氣壽。此最可覘唐世作者，置科名爵位於死生大事之上，故其奔競功名，不惜死生以之；迨至失志之頃，於無可奈何中，乃又一一諉之於定數。」（臺北：正中書局，1985年1月，臺初版，頁85。）其說可採。

8 近人王夢鷗嘗云：「定數之說，源於遠古之天命思想，雖以孔孟之賢達，猶不諱言。然天命幽眇，人難測見，遂有反其說者，如墨子之〈非命〉，而承其緒者，亦世有其人。大抵魏晉以前，辨定數之有無，王充著〈命祿〉、〈氣壽〉、〈幸偶〉、〈命義〉諸

　　此類故事所陳說之「命定」主題，不外乎是在強調命之「不可變」、
「不可違」的基本想法，其事最初雖然是從「疑而不定」的觀點出發，然在
主人翁經歷過一番周折磨難之後，當初之「持疑者」最後都會變成「命定」
說之最為忠實的「支持者」，此一「周而復始」的作為，對於眾多目前正居
於「疑」位者而言，無疑具有醍醐灌頂之功：因主人翁當初的深層疑惑，或
乃正是目下眾人的心中困惑；而原本頑冥不化之持疑者的幡然悔悟，正可作
為目前內心依舊抱持存疑者的一種借鑑。[9]

　　歷來，「人窮返本，苦極呼天」的舉措層出不窮，其事誠足以證明，許
多人往往都是在經歷過一番「人為」的努力與對「天命」的挑戰之後，最後
卻仍舊不敵現實殘酷，人事已盡然卻無力回天的低吟、吶喊，及屆此時，
亦只有坦然向難以摹繪之「命運」低頭認輸。當然，此舉雖不一定要理解成
是當事者為推卸一己所應承擔責任的一種藉口，然將一切成敗盡皆委諸於
「天」、歸諸於「命」，甚至揚言一切都是「非戰之罪」的做法，除可適度舒
緩當事者心中之無限悲憤與極度無奈，其所間接傳達出之訊息，卻足以讓人
們不由自主的相信，所謂「命定」之無形框架，實遠遠超過「人力」所能夠
改變的範圍。[10]

　　篇（並見《論衡》卷一、卷二），頗足以窺當時之意見。魏晉以還，世亂日亟，運命
　　之論，益為世大夫所關切。中間又滲入佛道之因果報應、神仙修煉諸說，其內容日漸
　　擴充，猶不僅生人之氣壽命祿，冥冥中各有定數；即凡一飲一食之微，亦莫不有其宿
　　命在焉。」詳見氏著《唐人小說校釋》（臺北：正中書局，1985 年 1 月，臺初版），頁
　　84-85。

9　經由類似故事之不斷反覆陳說，言述者無非是想要傳達出一個明確訊息：持疑者的回
　　歸與認同，應是眾多迷途羔羊般鑑不遠的必然歸路。易言之，前人對於所謂之「天
　　命」，自來便是篤信不疑，縱令有些故事之陳說是以「疑惑」、「拒絕」開端，然最後
　　都會回歸到「傳統」的認知體系，其事之反覆陳說，亦只不過是為了證實其事為真的
　　一種「曲折」表現方式罷了。

10　《史記・項羽本紀》載錄項羽為漢軍所迫，自度無法順利脫難，遂慷慨激昂的對其僅
　　餘之二十八騎說道：「吾起兵至今八歲矣，身七十餘戰，所當者破，所擊者服，未嘗
　　敗北，遂霸有天下。然今卒困於此，此天之亡我，非戰之罪也。」司馬遷於贊語中，
　　對於項王以「力」王天下，至死尚不覺悟且不自責的作為，深深不以為然，並且認

　　讓人感到高度興趣的是，歷來有關「命定」的故事陳述模式，往往都是從「天命已定」及「命不可違」的命題中陸續展開。其中，或有人會從「質疑」、「挑戰」的角度切入，可以設想的是：倘若其事順利成功，則一切榮耀將會再次歸於「天命」；倘若其事不幸失敗，則一切皆是「命定」使然。在「正」、「反」兩極的思辨過程中，陳述者對於「命定」的詮說，始終都是在「變」與「不變」的天平兩端擺盪[11]，不論是「疑者」或是「信者」，率皆是由此一相同的原始基點出發；不論其分道揚鑣之後的路徑是如何的曲折離奇，不論言述其事者是如何的翻騰挪移，最後總是殊途同歸的回到其所事先設定好的社會主流與認知識體系當中，通過「由疑至信」的不斷考驗歷程，娓娓道出眾人堅證其說之不可動搖的堅定信念。[12]

　　然對於所謂「命定」之說，其事實又多有啟人疑竇之處。倘若世間一切皆為「命定」，則人世之榮顯富貴與貧病卑瘁，在人們出生的那一剎那，便早已經明確決定，此乃人生難以承擔之「不可變」的一環。事實上，其說之主要訴求，無非是在主張，世間一切皆有其肇因，皆有其根由，在「因果循環」的指涉下，將其事直指渺不可知的「天命」；此一說法確實為許多人力無法挽回之憾事，尋找到一個足可聊慰人心的遁詞，讓許多歷盡人事滄桑之

　　為，項王「天亡我，非用兵罪」的說法，顯然是謬誤的。

[11] 今人王溢嘉嘗云：「在這種複雜的宿命論中，一個人的行為就缺乏絕對的『對』或『錯』的標準。張三對李四百般折磨，那可能是李四『罪有應得』，因為這是他前世作孽所得的報應，張三甚至還是在執行『宿命的天道』哪！至於張三的惡行，卻需等到「來世」才會受到懲罰，他今生依然可以活得舒舒服服的。」詳參見氏著《聊齋搜鬼》「無情的宿命論」（臺北：野鵝出版社，1989年9月，初版，頁182）。竊以為，此種試圖以「宿命」、「果報」之說，解答人世紛葛萬端之事，無寧理解成是一種遁詞，因此舉但解決問題之一端，然因其說之忽略勢將引起更大之失序。

[12] 人們可以通過有形的「法律」規範，或是無形的「道德」約束，甚至是所謂的「天命」，來維繫社會人際關係的正常運作，此數者讓世人皆有足資憑藉的準則存在，讓所有事理皆有脈絡可以依循。由是以觀，「命定」故事之主要內容，無非是在強調冥冥之中無形存在的既定事實，認為其乃宇宙之中恆常不變的一種「秩序」，單從這層意義來說，「命」乃是秉自於至高無上的「天」，它是用以維持人類社會運作的重要基礎。

後，卻仍舊一無所成者，能夠因此而稍慰寬心。[13]

在後起涉及命定主題之故事的陳說過程裡，講述者似乎刻意營造出另一更高層次的「秩序」存在，它可以改變前代命定說原本「不可變」的既定事實。由是以觀，其事應當是對於前說人事不足之處的一種濟助。[14]當然，如是之構想雖然有些天馬行空，然它至少為受困於「命」的社會底層者，提供一個畫餅充飢式的美好未來，它雖不一定會全然實現，然望梅止渴式的「文學心理療效」[15]，卻足以提供人們源源不斷的向上動力。如果說，早期「命定」故事的說法穩定了絕大多數人們的內心悸動，那麼，後期不時傳出的「神仙」出世，尋覓有緣人的「濟度」說法，至少可以讓生活在困頓無奈中的世人心中，因之燃起一絲絲的無限希望，或許有朝一日，個人「無意」之間的行善作為，可以讓命運為之翻轉丕變，此一想法雖然頗具阿Q「精神勝利法」之不切實際，但它至少是一個穩定社會人心普遍向善的強大力量。

---

[13] 然此一「消極性」想法，對於眾多積極進取者而言，無疑會產生極大阻力，其說之「侷限性」於事過境遷、物換星移之後，後起者必然會針對原先不夠周衍之處進行修補，以便其事能夠與時俱進、益發圓融。新興之說雖不必亦步亦趨的遵循前代之說，但它必然會對舊說進行修正，在原本一成不變的說法裡，提出若干可變因子，讓幾近陳朽的陳腔舊說，能夠跳脫出原本窠臼，朝向不拘一格的方向挺進。

[14] 此類故事所言之人物，其與生俱來便已經完全確定之福分，在講述者的內心之中，自有一套固定不變的理解，或將其視為是前生作為，經過「死後審判」、「因果輪迴」之後所致，此一「原罪」式的說解，確實可以適度解決人心的部分疑惑，然面對此一不甚「公平」之事，人們究應要如何與之應對──究竟是要衷心表示臣服？抑或是勇於向其挑戰？對於這個「幸」與「不幸」的結果，在「信」與「不信」之間，的確存在著一條「看似模糊，實卻明確」的路徑，其乃眾人共知的概念。然要人們信而不疑，甚至是向命運全然低頭，其事卻又存在著不足以說服人心的若干困擾，在如是兩難之際，雙重弔詭的矛盾究竟要如何化解，方能讓普羅大眾普遍相信：某些人與生俱來的福分，是他們原本所應當享有的；某些人天生的困頓，亦是他們所應該承受的。在環環相扣的事理當中，對於當下的若干問題，或可部分解決，然此一說解對於人心所可能造成的萎靡與消頹，則必須予以適度補救與消解，是以類似後天的「濟助」之說，便應運而生。

[15] 關於文學與治療之議題，詳參見葉舒憲主編之《文學與治療》（北京：社會科學文獻出版社，1999年9月，第一版）一書所收諸文之論述。

　　任何一個新的觀念的漸次形成，都必須面對舊有觀念的限囿與修正[16]。以「命定」一事為例，它必須在不影響原先舊有觀念的前提下，針對先前觀念有所不足與令人質疑之處提出修正，期許它能夠發揮出撫慰現實人心不平的特殊效用，就「醜女變美女」故事而言，它顯然是必要的，而且是被眾人所期待。詳言之，為其於陳說之時，必須面對先前積澱人心的「果報」觀念，然該事亦只不過解釋不同之人何以於當世貧富不一的前世因緣，然對於目下為善者是否能夠因此而得到立即性回報，為惡者是否會因此而遭受到立即性懲罰，則並未就此做出說明。事實上，此一隨時牽動人心反應的疑惑，人們對它實是多所期待，與其去面對渺不可知的來生，當下的回饋或許更具聳動人心的效力，此一想法應是此類故事以「仙人度脫」方式處理此一人心殷切期盼的根本緣由。由是以觀，「醜女變美女」故事無妨視之為是一種彌補原來觀念不夠周衍而所產生出之補救措施[17]，高明之講述者將潛藏於人心之中的殷切期待，與民間故事的「勸善」動力相互結合，並將此一重責大任，委諸於人們生活周遭毫不起眼的乞兒，且與傳統之「仙人」進行連結，將之視為是不時降臨人們的仙人化身。[18]

---

[16] 張光直〈商周神話與美術中所見人與動物關係之演變〉一文（收錄於氏著《中國青銅時代》，臺北：聯經出版公司，1990年，初版，頁327-354），嘗分析商、周兩代權力更替之際，不僅是政權的改變，觀念的承繼與變易，亦是其中的重要一環。如殷商所言之「天命」說，周人在新獲政權之初如何顛覆前代舊說，方能讓一己之政權得到上天與之的合法化，它必須是在不更變前代「天命」說的前提底下進行，是以周人繼而提出「有德者居之」的觀念，強調殷人係因「失德」而為上天所棄，周人因「有德」而獲上天榮寵。

[17] 上古神話傳說之水神共工與火神祝融爭勝不果，怒觸不周之山，因而造成地傾東南的結果，原本之宇宙「秩序」遭受到外力的嚴重破壞，值此之時，其事概有兩端可資思考：一是回復原有秩序，一是建立新的秩序。前事既不可為，後事當乃成為唯一的思考方向，女媧斷鱉足以立四極，當是新秩序建立的具體展現。此一神話傳說之文本記載，詳參見袁珂《古神話選釋》「女媧」條（臺北：長安出版社，1982年8月，再版）徵引之（東漢）王充《論衡：談天》及（唐）司馬貞《補史記三皇本紀》之說，袁珂主張其為晚出之說，係後人為補充前代女媧說之缺漏而新出的「合理」解說。（頁29-31）

[18] 假設所有的人對於四周身分卑微者皆能以悲天憫人的胸懷接納他們，德行上的超凡入聖，施恩不求回報之不企求的施捨心靈，或許才是烏托邦社會的具體實踐。

　　對於過去已然發生之事，絕不可能以任何外力來加以改變，然對於其事之生成緣由與最後呈現出之結果的理解，則是允許後人以某種特殊的立場來加以詮釋。某些積澱人心的價值觀念，它是維持社會運作、道德規範、人際互動的重要基石，一般而言，它是維護社會人心至高無上的法則，但是在捍衛此一顛撲不破的秩序之前，些許的修正與調整，如果是順應人心所需，應是無傷大雅的。其事係對舊有制度思慮不夠周衍的一種濟補，而此舉之前提必須是在不顛覆舊有概念的情況下，為被原先觀念所籠罩的人們，提供一個美好的憧憬。此類以事件（觀念）為主軸，以闡釋「不公」為出發點，其所衍生出的新興說法，在不可以改變過去的前提下，確實對事件（觀念）的強化與提供世人對於未來充滿美好希望，造就出雙重作用，講述者在面對一般普羅大眾，他或許沒有能力去改變一個大的傳統，但是卻可以為被重重觀念禁錮之人心，提供一道可能觸及的關口，而這一道關口卻可能改變人生一切，這應當就是一種「文學補償」。

三　詮釋：故事的理解進程與超越現實的合理想法

　　人們生活周遭的許多事物，究竟是如何出現，長久以來，此類命題一直吸引住世人的好奇目光；值得注意的是，在其事傳之久遠之後，許多事實真相或乃消失於人們「習以為常」、「不以為異」的態度之中，在時過境遷之後，成為人們「顯揚其智」的競逐場域，或是人們「為說而說」的閒聊話題。人們因應某事而所陸續提出的各項解釋，雖未必是事實真相，然卻可以自成其說，許多傳聞雖然能在人們的口耳之間普遍流傳，甚至開展出一場場讓後世之人為之撲朔迷離的紛亂說法，值此之時，言述其事者所提出的說法，便成為影響後世認知的關鍵起點，先此之前究竟如何說解其事，似乎已經不再重要。在看似「合理」的說法中，既有若干事實配合一套出入於「現實」與「想像」的弔詭，事與事之間的衔續，或許存有無法如中符節的疑慮，但在「言者有心」、「聽者有意」的情況下，講述者從「新奇」角度出發，聽聞者以「獵奇」心態與聞其事，雙方各取所需，彼此相互配合，讓原

本渺不可知且難以稽考的前代故實，成為滿足雙方所需的界面平臺。

以前述之「命定」觀念為例，前人對於「命」之不可改變，實抱持著相當執著的堅定信念，通過敘述性故事的一再陳說，此一態度益發明顯。晉人干寶《搜神記》卷十九「陳仲舉」條載錄一事云：

> 陳仲舉微時，常宿黃申家。申婦方產，有扣申門者，家人咸不知。久久，方聞屋裡有人言：「寶堂下有人，不可進。」[19]扣門者相告曰：「今當從後門往。」其人便往。有頃，還。留者問之：「是何等？名為何？當與幾歲？」往者曰：「男也，名為『奴』。當十五歲。」「後應以何死？」答曰：「應以兵死。」仲舉告其家曰：「吾能相。此兒當以兵死。」父母驚之，寸刃不使得執也。至年十五，有置鑿於梁上者，其末出，奴以為木也，自下鉤之，鑿從梁落，陷腦而死。後仲舉為豫章太守，故遣吏往餉之申家，並問奴所在。其家以此具告。仲舉聞之，歎曰：「此謂命也。」[20]

根據本事所述，文中姓黃名奴者，早在其出生時，冥冥之中就有一股強大的神秘力量，確定其性別、名姓、壽算、及因何而死等一切與生死相關之事，易言之，黃奴一生亦只不過是根據此一「命運」之說照本宣演而已。

此一故事類型誠頗具影響，相類之事亦曾經出現在「華歆」身上。六朝志怪小說名著《列異傳》嘗記述一則華歆「未仕之前」的古老傳聞，試引述其說如下：

> 華歆為諸生時，嘗宿人門外。主人婦夜產，有頃，兩吏詣門，便辟易卻，相謂曰：「公在此！」躊躇良久，一吏曰：「籍當定，奈何得

---

[19] 「寶堂下有人，不可進」一句，劉義慶《幽明錄》作「門裡有貴人，不可前」，特以「貴人」二字彰顯出故事之主人翁（後漢人陳蕃）將於未來大富大貴，並且為其人將於十五年後重歸故地，印證其事（語）是否為真的原始動機進行強化，其說實遠較《搜神記》之文字陳說略勝一籌。

[20] 見引自汪紹楹《搜神記（校注）》（臺北：里仁書局，1982年9月），頁235-236。勘案：本事另見《幽明錄》（《古小說鉤沉》輯本）第41則，文義略同。

住！」乃前歃拜，相將入。出並行，共語曰：「當與幾歲？」一人曰：「當三歲。」天明，歃去。後欲驗其事，至三歲，故往問兒消息，果已死。歃乃自知當為公，後果為太尉。[21]

陳壽《三國志》卷十三〈華歆傳〉有「轉拜太尉」之語，裴松之注引《列異傳》以證，並有「魏舒少時寄宿事，亦如之」之語。裴氏於此業已明確指出，時代稍後曾有一名曰「魏舒」者，亦曾經發生過一則與華歆事極為相類之事。考《晉書》卷四十一〈魏舒傳〉云：

> 舒嘗詣野王，主人妻夜產，俄而聞車馬之聲，相問曰：「男也，女也？」曰：「男，書之，十五以兵死。」復問：「寢者為誰？」曰：「魏公舒。」後十五載，詣主人，問所生兒何在，曰：因條桑為斧傷而死。」舒自知當為公矣。[22]

裴松之以為：「按《晉陽秋》說魏舒少時寄宿事，亦如之。以為理無二人俱有此事，將由傳者不同。今寧信《列異》。」[23]其意蓋以為，一事之所以化為二人者，實乃因「傳言致訛」之故。以之與前引陳仲舉事相參照，益發凸顯出該事陳陳相因的承襲之跡，以相同之故事模式陳說「命定」主題。[24]

基本上，六朝時期之「命定」故事類型，均是敘述某一歷史名人於其身分尚屬低微、事業尚未發跡之前，曾經棲身寄宿於某地某戶人家（門口），

---

21 見魯迅《古小說鉤沉》輯本第22則。勳案：本事另見《搜神後記》卷三「華歆當公」條，可參看。

22 見《晉書》（臺北：鼎文書局新校本，1983年7月，四版），頁1185-1186。勳案：本事另見《太平御覽》卷一二六引孫盛《晉陽秋》。

23 見《三國志》卷十三〈華歆傳〉注（臺北：鼎文書局新校本，1984年6月，五版），頁405。

24 前引數事，係將前代對於「南北斗」主生死之星辰信仰觀點，轉化成「冥吏」標注生死，其說是在「命有定，數亦有定」的觀念下，採取相同之陳說模式，這套漫不成文之「命定」故事類型，乍看之下雖是各自獨立，然其彼此之間絕非毫無關係，整個事件的發生過程，幾乎毫無二致，其事實有明顯的因襲之跡，而其間的唯一差別，咸信亦只不過是主人翁的「姓名」不同罷了。

偶一日深夜，當主人翁尚在寐寐之際，總會有兩名「身分不明」者適時出現，無巧不巧的是，其家必定會有一名身懷六甲之婦人即將臨盆分娩；而這兩名「只聞其聲」、「未見其面」之冥吏，此行之主要目的，係在確定該名新生嬰兒之一生歷程，他們必須在順利完成任務之後，才會相攜離去。先此之前，此二名具「冥吏」身分者，或對尚未發達之主人翁有著超乎常舉的謙恭舉動，或於言談之間隱指其未來官爵，此一「尚待驗證」之事的真實性究竟如何，在綿歷數歲之後，配合著該名新生小兒「果如其言」般的應驗而早夭身亡，強烈暗示出其人日後必定可以為某識「命定」訊息。此種「以前事證後事」、「前事為真，後事必為真」的驗證方式，實乃時人素樸的論證模式，用以堅信主人翁必然可以如「預言」般地加官進爵。[25]

迄至唐人小說「定婚店」故事，對於傳頌多時之「命定」主題，則採取異乎前代的敘事策略，誠別具另類意涵，它是在主人翁一連串的懷疑、迷惑或挑戰、對抗之後，最後終於峰迴路轉，再次確認命定之內容是絕對「不可能」以任何外力來加以改變的，其初時對於命定說的強烈質疑，及屆此時業已轉化成對命定說最為堅定的信從者。[26]

然以當世善惡對於承自輪迴審判進行「立即性」的修正，當是後起者對於命定說的普遍質疑，其事於宋元話本小說之中已然可以及見[27]。基本上，此一說法並無意去改變積澱於歷史認知的價值體系，但卻有一絲疑惑不解之

---

[25] 其事之所強調者，無非是對「命定說」的篤定堅信，整體之敘事策略，亦只不過是對於無意耳聞之「命定」內容的再次確定，在「前事為真，後者必為真」的認知概念中，言述其事者試圖採取「以前事證後事」的方式說服眾人的企圖，誠極為明顯。

[26] 唐人呂道生撰有《定命錄》二卷，今存六十餘事，李劍國《唐五代志怪傳奇敘錄》嘗評論其書，有云：「所記多為初、盛唐間事，中涉公卿官宦特眾，皆可褲考證。大抵言壽祿前定，人莫能移。雖意存規戒，然宣揚宿命，其為糟粕可知。文字間短，長者數篇，蓋據聞而錄，猶六朝格局。其中若干事平實無異，非盡語怪之作。視鍾氏《前定錄》，頗不逮之。」（天津：南開大學出版社，1993年12月，第一版，頁633。）其秉自六朝志怪遺風，多宣揚宿命之說，故其書之評價不高。

[27] 〈鬧陰司司馬貌斷獄〉（《喻世明言》卅一）、〈遊酆都胡母迪吟詩〉（《喻世明言》卅二）、〈梁武帝累修歸極樂〉（《喻世明言》卅七）、〈拗相公飲恨半山堂〉（《警世通言》四）等故事，皆屬之。

處，靜待後人做出更進一步之澄清，通過故事主人翁之善惡行止，強調「當世之行」必定能夠超越「前代之命」的窠臼，而這一點似微實巨的改變，則是完全符合人心的根本冀求。

反觀臺灣民間故事「醜女變美女」一事所陳述之內容，顯然已經跳脫出「六朝志怪」與「唐人小說」對於命定的陳說概念，反倒是近乎話本以降對於命定的諸多疑惑與補救概念。此一基本態度上的改變，實具有兩層意義：一是從思想演化的角度觀之，其事實意味著人們對於此一傳之既久的價值體系，已經產生「自發性」的覺醒，甚至試圖以某種後起說法，將全新的觀念融注其中，進而形成一種新的價值體系；一是從「功能性」的角度觀之，其事無妨視為是故事之講述者為「營設衝突」、「製造高潮」的一種說講策略，通過此一過程的鋪陳，達到宣洩人心不平，給予人們無限希望的終極目的。

四　超越：試煉、度脫與聖俗交融

在「醜女變美女」一事中，故事發生之時間、地點、人物姓名，均未見詳述，其所言述者蓋者「意念」式之事件，誠深具「普遍性」意義，講述者「假事言理」之旨，實特為明顯。

此一臺灣民間故事對於人物之形塑，蓋屬於中國小說傳統之「敘好人完全是好的，敘壞人完全是壞的」的描述方式[28]，乃是「惡則無惡不惡，美則無一不美」的書寫格局。其人物形象蓋由「概念化」、「簡單化」之扁平式性格所構成，較諸具有「獨特性」、「複雜性」之圓形典型，顯然要簡單許多，此或乃肇因於講述者之文學造詣所致，抑或是其為觀眾水準設言使然。[29]

此類民間故事傳說，皆以人世「現實」所知出發，如此方才容易引起聽

---

[28] 見魯迅《中國小說史略》第24篇「清之人情小說」評《紅樓夢》語。

[29] 然不論其真正原因究竟為何，此一結果對於文學質素的提升，顯然並無太大助益，反而有流於「通俗化」之弊端。詳參見齊裕焜《中國古代小說演變史》（蘭州：敦煌文藝出版社，1990年9月，第一版）頁443。

聞其事者的諸多共鳴；其間又夾雜穿插一些非當世所能知、所能為者，此舉
當更能撩撥人心的高度想像與無窮冀望[30]；或言其事具有假事言情之意，然其
終極目的卻又往往隱而未顯，言述其事者慣將其事之真正意圖，藏身於「只
可意會，不可言傳」之欲言又止的弔詭思緒之中。其以眾所周知之事為背
景，當有貼近世人「俗性」之意味，其所言者與一般鄉里之生活貼近，如是
自然容易引起眾人共鳴；而其中「非人事」的想像成分，足以讓其事在一成
不變的慣性思維下，充滿無限遐想，讓此一徘徊於「現實」與「想像」紛陳
的故事敘述，萌生出意想不到的特殊效果。[31]

　　本事之關鍵人物——仙人，其在中國流傳既久，故事中仙人「世俗化」
之意味，實遠勝於「文人化」之色彩，其乃晚出之作，蓋無疑義存焉。[32]「試
煉」對於一般常人來說，原本就是一項十分嚴格的考驗，「醜女變美女」故
事中具有無上神通之「神仙」，褪去讓世人多所崇信、敬畏之無所不知、無
所不能之神奇能力，改以讓凡俗之人多所鄙視，且是絲毫不會引人注目、身
分卑微至極的乞丐之姿，向社會地位相對較高的世俗之人進行乞討。此一社
會位階上的翻轉丕變，讓世人原本皆習以為常之「神仙、世人、乞丐」三者

---

[30] 類似之觀點，本人於論述「白水素女」故事中，嘗有提及。詳參見拙著《六朝志怪小
　　說故事考論》上篇第一章第一節（臺北：里仁書局，1999年1月），頁9。

[31] 俗性作為旨在引起聽聞其事者的感染效應，而超乎世俗的想像部分，則會讓人充滿寄
　　寓的遐想空間；整個事件雖是從人們的生活周遭出發，然在第一階段中，卻發揮出與
　　人相親、相濡以沫的影響，人世問題的解決之道，雖然無法慰藉人們對於現實的無奈
　　與無助，馳騁無限想像便成為解決人世困頓的唯一可能。或言其事是文學的補償與濟
　　渡，是想像的饜飽與滿足，然在人們得到心靈鑲補的同時，「徵實其事」反倒成為一
　　種累贅，在得到現實無法改變的阿Q精神勝利之前，一絲絲的自我滿足，對於但求平
　　安溫飽的市井小民來說，或許並不是一件十分奢侈的事。

[32] 梅新林《仙話——神人之間的魔幻世界》（上海：三聯書店，1992年6月，第一版）
　　一書認為，「成仙」與「還俗」是存在於仙話之中的內在矛盾衝突，其基本主題包括
　　三部分：一是以成仙為主旨的「修道主題」，一是以還俗為指向的「婚戀主題」，一是
　　以融合成仙與還俗為一體的「濟世主題」。其中，「修道主題」主要以先秦、兩漢時期
　　為主，帶有「貴族化」的烙印；「婚戀主題」則是以六朝、唐、五代為主，帶有明顯
　　的「文人化」色彩；「濟世主題」則以宋、元、明、清為主，帶有「平民化」之傾向
　　（頁163）。以此一概念檢視上舉數例，確實有此一趨勢。據此故言。

「施／捨」，「被求／求人」的相應關係，因為講述者刻意改變人物的外在身分，遂讓整個常態性思維亦隨之巨幅改變，其事勢將不可以一般常情來進行臆度。

依照一般常理而言，世人在神仙面前，總是顯得十分卑微，其事之主要關鍵，係在於世人對於渺不可及之神仙，總是心存冀求；人們往往試圖通過禱祝與祈求，讓肉體得以超拔飛昇，讓原本有限之生命，可以因之而無限延續。相對於此，身處社會底層，衣衫襤褸、油頭垢面、污穢不堪之乞丐，卑躬屈膝的向過往行人進行乞討，藉以滿足基本的口腹之需，實乃常態，其所必須面對的，可能是一連串的屈辱，更遑論是人際之間的相互尊重。上述兩種舉止，係基於「有所求」之心態出發，進而以汲汲營營態度，向「被求」對象不斷討好；但是，當有那麼一天，此一眾人皆「習以為常」的對應關係，發生「主客易位」現象，轉換成一般世人必須去坦然面對社會底層那些原本對他們有所冀求的人，他們是否也會如同其在神仙之前的一般卑微，以謙卑心態去對待「有所求」的乞丐？事實上，講述者通過世人與「富貴／貧賤」者之不同身分的應對關係的處理過程，其所欲彰顯之真正意義，係以強烈之「對比」方式，說明貧賤者並不會因其社會身分低下而淪喪高貴的人格情操，而所謂之富貴者，亦不會因其身分高尚而連帶擁有高貴人格，當一切皆「反諸本心」進行思索，其結果自然變得更為真實。[33]

「醜女變美女」故事對於世人外在美／醜、貧／富、善／惡進行鑑定，亦即所謂之「試煉」者，並非是以其可供世人諂媚逢迎之身分出現，一切試驗但只不過是對於「人心」的一項考驗。其所設定的情境，係在於施者「有

---

[33] 十分弔詭的是，在神靈之前的自卑、自抑，與在乞丐之前的自大、自傲，此種前後恭倨不一的態度，多係肇因於世俗鄙見。人生在世，社會身分的貴賤高低，往往成為人際關係的巨大障隔，世俗鄙見讓一般世人昧於皮相，而更為高尚的基本人性與道德情操，反而因之泯沒不顯。孔子嘗云：「吾以言取人，失之宰予。以貌取人，失之子羽。」（見引自《史記・孔子弟子世家》）其是之謂也。仲尼之所強調者，無非是在告誡世人，人們若是拘泥於外在形貌，必定會為皮相所蒙蔽，進而忽略本性之真，如此對於人事之理解，必然是多所偏頗。

所施」、「無所求」的情況下進行,及屆此時,所有的義行善舉,都將因此而顯得益形高貴。與此相較之另一參照客體,則全然異乎於此,它是在施者「有所施」、「有所求」的目的下出發,如此一來,施恩而欲求回報之不良「動機」,必然會引起眾人訾議,而此時所謂之「善行」,亦必須重新接受人們的道德檢驗。

事實上,人們對於周遭事理之理解,皆有其「合理」想像,在圓融其事與撫慰人心之間,必須要有一平衡基點存在,試煉者的適時出現與試煉情節的刻意安排,當是對於當世行止的一種「勸懲」,它遠遠超脫於「因果」的界域之外,實乃深具「彌補」作用的良善措施。[34]世人的外在美/醜與貧/富、貴/賤、善/惡之間,並非絕對,有些人雖貧而實貴、雖醜而實美,有些人則雖貴而實貧、雖美而實醜。貧/富、美/醜並不只是單純的外顯,發自內心的真誠良善,絕對可以超越先天秉賦之不足,並使之高度昇華,讓後天行止超越先天形貌。簡言之,類似「醜女變美女」故事中之女傭,秉自於天者或許有所不足,然其高貴舉措卻足以讓他雖俗而實聖;反之,財富與容貌並不能為人帶來高尚德行,「老吾老以及人之老」之大同世界的及早降臨,當須從身旁最簡單的一切逐步做起。[35]

世俗之人的任何舉措,在「有心」、「無心」之間,往往必須經過繁複的「動機」論、「目的」說的重重檢視,倘若其作為係出自於無私、無我的真心本意,如是方見良善,倘若其作為是有所求而為,則其事背後的動機與目的,勢必會引人遐想,然如何方能有一套客觀而審慎的檢測標準供人驅

---

[34] 無可或疑的是,人的外在美醜與身分高低,許多都是秉諸於天,然在美/醜、貧/富、善/惡之間,並非絕對等號,與其自怨自艾於與生俱來之稟性,倒不如以高尚人格來超越彌補,或許現實世界並不能改變此一「不公」現象,但是通過文學的「饋補」作用,卻足以讓眾人對於此一情形多所撫慰,這應當就是一種「勸懲」與「教化」,亦是對於「命定」說「不可變」想法的一種反動。

[35] 本事所呈露出的「言外之意」,無非是在勸誡世人,倘若人們能夠超脫於物外,行其所當行,為其所當為,不為物欲、聲名所累,則原本秉自於天者,都會有改變的契機,而非一如「命定」之所拘囿,人們必須坦然承擔不可臆知的前世功過,當世行止有可能會改變原本以為「不可變」之前世因果。

策，如何方能區處何者不是惑於外在形貌與社會身分，在天地殷殷垂鑑之下，何者係本諸於心，何者係沽名釣譽，在兩相對應觀照之下，一切都將畢顯無疑，而所謂的事實真相，通過簡單的「對應」關係來加以審視，一切都會顯得十分自然，其事意欲彰顯之「福佑善人」的價值觀念，必將逐一呈顯。

五　新變：由「心變」而「形變」

關於「形體變化」之事，歷代載籍多有及乎其事者，或以神話、傳說視之，或以歷史人物為其主角，或以鄉野傳聞傳述其事[36]，然在「虛」「實」交錯之際，確實讓此類傳聞迴盪於「真實」與「想像」、「合理」與「弔詭」之間，而似「真」似「幻」的文學筆觸，配合講述者「合理化」的陳說，為其事之所以引人入勝，積澱許多動人的無限誘因。不容否認的是，言述其事者自有其原始目的之存在，此種「有所為而為」的創作本身，其出發點本身便存有「事先假設」之目的性，惟其說詞或乃隱於某種功能之後，說、讀、聽、講之間的理解過程，知性與感性的不同認知，讓其事之可能真相，隱匿於各種假想與詮釋之間的多種可能。

此類近似「志怪」的故事，倘若一般人均是以「記實」、「記異」的觀念省視其事，無疑將使其事之真正意涵，在人們無法洞悉其事微義的情況下，趨於淹沒；假使人們只是單純就「文字內容」談論其事，勢將無法超越、跳脫迎面而來之「怪異」感受；倘若人們是以「別有寓意」的心態看待其事，亦有可能陷入「臆測」的泥沼之中而無法自拔，許多的古老傳聞與志怪故事，或將因此而成為永遠也解不開的文學謎團，甚至成為歷史、文學上的古老懸案。[37]對於此等傳之久遠的老舊傳聞，人們於言述其事時，其所在

36　以神話、傳說視之者，如：刑天舞干戚；以歷史人物為其主角者，如：比干剖心、華陀換心，與割股療傷、志怪化胡故事等；以鄉野傳聞傳述其事者，如：望夫化石。

37　詳見參見拙文〈六朝志怪小說「化胡」故事研究〉（原發表於《東華漢學》創刊號，頁45-69，後收錄於《古典小說與民間文學——故事研究論集》，臺北：大安出版社，

意者不外乎有兩個面向,一是「表象敘說」,一是「意義賦予」,此二事看似可分,實卻早已密切結合。此一情況猶如人們在驚奇於眼中所見的怪異情狀,在不明其由且又意欲強解其事的情況下,許多不同之解說遂如雨後春筍般的陸續出現。[38]

形變之說的動力,或源自於內在,或可以外力加諸其上,其所以變,自有其原因存在[39]。早期神話、傳說所強調的多半是外界的壓力與內心的焦慮,在物種與物種無隔的情況下,形體轉變似乃極其自然之事;六朝志怪奉其餘緒,所敘之事實多所寄寓。[40]自此以降,歷代有關形變之傳聞,始終未見歇息,而善惡「報應」與人心「遂願」之說,更以積薪之勢取代早先強調表象變化之的陳說策略。民間傳說對於其事之敘述,自然保有更大的想像,空間配合「果報」想法,「形變」之說幾乎已經成為常態,甚至是講述者主張「獎善懲惡」的一種策略。

類似「醜女變美女」故事所言之事,在形體變化的表象之外,實存有作者衷心寄寓的言外之意,其說或與諸子論理性的講述模式類似,先前的寓言故事,或乃是論者引發議論的楔子,惟其事係建立在傳神的神異故事之上,讓整件事的寓意隱匿在超出現實之外的高度文學想像層面。詳言之,「形變」情節於「醜女變美女」故事中,充其量亦只不過是作為「獎善懲惡」之用。

民間故事之講述,不論從「社會」功能屬性或「家庭」功能屬性以論,多為臨事而言的即興之作,對話場域中的兩種角色(「講述者」與「聽講

2004 年 8 月,頁 81-105)一文所論。

[38] 百家爭鳴之際,各種說法雜然並存,然在傳之久遠之後,合理化的各項說詞,以及動人心扉的故事情節,當是其是否能夠脫穎而出的主要關鍵。人們最後所聽聞到的動人優美傳說,亦應當是在千錘百鍊之後的一種說法,而其事背後必然存有講述者的某種訴求,其中亦包含著聽聞者的熱切期待,在各有所欲的情況下,此類傳說便一直在不斷調整故事情節與修飾文字內容的文學美化作為下,輾轉流轉於人們的口耳之間。

[39] 詳參見樂蘅軍〈中國原始變形神話試探〉(收錄於氏著《古典小說散論》,臺北:純文學出版社,1976 年 10 月,初版,頁 1-38)一文所論。

[40] 詳參見拙著《六朝志怪小說變化題材研究》中篇第五章(中國文化大學中文研究所碩士論文,1988 年 6 月,頁 159-215)所論。

者」），未必都是受過一定教育的知識份子，其所言者多半是淺顯易懂，內容則未必具有微言大義，但是普羅大眾所篤信之事的具體展現，既為眾所周知之事理，其「普遍性」實早已根植於人心之上。[41] 以本事為例，講述者所要傳達的，但只是庶民百姓所熟知之「善惡」、「果報」觀念，在淺顯易懂的陳述裡，「醜女變美女」之故事內容並沒有給人們太多的「想像」與「誤讀」空間，作者通過簡單的「對比」方式，針對不同「情性」之人（良善／鄙吝），藉由不同「心態」（無心／有心）、不同「目的」的作為（不求報／求報），最後終將招致完全截然不同的「結果」發生（美／醜），其所採取的「反覆」陳說方式[42]，蓋以「前後對應」關係來警醒世人：「為善者，終必有報；為惡者，終必受懲。」其所以獲致不同結果之原因無他，立即性的因果報應關係，一目了然的呈現在眾人之前，此一結果必然會對聽聞者造成一種啟示，而所謂之「載道」與「教化」，自是蘊含其中，人們往後該何去何從，自當是了然於胸，而無須隻字片語贅言繁述。

人們與生俱來之外在的形體美醜與身分的富貴貧賤，在「命定」的框架底下，其事之所以發生，儼然存有一道無形的規律在規範其事，此一說法自然可以說明人們先天何以若此的緣由，然其說所帶來的無形禁錮，卻讓某些事情陷入「不可變」的矛盾思緒之中。人們質疑的是，「後天」的善惡作為，是否足以改變「先天」的因果報應？人們能否因「心變」進而發生「形

---

41 於此所言之「社會傳承」與「家庭傳承」，係指故事家因性別上的差異，在說講的故事內容上亦所差別，大體而言，女性故事家因活動範圍以家庭為主，與男性之與外界的接觸層面多所差異，是以在說講故事的內容上，遂出現女性偏重於「家族傳承」，男性偏重於「社會傳承」之普遍現象。當然，此一有趣現象並非絕對者，而且「家族傳承」與「社會傳承」並非截然對立。詳參見劉守華《比較故事學》「中國民間故事的傳承特點」（上海：上海文藝出版社，1995年9月，第一版，頁300-315）一文所論。

42 此類「反覆」手法，於民間故事之講述當中極為常用，試以「三隻小豬」故事為例，三隻小豬分別以「稻草」、「木頭」、「石頭」蓋房子，自有難易之別，當外力（野狼）入侵之際，昔日之作為必定為今日之悔。類似「兩兄弟」之系列故事，其所採取之陳說策略，亦多同乎此。是以言，此一陳說模式於「醜女變美女」故事中出現，實一點也不足為奇。

變」？甚至因為「形變」而為其人生帶來「新變」的可能？這一連串的「饋
補」效應，除了可以稍稍消弭承自前代的「因果」、「報應」之說與「天命」
論點點所可能帶來的人心積怨，亦可將此一可能存在於人心的怨懟與疑惑，
導入良善的純化之域。其事旨在強調，秉自於天命者，並非是一成不變，人
們但凡能夠及時行善，終必有改變一切的可能。此一概念為蟄居於社會底層
之庶民百姓，提供無限可能，至若人們對於因果之說的無奈，至此終有紓解
的可能，這不能不說是一種思想上的巨大改變與進步，亦是人們自覺意識的
再次甦醒。

六 結語

綜觀上述以「命定論」與「仙人賜福」為故事之陳說主軸者，係分別從
人心「印證其事」與「激勵人心」兩條不同心理訴求切入，言述該類情事自
有其目的：「印證其事」之說讓人萌生「堅信其說」之意；「激勵人心」之
說則讓人有「樂於為之」的源源動力

前代祖訓之無上權威，以及人們對於道聽途說、不足為訓的既有觀念，
必須眼見為憑的刻意堅持，或許都是此類故事用以打動人心的不二法門。世
人對於這股來自遠祖的莫名記憶，千古流傳之價值觀念，在疑、信之間確實
是頗多掙扎；人們自小及大，切身周遭的生活環境，無時無刻不在講述人心
所普遍認同的價值觀念，然在接受某種想法之前，或許都會稍事遲疑。早
先，在「命定」故事的議題陳述過程中，人世之榮辱、興衰並非是由當下個
人的行為與努力所決定，而是根據渺不可知的冥冥力量來做安排，此種理解
對於畢生竭盡心力，卻始終不得其然的人心而言，誠深具破壞力量。是以當
後起者對於此種說法產生質疑，不再拳拳服膺前代之權威與教條，甚至是試
圖對此一相同命題重新提出一套「合理」解釋，許多有趣陳說便會接踵出
現。如果說「不可變」之「命定」說是前代社會的共知共識，則後來出現的
其他想法，當是嚴肅挑戰此一古老說法的一種嘗試，姑且不論其說是否足夠
圓融、全面觀照，至少它是一種「解構」前說的力量，它讓另外一種「新

構」的價值體系，得以於人心之間普遍流染。[43]

　　民間文學中類似「醜女變美女」的故事，其事之陳說策略，蓋從「存疑」態度出發，通過一則結構簡單的故事描述，讓人們得以重新省視此一積澱人心已久的古老觀念。陳說重點絕非是想要顛覆此一眾口鑠金的前代想法，而是通過「由疑至信」的心路歷程轉變，聞自於父老耆宿的傳聞上，再次刻鏤上隸屬於當代認同的深層烙印，其事宛若是在一座高聳參天的紀念豐碑之前，以個人極為謙卑的虔敬心情，追隨前人所踏過的每步足跡，並將自己的姓名刻塑其上，其所代表的真正意義，應當是一種對於「族群血脈」與「文化信仰」的高度認同。如同一名曾在年少負氣離家之人，在經歷過一番摸索、碰撞之後，最後方才「回歸」並且「認同」原屬於父老、族群的傳統觀念，此舉亦代表其人從此之後將會矢志不移的信奉其說，薪火相傳之意味極其濃厚。

　　此種「迂迴」式的書寫策略，顯然要比「直陳其事」方式來得高明許多，假使人們是因為懼於「權威」而被迫接受某一概念，則疑信相差的不確定性，絕對無法讓人心悅誠服的將其說奉為圭臬。此類故事採取「因疑出走，因信回歸」的敘事策略，自然成為勸說曾經有此一疑惑者的最佳良方，它藉由某人的親身經歷，現身說法的明確事證，作為身處在認知十字路口徘徊不定者的一種借鑑，其與六朝志怪小說無鬼論故事之「以無鬼證有鬼」[44]的陳說方式，頗有異曲同功之效，更與佛教「靈驗」故事以許多可供世人稽考的具體人、事例證，作為勸服世人堅信其說的「有意」作為，實是高度近似。[45]

43　冥冥之中的上天是否真的公平？關於此一議題，前代便一直不斷被人質疑。先秦時
　　期「盜跖」與「顏回」的不同際遇，讓世人對於上天的公平性，發出一連串的聲聲疑
　　問？話本小說中的許多故事，對於前代不平之事，則通過陰間審案與因果輪迴的低聲
　　吶喊，用以彌補遺落人間的些許缺憾，它或許與先前的價值觀念多所違逆，然至少它
　　代表另外的一種思維的發聲。

44　詳參見葉慶炳〈魏晉南北朝的鬼小說與小說鬼〉一文「鬼是存在的」一目（收錄於氏
　　著《古典小說論評》，臺北：幼獅出版社，1985年5月，初版，頁105-113）所論。

45　詳參見拙文〈從佛經到志怪——以六朝志怪觀世音應驗故事為例〉（發表於東吳大學
　　中文系主辦之「魏晉六朝學術研討會」，2005年4月）一文所論。

　　當然，所有故事的講述內容，除卻「故事性」、「趣味性」外，其所隱含的「社會」意味與所要傳達的「文化」概念，通過詮說者有意、無意的理解，以及聽聞其事者的不同體悟，確實可以將該事之深層意涵予以順利掘發；然而，眾多的理解方式與因人而異的不同體悟，並不表示某種認知與理解一定是正確的，但是通過淺顯易懂的表達方式，對於一般閱聽者而言，無疑是想在眾人接受某種價值觀念之前，事先解答與一己密切相關的若干疑惑，它雖未必一定要有最後答案，但是一個可以改變現狀的憧憬，一個可以令人高度期待的願望，通過人心的感染與散播，讓世人對於現狀的不平心情，可以稍稍獲得適當的撫慰與釋疑，這應當就是此類故事在「教化」之外，另外一層的「疏通」作用。

論民間文學的改寫問題

林明德

彰化師範大學國文學系

摘要

臺灣民俗與民間文學的調查研究大概從日治時代開始。回顧百年臺灣民間文學的發展歷程，可說是相當的曲折。基本上，日本對原住民與漢人族群的調查，無非是為了對殖民地人民的瞭解，以遂行統治的目的。至於國人參與採輯、整理，恐怕不僅是民俗興趣與念舊情懷，更展現斯土斯民的本色與對庶民文化底蘊的珍惜。

近十多年來，學界對臺灣民間文學的觀念與內涵，透過辯證，逐漸清楚。相較於民間文學尤其是民間故事的改寫，則顯然不足，還有空間等待大家的投入與經營。這裡以「水鬼」故事為例，以作為本文論述的焦點。

民間故事文本的再創，是極為嚴肅的問題，經過辯正、斟酌，我們理出了改寫的原則是：依據故事文本，掌握故事重要母題，參考同類型故事的元素；語言要簡淨，運用文學想像與藝術技巧，以締造趣味、可讀的新文本，從而回向民間，充實民族的精神世界。

關鍵字：民間故事文本；偽造的民間文學；水鬼；水鬼叫跛瑞

一

　　臺灣民俗與民間文學的調查研究大概從日治時代時代開始，一九一四年
（大正三年）臺灣總督府編著的《臺灣俚諺集覽》[1]。一九二一年（大正十年）
片岡巖的《臺灣風俗誌》，[2] 一九三三年（昭和八年）鈴木清一郎的《臺灣舊
慣習俗信仰》，[3] 是由官方與學者提出的輝煌成果。一九三六年，李獻璋編著
《臺灣民間文學集》，為本地學者投入臺灣民間文學整理、編著揭開序幕。
一九四一年（昭和十六年）《民俗臺灣》創刊，結合臺灣、日本專家，深耕
臺灣民俗，繳交亮麗的成績。

　　一九六〇年賴燕聲（1920-1984）編著《臺灣搜異》出版，[4] 為報人開拓
民俗領域；一九六九年王詩琅的《臺灣民間故事》，[5] 與吳瀛濤的《臺灣民
俗》，[6] 毋寧替文學家提供創作的視野與知識；一九八一年，漢聲雜誌社推出
《中國童話》，[7] 改寫三六五則故事，並引用托爾斯泰（Leo Tolstoy, 1828-1910
B. C.）的話：「將來的藝術家一定會明白：創作一則優美的故事、一首好
歌，或是編寫人人能懂的傳奇、謎語和笑話，可能比創作長篇小說和交響樂
更重要……」，以作為編輯夢想的宣示。

　　一九八七年，《國文天地》舉辦「民間文學座談」，呼籲正視通俗文學
的存在事實；一九八七年，《國語日報》開闢〈兒童民俗〉週刊，企圖向

---

[1]　臺灣總督府編著《臺灣俚諺集覽》（臺北：南天書局，2001年7月複刻本，原刊1914
　　年5月）。

[2]　片岡巖著、陳金田譯《臺灣風俗誌》，（臺北：眾文圖書公司，1994年5月再版）。

[3]　鈴木清一郎著，馮作民譯《臺灣舊慣習俗信仰》，（臺北：眾文圖書公司，1978年5月
　　再版）。

[4]　《臺灣搜異》，賴燕聲編著，青漢出版社。該書包括六十篇神話故事，前有張李德和
　　的〈序〉（1960年）。該書也是賴芳伶編著《臺灣，嘰咕嘰咕》（臺北：幼獅出版社，
　　2000年4月）多篇的文本依據。

[5]　王詩琅《臺灣民間故事》（高雄：德馨室出版社，1979年10月）。

[6]　吳瀛濤《臺灣民俗》（臺北：眾文圖書公司，1992年）。

[7]　漢聲雜誌社《中國童話》（臺北：英文漢聲出版社，1981年）。

下扎根，播種民俗種子；一九八八年，《中國時報・文化版》的〈民俗週刊〉創刊，在〈給讀者的話〉強調：「民俗，或稱民間文化，是相對於『菁英』文化的『大眾』文化。基本上，民俗是一種生氣蓬勃不可遏抑的民間力量。民俗學家早已指出：『儘管民俗是古代形成，但它屬於這裡和現在，它們隨時都會恢復青春。』」其內容包括：（一）民間文學──神話傳說、民間故事、歌謠、諺語、謎語等；（二）風俗習慣──民間生活、建築、藝能與工藝；（三）民間信仰。在工作進程上，以臺灣為重點，再把觸角延伸到中國。[8]

一九八九年，遠流出版《中國民間故事全集》；[9] 一九九二年，臺中縣立文化中心正式展開臺中縣民間文學的田野調查；一九九五年，《聯合報・聯合副刊》舉辦「搶救臺灣民間文學」座談會，為瀕臨滅絕的民間文學請命，呼籲學者專家、官方民間正視此一文化資源。

回顧百年臺灣民間文學的發展歷程，可說是相當的曲折。基本上，日本對原住民與漢人族群的調查，無非是為了對殖民地人民的瞭解，以遂行統治的目的。至於國人參與採輯、整理，恐怕不僅是民俗興趣與念舊情懷，更展現斯土斯民的本色與對庶民文化底蘊的珍惜。

近十二年，學界對臺灣民間文學的觀念與內涵，透過辨證，逐漸清楚，各縣市的田野調查，成果斐然，例如臺中縣、臺南縣、彰化縣等的歌謠、故事、諺語……一套套的推出，足以見證民間文學的豐饒；而學者的研究與整理，既提升民間文學的學術地位，也為臺灣文學史提供新視野，更詮釋了庶民的集體意識，例如，金榮華〈落水鬼仁念放替身──「水鬼與漁夫」型故事試探及其型號之設定〉[10]，根據四十六則，依AT分類法，為丁乃通《中國民間故事類型索引》作了補充，設定「水鬼與漁夫」為776與776A兩類型，

8　後來由王秋桂主編成書，包括：《民族與民俗》、《神話、信仰與儀式》與《表演、藝術與工藝》。拙撰〈給讀者的話〉見於《民族與民俗》（臺北：稻鄉出版社，1994年）。

9　陳慶浩、王秋桂總編輯《中國民間故事全集》（臺北：遠流出版社，1989年6月）。

10　該文收錄於《民俗與文學學術研討會論文集》（高雄：中山大學中文系，1998年11月），頁443-461。

前者加副標「落水鬼仁念放替身」，後者另加副標「漁夫義勇救替身」，以示區別；胡萬川《民間文學的理論與實際》，[11]包括九篇論述，是民間文學理論的建構與民間文學專題的散論，為研究提供文學智慧與理論基礎。

可是，相較於民間文學尤其是民間故事的改寫，則顯然不足，還有空間等待大家的投入與經營。這裡以「水鬼」故事為例，以作為本文論述的焦點。

二

民間文學文本的改寫，涉及真假之辨，一向是學術界既重要又複雜的問題。一九五○年，美國民間文學家理查・道森（Richard Dorson）首先使用「Fakelore」（假造的民間文學），並發動一場民間文學真假的辯論，他綜合人類學派（重視情境脈絡）與文學派（注重文本內容）的觀念，提出以「田野調查」、「民間口傳」為判定民間文學真偽的基準，並引發對民間文學經典的重新檢驗，例如德國地區格林兄弟（Grimm Brothers）採集、整理的《格林童話全集》，與芬蘭龍諾（Elias Lonnrot）編集的史詩《卡勒瓦拉》（*Kalerala*）。前者號稱來自口傳，但來源既不很民間也不完全是德國，而且多次再版並作了不同的修訂；後者是龍諾根據十九世紀初葉芬蘭各地採集的民間歌謠，加上編輯而成，是一部凝聚芬蘭民族認同的史詩，為瑞典統治下的芬蘭，尋找民族尊嚴與認同。[12]

論者以為這類經典之作，屬於整理過當、等於改寫、再創造、未能保存口傳真面目，就學術的觀點來說，這是嚴肅的課題，的確有助於清楚分辨作品的屬性。但是弔詭的是，偽造的民間文學倘若被大眾接受，而回向民間，口口相傳，它也毫無問題的成為真的口傳文學了。

水鬼、水鬼做城隍或水鬼捉替身的文本，先後出現於增田福太郎《臺灣漢民族的司法神・第三章城隍》（1935）、賴燕聲、王詩琅、施翠峰《思

---

[11] 胡萬川《民間文學的理論與實際》（新竹：國立清華大學出版社，2004年1月）。

[12] 以上參考胡萬川〈真假之辨——有關民間文學流傳與研究的一個論辯〉。

古幽情集第二冊神話傳統篇》（1976）與吳瀛濤《臺灣民俗·第十八章民間故事：水鬼做城隍》）。之後，許多人依據文本演繹，成為多彩多姿的再創造，例如：漢聲雜誌社《中國童話·水鬼變城隍》（1982），改編自嘉義地方的民間故事；李喬「新寫臺灣民間故事」，另類思考，創造〈城隍水鬼〉（1987），[13] 老少咸宜；顏炳耀主編《臺灣民間故事·水鬼變成城隍爺》（1988），[14] 為兒童而寫；廖清秀〈水鬼做城隍〉（1993）為社會大眾改寫；[15] 廖金明〈打漁仔介人同水鬼介故事〉（2003）是一篇客語的童話故事。[16]

　　在眾多水鬼故事文本當中，以《臺灣搜異》的〈水鬼叫跛瑞〉最為特殊，它既是嘉義大林附近綽號「跛瑞」的故事，也是臺灣家喻戶曉的一句諺語。編著者開門見山的說：「臺灣有一句俗語『水鬼叫跛瑞』，意思是說『不是好事』。如果你交的友人是酒友或賭友，每逢友人來訪你，家人都要說是『水鬼叫跛瑞』。」接著，是故事主要文本：

> 話說嘉義縣大林附近，昔時有一個大湖，年年有人到此湖投水自殺，遂有水鬼之出現，這個地方的水鬼，正如「林投姐」一樣，可以大顯神通，夜晚會變成人向麵店買麵，所付的錢，到了翌日盡是金銀紙，水鬼也曾化人來嘉義聘請布袋戲劇團，由嘉義出發到那個大湖，已是夜晚，水鬼們把湖邊的林投林變化成為戲臺，使劇團的人員在那裡演戲。
>
> 當時有一個營商失敗的光棍，名叫「跛瑞」，因為他的右足殘廢，人們便給他這個綽號，跛瑞到大水湖附近建築一間茅草屋，在湖邊開墾荒地，栽培蔬菜，將出售的代價用來維持生活，水鬼們雖然和他開玩笑，但他是一個貧困的光棍，不怕鬼神，他認為死活都是一樣的。一水鬼看他境遇困難，久而久之，時常為跛瑞幫助灌溉菜園和除草工

13　李喬〈城隍水鬼〉，見《臺灣時報·時報副刊》，1987 年 2 月 20 日。
14　見顏炳耀主編《臺灣民間故事》（臺中：育聯文化事業，1988 年 4 月）。
15　見廖清秀《查某鬼的復仇》（臺北：派色文化出版社，1994 年 7 月）。
16　見《客家雜誌》第 152 期（2002 年 2 月）。

作，終於結成了好朋友，如此日子過了近三年。

有一天，水鬼向跛瑞說：「我將要去出世了，出世在何方，還不清楚」。跛瑞問水鬼：「你是要怎樣出世呢？豈不是三年不出世，便可昇格城隍？」水鬼說：「我太苦了，我必須找一個替我做水鬼的活人，明日上午有一婦人背著嬰兒通過湖畔的小路，她會在池畔休息，我便要將她背著的兒子用布扭下水中，她為拾布巾，必須下水，這時我要把她拖入水中，使她溺水而死，來代替我做水鬼。」

跛瑞聽畢，不覺心中頓起同情，如果真有婦人通過此地，他決心去解救，他認為見義不為無勇也。翌日果然如水鬼所說，背著嬰兒的婦人在池畔休息，給嬰兒哺乳，一瞬間，她的布巾真的跌落水中，她抱著嬰兒，一步一步側近水湖邊，在菜園注視的跛瑞，突然開聲大叫：「喂！婦人呀！不要下去，下去你會死在那裡……」，她似在夢中驚醒，跛瑞才說明因由，而救了她母子。婦人去後，水鬼對跛瑞甚表不滿，說跛瑞太不夠朋友，俠義的跛瑞求水鬼原諒，同時進一步問水鬼「交替」（即找人替他死）要有什麼條件？水鬼把「交替」要向閻羅王領「憑」的一段經過相告，並告以三年內如不找人溺死水中，就無法「出世」，如願三年不找人替死，就有希望昇城隍，可是苦極了，跛瑞曾勸水鬼忍苦昇城隍，而水鬼偏不答應，主張一定找人替他做水鬼。

經過了幾天，一位戴笠的豬販通過池畔，水鬼利用一陣風把笠吹落水中，乘他拾笠要把他溺死，但他先告訴跛瑞，豬販亦被跛瑞救起，最後一個拖貨車的車夫，也如此地被救了。傳說水鬼在三年內，「交替」三人不成功，便要失去了向閻羅王所領的「憑」（憑是一種找人替死的憑據），因為此水鬼想溺死的三個人都被跛瑞救起，水鬼失去了「憑」，對跛瑞抱起仇恨，在第三個「交替」未成功的晚上，水鬼找跛瑞，請他還「憑」。跛瑞亦不知「憑」是什麼，只要說一聲「憑」還給你了，水鬼便可得到了「憑」，三年後可再找人溺死給他本身出世，可是跛瑞卻不這樣說，水鬼對跛瑞憤恨至極，從此，跛瑞的蔬菜無法育成，他便離開該地到別地方謀生。

三年後夏季，暴風大雨，跛瑞居住的附近河水暴漲，村民多被水漂流，他為救村民，自信泳術好，跳入水中，終被水流溺死，後人都說一代義俠的跛瑞，是不幸死於水鬼朋友手中的呢！

這是水鬼求代的故事，水鬼求代不遂，怨憤救人的跛瑞不夠朋友，終使跛瑞溺斃。所以本省習稱損友上門為水鬼叫跛瑞。

二〇〇〇年幼獅出版賴芳苓伶編著的《臺灣，嘰咕嘰咕》，[17]包括：神祇神奇、人物傳奇、百姓情義、生活心事與原住民神話傳說等五個單元，共二十五則。這些來自往昔民間底層的傳說、故事，「彷彿是一幕幕美好而辛酸的記憶，讓我們在瑣碎忙亂的日子裡，頃刻駐足，重溫遙遠的鄉野風光，聆聽流水蟲鳴伴著長者的智慧，殷殷訴說。」其終極目的是經由親近珍貴的傳統文化禮俗，更契合吾鄉吾土。二十五則故事，有些是代代相傳的野史軼聞，有些是從庶民生活提煉出來的宗教信仰、社會關係與風俗習慣。這些故事文本往往釋放閃閃的靈光，讓孩童、年少的讀者或聽者體悟生命、認識族群、關心社會，而與自然和諧依存。

這裡，以「水鬼故事」類型為例證，詮釋再創造的可能性。

編著者根據父親的故事文本，訪談地方耆老，斟酌各種版本，再次呈現雅俗共賞、老少咸宜的民間故事：

不知你有沒有聽過「水鬼叫跛瑞」這句俗話？它通常是用在稱呼壞朋友來找的時候。

從前嘉義縣的大林附近有一個湖泊，不知怎地，每年都有人來這兒投水自殺。久而久之，大家就傳說這裡有水鬼出現。他們有時會化成人，聘請布袋戲團來表演，而戲臺就是由樹林變的，事後付的酬勞都是冥紙。

這個地方平日人煙稀少，某日搬來一個經商失敗的光棍，人們只曉得他的綽號叫「跛瑞」。跛瑞在湖邊開闢一畦畦的菜園，靠生產的蔬菜

---

17 賴芳伶編著《臺灣，嘰咕嘰咕》（臺北：幼獅出版社，2000年4月）。

維生。大概經歷了許多人生的大風大浪,所以跛瑞什麼事都看得開,並不覺得神鬼有什麼可怕。水鬼即使作弄他,跛瑞也處之泰然,沒想到竟和其中的一個水鬼成了好朋友。

有一天,水鬼朋友幫跛瑞除草灌園後,告訴他說:「我將要去出世了,明天早晨會有一名婦人背著小孩經過這兒,我要拖她下水,代替我做水鬼。」跛瑞聽了,心裡湧起一陣不安。第二天,果如水鬼所說,湖畔走來一位背嬰兒的婦女,只見她坐來下來哺乳時,裹小孩的布巾瞬間滑入水中,婦人本能地探身去撿。正在菜園工作的跛瑞一見,突然大叫道:「喂!不要下水呀──」婦女彷彿大夢初醒,退上岸來。跛瑞如此這般向她說明緣由,救了這對母子。可是,水鬼朋友卻很不諒解,他責怪跛瑞說,如果三年內,找不到人溺死水中,他就無法「出世」(即「出生」),雖然有希望升格為城隍爺,但當水鬼的日子實在太苦了。

這樣過了幾天,又有一個豬販經過湖邊,水鬼使一陣風,將他的斗笠吹落水中,故意讓他進水去撿。但他先告訴了跛瑞,所以豬販又被救起。接下來一個拖貨車的車夫,也同樣被跛瑞救了。水鬼朋友很生氣,在第三個「交替」(即「找人替死」)沒有成功的晚上,跑來和跛瑞聲明絕交。從此,跛瑞的菜園子再怎麼努力,都難有好收成。跛瑞很傷心,只好搬離此地,另外找地方謀生。

三年後的某個夏天,跛瑞住家的附近因連日大雨而河水暴漲,村民大多流離失所,跛瑞因為奮不顧身救人,竟溺死在河中。後來,大家都認為跛瑞是死於水鬼朋友的手裡,不免唏噓不已。故事傳開去,就把損友上門稱作「水鬼叫跛瑞」了。

關於水鬼找替代的民間故事很多,前半部大都雷同,後半部則有的發展成:不肯犧牲別人,寧可自己千辛萬苦熬過三年的水鬼,終於被閻羅王升任為縣城隍。而這位甫將上任的城隍爺,臨行前還特地見他的人間摯友(有時是漁夫、有時是打鐵匠,秉性都善良仁慈),感謝他的苦心相勸不可害人,才能修成正果。當然,也有的說法是:水鬼由

於做了善行，成了當地的土地公；人間摯友因不斷助人為善，功德極
高，死後成為城隍爺，永遠受人崇敬。

對照之下，我們可以發現，編著者依據原來的文本脈絡，掌握主要情節
單元，參考其他故事元素，內聚成為新文本，配合簡淨語言、文學想像與藝
術技巧，雙重詮釋〈水鬼叫跛瑞〉，能引起讀者或聽者的興趣與回味。這種
再創造的模式是值得肯定的。

三

多年來，臺灣各縣市響應「搶救民間文學」的呼籲，積極委託學者專家
進行田野調查，於民俗與民間文學的出版不可不謂琳瑯滿目了。不過，成果
交差時，便是另一種文化櫥窗的開始，無法回向社會大眾，產生互動，馴至
深厚庶民文化的內涵。就個人長期觀察，主要原因在於這些成果是根據科學
性的原則，強調存真，注重口語紀錄，其文本經常是語言蕪雜、文學性不
夠，吸引力也不足，不容易引起讀者或聽者的興趣。

十年前，個人曾建議，依照地緣、族群，精選特色的民間文學以作為鄉
土教材，回向社會大眾，充實精神世界，累積人文素養。不過，並未獲得迴
響；目前雖有鄉土教學的課程，但鄉土教材卻付之闕如，遑論其教學的成果了。

我們確信民俗藝術與現代生活不僅可以並存而且可以融匯，在忙碌的生
活時空，只要注入些優美的民俗藝術，絕對有助於生命的深化、開展，文化
智慧的啟迪，從而提升生活素質（quality of life）。因為，民俗藝術屬於「地
方精神」，是「一種偉大的存在」。

人不能盲目的生活，蘇格拉底（Socrates, 469?-399 B. C.）云：「沒有經
過反省的生命是不值得活的。」因為文化的反思，國人在富裕之後對充實精
神生活與提升生活素質有了自覺，重新思索民俗藝術的意義，加上鄉土教材
的迫切需求，於是搶救民俗藝術的呼籲，覓尋民俗藝術的路向，一時蔚為風氣。

民俗藝術具有歷史、文化與藝術價值等特質，是文化資產的重要環節，

也是重塑鄉土情懷再現臺灣圖像的依據。更重要的是，民俗藝術蘊含無限元素，經過承傳、轉化，往往能締造無限的契機，展現無窮的活力。例如：「雲門舞集」吸收太極導引、九轉金丹，創造新舞碼——水月，表現得多彩多姿；「臺北民族舞蹈團」觀摩藝陣，掌握語言，重編舞碼——廟會，騰傳國際；攝影大師柯錫杰的民俗顯影，民俗藝術永遠給他創作的靈感；至於傳統廟會的許多元素，更是現代藝術的觸媒，啟發了豐碩多樣的作品。

　　二十六年來，中華民俗藝術基金會立足臺灣社會，開風氣之先，把握民俗藝術脈搏，累積相當豐饒的資源。為了因應時代趨勢，我們有系統的釋放各類資源，回饋社會大眾，於是個人總策畫「臺灣民俗藝術」叢書，[18]範圍概括有形與無形文化資產，即：宗教、傳統建築、傳統表演藝術、民間工藝、飲食與休閒文化。民間文學是其中重要環節之一，其內容又是繁複多元，有待進一步的整理與改寫。目前已理出臺灣民間故事類型，按族群聚落進行故事地圖整治。因此民間故事文本的再創，成為嚴肅的問題，經過辯正、斟酌，我們理出了改寫的原則是：依據故事文本，掌握故事重要母題，參考同類型故事的元素；語言要簡淨，運用文學想像與藝術技巧，以締造趣味、可讀的新文本。

　　「發掘族群人文、整合民俗藝術」，是我們堅持的目標也是夢想。希望叢書能再現臺灣圖像，引導大家進入多彩多姿的民俗世界，領略民俗藝術之美，更期望臺灣民間故事系列，能帶領讀者體會臺灣文化多彩多姿的底蘊。

---

[18] 林明德總策劃《臺灣民俗藝術》叢書（臺中：晨星出版社，2002 年開始推出）。

清代筆記中的臺灣
原住民風情初探

陳維君

中正大學中文所

摘要

　　清代筆記受到《聊齋誌異》以及《閱微草堂筆記》的影響，筆記創作數量達到歷朝最高峰。康熙二十三年臺灣納入版圖後，文人對臺灣的敏感關注讓這些龐雜的筆記中，有不少篇章的書寫和臺灣有關，這些書寫卻往往是不見於史書以及方志的珍貴資料。本文擬從清代筆記中關於臺灣原住民的部分，對臺灣原住民風情作一初步的探討。

關鍵字：筆記；臺灣原住民；風俗

一 前言

　　臺灣是一個多語系、多族群的島嶼，漢人移民前，臺灣平原臺地的原住民以平埔族為主。[1]在漢人移民開墾後，原住民的生活空間減少，在以漢人為政權中心的執政下，原住民的風俗習慣也逐漸漢化、消失，漸至連其後代也不復記憶。[2]民俗事項的保存若不能依賴人與人之間的傳承，便只能求助於書面資料的紀錄，來一窺當時景況。

　　明萬曆三十一年（1603）隨軍來臺的陳第，其〈東番記〉當屬關於原住民最早的田野紀錄。陳第以簡潔的筆調記錄了當時臺灣平埔族的生活習性、全文雖簡短但內容幾乎涵蓋日後大量關於平埔族的觀念紀錄。

　　〈東番記〉之後，康熙三十六年（1697）來臺採硫的郁永河以《裨海記遊》一書記錄其在臺所見所聞；康熙六十一年（1722）黃叔璥擔任臺灣巡撫，其《臺海使槎錄》由「赤崁筆談」、「番俗六考」、「番俗雜記」三部分構成，兩人的著作中皆記錄了大量當時臺灣的番俗，黃得時曾提及兩人的著作：「黃叔璥……他的名著《臺海使槎錄》……跟郁永河的《裨海紀遊》被稱為隨筆的雙璧。」[3]至今仍是研究原住民習俗不可缺少的寶貴研究材料。

　　個人著述外，各類方志中的「番俗」部分便是另一種大量記錄原住民生活習俗的資料，康熙三十四年（1695）高拱乾編修臺灣府志，其卷七風俗志

1　森丑之助著、宋文薰譯《臺灣番族圖譜》（臺北：南天書局，1994年）。

2　筆者於今年5月前往臺南蕭壠進行西拉雅族的北投洋阿立祖夜祭田野調查，當地的平埔族居民共31戶，夜祭儀式其實早已不復存在，此次夜祭乃是移植臺南東山鄉的儀式而來，並且參與夜祭牽曲、歌舞等項目表演者也不全是當地西拉雅族人，有外聘的團體以及當地的媽媽土風舞社等組成。由吉貝耍請來的尪姨李仁記已經去世，由阿立祖選中的新一代尪姨目前就讀於國中，此次夜祭由代理尪姨執行，而夜祭的氣氛也顯不出祭典的神聖莊嚴，反而有點百無禁忌的感覺。詢問當地族人關於夜祭諸多事項，也是眾說紛紜，無一定論。為了重現信仰禮儀與民俗文化而舉辦的活動，固然令人欣喜，但也感覺失去了祭典中本來應有的重要元素，讓人感慨。

3　黃得時著、葉石濤譯〈臺灣文學史序說〉，譯自《臺灣文學》第3卷第3號，1943年7月。收入葉石濤編譯《臺灣文學集2》（高雄：春暉出版社，1999年2月），頁8。

土番風俗部分便是。但遺憾的是方志編纂愈至後期，其因循抄襲者也愈甚，其參考價值便逐年低落了。[4]除了方志、採訪冊之外，各種碑帖、契約、律令等也是寶貴的第一手資料。

在詹素娟〈從中文文獻資料談平埔族研究〉中所提的三大類資料外，日治時期以前關於平埔族的記載似乎並無更多來源，但其實私人著述一類中文人筆記卻不太受到研究者所注意。筆記一文體至清代受到蒲松齡《聊齋誌異》、紀曉嵐《閱微草堂筆記》的影響，發展達到了巔峰，許多文人相繼從事筆記小說的創作，著作量堪稱各朝之最。康熙二十三年，臺灣納入清朝版圖，關於臺灣的種種風俗民情、奇人軼事、政令規章，都成為文人筆記競相書寫的題材，仔細翻閱這些文人筆記，其中竟有不少關於臺灣原住民的相關記載。筆記雖然在清代成為盛行的文體，但文人並未將其視為「正業」創作，往往是隨意書寫的殘叢小語，在這些字數不多的片段中，往往帶給人在方志及專著中所未見的驚喜發現。但由於文人在創作筆記時並非專以記載風俗為目的，往往是作者擇其聽聞中有趣或令人駭異的部分記之，故筆記中的記載具有鬆散零碎的特點。

清人筆記中的臺灣故事是筆者所欲致力研究的領域，經過一段時間的翻閱筆記後，目前筆者整理出約八十篇與臺灣相關的記載，本文將試圖從這八十篇筆記中挑出與臺灣原住民風俗民情相關者，做一歸納整理，期在其中窺見清代的臺灣原住民風情。

二 令漢人驚愕的獵頭俗

康熙二十三年，臺灣正式納入清朝版圖，這「古荒服，自古不通中國」的島嶼正式與大陸有了連結。但清廷對臺灣的態度卻是曖昧不明的，甚至一度有「棄臺論」的出現，在施琅大力挽回下，清廷勉強接受了這「彈丸之

地，得之無所加，不得無所損」[5]的雞肋。如此勉強的接收了臺灣，清廷的治臺態度更顯得消極。[6]由於明鄭以臺灣為根據地，清廷深恐在臺灣養虎為患，訂定了許多方法來防制，諸如自大陸派來的官吏及駐兵三年一調換一次；對於移民臺灣更有嚴格的限定，包括一、嚴禁無照渡臺；二、渡臺者不准攜帶家眷；三、不准廣東人來臺。此種嚴格的海禁實施至一七九〇年才較為寬鬆，真正開放移民臺灣，已經是一八七五年的事了。[7]由於並未主動的瞭解、溝通這塊島嶼上的居民，相關政策始終闕如，直至同治十年（1817）琉球船隻漂流至臺灣，爆發牡丹社事件，日本欲出兵臺灣以平琉球人遭殺害之惡氣，在疆域遭受重大威脅時，清廷才如夢初醒，諸多政策輿論一夜間如雨後春筍，但未免有事後諸葛之憾。

牡丹社事件成為一時轟動社會的驚人事件，最主要是因為其中聳人聽聞的生番殺人，當時《申報》有詳細記載：

> ……生番見之喜甚，以為今乃得朵頤也；盡褪其上下衣，意將搏噬。琉球人恐甚，急避至條力莊，匿於叢林密箐中。生番知之，率眾而往，圍而殲焉，膏其刃者五十四人。十二人頓於士民家，始得無恙。[8]

文中所載「意將搏噬」是否為當時真實情況已不可考，但由此可以看出漢人將原住民視為茹毛飲血之野蠻動物之心態已根深柢固，早在牡丹社事件發生前一百多年前的文人筆記便有紀錄。關於當時臺灣原住民的獵頭習俗，文人多有關注，鈕琇在其筆記作品《觚賸》（1702）〈金首〉一則便有所描述：

> 廈門遠在海中，鄭氏平後，始拓有其地，置一府三縣。通州王孝廉兆

---

5 轉引自湯熙勇〈論清康熙時期的納臺爭議與臺灣的開發政策〉，《臺北文獻直字》第114期（1995年12月），頁31。

6 美籍學者邵式柏（John R. Shpherd）有「消極治臺論」（the neglect hypothesis）一說，邵氏將其時間界定為1683至1800年。

7 詳參李筱峰《快讀臺灣史》（臺北：玉山社）。

8 臺灣銀行經濟研究室編《清季申報臺灣紀事輯錄（一）》（南投：臺灣省文獻會，1994年），頁9-10。

陞令臺灣，其家人歸，言縣南百餘里，山林蓊翳，獠民居之，蓋蠻地也，其俗男女皆裸，各以方幅不蔽其醜處。並無屋宇，即於深樹間，屈枝結葉為居，中國人誤入其地者，縛而殺之，以金塗首懸於家，有此者，眾號強宗。祭則拜而祝曰：願汝來世再生為人，仍入吾國，復為吾殺，受吾享祀。其愚誕如此。[9]

鈕琇字玉樵，吳江（今江蘇）人。康熙十一年（1672）拔貢生，歷任河南項城縣、陝西白水縣知縣兼攝沈邱、蒲城縣事，卒於廣東高明知縣任所。[10]鈕琇終其一生沒有來過臺灣，文中所載王兆陞是鈕琇的同鄉江蘇通州人，順治十四年丁酉舉人，康熙二十七年任臺灣知縣，康熙三十年奉滿，陞任兵部職方司主事。

清領臺灣後，將其分為一府三縣，三縣分別為：臺灣縣（縣治設在今臺南）、鳳山縣、諸羅縣（北至雞籠。縣治設在今嘉義），鈕琇文中並未明指「縣南百餘里」指哪一縣而言。翻閱諸方志關於「金首」記載，發現陳文達《鳳山縣志》（1719）〈番俗〉有相同記載，其內文云：

> 又有一種鑿穴而居者，名傀儡番，性好殺，下山藏於茂林豐草中，伺人過、取其頭、飾以金，解多聚髑髏以示勇。[11]

清代稱在今屏東縣一帶的排灣族及魯凱族為傀儡番，今日屏東民間仍稱為傀儡仔。傀儡番一名詞最早見於康熙二十三年（1684）季麒光〈臺灣雜記〉，郁永河有土番竹枝詞云：「深山負險聚遊魂，一種名為傀儡番，博得頭顱當戶列，髑髏多處為豪門。」[12]可見番人之獵頭俗在臺灣入清版圖之初，便給予文人極為強烈震撼的印象了。

9　（清）鈕琇《觚賸》〈金首〉（原刊1702年，上海市：上海古籍出版社，1986年）頁165。

10　參見寧稼雨《中國文言小說總目提要》（山東：齊魯書社，1996年），頁378。

11　（清）陳文達《鳳山縣志》（臺灣銀行經濟研究室，1993年），頁82。

12　（清）郁永河《裨海記遊》（臺灣銀行經濟研究室，1979年），頁45。

關於文中記載番人禱詞，在其他方志筆記類並無相同記載者，但在鈴木質著之《臺灣蕃人風俗誌》卻有類似的描述：

> 番人祭祀所獵得的人頭祭辭種類很多，如有：「汝來此處安住，供酒迎汝。汝告汝之父母妻子兄弟姊妹，我等番社甚佳，邀眾多同胞前來共至，同享其樂。」[13]

這番禱詞與〈金首〉記載有異曲同工之妙，在方志中並未見記載的番人禱詞卻見於筆記及日本人所編著之風俗誌，遺憾的是鈴木質並未註明出處，筆者大膽推測，除了田野調查此一途徑，也不無可能是從文人筆記中得到相關資料。

牡丹社事件後，王韜成書於同治十三年（1875）的《甕牖餘談》中〈臺灣島〉一則也寫道：

> 土番兇惡者，至於食人；其種類不知始於何時。西舶有行至臺灣遭風失水者，船中人盡為土番殺害，情殊可慘。以此知土番素非良善，有不可以情喻理遣者矣。其戕害西國舟人，已非一次。嚮曾有英國船名拉便得以，被風飄至臺灣，船中共二十三人，被土番殺死者二十人。其三人以哀懇免。然土番待之如奴僕，時役苦之。閱八月，三人偶在海濱遙望有花旗船自遠而至，乃私乘小艇，駛至花旗船上，因得逸去。是亦有數存歟？吾聞臺地多膏腴之壤，苟得逐去土番，盡加播種，則臺粟可徧於天下，而商船之經此地者，亦庶無性命之憂矣。[14]

王韜在晚清是相當活躍的文人，著作量頗豐，有《遁窟讕言》、《淞隱漫錄》、《淞濱瑣話》等。他曾自行出資創辦《循環日報》，並曾遊歷歐洲，可謂當時視野開放之文人，然觀察他文中對於番人欲逐之而後快的言論，可

---

[13] 鈴木質著、林川夫審訂《臺灣蕃人風俗誌》（臺北：武陵出版，1992年），頁125。

[14] （清）王韜《甕牖餘談》，收入《清說七種》（上海：上海文藝出版社，1992年7月）頁44。

以感受出王韜並未將平等觀念帶至番人身上。

　　漢人是民，原住民是「番」，會有此劃分是因為原住民的歷史、習俗並未被當時統治階層所瞭解，對於未知的領域，往往會給予先入為主的概念。即使臺灣在清朝版圖之內，但原住民仍是在「疆界之外」的「蠻族」，不能與漢人同日而語，漢人對於原住民最強烈的印象往往是沒有陳述理由並且血腥暴力的屠殺、野蠻的以獵得人頭骨的數目為榮耀，且這些都是不見容於漢文化的任何一條道德教訓。薩伊德在其《東方主義》中提到：

> 人對熟悉的就說是「我們的」，對不熟悉的就是「他們的」，這種方式，是對可以是全然任意的地理區分的一種方式……凡是人為疆界，用「我們一國／野蠻人一國」的二分法來分類想像中的地理，從來都不需要等到「他們野蠻人」認可。「他們」之所以是「野蠻的異類」，原因就在他們的疆界和心態，都不同於我們的。[15]

　　對於在陌生島嶼的番人，無論自然環境或是風俗民情都迴異於中原，被漢人主觀的冠上「異類」的標籤，在情理方面是可以推想得知的。和薩伊德的「想像疆界」理論也正巧不謀而合，在西方想像中的東方，自有一個被東方想像的野蠻之地，說明了主觀世界下的劃分並不僅止於東西方的對立而已，而是任一主體為了確定自身的主體性而從事的範疇劃分。

三　迴異於中原的物產以及飲食

　　臺灣是一個海洋島嶼，又有北回歸線橫跨，包含亞熱帶以及熱帶兩種氣候區域，物產與中原地區大不相同，飲食習慣自然與中原大相逕庭，這也是文人所關注的題材之一。

　　酒是人類最早發明的飲食之一，釀造方法依各地風俗民情不同而有所歧異，飲酒時機也有所區隔，原住民釀酒的土法，在筆記中也有所記載，如

---

[15] 薩伊德《東方主義》（臺北：立緒出版，2002 年 12 月 2 版），頁 75。

《觚賸》之〈姑待酒〉云：

> 臺灣所屬之澎湖，其對岸皆獞猺部落。中國有賈於其地者，必設席於
> 家，延之環坐，置盆水席中；主人之婦出，採樹葉裹糯米少許，納口
> 細嚼，吐於盆，主人與客共酌。初飲淡泊無味，頃之面頓發頳，皆酩
> 酊而散；謂之頃刻酒。[16]

臺灣氣候溫暖潮濕，製作發酵製品成熟較為快速理當可解，但《觚賸》
文中所載頃刻酒即飲即醉，實在驚人。朱仕玠《小琉球漫志》中對於此有另
一番見解：

> 今考澎湖無所謂對岸地；且獞猺乃八蠻之種，惟五溪以南，窮極嶺
> 海，迤連巴蜀始有之，海東諸島嶼固無有也；且不可言部落。惟臺灣
> 之地，雖隔巨洋，地形寔與澎湖對岸；山內生番釀酒，搗米成粉，番
> 女嚼米置地，越宿以為麴，調粉以釀，沃以水，色白，曰姑待酒。味
> 微酸，外出裹其醅以蕉葉，或藏於壺盧；途次遇水，灌而酌之，渾如
> 泔，亦未能頃刻而成。觚賸所載，或即指此，而傳聞訛異耳。」[17]

《觚賸》成書約於康熙三十九年間（1700），距臺灣入版圖不到二十年，
加以昔日地理資訊不若現代快速精確，以至於鈕琇所言朦朧模糊，不知所
指。今日觀察地圖，臺灣與澎湖之間最長距離約四十五公里左右，所謂澎湖
對岸，確是指臺灣而言，與朱仕玠所言不差。現代與澎湖最近之臺灣縣分是
嘉義縣，隸屬於當年一府三縣中的諸羅縣，是當時平埔族人活躍的地方，對
照現今關於平埔族的研究成果，如潘英《臺灣平埔族史》[18]中〈平埔族的食衣
住行〉一節，和平埔族人釀酒的方法是一樣的。

關於姑待酒的飲用時機，《續修臺灣府志》有載：

---

[16] （清）鈕琇《觚賸》（上海市：上海古籍出版社，1986年），頁107。

[17] （清）朱仕玠《小琉球漫誌》（臺灣銀行經濟研究室，1979年），頁251。

[18] 潘英《臺灣平埔族史》（臺北：南天出版社，1996）頁247-248。

酒凡二種，一春秫米使碎，嚼米為麴置地上，隔夜發氣，拌和藏甕中，數日發變，其味甘酸，曰：姑待。婚取、築舍、捕鹿，出此酒沃以水，群坐地上，用木瓢或或椰碗汲飲之。[19]

由此可知，姑待酒的飲用時機在婚取、築舍、捕鹿，雖然釀製方法簡易，用途卻多樣化。

關於從事生產性活動的民俗，《香祖筆記》（1703）中〈大眉〉是一則很簡單的敘述：

諸羅縣番首名大眉者，每歲東作時，諸番請其出射，射所及之地，稼輒大熟，號靈箭。[20]

此則記載是大眉初見於筆記之中，關於大眉更詳細的記載則見於《小琉球漫誌》（1766）：

相傳北路大肚社，先時有土官名大眉。每歲東作，眾番爭致大眉射獵於田。箭所及之地，禾稼大熟，鹿豕無敢損折者；箭所不及，輒被蹂躪，不則枯死。斗六門舊聞亦有番長能占休咎，善射，日率諸番出捕鹿；諸番苦焉，共謀殺之。血滴草，草為之赤，社草皆赤，諸番悉以疫死，無譙類。今斗六門之番，皆他社來居者也。」[21]

大肚社位於今臺中境內，斗六門則是現今雲林斗六，文中的番人應是屬於平埔洪雅族。在王士禎《香祖筆記》的六十年後《小琉球漫誌》記錄更為詳細，還添加了一則眾番苦於日日出獵謀殺首領，而遭遇神秘瘟疫的記載，為番人的巫術能力增添幾許神秘，並顯現出番人寧願追求神秘無法捉摸的巫術，也不願意付諸實際的勞力來增加收穫。

在種植之前以箭射地，藉以祈求豐收，這是屬於祭儀巫術的一種，幾乎

---

19 （清）余文儀《續修臺灣府志》（南投：臺灣省文獻會，1993 年），頁 513-514。
20 （清）王士禎《香祖筆記》（臺北：新興書局，1958 年），頁 30。
21 （清）朱仕玠《小琉球漫誌》（臺灣銀行經濟研究室，1979 年），頁 90。

每個民族在從事生產活動時都有相關的儀式，而在原住民中也並非限定於平埔族人，《臺灣通志稿》中關於小米祭的部分也如此提及：

> 播種時並用茅、竹、桑枝及鋤並持於手中，以挖穴及壅土；又插茅於地上，劈開其上端，嵌以魚骨；此等均係欲憑此等生活力豐滿之物質，強要豐收之共感作用。[22]

這和大眉以靈箭祈求豐收，有異曲同工之妙。

關於臺灣物產，常被提及的有芒果。王士禎所著《居易錄》卷十九寫道：

> 副將王國憲，嘗為臺灣參將，言其地無橘、柚、荔枝、龍眼之屬，如此地之蒲桃、蘋婆、桃杏梨李之類皆無之。有果曰番蒜，五月熟，大如蘋婆，味甘香多津液，樹大而葉圓。又有果曰黃來（原註：去聲），八月熟，長可尺許，味尤甘香，其樹類蕉，實生節間。多竹。如粵中多野牛，無虎豹。[23]

王國憲於康熙二十三年任臺灣北路營參將，當時北路營參將衙門位於佳里興，乃今日臺南縣佳里鎮。文中所提之番蒜及黃來乍看之下難以理解到底為何，王士禎《分甘餘話》卷三〈臺灣物產〉也有提及：「臺灣物產多異中土。……羨子、俗曰番蒜，或作樣。其種云佛國所傳。」[24]「羨子」就是閩南語發音的「芒果」，寫作「樣」乃是為了方便記音而已。至於番蒜之稱，芒果外型和蒜頭實在稱不上關係，應是針對芒果產地「番」與閩南語發音的「樣」組合而成之名。由此推之，「黃來」則是鳳梨之閩南語發音，不過今日多寫作「旺來」以增添吉利之感。

---

22 衛惠林、林衡立編纂《臺灣通志稿‧同胄志‧曹族》（臺北：成文出版社，1983），頁15775。

23 （清）王士禎《居易錄》（臺北：新興書局，1958年），頁12。

24 （清）王士禎《分左餘話》（臺北：中華書局出版，1997年2月湖北2刷），卷三，頁59。

徐昆《柳崖外編》卷三〈番蒜〉對於芒果則有更深入的描述：

> 番蒜出福建臺灣番地，外型似木瓜，中似柿。有浮山張氏宦於閩，一
> 婢食鱉肉後，誤食莧，遂病。面黃腹脹，殟（殘）欲死者數矣。半載
> 後，有饋番蒜者，婢偶食之，遂大瀉，有物如小蟹者數十。少頃，爽
> 然疾若失。方知番蒜可治尊莧毒也。[25]

發作近半年的食物中毒，竟因食用芒果而痊癒，更增添了芒果神秘感。

關於臺灣所盛產的檳榔，清人也有頗多記載，《茶餘客話》中〈吃檳榔
惡習〉一則寫道：

> 大腹皮，本草言其性最猛烈，破氣，虛損者忌之。其子即檳榔，性益
> 加厲。今人多好食之，亦無恙。檳榔樹高五七尺，皮似青銅，節如
> 竹，其葉聚於杪，葉下數房，房結數百子，名棗子檳榔，中有實，如
> 雞心，與海南子無異。粵人滇人熟而後食，臺灣人則生時即取食之，
> 云可治瘴氣，消飽脹。以蠣房灰用柑子蜜染紅，合海沼藤食之；每會
> 席，賓客前各置一枚。京師小人和蘇子豆蔻貯荷包中，竟日口中咀
> 嚼，唇齒搖轉，面目可憎，威靡數千人，近士大夫亦有嗜者。[26]

文中將檳榔的屬性、植物形貌以及食用方法記載得相當詳細，並且可看
出檳榔在當時是具有社交作用的，清人對檳榔有頗多吟詠，如王禮〈臺灣
吟〉：

> 相逢定坐問來航，禮義殷勤話一場，急喚侍兒上街去，捧盤款客買檳
> 榔。[27]

又如王士禎《居易錄》〈早年臺灣〉中所提：

---

25 （清）徐昆《柳崖外編》卷三（長春：吉林大學出版，1995年11月），頁49。
26 （清）阮葵生《茶餘客話》（臺北：中華出版，1985），頁525。
27 （清）謝金鑾《續修臺灣縣志》（臺灣銀行經濟研究室，1979年），頁559。

臺灣多番民，呼中國人曰唐人，亦如荷蘭暹羅之為唐人也。婚嫁不以媒妁，男女相悅，以檳榔相授受，然後歸告父母。女子塗髮及面臂皆以鹿油。男女皆跣足。市肆猶用永樂錢雲。臺灣府無城，別有城在其西南，曰紅毛城；鄭氏僭竊時宮殿在焉，今設參將一員統兵三千駐之，距臺灣二十里。[28]

可見當時檳榔在臺灣不但是主人待客必備之物品，更是平埔族男女定情必備，竟是漢番之間共同喜愛之物。流傳至京師竟蔚為風潮，但由於檳榔食用時唇齒皆紅，以至於為阮葵生所詬病了。檳榔至今日在臺灣仍為一普及食品，由於栽種獲利較高，導致民眾砍伐樹木競相種植，一度造成水土保持的危機。食用檳榔的提神的作用受到許多駕駛所喜愛，以至於國道沿途多有檳榔攤林立，各個攤位為了爭取生意，因而興起一股檳榔西施風潮，則可為今日臺灣檳榔文化添上一筆綺麗的色彩。

在中法戰爭時，張李成在臺北一役大獲全勝。清‧藕香室主人《不可說》之〈軍士翹足〉一則中記載：

張李成，小字阿火，臺灣內山人。豐姿美麗，操俳優業，傅粉登場，初不知其為勇士也。清光緒時，法人攻臺北，觀察李某練士兵拒敵，張乃舍所業，應募為兵。李素識張，手曰：「阿火，汝胡解兵事？」張應曰：「火生長是地，不欲變服為西奴也。內山善獵者可千人，招之立集，可應敵。」李善之，乃易張名曰李成。時擢勝軍二千人，屯砲臺坡。張率新軍五百人，分為兩隊承其後，擢勝軍一與敵接，立敗。張以二百五十人出。散髮赤身，口嚼檳榔，紅沫出其吻，仰臥草際，草深沒人，翹足架槍以待。敵近，二百五十槍齊發，法人死者甚多，大駭而遁，山後復出二百五十人，作圓鎮圍敵，遂敗之。[29]

光緒十年法人侵臺，此役是清華唯一大獲全勝的一役，阿火之名也因此

---

[28] （清）王士禎《居易錄》（臺北：新興書局，1988年），頁12。

[29] （清）藕香室主人《不可說》（臺北：廣文書局，1980年），頁106-107。

不脛而走。除了許多奏折外，此役也於連橫《臺灣通史》中有記載。葉石濤也曾從史料中激發靈感，創作了〈福祐宮燒香記〉一篇小說。

〈福祐宮燒香記〉於一九七〇年發表於《徵信新聞》「人間」副刊。小說開頭擷取連橫《臺灣通史》卷十四外交志法軍之役一段：

> 光緒十年……法軍分別以四艦取滬尾。九月十九日黎明，將入口。砲臺擊之。乃去。翌日復至。潛渡陸軍上岸。肉搏進……
> 孫開華邀擊之。張李成率士勇三百截其後。往來馳驟。當者辟易。法軍大敗爭舟。多溺死。陣斬五十。伏馘三十。於是不敢窺臺北。李成小名阿火。為梨園花旦。資質娥媚，故迫於義憤。奮不顧身。克敵致果。銘傳嘉之。授千總。其後以功至守備。[30]

透過作家的想像，小說描述淡水守備孫克章之女麗花往福祐宮進香，遭遇法軍砲轟。從麗花的眼中去遠眺的角度，刻畫出當時淡水如畫的風景，側面書寫了當時中法一役阿火是如何從容敗敵。也許是作家使用的視角關係，阿火在戰場上如何以五百奇兵大敗法軍，卻並未被點明了。《清稗類鈔》收錄一篇〈張李成與法人戰於臺北〉，文字與〈軍士翹足〉略有出入：

> 張李成，臺灣內山人，美風姿，操非俳優業，媚目巧笑，傅脂粉登場，初不審其為勇士也。光緒乙酉，法人攻臺北，觀察李某以劉省三中丞命，練士兵拒敵。張忽舍所業應選。李呼張小字曰：「阿火！汝胡解兵事？」張慷慨言曰：「火生長是間，不欲變服飾為西人奴也」！山中善火者可千人，招之立集，善獵能鎗，可應敵。李善之，易其名曰「李成」，謂李氏所成就者也。時擢勝軍二千眾屯滬尾礮臺坡，李成則率新卒五百，分為兩隊，承其後。擢勝軍一與敵接，立敗。張以二百五十人出，散髮赤身，嚼檳榔，紅沫出其吻。時潮上，法人爭以小船抵坡下。坡上草深沒人。此二百五十人者，見敵皆仰臥，翹其左足，張趾架鎗以待敵。敵近，二百五十鎗齊發。法人死者

百數，大駭而遁。山後復出二百五十人，作圓陣包敵。時潮落舟膠，
有巨賈購得法華戰事股票，從軍觀勝敗，時亦陷足泥中。船上張白
麾，請以金贖。張不可，作俳優聲曰：「吾不欲仇人金也！」殺而烹
其屍。[31]

　　這篇裡面交代了阿火之所以名為張李成之源由，文中李某者，浙江候補
知府李彤恩是也。張李成所率五百奇兵，仰臥草中張趾架槍，披髮赤身，不
著護具，口嚼檳榔，充滿無畏精神與草莽氣息，這場戰役對他們來說猶如狩
獵，圍剿法軍的策略也如同包抄獵物一般，精確而迅速。這段記載也暴露出
當時關於國力興亡的戰爭，竟有富商將之視為賭局。常言道「戲子無義」，
然而阿火卻能在國家有難時挺身而出，並不為錢財所賂，並以俳優聲曰：
「吾不欲仇人金也！」不亦是對那些坐看國亡的富商深刻的諷刺。

四　結語

　　清代筆記中的原住民幾乎都是以平埔族為多，而且在清代文人筆下並未
將平埔族之族群細分，而是以番人統稱之。並簡略的以生番、熟番來區別歸
化與否，除此之外，僅有排灣族或魯凱族的原住民另有傀儡番的稱呼。

　　翻閱筆記的一個發現為，清代筆記中關於原住民的記載中，內容及文字
重複率卻相當的高；當初方志中的番俗項目作一比較時，更可以驚異的發現
其文字相似程度往往僅差異於數字之別，或文末加註作者評論而已。這幾點
有可能是以下原因造成的：

　　一、清康熙二十三年臺灣納入版圖，當時資訊流通不發達，文人們卻敏
感的對臺灣展現了高度的興趣，故當有關於臺灣的相關訊息時，他們便將其
一字不漏的收入自己的筆記之中。

　　二、編纂臺灣方志類書籍時，編纂者一時之間也無法完全掌握關於臺灣
的所有訊息，在蒐集相關資料時，文人筆記中許多與臺灣相關者，當然成為

---

[31] （清）徐珂《清稗類鈔選錄》（臺北：大通出版，1987年），頁30。

不可或缺的一部分。

　　三、方志出版後，許多文人在翻閱時感到有趣之餘，也節錄部分收入筆記之中。

　　綜觀以上三點，便能稍微瞭解筆記與方志紀錄重疊的狀況，文人筆記中關於臺灣原住民的記載，雖然是出自於感到好奇的窺探及側記，但這些記載往往都是最原始的文本，其後的文人作品或方志記載，多半是建立其上並加以增補，如《香祖筆記》中關於大眉的敘述、《觚賸》的〈姑待酒〉，在《小琉球漫誌》中，文字都有相當程度的添加，甚至作者也會為來源資料做下評論。如此一來，即便這些筆記文辭簡略，便也不可過於忽略其重要性，當研究者感慨方志番俗部分的傳抄過甚，導致價值低落時，回頭尋找筆記中的相關記載，不啻為尋求第一手資料的另一途徑。

　　筆記此一文體在清代正處於巔峰時期，作品浩如煙海，本文所羅列之筆記材料只能謂九牛之一毛，筆者不揣淺陋，期以此文拋磚引玉，期待他日更多資料的發現，豐富清代臺灣原住民的民俗史料。

《公論報》「臺灣風土」副刊
——婁子匡抵臺之後首度發表民俗學研究的刊物

柯榮三

臺南女子技術學院通識教育中心

摘要

本文首先回顧前人對於「臺灣風土」的認識情形，發現若非「臺灣風土」的主編陳奇祿為眾人細說當年，我們對於「臺灣風土」的認識，至今卻恐怕只能略知皮毛，甚至會出現些許不該犯的誤差。透過作者索引與爬梳譯稿來源，相信能讓我們更進一步掌握「臺灣風土」的面貌。

其次，目前可見的文獻資料顯示，一九四九年五月婁子匡抵臺後，因著對民俗的熱愛與感情，不僅「是這個『臺灣風土』週刊的忠誠擁戴的讀者之一」，更很快地在一九四九年六月前後，便與「臺灣風土」進行首度接觸，為陳益源師所言：「依我觀察，婁子匡稱得上是大陸遷臺民俗學者中，最先關注臺灣民俗、最能入鄉隨俗，也是最肯結交臺灣民俗學者的第一人」之語，提供另一有力的佐證。同時，「臺灣風土」也成為婁氏抵臺後最先發表民俗研究的刊物，總計於其上登載：〈中國底民俗學研究〉（第58期，1949年7月12日）、〈關於閩臺同型的民譚——邱妄舍趣事試探〉（第63期，1949年8月23日）、〈民間俗信中的孔子〉（第65期，1949年9月6日，署名「子匡」）、〈稻種由來的傳說——中日紅米研究的卷頭語〉（第169期，1954年4月19日，待續）共四篇文章，數量雖不多，但歷史意義卻十分重大。

一九六三年十月二十五日，婁子匡在《中華日報》發表〈臺灣光復後的文化發掘與整理〉一文，乃著眼於「臺灣風土」是臺灣學者們自力更生培育出來的一塊園地，高度肯定「臺灣風土」集合眾人力量所累積的學術成果，可惜的是，後人卻似乎沒有先行前輩的眼光，徒讓「臺灣風土」的價值，有逐漸湮滅於故紙堆中的可能。

關鍵詞：臺灣風土；公論報；婁子匡；臺灣民俗；民俗學

一　前言

陳益源師在〈婁子匡民俗學論著舉偶〉一文中談到：

> 依我觀察，婁子匡稱得上是大陸遷臺民俗學者中，最先關注臺灣民
> 俗、最能入鄉隨俗，也是最肯結交臺灣民俗學者的第一人。他從1967
> 年開始，連續在《大華晚報》撰寫了三年的臺灣人物專欄，後來結集
> 成《話說人物》、《臺灣人物傳說》二書，凡116篇。[1]

　　婁子匡（1905-2005）於一九四九年五月遷居臺灣臺北[2]，一九四九年七
月十二日，即在《公論報》「臺灣風土」副刊（下簡稱「臺灣風土」）第58
期上發表〈中國底民俗學研究〉，這恐怕是婁子匡抵臺之後，首度公開發表
關於民俗學研究的文章。「臺灣風土」是一個什麼模樣的刊物，能吸引「名
民俗學家顧頡剛的高徒，也是在臺唯一傳鉢人」[3]，「中國民俗研究論著的守護
神」[4]婁子匡的注意？婁子匡與「臺灣風土」又曾有何因緣？迄今為止，「臺
灣風土」的價值有沒有被賦予應有的重視？筆者不揣淺漏，擬以自身所見略
而論之，尚祈方家不吝指正。

---

[1]　詳見陳益源師〈婁子匡民俗學論著舉隅〉，載《廣西民族學院學報（哲學社會科學
　　版）》第22卷第3期（2000年5月），頁54。

[2]　詳見郭英三〈婁子匡對民俗學術的終身經營〉，載《民間文化論壇》總第138期（北
　　京：中國民間文藝家協會，2005年2月），頁98。

[3]　詳見王詩琅〈臺灣民俗學家群像〉，收入張良澤編《王詩琅全集》（高雄：德馨室出版
　　社，1979年10月）卷八「臺灣人物表論」〈乙篇：臺灣人物錄〉，頁29。

[4]　詳見陳益源師〈婁子匡：中國民俗研究論著的守護神〉，載1988年2月22日《中國時
　　報》「民俗週刊」第6號「拜訪大師」專欄，第24版。

二　關於《公論報》「臺灣風土」副刊

（一）前人對於「臺灣風土」的認識

一九七五年七月，陳奇祿先生曾為文說到當年主編「臺灣風土」時的概況：

> 日本人據臺五十年，在表面上，臺灣免不了遺留有許多日本人的影響，但是臺灣的居民，百分之九十八是漢人，他們的祖先移居臺灣時所帶來的開疆闢土堅韌不拔的精神，正是中華文化的菁華。李先生（筆者按：《公論報》創辦人李萬居，1902-1966）以為這個事實，應予究明，並作闡揚，這也許就是《公論報》的「臺灣風土」副刊創刊的原因。我承李先生的付託擔任主編，自民國37年5月10日創刊，到44年5月3日終刊，一共刊出了195期。40年9月到42年2月，我到美國進修，編務由方豪先生主持（自民國40年10月5日出版的143期至41年5月16日出版的157期，計共15期），這也是我和方先生訂交的由來。「臺灣風土」每期所佔篇幅約為報紙的半頁，字數通常在八千左右。[5]

文中也提到了多位早期「臺灣風土」的撰稿人，例如：楊雲萍、藍蔭鼎、陳紹馨、戴炎輝、立石鐵臣、金關丈夫、國分直一、宮本延人等等。除此之外，更有許多鄉土專家主動賜稿，例如有：吳槐、廖漢臣、王詩琅（王剛）、莊松林（朱鋒）、石暘睢、林衡道、婁子匡等。一九四九年起，則有更多撰稿者加入，讓「臺灣風土」內容更見豐富充實，有史前考古：劉茂源、宋文薰、石璋如、張光直、孫家驥；地方史料：方豪、劉枝萬；地方

---

[5] 詳見陳奇祿〈我和臺灣研究〉，原載《新時代》（臺北：正中書局，1975年7月）第十五卷第七期，頁16-22。收入陳奇祿《民族與文化》（臺北：黎明出版社，1984年6月四版），頁141-142。

戲劇：呂訴上；臺灣古地圖：陳荊和；文獻目錄：賴永祥、賴翔雲等。有趣的是，在「臺灣風土」上撰稿數量最多者，可能是編者陳奇祿自己，陳氏「除了用本名外，也用陳麒、麒、子彬、彬等名字，或寫或譯，共刊出了95篇。」[6]

然而王詩琅早年提及「臺灣風土」時，不知為何，將名稱誤記為「公論的副刊『臺灣民俗』」，同一篇文章中，兩處皆然[7]。一九七九年二月，陳奇祿接受《臺灣時報》的專訪文，竟把「臺灣風土」的總出刊數記為197期，則應該是記者誤寫所致[8]。

一九八五年十二月，阮昌銳為文檢視臺灣民俗研究的過去與未來時，談到「臺灣風土」說：

> 自光復以來，專門刊登臺灣民俗的報紙先後有兩份，先是《公論報》。由陳奇祿先生主編的「臺灣風土」，自民國37年5月14日到44年5月3日，共出195期。內容包括臺灣土著民族平地漢人的風俗習慣，以及臺灣的史前文化等等。[9]

阮氏文中雖然注意到了「臺灣風土」，但卻僅有寥寥數語而已，頗為可惜。

一九九二年三月，陳奇祿接受《中央日報》專訪，記者魯瑞菁以「『臺灣風土』副刊改變陳奇祿的一生」為題，總算彰顯出陳奇祿與其當年所編輯「臺灣風土」不凡的關係與意義。專訪文中，陳氏再度談到關於「臺灣風土」創設動機與重要撰稿人，大抵皆不脫前引一九七五年七月時所言內容。

一九九五年一月，陳奇祿在《聯合報》撰文〈最早從事臺灣研究的刊

6　詳見同註5，陳奇祿〈我和臺灣研究〉，收入陳奇祿《民族與文化》，頁144。

7　詳見同註3，王詩琅〈臺灣民俗學家群像〉，收入張良澤編《王詩琅全集》，文中兩處提到「臺灣風土」，卻兩處皆作「臺灣風俗」，頁22、頁28。

8　詳見雅俗〈從藝術到考古──陳奇祿教授訪談錄〉，載1979年2月24日《臺灣時報》，第9版。

9　詳見阮昌銳〈臺灣民俗研究的過去與未來〉，載《臺灣文獻》第36卷3、4期合刊（臺中：臺灣省文獻委員會，1985年12月），頁29。

物——臺灣風土：打開鄉土園地〉，亦不離前說，但該篇文章最特別之處，在於將「臺灣風土」標誌為「可說是最早從事臺灣研究的刊物」。一九九五年十月，林美容爬梳臺灣民俗學研究史料時，在研究刊物部分，「臺灣風土」名列其中，然而所言僅是延續阮氏前說，而且既無論及方豪代編一事，甚至連陳奇祿因進修出國，出刊至一九五二年五月十六日第157期暫停的日期，都誤記為：「至民國41年5月2日發行157期時，因陳奇祿出國而暫停出刊」[10]。關於「臺灣風土」的稿件來源，林氏也僅以「此一副刊稿件來源或許有限，因此翻譯文章不少，大部分為《民俗臺灣》刊載的文章和日本學者如金關丈夫、國分直一等人的稿件。」[11]一語帶過。可見，前人對「臺灣風土」雖有認識，卻恐怕仍嫌不足。

　　二〇〇四年三月，國史館為陳奇祿出版口述歷史《澄懷觀道——陳奇祿先生訪談錄》，陳氏回憶起當年主編「臺灣風土」，除了如前所引述者之外，還特別提到：

> 金關先生（筆者按：金關丈夫）回日本前，曾交給我一些未刊的稿子，說或許可以翻譯出來刊於「臺灣風土」上；但我見到稿子皆以朱筆批注了字號，以為是付印過的，所以一直沒有譯出來。後來讀了楊雲萍先生的文章才知道是未付印的，所以我就譯了石暘睢先生寫的〈帶孝〉一文，而刊於第176期，我當時還在文前寫了附注作為說明，我感覺文章雖是過去的但不無意義。[12]

　　所謂「一些未刊的稿子」，指的是未刊於戰前臺灣最重要的民俗研究雜誌《民俗臺灣》之上，關於這一部分，後文會再述及。至於《臺灣風土》的撰稿人，則另外還列舉包括：第3期上刊登李純青所寫的〈為臺灣的光

---

10 詳見林美容〈臺灣民俗學史料研究〉，載《慶祝建館八十週年論文集》（臺北：國立中央圖書館臺灣分館，1995年10月），頁628。

11 詳見同註10，林美容〈臺灣民俗學史料研究〉。

12 詳見陳奇祿口述，陳怡真撰《澄懷觀道——陳奇祿先生訪談錄》〈貳、臺灣研究時期〉（臺北：國史館，2004年3月），頁54。

榮〉，該文本要作為「臺灣風土」的發刊詞，因時間耽擱而改登於第3期；臺大政治系教授盛成，曾在「臺灣風土」早期階段，寫過多首名為「澎湖新詠」的古典詩組，分別散見於不連續的八期上；攝影家張才，曾循《民俗臺灣》由金關丈夫與攝影家松山虔山合作的模式，和陳奇祿共同合作開闢「山地採風圖」專欄。其他作者還有高執德（臺南開元寺住持和尚）、王碧蕉（陳奇祿的表姊夫，「二二八」時失蹤）、黃啟端（曾任臺北市市長）、洪炎秋（臺灣古典詩人洪棄生哲嗣）、連溫卿（臺灣世界語的推行者，溫和左派的社會運動家）、林衡立（林衡道之弟）、顏晴雲（新竹縣角板鄉義興村的泰雅族原住民，畢業於臺北第二師範學校，後在臺灣省文獻會擔任山地研究工作）等人。同時陳奇祿也曾翻譯過呂阿昌（曾任屏東縣長、臺北市長、行政院政務委員）、王瑞成（臺北著名「山水亭」臺菜餐館老闆王井泉之兄）、呂赫若（日治時期臺灣小說家）[13]等人以日文寫就的文章。同年十二月，李德仁於《國立臺灣史前文化博物館通訊：文化驛站》第16期發表題為〈公論報「臺灣風土」與臺灣考古學〉一文[14]，文中特將「臺灣風土」自創刊來的四十篇有關考古學的論文整理列表，旨在凸顯「臺灣風土」對於臺灣考古學奠基的貢獻與學術史上的意義，然李氏文章集中鎖定「臺灣風土」中關於考古學的文章，對其他主題與撰稿者著墨不多，又可能礙於發表在「通訊」性質期刊之篇幅所限，通篇僅千餘言，稍嫌過簡。

綜合上述，可知歷來學者其實都能注意到「臺灣風土」在臺灣民俗學研究史上，應當佔有其一席之地，然而，如果沒有「臺灣風土」的主編陳奇祿為眾人細說當年，我們對於「臺灣風土」的認識，至今卻恐怕只能略知皮毛，甚至會出現些許不該犯的誤差。於是，筆者在此首先便想追問，「臺灣風土」的作家們究竟還有誰？

---

13 詳見同註12，陳奇祿口述，陳怡真撰《澄懷觀道——陳奇祿先生訪談錄》〈貳、臺灣研究時期〉，頁55-81。

14 詳見李德仁〈公論報「臺灣風土」與臺灣考古學〉，載《國立臺灣史前文化博物館通訊：文化驛站》第16期（臺東：國立臺灣史前文化博物館，2004年12月），頁37-40。按：本資料承蒙東海大學許建崑教授提供，特此申謝。

（二）「臺灣風土」的作家們還有誰

筆者整理出一份所有曾經於「臺灣風土」發表過文章者（包含翻譯）的名單，製成索引（以本名、筆名、別名互見），列表如下：

製表／柯榮三

本名／筆名／別名	出現在「臺灣風土」之期數
C. L	192, 193
J. L. 程	176, 177, 181, 182, 183
P. A.	192, 193, 194, 195
大澤秀雄	175, 176
子匡（婁子匡）	65
子彬（陳奇祿）	54, 57, 61, 66, 67, 79, 80, 81, 82, 89, 93, 97, 98, 104, 105, 106, 158, 159, 16, 163, 164, 166, 167, 170, 171, 172, 186, 189, 190, 191
小泉鐵	137
山中樵	66, 67
中國民俗學會	60
方豪	114, 115, 116, 117, 118, 122, 125, 126, 133, 138, 141, 143, 144, 145, 146, 147, 148, 149, 151, 152, 155, 156, 162, 165, 167
毛一波	127, 143, 171
片岡巖	71
王岡（王詩琅）	23, 27
王瑞成	11, 28
王詩琅	23, 27
王碧蕉	17
王鴻博	72, 86, 108, 109
北投山人	120
古野清人	37, 90, 184, 185, 186

本名／筆名／別名	出現在「臺灣風土」之期數
古翰村	120, 121, 133
甘為霖	159, 159, 160, 163, 164, 166, 167, 170, 171, 172
田上忠之	102, 104, 106, 107, 108
石坂莊作	57
石陽睢（石暘睢）	40, 53, 45, 64, 67, 176, 177
石暘睢（石陽睢）	40, 53, 45, 64, 67, 176, 177
石璋如	103, 172, 173, 174
石鐵臣（立石鐵臣）	7, 12, 15, 18, 19
立石鐵臣	7, 9, 12, 13, 15, 18, 19, 24
夷坡（毛一波）	27
守愚（楊守愚）	67
朱鋒（莊松林）	43, 46, 125, 128, 130, 131, 136, 140, 141, 142, 144, 175, 176, 177, 178, 179, 180, 181, 183, 184, 193, 194, 195
朱點人	27, 67
池田敏雄	22, 26, 28
竹盧	73, 74
吳槐	3, 6, 12, 13, 21, 22, 69
呂阿昌	30
呂訴上	152, 153, 154, 156, 157
呂赫若	29
宋文薰	83, 85, 87, 88, 136, 147, 148, 150, 152, 153, 155, 163
宋燁	144, 145, 146, 148, 149, 151, 159, 176, 177
志仁	154
李石樵	5
李根源	120, 121, 123, 124, 129, 130, 135
李純青	3
李隆一	102, 104, 106, 107, 108, 113, 114, 118, 119, 120, 125, 126, 127, 128, 137

本名／筆名／別名	出現在「臺灣風土」之期數
李漢如	55
李獻璋	67
沈真白	147, 150
言午	109, 125, 128, 148, 153, 156, 157
其人	75
坪井清足	182
岩生成一	16, 54, 57
岳全	160
岳勳	56
明典	137
明德	150, 151
東嘉生	176, 177, 181, 182, 183
枝萬（劉枝萬）	163, 164, 166, 167, 168, 169, 170, 171, 172, 173, 177, 192
林本元	173, 174, 176, 177, 178, 179, 180, 183, 184, 185, 186, 187, 188
林香	152, 153
林海音	146
林朝崧	62
林豪	143, 144, 146
林衡立	74, 142, 164
林衡道	52, 58, 60, 61, 62, 63, 64, 65, 66, 67, 68, 69, 70, 71, 72, 76, 77, 78, 79, 80, 81, 82, 86, 88, 89, 92, 94, 96, 97, 98, 101, 102, 103, 104, 106, 111, 112, 113, 114, 115, 116, 118, 119, 121, 122, 123, 124, 125, 126, 127, 129, 130, 131, 132, 134, 138, 139, 149, 154, 157
林曙光	30, 38, 39
杰人（方豪）	145
武內真義	113, 114, 118, 119, 120, 125, 126, 127, 128, 137
臥蠶	170

本名／筆名／別名	出現在「臺灣風土」之期數
邱萬福	98, 99, 101, 102
金關丈夫	1, 2, 8, 24, 37, 172, 173, 174, 183
金關生（金關丈夫）	1, 2, 8
南人	185, 195
施景琛	99
洪炎秋	14
洪棄生	14
胡適	143, 144
軍揚	93, 94, 95, 97, 98
香尊	124
孫家驥	114, 115, 118, 137
宮川次郎	81, 82
宮本延人	6, 10, 24, 89, 93, 129, 130, 135, 159, 163, 177, 192, 193, 194
徐青絹	29
栗山俊一	7, 31
柴蕾	100, 101
馬淵東一	62, 63, 65, 186
馬森	178, 180
馬階	189, 190, 191
馬導源	121, 122, 123, 124, 125
高執德	17
國分生（國分直一）	13, 17
國分直一	9, 13, 17, 20, 21, 22, 23, 24, 27, 33, 34, 36, 38, 39, 40, 41, 42, 43, 44, 45, 46, 47, 48, 49, 50, 51, 52, 53, 54, 55, 56, 57, 59, 60, 61, 70, 72, 92, 93, 95, 100, 108, 110, 111, 117, 125, 144, 145, 146, 148, 149, 176
婁子匡	58, 63, 65, 169
張才	74, 88
張光直	158, 159, 160, 161, 174, 175, 180

本名／筆名／別名	出現在「臺灣風土」之期數
張松	112
張衡	165, 169, 182, 183
彬（陳奇祿）	4, 33, 37, 47, 57, 110, 111, 173, 175, 176, 193
曹永和	147
梁嘉彬	145, 147, 150
淺井惠倫	3, 4
淵	5
牽牛子（池田敏雄）	22, 26
盛成	4, 6, 7, 15, 16, 19, 30, 32
移川子之藏	18, 19, 20, 21, 105
莊松林	43, 46, 175, 176, 177, 178, 179, 180, 181, 183, 184, 193, 194, 195
莊德和	161, 162, 164, 165, 166, 167, 168, 171, 172, 173, 174, 179, 182, 186
許南英	193
連雅堂	192
連溫卿	32, 33, 34, 35, 36, 37, 38, 39, 40, 43, 44, 68, 70
連震東	8
郭海鳴	84, 85, 86, 87
陳奇祿	3, 4, 7, 16, 18, 19, 20, 21, 31, 33, 37, 41, 47, 49, 52, 54, 55, 57, 59, 60, 61, 62, 63, 64, 65, 66, 67, 71, 73, 75, 78, 79, 80, 81, 82, 89, 90, 93, 97, 98, 104, 105, 106, 107, 109, 110, 111, 140, 141, 142, 158, 159, 160, 161, 163, , 164, 166, 167, 170, 171, 172, 173, 175, 176, 177, 178, 184, 185, 186, 187, 188, 189, 190, 191, 192, 193, 194
陳荊和	161, 162, 164, 165, 166, 167, 168, 171, 172, 173, 174, 179, 182, 186
陳國來	187
陳紹馨	1, 11, 24, 58, 146
陳漢光	189

本名／筆名／別名	出現在「臺灣風土」之期數
陳肇興	26
陳鴻榮	76, 77
陳麒（陳奇祿）	41, 49, 52, 55, 57, 59, 60, 62, 63, 64, 65, 107, 109, 110, 176, 177, 178, 184, 185, 186, 193, 194
陶高生	71
章太炎	25
章儒	132
鹿野忠雄	49, 52, 55, 79, 80, 120, 121, 123, 124, 150, 153, 155, 169
描文（朱點人）	27
斯民	155
曾志固	151
曾迺碩	166
無言	137
絕塵	148, 149, 152, 155
須崎生	47
黃伯超	54
黃廷煌	48
黃知音	143
黃得時	12
黃啟端	13
黃景良	67, 68, 102
楊雲萍	1, 2, 4, 5, 6, 7, 8, 9, 10, 14, 15, 16, 19, 20, 25, 26, 30, 34, 36, 41, 42, 44, 45, 47, 48, 49, 50, 51, 53, 54, 56, 57, 59, 69, 70, 71, 73, 74, 76, 79, 80, 81, 82, 83, 84, 85, 86, 87, 89, 90, 91, 92, 93, 94, 96, 97, 99, 100, 103, 105, 106, 107, 109, 111, 112, 113, 115, 116, 117, 119, 120, 121, 122, 123, 124, 126, 127, 129, 131, 133, 134, 136, 137, 138, 139, 140, 141, 142, 145, 158, 160, 161, 167, 165, 166, 167, 168, 170, 171, 175, 178, 179, 180, 181, 183, 184, 185, 187, 188, 189, 190, 191, 193, 194, 195

本名／筆名／別名	出現在「臺灣風土」之期數
楊錫福	122
毓文（廖漢臣）	22, 23, 67
毓齋（蔡毓齋）	53
廖漢臣	5, 8, 9, 10, 11, 14, 15, 16, 18, 19, 20, 22, 23, 30, 67
臺大民族學研究室	4, 58
劉枝萬	136, 163, 164, 166, 167, 168, 169, 170, 171, 172, 173, 177, 192
劉芝	92
劉茂源	78, 81, 82, 90, 91, 95, 98, 99, 101, 102, 108, 110, 111, 117, 125
劉清海	98, 99, 101, 102
稻葉直通	97
蔡清苑	177
蔡毓齋	53
蓬頭兒（金關丈夫）	37
鄭換壁	98, 99, 101, 102
賴永祥	169, 170, 173, 178, 187, 188, 195
賴翔雲	128, 129, 130, 131, 132, 133, 134
賴襄南	30
龍衣（李隆一）	102, 104, 106, 107, 108, 118, 119, 120
龍逸	135
燁（宋燁）	163
戴宗聖	157
戴炎輝	2, 10, 18, 61
謝玉麟	134, 136
謝金撰	179, 180, 182, 183, 188, 189
點人（朱點人）	67
藏	181, 184
藍紅	139, 140

本名／筆名／別名	出現在「臺灣風土」之期數
藍蔭鼎	1, 2, 3, 6, 32, 37, 38, 42, 46, 60, 72, 77, 82, 83, 90
顏晴雲	84, 85, 86, 87
瀨川孝吉	97, 183
藤悌亮	110, 111
麒（陳奇祿）	3, 4, 7, 16, 18, 19, 20, 21, 31, 37, 90, 177, 192
獻璋（李獻璋）	67
鐵臣（立石鐵臣）	9

　　必須要特別說明的是，有些作者或譯者，可能同一期中發表一篇以上的文章，但礙於篇幅與筆者能力有限，恕無法在表中一一註明。這些作家群中較重要者，從本文前段數度引用陳奇祿的說明中，已經可以窺見一二。日本學者的名字，不少是因為其民俗學著作被翻譯，因而名列表中。關於「臺灣風土」外文譯作的部分，將在下小節中另外論之。

　　關於前人沒有提到的「臺灣風土」作家群中，可以補充者，例如，王鴻博曾發表了一系列對布農族（Bunun）東埔社的田野調查報告[15]，但除了考古學界的朋友以外，大概很少人知道，二〇〇三年十一月，臺中自然科學博物館人類學組在臺中縣沙鹿鎮南勢里一處建築工地發現史前遺跡，最大的功臣，正是業餘考古學家王鴻博（本名王三派）率先於該地從事調查的成果！一九四八年一月間，王鴻博與宋文薰、孫家驥曾共同走訪了沙鹿鎮的南勢坑史前遺址，留有一本手札「南勢坑史前遺蹟」於世[16]。

---

[15] 詳見王鴻博〈武崙族民俗採訪二則：1.記 Bunun 族東埔社的埋葬與石棺；2.記 Bunun 族東埔社的獵物分配〉，載《公論報》「臺灣風土」第72期（1949年11月1日）；王鴻博〈Bunun 東埔分社的茅草標幟〉，載《公論報》「臺灣風土」第86期（1950年2月13日）；王鴻博〈布農族東埔社採訪二則〉，載《公論報》「臺灣風土」第108期（1950年8月7日）。

[16] 詳見1993年11月17日《中央日報》，新聞標題：「中縣沙鹿南勢坑考古，千年刀骨琉璃珠出土，常慧法師循父親手札尋獲，專家初判當地與大陸及東南亞已有貿易往來」，第五版。

又有如研究臺語的民間學者林本元，曾發表一系列題為「臺語絲」的語學語文（自第173期至188期間，不定期連載）；也有令人意想不到的作者出現，如享譽臺灣文壇的林海音，曾於「臺灣風土」第146期發表〈臺灣之敬神〉一文，該文首先歸納出臺灣人敬神觀念濃厚有四點原因，其次羅列臺灣人信仰諸神表（分為「神名、俗稱、神務」），最後論及當時政府擬以迷信鋪張浪費為由，禁止臺灣民間盛行的「拜拜」，但林海音呼籲：「不應忽視前面所述臺胞敬神的根源，因此要特別注意的是禁止的範圍、步驟，和拿什麼來代替他們的信仰；讓他們把奉獻給神的金錢用在怎樣更有意義的地方，才不致使他們的心靈空虛，無所寄託。[17]」

然而，有更多作者或譯者的身分與相關資料，至今仍不明瞭，不過他們的文章或譯作，現在讀起來，仍是具有價值的，例如：宋燁首度在「臺灣風土」發表的作品（第144期），即是翻譯日本學者國分直一之作〈戰後臺灣歷史學界與民族學界——以中國內地來臺學者的活動為主〉[18]，國分氏在該文中認為，歷史學方面，戰後中國內地來臺學者，似乎僅有以「琉球史」為研究主題的梁嘉彬，但是「因當時中國方面正在要求琉球的主權」，故而質疑梁嘉彬「發表論文的動機，似乎不是純學術的」[19]。考古學方面，則提到曾在福建發現史前遺址的梁惠溥與著有《金山訪古記》的金祖同（二二八事件不久後便離臺）。還有馬廷英（1947年6月，以臺大地質學系主任兼任臺灣省立海洋研究所所長，曾率團赴時稱「紅頭嶼」的蘭嶼調查）、陳荊和（時為臺大史學系講師，研究安南史，曾發表過〈『字喃』之形態及產生年代〉，載《人文科學論叢》，臺灣光復財團發行，1949年2月）、吳守禮（福建人，時為臺大中文系副教授，曾發表過〈福建語研究導論——民族與語言〉，載《人文科學論叢》，臺灣光復財團發行，1949年2月）、饒宗頤（1948年

---

17 詳見林海音〈臺灣之敬神〉，載《公論報》「臺灣風土」第146期（1951年11月16日）。

18 筆者按：據正文前說明，本文原載《東洋學研究》第十一卷第二號，惟出版項、年代均不詳。

19 詳見國分直一，宋燁譯，〈戰後臺灣歷史學界與民族學界——以中國內地來臺學者的活動為主〉，載《公論報》「臺灣風土」第144期（1951年10月19日）。

夏天抵臺大民族學研究室訪問，帶來一部當時尚未出版的「潮洲史前遺址之發見」)、李玄伯（著有《中國古代社會新研》，上海開明書店發行，載有一九四八年夏天序，其序謂該書於一九三九年初刊，但因戰爭而在未經流布之前，便已絕版)、方豪（其作〈日人著作中臺灣漢文文獻糾謬述例〉的批評，讓國分氏自言感到汗顏)，最後提及因為戰亂的關係，來臺的中國內地學者人數日漸增多，竟遠超越了學生，例如李濟、董作賓、石璋如、芮逸夫、凌純聲等，都陸續來到臺灣。當時作為學生輩者，則提到了陳奇祿、何廷瑞、宋文薰，並特別盛讚陳奇祿是「很有希望的青年學者」。一九四九年八月，國分直一離臺，藉著與臺灣友人的聯繫，仍然得知例如高去尋、潘懿、劉敏雄等人的消息 [20]。

其他身分與相關資料不詳，但筆者認為其文值得一讀者，尚有如一九五四年，當時臺北市圓山貝塚發掘工作正值熱門，張衡撰有〈記私人收藏的圓山貝塚出土遺物〉（第165期），共襄盛舉；另有協助陳荊和描繪臺灣古老圖者，為莊德和；為泰雅族學者顏晴雲翻譯文章者，是曾經纂修《臺北市志稿》（詳見陳君玉、郭海鳴纂修《臺北市志稿》〔臺北市文獻委員會，1959年6月〕。）的郭海鳴（第84期至87期連載），還有《臺灣風物》發行人陳漢統與陳國來兄弟，曾為文與楊雲萍在「臺灣風土」上打過一場小筆仗 [21]。此外，還有一篇事涉「文德」之作，第102期曾登載黃景良0題為〈鄭

---

20 詳見國分直一著，宋燁〈戰後臺灣歷史學界與民族學界——以中國內地來臺學者的活動為主〉，連載於《公論報》「臺灣風土」第144期（1951年10月19日）、第145期（1951年11月2日）、第146期（1951年11月16日）、第148期（1951年12月28日）、第149期（1952年1月25日）。

21 事起於「臺灣風土」第178期（1954年6月21日）、179期（1954年6月28日）、180期（1954年7月5日）三期連載楊雲萍〈《士林溫古誌》與《士林街要覽》〉有「《臺灣風物》月刊，最近出了一期「士林專號」（第4卷第5期）……（中略）……在日據時代，《民俗臺灣》月刊，曾為了士林，刊出一期「士林特輯號」，舉凡有關士林地方的歷史、地誌、人物和風俗等，均有所記述（第1卷第6號，日本昭和16年12月發行）。《臺灣風物》此次刊行「士林專號」，自是值得讚許和期待。只可惜的，就是這期「士林專號」裡面，有二三頗有價值的文章，如野人先生的〈士林文化序說〉、大屯山人先生的〈士林人物簡輯〉和某君的〈地名研究〉等，均有錯誤，或有抄襲之

氏時代的臺灣文學〉的文章，隔一期卻馬上登出一則編者「小啟」：

小啟

本刊上期所載黃景良先生〈鄭氏時代的臺灣文學〉，為節譯自《臺灣文學》第三卷黃得時先生〈臺灣文學史（二）第一章鄭氏時代〉者，但投稿者未註明為譯作。本刊歡迎譯稿，但請註明出處以重文德為感。此啟黃景良早於「臺灣風土」第67、68兩期曾連載發表〈關於臺灣原住民族的神話故事〉，第68期文末自署「卅八、八、廿夜於臺灣臺南市」，關於其人，目前所知其實也僅限於此。

談到「歡迎譯稿」，筆者接著就想再問，前人提到「臺灣風土」譯稿的來源時，僅提到「大部分為《民俗臺灣》刊載的文章和日本學者如金關丈夫、國分直一等人的稿件」云云，但除了「《民俗臺灣》、金關丈夫、國分直一」這些耳熟能詳的刊物與人名，「臺灣風土」的翻譯稿件到底還有哪些

嫌（甚至誤抄）、或憑空臆說，不無遺憾。」之語。「臺灣風土」第181期（1954年7月19日）馬上登出署名「發行人陳國來／主編陸中英」的一則〈來函照登〉反擊：「一、貴刊第178期載某君〈《士林溫古誌》與《士林街要覽》〉一文，內容評及本刊『士林專號』，但未列舉具體事實，若非憑空臆說，希代囑該君詳舉聽錯，俾如獲良師也。二、敬函查照，希將本函公開。」楊雲萍在「臺灣風土」第183期（1954年8月16日）、第184期（1954年8月30日）、185期（1954年9月13日），接連發表〈士林地方的開發及其他〉，針對陳國來函，明指〈士林文化序說〉（署「野人」）、〈士林人物簡輯〉（署「大屯山人」），其實與〈士林鎮地名研究〉三篇文章，均是陳漢光一人所作，並一一列舉陳漢光誤用資料以及襲用楊雲萍舊作之處。「臺灣風土」第186期（1954年9月27日）有一則「代郵」：「《臺灣風物》社陳國來、陸中英先生：大函奉悉，所述關於『士林專號』諸事，已經轉告楊雲萍先生，特此奉告。」此後楊雲萍未再對此事於「臺灣風土」版面上有所回應。「臺灣風土」第187期（1954年10月11日）復刊出陳國來〈關於楊雲萍君近著兩篇〉表示：「迄今已有兩旬，未見楊君有所表示，茲綜合楊著二文，辯正如下……」反駁楊雲萍前說。末了，「臺灣風土」第189期（1954年11月22日）刊出陳漢光去函：「『臺灣風土』第187期載陳國來撰〈關於楊雲萍君近著兩篇〉係為本人代舍弟所主筆者，其間有若干處評及楊教授（雲萍）之事，殊有未安，謹以此特表歉意，至於楊教授所云之有關本人謬誤處，實有部分，以楊教授所指為是。」云云，釋出善意以為收場。

來源？

（三）「臺灣風土」的翻譯稿件還有哪些來源

　　「臺灣風土」翻譯稿件雖有註明出處，但通常僅記其要，筆者按照所記書刊來源與篇名，盡力蒐羅。首先，在書籍方面，列表如下：

書刊名	「臺灣風土」期數
1.《臺灣博物館創立三十週年紀念論文集》[22]	
（1）〈紅頭嶼土人的曆法組織〉淺井惠倫著，麒（陳奇祿）譯	3, 4
（2）〈臺灣近代史早期的遺物──沈有容論退紅毛番碑〉中村孝志著，淵譯	5
（3）〈相當於姓名之高山族個人、家族、氏族名〉移川子之藏著　麒（陳奇祿）譯	18, 19, 20, 21
2.《原始文化／探求》[23]	
（1）〈原住民族的身體變工（一）〉古野清人著，麒（陳奇祿）譯	37
（2）〈祭具──原始文化之探求之一節〉古野清人著，子彬（陳奇祿）譯	61
（3）〈毒草的試煉──原始文化之探求之二〉古野清人著，麒（陳奇祿）譯	90
3.《臺灣高砂族系統所屬／研究》[24]	

22　阪上福一編（臺灣：總督府博物館內臺灣博物館協會，1939年3月，國立臺中圖書館藏）。

23　東京：白水社，1942年6月，中研院民族學研究所圖書館藏。

24　東京：刀江書院，1935年3月，國立臺中圖書館藏。

書刊名	「臺灣風土」期數
（1）〈泰耶魯族 Masitobaon 社的關係資料集錄（一）：泰耶魯族（Atayal）之名稱、泰耶魯族之發祥傳說〉臺北帝國大學土俗・人種學研究室調查，陳紹馨譯	58
4.《原語による臺灣高砂族傳說集》[25]	
（1）〈泰耶魯族 Masitobaon 社的關係資料集錄（二）：泰耶魯族大豹社傳說集：1. 我們祖先的發祥地；2. 寺紇資（singuts）族的故事、白狗蕃（xakut）、瑪勒靶蕃（melepa）〉臺北帝國大學言語學研究室調查，陳麒（陳奇祿）譯	59
（2）〈泰耶魯族 Masitobaon 社的關係資料集錄（二）：泰耶魯大豹社傳說集：3. 以絲勒（sileq）鳥判斷凶吉的起源；4. 把太陽變成一半歸來的故事；5. 洪水〉臺北帝國大學言語學研究室調查，陳麒（陳奇祿）譯	60
（3）〈高山族關於地震之傳說〉曹永和輯譯	147
5.《高砂族調查書》[26]	
（1）〈Masitobaon 社的關係資料集錄（三）：Masitobaon 社的地勢氣候、Masitobaon 社的沿革〉臺灣總督府警務局理蕃課編，陳麒（陳奇祿）譯	64
6.《臺灣風俗誌》[27]	
（1）〈臺灣怪異錄〉片岡巖著，陶高生譯	71
7.《臺灣の原始藝術》[28]	

---

[25] 原缺待考。

[26] 筆者按：《高砂族調查書》原分六編，依類出版，本文係譯自第五編〈蕃社概況：迷信〉，臺北：臺灣總督府警務局理蕃課，1938年4月，國立臺中圖書館藏。

[27] 臺北：臺灣日日新報社，1924年9月再版，國立臺中圖書館藏。

[28] 臺北：臺灣實業界社，1930年8月，國立臺中圖書館藏。

書刊名	「臺灣風土」期數
（1）〈關於臺灣原住民族的藝術〉宮川次郎著，子彬（陳奇祿）譯	81, 82
8.《紅頭嶼》[29]	
（1）〈紅頭嶼土俗二三〉稻葉直通、瀨川孝吉著，子彬（陳奇祿）譯	97
9.《蕃人の奇習と傳說》[30]	
（1）〈山地女子「刺墨」的由來〉田上忠之著，龍衣（李隆一）譯	102
（2）〈漫談山地同胞的性格〉田上忠之著，龍衣（李隆一）譯	104
（3）〈臺灣山胞「射日」的傳說〉田上忠之著，龍衣（李隆一）譯	106
（4）〈臺灣山地同胞之迷信及習慣七十種〉田上忠之著，龍衣（李隆一）譯	107, 108
10.《臺灣》[31]	
（1）〈高山族之裝飾品〉武內貞義著，李隆一譯	
（2）〈阿眉族的創世神話〉武內貞義著，龍衣（李隆一）譯	118, 120
（3）〈高山族的嗜好品〉武內貞義著，龍衣（李隆一）譯	119
（4）〈高山族人的男婚女嫁〉武內貞義著，李隆一譯	125, 126, 127, 128
（5）〈高山族的姓名——「姓」「氏」「名」「敬稱」及「綽號」〉武內貞義著，李隆一譯	137

---

[29] 東京：生き物趣味の會，1931 年 12 月，國立臺中圖書館藏。
[30] 臺北：臺灣蕃族研究所，1935 年 7 月，國立臺中圖書館藏。
[31] 臺北：新高堂書店，1927 年 11 月改訂版，國立臺中圖書館藏。

書刊名	「臺灣風土」期數
11.《臺灣土俗誌》[32]	
（1）〈阿美族男女的對立〉小泉鐵著，明典譯	137
12.《蕃族調查報告書》[33]	
（1）〈高山族關於地震之傳說〉曹永和輯譯	147
13.《生蕃傳說集》[34]	
（1）〈高山族關於地震之傳說〉	曹永和輯譯
14.《東南亞細亞民族學先史學研究・第一卷》[35]	
（1）紅頭嶼 Yami 族之與「栗」有關之農耕儀禮鹿野忠雄著，陳麒（陳奇祿）譯	49, 52, 55
（2）〈臺灣的塗研赤色陶器〉鹿野忠雄著，宋文薰譯 150	
（3）〈臺灣土著的刮皮具與偏鋒石器的用途〉鹿野忠雄著，宋文薰譯	155
15.《東南亞細亞民族學先史學研究・第二卷》[36]	
（1）〈臺灣發見更新統人類之可能性〉鹿野忠雄著，張衡譯169	
16. "Formosa under the Dutch"（荷人治下的臺灣）[37]	

[32] 東京：建設社，1933 年 9 月，國立臺中圖書館藏。

[33] 筆者按：《蕃族調查報告書》共分八部，曹永和所輯，係第五部〈排灣族：獅設族〉，臺北：臺灣總督府蕃族調查會，1921 年 1 月，國立臺中圖書館藏。另有複刻本，臺北：南天書局，1983 年 11 月，成大圖書館藏。

[34] 佐山融吉、大西吉壽著，臺北：杉田重藏書店，1923 年 11 月，國立臺中圖書館藏。

[35] 複刻本，臺北：南天書局，1995 年 9 月，成大圖書館藏。東京：矢島書房，1946 年 10 月原刊。

[36] 複刻本，臺北：南天書局，1995 年 9 月，成大圖書館藏。東京：矢島書房，1952 年 1 月原刊。

[37] 原書為荷蘭文，1903 年由甘為霖（Rev. William Campbell, 1841-1921）牧師譯為英文本，在倫敦出版，筆者皆未見。今有中譯本，李雄揮譯《荷據下的福爾摩沙》（臺北：前衛出版社，2004 年 1 月）。

書刊名	「臺灣風土」期數
（1）〈三百年前臺南地方的住民〉甘為霖（Rev W. Campbell）著，子彬（陳奇祿）譯	158, 159, 160, 163, 164, 166, 167, 170, 171, 172
17.《臺灣經濟史研究》[38]	
（1）〈鄭氏時代之臺灣經濟面面觀〉東嘉生著，J. L. 程譯	176, 177
（2）〈荷蘭人佔據時代之臺灣經濟面面觀〉東嘉生著，J. L. 程譯	181, 182, 183
18. "From Far Formosa"（自遙遠的臺灣）[39]	
〈八十年前的臺灣高山族〉馬階（George Leslie Mackay）著，子彬（陳奇祿）譯	189, 190, 191

其次，在期刊雜誌方面，《民俗臺灣》的確是「臺灣風土」重要的譯稿來源[40]，尤其是披露兩篇「最後一期的《民俗臺灣》」[41]的未刊稿：石暘睢〈帶孝〉（第176、177期）[42]、蔡清苑〈夫惡〉（第177期）兩篇，更是具有極重大

---

[38] 臺北：東京書籍株式會社臺北支店，1944 年 11 月，國立臺中圖書館藏。

[39] 原書 1972 年曾於臺北由成文出版社據 "From Far Formosa — the Island, Its People and Mission," New York: Fleming H. Revell company, 1896, second edition. 影印出版，成大圖書館藏。最早中譯本為林耀南譯《臺灣遙寄》（臺中：臺灣省文獻委員會，1959 年 3 月），臺南市立圖書館藏。

[40] 據陳奇祿自言：「主編『臺灣風土』的初期，來稿並不充裕。《民俗臺灣》上的文章往往成為我的稿源之一……」詳見同註 12，陳奇祿口述，陳怡真撰《澄懷觀道——陳奇祿先生訪談錄》〈貳、臺灣研究時期〉，頁 64-65。

[41] 詳見楊雲萍〈記最後一期的《民俗臺灣》〉，載「臺灣風土」第 175 期（1954 年 5 月 31 日）。

[42] 筆者按：石暘睢此文，其實早在第 67 期（1949 年 9 月 20 日）即由石氏自己署名翻譯，刊於「臺灣風土」之上，但並未刊完。可能是因為時間太過「久遠」，致使相隔 100 餘期後（第 176 期，1954 年 6 月 7 日；第 177 期，1954 年 6 月 14 日），編者陳奇祿不察，又自行翻譯刊登，然而也意外地補足了第 67 期未刊完的缺漏。石、蔡兩氏原作，詳見

的意義！在所謂「完整版的《民俗臺灣》」一九九五年二月由臺北南天書局重刊面世之前[43]，戰前《民俗臺灣》最後一期的未刊稿，戰後其實早已悄悄在「臺灣風土」上現過芳蹤。

「臺灣風土」在期刊雜誌方面的譯稿來源，除了《民俗臺灣》，楊雲萍〈陳迂谷的詩和詩集〉（第41、42期），原載於《愛書》第9輯[44]；岩生成一（陳奇祿譯）〈來臺西洋人肖像列傳〉（第16期）[45]、彬（陳奇祿）〈牛津所有

《民俗臺灣》第5卷第2號，通卷第44號（臺北：東都書籍臺北支店，1945年2月，打樣未刊），石文載頁42-43，蔡文載頁38-40。《民俗臺灣》（全八冊，複刻本，臺北：南天書局，1998年2月，原刊於1941-1945）。

[43] 詳見戴文鋒「日治晚期的民俗議題與臺灣民俗學——以〈民俗臺灣〉為分析場域」第3章〈《民俗臺灣》之執筆陣容與民俗議題〉第1節〈《民俗臺灣》的結社過程與四大支柱〉（嘉義：中正大學歷史研究所博士論文，1999年6月）所言：「戰後，日本湘南堂、臺灣古亭書屋、武陵出版社重刊過《民俗臺灣》，但遺憾的是，這些版本和昭和時期所發行的《民俗臺灣》一樣，都是不完整的版本，內容少掉前述池田敏雄〈有應公的靈驗〉、蘇維熊的〈關於性與臺灣俚諺〉二篇文章以及5卷2號。直到1998年2月臺北南天書局不但將池田敏雄〈有應公的靈驗〉一文補上，而僅有一份校定本的5卷2號也被池田保留著，另外蘇維熊的〈關於性與臺灣俚諺〉則在製版前一星期尋獲，至此完整版的《民俗臺灣》才第一次呈現在世人眼前，所以完整版的《民俗臺灣》是從昭和16年7月到昭和20年1月（1941:07-1945:01），發行了三年又七個月（43個月刊），總共發行43號，而戰後南天的版本則是將5卷2號收入，共計44號。」頁33-34。筆者按：戴氏此說有一處未察，「臺灣風土」第175期（1954年5月31日）曾登載楊雲萍〈記最後一期的《民俗臺灣》〉中提到：「因太平洋戰爭的激烈化，《民俗臺灣》如上述，到日本昭和20年正月以後，就不能刊出了（是年8月，日本即無條件投降），只是，2月號（即第44期）的原稿卻曾付印，而且校對也校就。後來因為盟軍的空襲的劇烈，始終未刊出；但有『校樣』一冊，為編輯者所保存。所以第44期（即第5卷第2號）可以說是《民俗臺灣》的真正的最後一期。小樓（楊氏習敬樓）架藏的這一期《民俗臺灣》，就是編輯者池田敏雄先生所保存，在他要歸國的時候，特以惠贈。如上所述的關於這一期的事情，也多是根據池田先生親自告訴我的。」換言之，世存「最後一期的《民俗臺灣》」當有池田氏藏本與楊氏藏本共二冊。

[44] 詳見西川滿編《愛書》第9輯（臺北：臺灣總督府內臺灣愛書會，1937年5月），頁70-83，國立臺中圖書館藏。

[45] 詳見西川滿編《愛書》第10輯（臺北：臺灣總督府內臺灣愛書會，1938年4月），頁32-50，國立臺中圖書館藏。

的臺灣古文獻〉（第33期），原載於《愛書》第10輯[46]；楊雲萍〈關於黃景寅的詩〉（第44、45期），原載於《愛書》第11輯[47]。此外，臺北帝國大學土俗人種學研究室南方土俗學會編《南方土俗》[48]、臺灣總督府內警務局理蕃課編《理蕃の友》[49]、臺灣總督府情報部編《臺灣時報》[50]、日本民族學會編《民俗學研究季刊》[51]、東京帝國大學東京人類學會機關誌《東京人類學會雜

[46] 詳見同註46，西川滿編《愛書》第10輯，頁91-94。

[47] 詳見西川滿編《愛書》第11輯（臺北：臺灣總督府內臺灣愛書會，1938年12月），頁21-30，國立臺中圖書館藏。

[48] 筆者按，譯自《南方土俗》者有：岩生成一著，子彬（陳奇祿）譯〈關於荷蘭國立文書館所收藏之臺灣關係史料〉（「臺灣風土」第54、57期），載《南方土俗》第2卷第1號（1932年12月），頁41-49；石坂莊作著，彬（陳奇祿）譯〈金包里的傳說三則〉（「臺灣風土」第57期），載《南方土俗》第3卷第4號（1935年9月，原文本有八則傳說），頁39-42；山中樵著，子彬（陳奇祿）譯〈臺灣蕃俗圖譜〉（「臺灣風土」第66、67期），載《南方土俗》第3卷第4號（1935年9月），頁1-10，附圖；大澤秀雄著，彬（陳奇祿）譯〈半屏山的傳說〉（「臺灣風土」第175、176期），載《南方土俗》第6卷第3號（1941年1月），頁97-100。

[49] 筆者按，譯自《理蕃の友》者有：須崎生著，彬（陳奇祿）譯，〈頭目張得勝——一個漢人到蕃社當頭目的故事〉（「臺灣風土」第47期），載《理蕃の友》第4卷10月號（臺灣總督府內警務局理蕃課內理蕃の友發行所，1935年10月），頁11-12。

[50] 筆者按，譯自《臺灣時報》者有：楊雲萍自譯〈福州歌謠與臺灣〉（「臺灣風土」第47、49期），載《臺灣時報》第259號（1941年7月），頁60-65。

[51] 譯自《民族學研究季刊》者有：馬淵東一著，陳麒（陳奇祿）譯〈高山族的系譜〉（「臺灣風土」第62、63、65期），載《民族學研究季刊》第1卷第1號；宮本延人著，宋文薰譯〈苗栗新港社的平埔族部落〉（「臺灣風土」第163期），載《民族學研究季刊》第14卷第2號（1949年）；古野清人著，陳麒（陳奇祿）譯〈高山族的宗教生活〉（「臺灣風土」第184、185、186期），載《民族學研究季刊》第18卷第1、2號合刊「臺灣特集號」；馬淵東一著，子彬（陳奇祿）譯〈平埔族之分類〉（「臺灣風土」第186期），載〈民族學研究季刊〉第18卷第1、2號合刊「臺灣特集號」，節譯自馬淵東一《高砂族的分類》；宮本延人著，麒（陳奇祿）譯〈日人之臺灣民族學研究〉（「臺灣風土」第192、193、194期），載《民族學研究季刊》第18卷第1、2號合刊「臺灣特集號」；宮本延人著，麒（陳奇祿）譯〈高山族之物質文化〉（「臺灣風土」第195期），載《民族學研究季刊》第18卷第1、2號合刊「臺灣特集號」。關於《民族學研究季刊》，可參見陳奇祿〈中國民族學研究的回顧與前瞻〉，收入同註5，陳奇祿《民族與文化》，頁117。

誌》[52]，以及博物館學會（戰前由臺北帝國大學若干與博物館有關的教授同臺
灣博物館人員自發組織）編《科學の臺灣》（創刊於1933年，1943年停刊，
共出版11卷）[53]等，都是「臺灣風土」譯稿取材的對象。其他尚有陳奇祿翻
譯建築師栗山俊一〈關於赤崁樓故址〉（第7期）、〈關於安平故址〉（第31
期。筆者按：陳奇祿於正文前特別說明，前者為原作〈安平城址と赤崁樓に
就いて〉後半、後者為〈安平城址と赤崁樓に就いて〉前半，出處不詳），
通篇圖文並茂，至今仍不失參考價值；劉枝萬翻閱伊能嘉矩未刊手稿與剪報
資料本「臺灣事要」，翻譯了〈林圯埔屠殺案〉（原題〈林圯埔撫墾署管內
蕃地殺人事件〉，於第168至173連續六期登載，詳載日軍領臺初期，因故
屠殺原住民的慘狀）、〈廖添丁托夢〉（可能是戰後廖添丁事蹟最早的漢文紀
錄[54]）等，在在說明了「臺灣風土」譯稿來源，其實並不僅有我們所熟知一些
刊物與人名而已。

　　然而，「臺灣風土」譯稿來源的多樣性，恰恰反證當時臺灣民俗學研
究，還停留在反芻戰前日本學者留下大批材料的階段，但從另一方面來看，
若非透過此一「整理國故」的階段，臺灣的民俗學研究，又怎能更進一步
呢？「臺灣風土」所翻譯整理，僅是九牛一毛而已，況且又因為「報紙保存

---

[52] 譯自《東京人類學會雜誌》者有：鹿野忠雄著，子彬（陳奇祿）譯〈臺灣原住民族間
　　的幾種栽培植物〉（「臺灣風土」第79、80期），載《東京人類學會雜誌》第56卷第
　　10號；伊能嘉矩著，子彬（陳奇祿）譯〈清朝時代之高山族研究〉（「臺灣風土」第
　　98、99、104期），載《東京人類學會雜誌》157號；鹿野忠雄著，宋文薰譯〈臺灣高
　　山族是否有過青銅器時代？〉（「臺灣風土」第153號），載《東京人類學會雜誌》第
　　45卷第6號（1930年）。關於《東京人類學會雜誌》，可參見陳奇祿〈中國民族學研究
　　的回顧與前瞻〉，收入同註5，陳奇祿《民族與文化》，頁117。

[53] 譯自《科學の臺灣》（雙月刊）者有：藤悌亮著，彬（陳奇祿）譯〈臺南碑林〉，
　　（「臺灣風土」第110、111期），載《科學之臺灣》「臺南特輯」。關於《科學の臺
　　灣》，可參見陳奇祿〈臺灣的博物館和人類學的發達〉，收入同註5，陳奇祿《民族與
　　文化》，頁102-104。

[54] 詳見柯榮三〈迷信兇賊の靈──論廖添丁死後傳說的原始樣貌〉，《第二屆全國臺灣
　　文學研究生學術論文研討會會議論文集》（臺南：國家臺灣文學館，2005年7月），頁
　　239。

不易，過時便不容易找到」[55]，不少人可能連這「一毛」都緣慳一面。若再換個角度來看，「臺灣風土」上日文譯稿數量甚夥的原因，作為稿件不足的替代來源，自然是一個原因，然而，應該也可以這麼說，在當年的現實環境中，要讓人明白臺灣已經累積豐碩的文化菁華與研究成果之道，最好的方法，就是將轉戰前學者專家們以日文寫就的文章，重新譯成中文再發表。

三　婁子匡先生與《公論報》「臺灣風土」副刊

（一）在臺首度發表關於民俗學研究的刊物

　　一九四九年五月，婁子匡遷居臺北，其實我們不難理解，對民俗充滿熱情的婁子匡來說，「臺灣風土」肯定是每週必讀的刊物[56]。尤其是對初來乍到的陌生島嶼，「臺灣風土」可以說是提供了一個有系統瞭解臺灣風物民俗的最佳平臺，特別是「臺灣風土」以週刊的形式發行，比起戰後初期便發行的《臺灣文化》月刊（1946年9月創刊，第5卷起改為季刊，1950年11月停刊，共發行6卷27期），文章密度更見提高，理當可以容納更多稿件，初期稿源雖有些窘迫，所幸藉由翻譯前人舊作，順利維持運作。

　　婁子匡與「臺灣風土」首度接觸，可能就在婁氏抵臺後不久。一九四九年六月十四日，「臺灣風土」第54期，以小小的方塊，刊出一則「代郵」：

　　代郵：
　　中國民俗學會婁子匡先生：

　　　　來教拜讀，尊址未詳，請再賜示或駕臨臺灣大學民族學研究室與陳麒君一談為荷。

　　　　　　　　　　　　　　　　　　　　　　　　臺灣風土編輯室啟

---

[55] 詳見同註5，陳奇祿〈我和臺灣研究〉，收入陳奇祿《民族與文化》，頁142。
[56] 詳見婁子匡〈臺灣光復後的文化發掘與整理〉，載1963年10月25日，《中華日報》，第6版。

　　一個月後，一九四九年七月十二日，婁子匡以〈中國底民俗學研究〉一文，發表於「臺灣風土」第58期，這有可能是婁氏在臺首度發表關於民俗學研究的文章。在此之前，一九四九年七月三日，中國民俗學會與林熊徵學田，假臺北市中山堂南星室，舉辦了一場考古民俗座談會，主辦人為黃純青、林熊祥、林衡道、婁子匡，受邀與會者則包括：李濟、董作賓、臺靜農、陳紹馨、楊雲萍、石璋如、戴炎輝、芮逸夫、李騰嶽、周學普、曹欽源、方豪、吳槐、勞幹、屈翼鵬、張文環、陳國鈞、黃得時、朱介凡、陳奇祿、林衡立等人。眾人針對考古民俗等問題，互相交流。會中李濟講述考古學的意義，芮逸夫講民俗學的本質，陳紹馨介紹戰後臺灣考古民俗發展的情形，婁子匡則談論中國民俗學的發展史。會後學田發言人林衡道特別說明：

> 此次座談會在光復後還是第一次，希望以後能由學田經常召開，以發掘本省的學術價值，並出版民俗刊物。[57]

　　婁子匡〈中國底民俗學研究〉，正是當日座談會發言的內容。文中以一九二二年北京大學歌謠研究會和風俗調查會為中國民俗學研究的發源地，並談到一九三〇年夏天，應當中國各地二十個民俗研究集團的要求，中國民俗學會便在「東方的美麗之園──西湖之濱」應運而生。復記述中國民俗學會曾刊行《民俗學集鐫》、《民間月刊》、《孟姜女》、《風物志》，以及十二冊叢刊，獲得國際學界的讚譽。婁氏憑著個人記憶，分述當時各個民俗同工的研究情形：

顧頡剛：孟姜女故事、吳歌

江紹原：髮、鬚、爪、隱證相似、接觸兩大定律

董作賓：看見她歌謠、曆

趙景深：童話──民間故事

孫福熙：民間藝術

---

57 詳見1949年7月5日《公論報》，新聞標題：「林熊徵學田邀請專家舉行考古民俗座談會，林衡道主張應出版民俗刊物，黃得時提議決定高山族學名」，第4版。

羅香林：客家研究

岑家梧：建立民俗藝術學的新體象

楊成志、莊學本、馬長壽：儺儺研究

勞貞一：千佛洞佛畫

劉咸、史圖博[58]、王興瑞：黎人研究

黃芝岡：水神研究

魏應麒：福建的神

陳國鈞：蒙、苗、傜、畬

胡耐安：傜族研究

鄭師許：民俗學的綜合研究

陳志良：西南民俗

錢南揚：俗典、謎

謝雲聲：南洋民俗

翁國樑：水仙、情歌

婁子匡：歌謠、故事、年中行事

　　對日戰爭結束後，中國民俗學會由重慶遷到杭州，創辦了一份重於民俗學研究刊物的報紙——《民報》，編行「風物志」日刊（附於《民報》）。婁氏最後說到：

> 此次戰火漫及滬杭，中國民俗學會的同工，有不少來臺灣的，還有很多是失散了的，所以最近急切待辦的是全國同工的調查徵詢。至於留臺的同工，極盼能得臺籍同工底助力，展開臺灣民俗資料的搜集工作，中國民俗學者顧頡剛氏所囑望的「趕快□□風俗資料」，將是在臺同工們今後努力的目標了！

　　或許可以這麼說：婁子匡乃是以中國民俗學者的身分，首度向臺灣民俗

---

[58] 筆者按：史圖博（Hans Stübel）為德國人類學者，代表著作為 "Die Li St? mme der Insel Hainan"（海南島民俗誌），筆者未見。

學界細數中國民俗學的發展，這對臺灣民俗學界來說，恐怕是一八九五年以後從未有過的事，「臺灣風土」不僅是瞭解臺灣風物民俗的平臺，至此也成為戰後中國與臺灣民俗學界往來的交流道。同一期，編者陳奇祿在右下角的「編後語」中這麼寫著：

> 本期我們揭載婁子匡先生和林衡道先生兩篇關於民俗學的文章。本刊可以說是一民俗學的刊物，在以前所揭載的，雖都是限於臺灣的，但是許多愛護本刊的朋友們，提示我們以臺灣的民俗研究是不能不同時研究內地的民俗的，因為臺灣是我國的一環。

「臺灣的民俗研究是不能不同時研究內地的民俗的，因為臺灣是我國的一環。」云云，在不同時空環境中會有不同的解讀，在此筆者不打算就此申論。筆者要說的是，婁子匡透過「臺灣風土」瞭解臺灣風物民俗，反過頭來，婁氏在「臺灣風土」上為文發聲，不啻也提供臺灣知曉中國民俗學者，如何自述其民俗研究的全新視野。

一九四九年七月二十六日，「臺灣風土」第60期刊載一則「徵求臺灣故事‧謎語‧歌謠」的故事：

> 徵求臺灣故事‧謎語‧歌謠
> 夏夜睡得不早，在庭前乘涼，小弟弟要聽「故事」，小妹妹會猜「謎兒」，還會唱「歌謠」。這個故事、謎兒、歌謠，都是民俗研究的好資料。
> 我們要收集現時流轉在臺灣的故事、謎兒和歌謠，請你馬上把牠寫下來，一個謎兒也好，一首歌謠也好，一則故事也好，要說明流傳在臺灣什麼地方，國語寫的，日語寫的都好，請你趕快寫出來寄到臺北牯嶺街四十四號本會收，我們會把牠印成書報，寄送給你，當做報酬，好嗎？
>
> 中國民俗學會啟

婁子匡藉由「臺灣風土」的版面，明顯是希望能得到如當年顧頡剛徵集

孟姜女故事之效。「國語寫的，日語寫的都好」，說明婁氏很明白戰後初期
臺灣的社會條件，乃是使用日文勝過中文，若以今日的眼光來「苛求」，或
許我們還會說：如果能加上一句「用臺語寫的也好」就更完美了。

　　一九四九年八月二十三日，婁子匡「臺灣風土」第63期，發表〈關於
閩臺同型的民譚──邱妄舍趣事試探〉，文前有一段說明：

> 來到臺灣兩個月，我從事「民俗」文獻與資料的搜編，決定由兩個途
> 徑做我的學術試探的工作：一個途徑是從既成紀錄的採購，買了一些
> 日文寫成有關臺灣民俗的書冊，另一途徑那是向新相識的同工們徵求
> 目今流傳在臺灣的活生生的民俗資料。然而我想做的是探討工作，是
> 就自己所寫目或過耳的資料，把中國內地流傳的，和臺灣各處流傳
> 的，作比較的研究。現在我雖誠摯地希望能有全國道一風同的新風俗
> 實施，但是我所急切要求還是在臺灣趕快搜羅那已經實施了很多年，
> 而現在快將湮滅的舊風俗資料，來一面蒐集整理，同時，一面做研究
> 探討的工作。

　　這一篇關於「邱妄舍」的研究，是針對「邱妄舍的趣事」這個流傳在臺
灣全省，同時也流傳在閩南的民間故事作比較研究，婁氏指出，臺灣民譚中
的「邱妄舍」，在福建稱做「邱弄舍」，都是講主角好捉弄人的故事，「吃點
心、剪髮、買油（臺說乘轎）不花半文錢」、「戲弄父親」、「耍放大砲」，
其他還有欺弄賣水雞的（閩）或賣蛋的（臺），這些是閩臺兩地內容差不多
的故事。但閩譚中有「做詩做十七，打川打廿一」、「端出一盤蝗屎湯」；臺
譚中有「元旦叫孩子們穿麻衣，哭著回家」、「假落水田裡，摸著了少女」、
「欺弄賣柴人」、「激動兩個瞎子相打」、「幫叔父納妾」、「定大士像戲糊紙
匠」等，則各有不同。婁氏認為，邱妄舍（邱弄舍）的故事，屬於民譚中
的「趣事」一門，這些「趣事」在中國有聰明與呆笨之分，聰明者的故事，
多似箭垛式地集中在邱妄舍（臺）、邱弄舍（閩）、徐文長（江浙）、夏雨來
（粵）身上；呆笨者的趣事，多投射到呆女婿或某呆子身上。文末，婁氏很
客氣地表示：

本文是我第一次探討臺灣民族之作，內容或多錯誤，在此文末，謹向
臺籍同工陳紹馨、林衡道、黃得時、陳麒四先生予以指正。

再次證明，「臺灣風土」確有可能是婁子匡抵臺後首次公開發表民俗學
研究作品的刊物。

一九四九年九月六日，「臺灣風土」第65期刊出署名「子匡」〈民間
俗信中的孔子〉，是婁子匡在板橋，應邀為孔子誕辰大典所作的演講稿。
一九五一年十二月十四日，「臺灣風土」第147期，有署名「沈真白」者之
〈書刊評介〉三則，第二則所介紹，為中國民俗學會編，東方文化供應社印
行的《臺灣民間故事・第一集》。一九五四年四月十九日，「臺灣風土」第
169期，婁子匡發表〈稻種由來的傳說──中日紅米研究的卷頭語〉，起因
於日本民俗學權威柳田國男在一九五三年夏天，提出日本民族的一部分，可
能來自中國的說法。柳田國男進行田野調查時，在對馬島附近的兩座神社，
看到在神社中珍藏多年，用來播種在神田的紅米稻種，柳田氏因而希望中日
兩地的民俗同工，能蒐集有關稻種的民俗傳說，特別是關於紅米的，婁氏為
文響應，表示若能藉由追蹤對馬島紅米稻種的由來，進一步蒐集比對中日雙
方稻種傳說，將有助於瞭解彼此民族間的關係，文中並舉四川省流傳，狗的
尾巴由崑崙天神之宮黏了稻種賜給人類的傳說為例，對照日本民間流傳，稻
穗是從「高天原」而來，又有一說為弘法大師的從神所養的狐，從外面盜來
的。「崑崙天神之宮」與「高天原」；「狗」黏了來與「狐」盜了來，婁氏認
為，其中有很多值得深入探求的民俗學線索。文末有括號「待續」，可惜的
是，一直到一九五五年五月三日「臺灣風土」第195期停刊為止，都沒有再
見到婁氏的續文，這一點頗令人費解。

（二）婁子匡〈臺灣光復後的文化發掘與整理〉

「臺灣風土」停刊後，最早呼籲重視「臺灣風土」[59]這一「學人們自力更

---

[59] 詳見同註2，郭英三〈婁子匡對民俗學術的終身經營〉提到：「此外，他也早在1963
年10月25日臺灣光復紀念日當天在《中華日報》發表長文〈臺灣光復後的文化發掘

生培育出來的甜美的果實」[60]者，不是別人，正是婁子匡。一九六三年十月
二十五日，婁子匡在《中華日報》發表〈臺灣光復後的文化發掘與整理〉一
文，該文起於：

【一日千里】

我於民國38年初夏避赤禍來臺灣，轉瞬已歷十四個寒暑了。這些年
來由於政府的推動和民間的奉行，使臺灣躍進的業績，卻是不勝枚
舉。祇就我日常所接近的事業來說，有關臺灣文化的發掘和整理，也
是一日千里，說都說不完……（下略）

我要說的，是我多年來念念不忘的一件事，是臺灣學人們自己治學對
學術文獻的貢獻，他們絲毫不受政府資助或和政治有關的力量來推動
的工作，比較那些有著固定經費來作正常開支的文獻或文化機構所表
現的成果，我是更加重視牠們，因為牠們全是學人們自力更生培育出
來的甜美的果實。

【值得重視】

這個甜美的果實，是堪以紀念臺灣光復而驕傲的，誰是這個甜美果實
的培育者呢？也就是誰是園丁呢？是上個月底去英國的臺灣大學文學
院考古人類學系的陳奇祿教授。這果實便是他從民國36年起（筆者
按：應係1948年，民國37年，婁氏誤記），歷八年之久（筆者按：實
際上僅六年有餘），獨力主編的「臺灣風土」週刊。

婁氏在該文末更直言：

與整理〉，重點提及臺大陳奇祿教授獨立主編《臺灣風土》雜誌（筆者按：婁氏原文
作『獨力主編的「臺灣風土」週刊。』）八年之久的民俗學貢獻……這些是臺灣光復
後近二十年間（1945年至1963年）臺灣地區重要的非官方文化發掘暨文獻整理的回
顧。」載《民間文化論壇》總第138期，頁101。

60 詳見同註57，婁子匡〈臺灣光復後的文化發掘與整理〉。

最後，我不能忘記加以說明的，以上所述的學人的工作，是在民國36年就開始（筆者按：應係1948年，民國37年，婁氏誤記），當時臺灣底文獻機構，好像祇有臺灣省的和臺南市的，沒有像十年以後差不多各地都有文獻工作的展佈。他們能以私人的結合力量，以興趣和情操來培育如此豐碩而甜美之果，確確實實是值得重視的。因述其梗概來紀念52年光復節。

婁子匡之所以重視「臺灣風土」的原因，乃著眼於「臺灣風土」是臺灣學者在戰後初期，沒有任何公家經費支持的狀態下，仍願意孜孜矻矻，自發整理、研究、搶救這塊土地上過往的文化資產與民俗風情，並且誠如日後陳奇祿自言：「以今天的眼光來看，作為民營報紙的一個副刊，『臺灣風土』的版面編排顯得相當老舊，錯別字和脫落字也在所難免，但六年多的定期出刊，也累積了一百五十餘萬字的文獻和資料，當日撰稿的先生也幾全是學院和民間的精英學者，臺灣研究上發生的作用，相信不只一點點」[61]。可惜的是，後輩如我，卻似乎沒有先行學人的眼光，徒讓「臺灣風土」的重要性逐漸為人淡忘[62]。

四　結語

本文首先回顧前人對「臺灣風土」認識情形，發現若非「臺灣風土」主編陳奇祿為眾人細說當年，我們對「臺灣風土」的認識，至今卻恐怕只能略知皮毛，甚至會出現不該犯的誤差。透過作者索引與爬梳譯稿來源，相信能讓我們更進一步掌握「臺灣風土」的面貌。

---

61 詳見同註12，陳奇祿口述，陳怡真撰《澄懷觀道──陳奇祿先生訪談錄》〈貳、臺灣研究時期〉，頁81。

62 例如：戴文鋒「日治晚期的民俗議題與臺灣民俗學──以〈民俗臺灣〉為分析場域」，對於「臺灣風土」第175期（1954年5月31日）曾登載楊雲萍〈記最後一期的《民俗臺灣》〉所言，竟隻字未提，詳見同註43。

　　其次，目前可見的文獻資料顯示，一九四九年五月婁子匡抵臺後，因著對民俗的熱愛與感情，不僅「是這個『臺灣風土』週刊的忠誠擁戴的讀者之一」[63]，婁子匡〈臺灣光復後的文化發掘與整理〉，更很快地在一九四九年六月前後，便與「臺灣風土」進行首度接觸，為陳益源師所言：「依我觀察，婁子匡稱得上是大陸遷臺民俗學者中，最先關注臺灣民俗、最能入鄉隨俗，也是最肯結交臺灣民俗學者的第一人」之語，提供另一有力的佐證。同時，「臺灣風土」也成為婁氏抵臺後最先發表民俗研究的刊物，總計於其上登載過：〈中國底民俗學研究〉（第58期，1949年7月12日）、〈關於閩臺同型的民譚——邱妄舍趣事試探〉（第63期，1949年8月23日）、〈民間俗信中的孔子〉（第65期，1949年9月6日，署名「子匡」）、〈稻種由來的傳說——中日紅米研究的卷頭語〉（第169期，1954年4月19日，待續）共四篇文章，數量雖不多，但歷史意義卻十分重大。

　　一九六三年十月二十五日，婁子匡在《中華日報》發表〈臺灣光復後的文化發掘與整理〉一文，乃著眼於「臺灣風土」是臺灣學者們自力更生培育出來的一塊園地，高度肯定「臺灣風土」集合眾人力量所累積的學術成果，可惜的是，後人卻似乎沒有先行前輩的眼光，徒讓「臺灣風土」的價值，有逐漸湮滅於故紙堆中的可能。

　　（本文承蒙東海大學中文系許建崑教授於會議期間提供許多寶貴意見，特此申謝）

---

[63] 詳見同註57，婁子匡〈臺灣光復後的文化發掘與整理〉。

臺灣省文獻會藏善本歌仔冊及通俗讀物敘錄

陳兆南

逢甲大學中文系

摘要

　　民國七十五年八月廿九日，為了查訪存藏在臺灣省文獻委員會（以下簡稱「省文獻會」）的早期歌仔冊唱本，經由省文獻會鄭喜夫先生的協助，我在該會的黎明辦公室勤政樓地下室圖書館裡，看到了這批被編為「甲編：有關臺灣省圖書之部」特藏的十種歌仔冊和一種通俗笑話故事書。花了一下午的時間檢視後，我將這十一種通俗讀物作讀書札記，並且經過他們的同意，留存了《神姐歌》與《番婆弄歌》兩種歌仔冊的部分書影。省文獻委員會後遷址至南投市中興新村，民國八十二年，余再度前往借覽，館藏人員告知可能外借，故當時不便提供借閱。三年後，省文獻會重編藏書目，這批極為難得的歌冊善本，已未見記錄。

　　民國九十一年省文獻委員會組織重整，改隸易名「國史館臺灣文獻館」。民國九十三年五月余親詣「國史館臺灣文獻館」欲覓其書，館藏人員稱未尋獲該書，也沒有見過該書的印象，但可能還保留在尚未完成整理編號的書櫃上。個人以為藏書之地數遷，館藏管理人員也因歷經人事變革，此十一種罕見圖籍佚失的可能性增高。

　　臺灣省文獻委員會收藏的善本，已有亡佚的可能，而近人如王順隆整理歌冊目錄，似乎對該項收藏記錄感到困惑而未予編列。為免該批藏書淹沒無蹤，

茲撰文敘昔所見。本文題舊名「臺灣省文獻委員會」，不稱今名「國史館臺灣文獻館」者，乃因這批材料最後的保存者之故也。文中擬於「文史工作者的個人收藏」、「省文獻會的公家收藏」兩節，說明這些歌仔冊和通俗讀物的來歷和進公家庫藏，以及後來失蹤的過程；另外以「省文獻會藏石暘睢文庫本個人經眼錄」、「省文獻會藏石暘睢文庫本的價值」兩節，說明該批藏品當年存在的情形與價值，並以結語略抒個人殷切期待新館執事者積極尋訪，使該書有重見天日的機會的期待。

關鍵詞：歌仔冊；臺灣省文獻委員會；善本；敘錄；俗文學

一 前言

　　民國七十五年八月廿九日，為了查訪存藏在臺灣省文獻委員會的早期歌仔冊唱本，我從臺北到臺中市南屯區臺灣省文獻委員會的黎明辦公室，並經由省文獻會鄭喜夫先生的協助，我在黎明辦公室勤政樓地下室的圖書館裡看到了這批被編為「甲編：有關臺灣省圖書之部」特藏的十種歌仔冊和一種通俗笑話故事書[1]。花了一下午的時間檢視後，我將這十一種通俗讀物作讀書札記，並且經過他們的同意，留存了《神姐歌》與《番婆弄歌》兩種歌仔冊的部分書影。臺灣省文獻委員會後遷址至南投市中興新村，民國八十二年，余再度前往借覽，館藏人員告知可能外借，故當時不便提供借閱。三年後，省文獻會重編藏書目，這批極為難得的歌冊善本，已未見記錄。民國九十一年省文獻委員會組織重整，改隸易名「國史館臺灣文獻館」。民國九十三年五月余親詣「國史館臺灣文獻館」欲覓其書，館藏人員稱未尋獲該書，也沒有見過該書的印象，但可能還保留在尚未完成整理編號的書櫃上。個人以為藏書之地數遷，館藏管理人員也因歷經人事變革，此十一種罕見圖籍佚失的可能性增高。

　　臺灣省文獻委員會收藏的善本，已有亡佚的可能，而近人如王順隆整理歌冊目錄，似乎對該項收藏記錄[2]感到困惑而未予編列。為免該批藏書淹沒無蹤，茲撰文敘昔所見。其文題舊名「臺灣省文獻委員會」，而不稱今名「國史館臺灣文獻館」者，乃因這批材料最後的保存者之故也。茲擬於「文史工作者的個人收藏」、「省文獻會的公家收藏」兩節，說明這些歌仔冊和通俗讀物的來歷和進公家庫藏，以及後來失蹤的過程；另外「省文獻會藏石

---

[1]　這批蒐藏品共十一種，除了編號T33/27的《貓鼠相告》應屬一般性通俗讀物外，其餘皆屬唱本型式。詳見後文。

[2]　王順隆文見〈閩臺「歌仔冊」書目曲目〉，《臺灣文獻》第45卷3期（南投：臺灣省文獻委員會，1994年9月），頁171-271。〈「歌仔冊」書目補遺〉，《臺灣文獻》第47卷1期（南投：臺灣省文獻委員會，1996年3月），頁73-100。王氏在中央圖書館臺灣分館見到該批書的影本，卻沒有記載於兩篇目錄中。又案：王氏稱「中央圖書館臺北分館」乃「臺灣分館」之誤。

晛睢文庫本個人經眼錄」、「省文獻會藏石晛睢文庫本的價值」兩節,則說明該批藏品當年存在的情形與價值,並以結語略抒個人殷切期待新館執事者積極尋訪,使該書有重見天日的機會的期待。

二 先驅學者的個人收藏

　　臺灣省文獻委員會(以下簡稱「省文獻會」)十一種特藏圖籍的原始擁有者,依各書封面的鈐印來看,應該是石晛睢先生。石晛睢(1898-1964)先生為臺南人,石家於清嘉慶初年渡臺,卜居臺南,為臺南望族,其先祖經商「石鼎美」糖郊致富卻書香傳家,於南瀛頗有郡望。石先生三歲亡父,幼得秀才邱及梯識字啟蒙,後入日本公學校。雅好文史,一九三〇年,受邀為「臺灣文化三百年紀念會史料展覽委員會」委員,一九三五年,受聘為日據時期「臺灣博覽會臺南歷史館」委員,民國卅九年(1950)受聘為臺灣省政府臺南市文獻委員會兼採訪組長,至六十四歲退休,收藏保護臺南的文物與史料不遺餘力,對臺南市的歷史與人文風俗更是如數家珍。連景初謂時人譽石先生為「一部活的地方史」。民國五十一年,染顱骨癌,治之藥石無效,遂於民國五十三年三月三日午十二時病逝,享年六十七[3]。石氏一生著述甚眾,在《民俗臺灣》發表者九篇,《文藝臺灣》發表者一篇,《科學臺灣》發表者一篇,日文《臺灣時報》發表者一篇,光復後擔任臺南市文獻委員會的成員,在《臺南文化》發表文史論述三十篇,《臺南文化》發表者十五篇,《南瀛文獻》發表者九篇,《臺灣風物》發表者四篇,《公論報》發表者三篇,另有《臺灣的金石》與《臺灣歷史人物印存》二書存世。

3　石晛睢先生的生平,見賴建銘〈石晛睢先生年表〉,《南瀛文獻》10卷(臺南市:臺南市文獻委員會,1965年6月),頁47-49。關於石先生的卒年,莊永明誤置為1968年,見〈古都臺南的活辭典〉,《臺灣紀事》上冊(臺北:時報文化公司,1989年10月),頁212-213。此事余嘗與成功大學臺灣文學所博士生柯榮三討論數次,也得其協尋資料,特此申謝。

　　石暘睢先生生平收藏的古本俗文學書籍與歌仔冊的數目，當有十七種
（廿六冊），這些書在石先生病逝前已經分成三批轉售給黃天橫、吳守禮與
賴建銘等與石先生有舊交的學者。黃天橫先生那批藏書，據黃天橫〈石暘睢
先生之庋藏文獻與史料〉一文記載，乃石氏病歿前一週轉讓了六種歌仔冊[4]。
第二批轉售給吳守禮的歌仔冊與俗文學的藏書，據吳守禮〈石暘睢兄與古本
臺灣歌曲〉云他在民國四十八年九月透過莊松林向石暘睢購得，其數也有六
種[5]。第三批藏書則是讓給賴建銘先生。賴建銘先生為石先生的舊識，同為臺
南市文獻委員會委員，他得到這批藏書時間不詳，但是可確定的時間後限不
晚於民國四十七年（1958）。因他在這年八月到四十九年九月發表〈清代臺
灣歌謠〉[6]一文。他選擇其中的六種——《勸人莫過臺灣歌》、《拔皎歌》、《神
姐歌》、《臺灣種蔥歌》、《臺灣陳辦歌》、《臺灣朱一貴歌》逐錄其全文，並
為之撰導讀、釋音義。文章上篇前言說：

　　　　臺灣之民間歌謠，傳自閩南漳泉等地，其早期之歌謠，現已散佚殆
　　　盡，道咸間刊物已算難得。筆者所藏之「歌冊」現尚存十二種，計有
　　　道光年間刊刻之《新刊臺灣朱一貴歌》、《新刊臺灣陳辦歌》、《初刻
　　　花會新歌》、《新刊莫過臺灣、女人卅六款歌》、《新刊戲闊歌》、《新
　　　選笑談俗語歌》、《新刊拔皎歌》、《新刊神姐歌》。咸豐年間刊刻本即

---

[4] 包括《最新百樣花歌》、《改良廈門市鎮歌》、《新樣桃花過渡臺灣種蔥病子懷胎鬧蔥
　　守寡合歌》、《臺省民主歌》、《新刊臺灣陳辦歌》、《新刊臺灣朱一貴歌》等六種，見
　　黃天橫〈石暘睢先生之庋藏文獻與史料〉，《南瀛文獻》10卷（臺南市：臺南市文獻委
　　員會，1965年6月），頁20-26。

[5] 吳守禮〈石暘睢兄與古本臺灣歌曲〉謂其購得《初刻花會新歌》、《新選笑談俗語
　　歌》、《新刊拔皎歌》、《臺刊莫往臺灣女人卅六款歌》、《新刊臺灣陳辦歌》、《車龍公
　　子花燈記》，見《南瀛文獻》10卷，頁10。

[6] 賴氏分為上、中、下三部分，分別發表在《臺南文化》舊刊本6卷1期（臺南市：臺
　　南市文獻委員會，1958年8月），頁66-71；6卷4期（臺南市：臺南市文獻委員會，
　　1959年10月）頁87-89頁；與7卷1期（臺南市：臺南市文獻委員會，1960年9月），
　　頁85-92。

有《新刊臺灣種蔥奇樣歌》、《新刊番婆弄歌》、《新編貓鼠相告》。至光緒間有《臺省民主歌》等。[7]

他並且在臺灣省文獻會民國四十七年十二月十九日到廿二日於臺南縣新營鎮的縣議會舉辦「臺南縣市文物展覽會」時，將這十餘種歌冊公開展示，當時展覽目錄記錄了此十幾件罕見圖書[8]。茲錄此次文物展覽目錄逐錄如下：

表一　1958年〈臺南縣市文物展覽會目錄〉所列賴建銘藏品目錄

類	號碼	品物	件數	年代	著作者	所屬	收藏者
四	038	臺灣朱一貴歌	1	清代	南市	賴建銘	
四	039	臺灣陳辦歌	1	清代	南市	賴建銘	
四	040	臺灣種蔥奇樣歌	1	清代	南市	賴建銘	
四	041	莫往臺灣歌	1	清代	南市	賴建銘	
四	042	女人卅六款歌	1	清代	南市	賴建銘	
四	043	初刻花會新歌	1	清代	南市	賴建銘	
四	044	新刊戲闖歌	1	清代	南市	賴建銘	
四	045	笑談俗語歌	1	清代	南市	賴建銘	
四	046	新刊拔皎歌	1	清代	南市	賴建銘	
四	047	新刊神姐歌	1	清代	南市	賴建銘	
四	048	番婆弄歌	1	清代	南市	賴建銘	
四	049	貓鼠相告歌	1	清代	南市	賴建銘	

與〈臺南縣市文物展覽會目錄〉記錄比較，賴建銘〈清代臺灣歌謠〉所言的十二種歌冊，與此次展覽藏品的數量相符，但內容略異。其中十二種歌冊藏品中有十一種相同[9]，只有《臺省民主歌》未見〈臺南縣市文物展覽會〉

---

[7]　見《臺南文化》舊刊本6卷1期，頁66。

[8]　見〈臺南縣市文物展覽會目錄〉第四類「詩書類」，《南瀛文獻》5卷合期（臺南縣：臺南縣文獻委員會），頁9-10。

[9]　賴文的歌冊名稱與〈臺南縣市文物展覽會目錄〉所記的名稱，如據原書比對，賴文的歌冊名稱除了《「新刻」臺灣種蔥奇樣歌》誤作「新刻」外，其餘皆同原書。〈臺南縣

著錄，而目錄所記的十二本數量，乃是將《新刊莫過臺灣、女人卅六款歌》
一書拆為二本所致的結果。

綜上所述，我們把幾位收藏石暘睢這批珍藏的古本歌謠、戲曲與俗文學
書還原，石氏曾經收藏的十七種珍本，以及後來藏品的流向，我們可以下表
詳之。

表二　石暘睢文庫典藏歌仔冊及俗文學書籍書目

書籍名稱	著作者	出版者	收藏者
新刊臺灣朱一貴歌			賴建銘、黃天橫
新刊臺灣陳辦歌			賴建銘、黃天橫、吳守禮
新刻臺灣種蔥奇樣歌（新樣桃花過渡臺灣種蔥病子懷胎鬧蔥守寡合歌）		咸豐庚申年刊，寄廈榮記發兌。	賴建銘、黃天橫
新刊莫往臺灣歌、女人卅六款歌		道光七年	賴建銘、吳守禮
初刻花會新歌		道光七年	賴建銘、吳守禮
新刊戲闊歌			賴建銘
新選笑談俗語歌		道光辛丑	賴建銘、吳守禮
新刊拔皎歌		吳藏本道光版	賴建銘、吳守禮
新刊神姐歌			賴建銘
新刊番婆弄歌		咸豐庚申年	賴建銘
新編貓鼠相告		世文堂	賴建銘
最新百樣花歌	南安明月樓中醉客	上洋書局	黃天橫
改良廈門市鎮歌		廈門會文堂	黃天橫
臺省民主歌	光緒丁酉秋鐫	上海點石齋石印	黃天橫

市文物展覽會目錄〉的名稱則不很一致，故宜從賴文。

書籍名稱	著作者	出版者	收藏者
萬古流芳新編：劉先生金櫃錦囊		上海石印書局發售	黃天橫
車龍公子花燈記		光緒版	吳守禮
同窗琴書記			萬華呂氏

　　這批流通在私人收藏家的珍品，果然因為在流通的訊息不足，因此造成後來研究者著錄保存者的困擾。六〇年代凤對臺灣早期歌謠研究很關切的學者李獻璋，就先後於一九六三年發表〈現存せる清末の閩南歌謠集〉（日文發表）與一九八二年發表〈清代福佬話歌謠〉（中文發表）兩論文[10]，討論清代臺灣福佬語的歌仔冊，遺憾的是，李獻璋先生顯然不知道石先生共藏多少種歌冊，而且也不知道石先生的藏本早已在五〇年代末期分散到黃天橫等三人收藏家的手上。

三　省文獻會的公家收藏

　　石暘睢舊藏的歌仔冊分藏三家：吳守禮教授的六種蒐藏疑毀於回祿，黃天橫的庋藏則後來得助於曾子良教授在民國八十四年執行「閩南說唱歌仔資料蒐集計畫」時，商借黃天橫先生的藏本存副[11]。至於賴建銘先生所藏的十餘種，則是最早面世，且也是最早入藏公家圖書庫（臺灣省文獻委員會）的。

---

[10] 李獻璋是賴氏之後，第二個著錄石氏藏歌冊文獻的學者，但他對石氏藏本流動情況的說明，很容易讓人混淆。他在1963年8月發表〈現存せる清末の閩南歌謠集〉著錄石氏蒐藏九本清末刊行的歌冊（見《華僑生活》2卷8期，頁7-14。東京：華僑生活社）。後來又在1982年12月發表〈清代福佬話歌謠〉，見《臺灣文藝》革新號第廿五、廿六號（78、79合期）252-256頁。臺北：臺灣文藝雜誌社），卻指出石氏蒐藏有9種到14種歌冊。

[11] 曾子良〈臺灣朱一貴歌考釋〉前言云：「近幾年來筆者致力於臺灣閩南語歌仔之蒐集，有幸得到黃天橫先生惠借所藏全部歌仔，其中一本就是〈新刊臺灣朱一貴歌〉，……至於歌名下蓋的『臺南石暘睢文庫所藏』印章，更直接的告訴我們，它原是臺南鄉土史家石暘睢先生所收藏。」，頁88。

　　賴建銘將石暘睢文庫入藏省文獻會為公家圖籍，是在什麼時候？我們先從省文獻會從民國四十五年以後編印七次藏書目錄，查看可見的跡象。這七次是：

（一）《臺灣省文獻委員會圖書目錄》，民國四十五年三月[12]，簡稱「四五年版」

（二）《臺灣省文獻委員會圖書目錄·第一輯》，民國四十九年，簡稱「四九年版」

（三）《臺灣省文獻委員會圖書目錄·增訂本》，民國六十年，簡稱「六〇年版」

（四）《臺灣省文獻委員會圖書目錄·第二次增訂本》，民國七十年，稱「七〇年版」

（五）《臺灣省文獻委員會典藏圖書目錄》，民國八十五年，簡稱「八五年版」

（六）《臺灣省文獻委員會典藏圖書目錄·第二輯》，民國八十六年，簡稱「八六年版）

（七）《臺灣省文獻委員會典藏中文圖書目錄》，民國八十八年，簡稱「八八年版」

　　省文獻會七本藏書目錄中，只有六〇年版和七〇年版兩本目錄[13]登錄省文獻會庋藏十一種石暘睢文庫的舊藏。「四九年版」的《臺灣省文獻委員會圖書目錄·第一輯》並未記錄他們在民國四十八年（1959）十二月底以前，擁有這些蒐藏品[14]，換言之，賴建銘將書轉藏省文獻會的時間，應該是民國

---

[12] 第一次的藏書目錄似乎未對外流通，故未見其書《臺灣省文獻委員會圖書目錄·第一輯》〈前言〉云：「民國四十五年三月，首次編印圖書目錄，惟嗣後所藏一般圖書在分類法上有所更改，加以四年來增加之數亦不少，乃重編本目錄。」，頁1。

[13] 見六〇年版《臺灣省文獻委員會圖書目錄·增訂本》，頁34-35；及七〇年版《臺灣省文獻委員會圖書目錄·第二次增訂本》，頁44。

[14] 四九年版《臺灣省文獻委員會圖書目錄·第一輯》的T33「文學雜著」類藏書只有八種，分別是陳鐵厚的《殉國花》、雞籠生的《百貨店》、鄭六亭的《六亭文集》、李逸濤的《蠻花記》、許炳成的《千歲檜》、林本元的《臺灣白話三字文》、吉田季四郎的

四十九年到民國五十九年間（1960-1970）的事。因為六〇年版的《臺灣省文獻委員會圖書目錄·增訂本》，是這批典籍入藏臺灣省文獻委員會後的首次典藏紀錄。這些典藏的版本記載較以前記載詳實許多，我將該目錄記錄整理下表於後。

表三　1971年《臺灣省文獻委員會圖書目錄·增訂本》所列「歌謠」目錄

編號	書本名稱	數量	作者	出版者	出版時間
T33/21	新刊臺灣朱一貴歌	1	不著撰者		清刊
T33/22	新刊神姐歌	1	不著撰者		清刊
T33/23	新刊番婆弄歌	1	不著撰者		咸豐庚申年[15]
T33/24	新刊拔皎歌	1	不著撰者		清刊
T33/25	新選笑談俗語歌	1	不著撰者		道光辛丑年[16]
T33/26	新刊臺灣種蔥奇樣歌	1	不著撰者		咸豐庚申年
T33/27	新編貓鼠相告	1	不著撰者	世文堂	清刊
T33/28	新刊戲閬歌	1	不著撰者		清刊
T33/29	初刻花會新歌	1	不著撰者		道光七年[17]
T33/30	新刊莫往臺灣、女人卅六款歌	1	不著撰者		清刊
T33/31	新刊臺灣陳辦歌	1	不著撰者		清刊

不過，吳守禮教授有段他在民國五十四年中閱讀這批藏書的回憶，有助於我們確定入藏時間不晚於民國五十四年。他在〈石暘睢兄與古本臺灣歌曲〉說：

《臺灣俚謠粹吟》、西崎順太郎的《鸞洲文選》第八種，見24-25頁。

[15] 咸豐庚申年，咸豐十年，西元1860年。

[16] 道光辛丑年，道光廿一年，西元1841年。

[17] 道光七年，西元1827年。七〇年版的《臺灣省文獻委員會圖書目錄·第二次增訂本》「道光七年」誤記為「道忠七年」。

「日前，松林兄又來函……我又想起省文獻會搜購一批歌謠冊得來。
第二天巧遇漢光兄，……獲知該批歌謠冊現在藏於「中和鄉書庫」，
即時趕去請求閱覽。……管理員家憲君問我來意，即讓坐位讓我便
覽。計有

新刊臺灣朱一貴歌，一本，六葉。

新刊神姐歌，一本，三葉。

新刊番婆弄歌，一本，六葉。咸豐庚申年刊。

新選笑談俗語歌，一本，四葉。道光辛丑年刊。

新刊臺灣種蔥奇樣歌，一本，三葉。咸豐庚申年刊。

新編貓鼠相告，一本，三葉。世文堂印行。

新刊戲閣歌，一本，三葉。

初刻花會新歌，一本，五葉。道光七年刊。

新刊莫往臺灣、女人卅六款歌，一本，四葉。

新刊拔皎歌，一本，三葉。

新刊臺灣陳辦歌，一本，三葉。

十一種，皆蓋有舊藏者故石暘睢兄之圖章。」

篇後的追記又說莊松林寫信告知，這批藏書來源是「石先生先讓售賴建
銘，而賴先生轉售省立文獻會」[18]。據是觀之，則石暘睢舊藏入庫時間必然在
民國四十九年到民國五十四年（1965）間矣。

「中和鄉書庫」是臺灣省文獻會早期藏書的地方，省文獻會自從成立到
改制以前，一直都因為沒有固定的地方保留他們的館藏，致使館藏文獻數度
搬遷，無處棲身。謝嘉梁在八五年版《臺灣省文獻委員會典藏圖書目錄》的
序裡說明省文獻會藏書四十幾年來遇到的問題。他說：

本會自民國卅七年六月一日成立以來，即致力於臺灣地方文獻資料的
蒐集，……惜因當時本會尚無專屬的辦公廳舍與妥適的典藏空間，圖

---

[18] 吳守禮教授文見，《南瀛文獻》10卷，頁10-11。

書資料散置數處民宅，在管理及利用上均相當的不便。[19]

雖然如此，石暘睢舊藏仍然無恙的保留到八〇年代的初期。省文獻會遷到南投中興新村，有了固定的典藏空間。但特別的是石暘睢文庫的蒐藏記錄也到此中斷，「八五年版」以後整理的圖書目錄，就再也沒有看到這批典籍的蹤跡。

四 省文獻會藏石暘睢文庫本個人經眼錄

省文獻會典藏的十餘種歌冊與通俗書，實在沒有引起太多學者的注意。賴氏在民國四十八年到四十九年自己蒐藏期間，注釋其中六種的文章發表以後，到七〇年代末期，只有李獻璋、陳健銘及筆者注意過這批藏書——李獻璋先生分別在民國五十一年（1962）發表〈現存せる清末の閩南歌謠集〉與民國七十一年（1982）〈清代福佬話歌謠〉[20]提及；筆者則在民國七十二年（1983）十月於「臺灣史蹟源流研習會」的年度論文發表會上發表〈閩臺歌冊目錄略稿—敘事篇〉[21]時註記他們的名目；陳健銘先生也在民國七十六年（1987）初看到，並將《新刊番婆弄歌》抄錄在〈笑看弄車鼓—典藏《新刊番婆弄歌》新探〉一文[22]裡。雖然如此，它們一直被深藏在省文獻會的書庫內，甚至後來的研究者也幾乎遺忘這批罕見的圖籍[23]。下文余將迻錄當年倉促經眼的札記，並附當年所得書影，以備日後查證所資。

---

[19] 見八五年版《臺灣省文獻委員會典藏圖書目錄》序言頁。

[20] 李獻璋兩篇論文參見註10說明。另張秀蓉〈牛津大學所藏有關臺灣的七首歌謠〉文中稱李獻璋此文名為「臺灣民謠專輯」，案：「臺灣民謠專輯」乃該期文章類屬，而非文章篇名，張文顯然有誤。見《臺灣風物》43卷3期（臺北：臺灣風物社，1993年9月），頁177、196。

[21] 筆者〈閩臺歌冊目錄略稿——敘事篇〉，見七十二年《臺灣史蹟源流研習會論文集》（不詳地：臺灣史蹟源流研習會七十二年會的會內刊物）。

[22] 陳健銘文原載於1987年4月15日《自立晚報》「民俗月報」，後刊於《野臺鑼鼓》（臺北：稻香出版社，1989年6月），頁37-42。

[23] 李李於1985年撰《臺灣陳辦歌研究》的碩士論文，使用的版本是牛津大學的藏本，而沒有使用到蒐藏近在咫尺的省文獻會藏書。

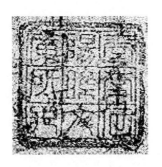

圖1　石陽睢藏印

編號：T33/21《新刊臺灣朱一貴歌》

清刊，木刻本，全書十二面，每面五行，行廿一字。每面高19公分，寬14.5公分，白口，版心書名為「朱一貴歌」，書扉頁題名「新刊臺灣朱一貴歌」，並有原來收藏者石陽睢先生的朱色鈐印，其印文為篆體「臺南石陽睢文庫所藏」，故知其書為石陽睢舊物。卷首題名與封面題名稍有不同，為「新刻臺灣朱一貴歌」。全篇以七言體為之，前六句為：

> 「大清帝主坐龍庭，萬國來朝賀太平，文武安邦能定國，海不揚波樂萬民。且說臺灣一椿情，養鴨村驢濫小人。」

編號：T33/22《新刊神姐歌》

清刊，木刻本，全書五面，每面七行，行廿字。每面高18公分，寬9.8公分，白口，單邊，版心書名為「神姐歌」。書扉頁題名「神姐歌」，亦有原收藏者石陽睢的篆體朱色鈐印，是亦石氏舊藏。卷首題名與書扉題名均相同，唯「歌」作「謌」。全篇雜用三言、四言、五言、六言、七言詩讚體，其三言句體如：

> 「紅綾鞋，鎮綠坨，白漆褲，繡花枝。」

四、六言句如：

> 「紅又絲帶，結在許腳目邊。」

七言句如：

「一重一，二重二，三重三，四重四，汝媽下身是我穿。」

此篇歌敘述一群村婦迷信求神問卜，訪求巫覡靈媒，透過牽亡的儀式與死去的母親進行靈魂對話。篇末云：

「世人總是癡，神姐無影厘，不如入廟燒好香，尋神終須無採錢。」

編號：T33/23《新刊番婆弄歌》

清刊，木刻本，全書十二面，每面十行，行廿四字。每面高19.9公分，寬12公分，白口，單邊，版心書名為「番婆弄」。書扉頁的中欄題書名為「新刊番婆弄歌」，左右兩欄則有八匹馬的版畫裝飾圖樣，天欄有「咸豐庚申年春月鐫」的出版日期紀錄，與一般歌仔冊的封面樣式顯著不同。封面也有原收藏者石暘睢的篆體朱色鈐印，為石氏舊藏。卷首題名「番婆弄曲白全部」，內文亦明顯的標示哪些文字為「曲」，哪些文字為「白」，並且還以「旦」、「丑」標記其說唱角色的稱呼，很明顯的，《新刊番婆弄歌》是當時流行小戲的戲本。

圖2　清代咸豐庚申（1860年）《新刊番婆弄歌》封面與頁1a，省文獻會藏

編號：T33/24《新刊拔皎歌》

清刊，木刻本，全書五面，每面七行，行十六行。每面高19公分，寬10.6公分，白口，版心書名為「拔皎歌」，書扉頁題名「新刊拔皎歌」，也有原收藏者石暘睢先生的朱色鈐印，知為石暘睢舊物。卷首題名與書扉頁同。全篇混用五、七言句，內容係勸戒人民勿沉溺賭博。

圖3　清刊《新刊拔皎歌》封面、頁1b-2a，省文獻會藏

編號：T33/25《新選笑談俗語歌》

清刊，木刻本，全書八面，每面十二行，行十五字。每面高19.4公分，寬10公分，白口，單魚尾，版心書名不同於封面，題為「俗語對」，書扉頁題名「新選笑談俗歌」，也有原收藏者石暘睢先生的朱色鈐印，知為石氏舊藏。通篇全用三言韻語。

編號：T33/26《新刻臺灣種蔥奇樣歌》

清刊，木刻本，全書四面，第一面每面八行，第二面改九行，行十五字。每面高20.3公分，寬10.3公分，白口，單邊，版心書名為「種蔥歌」。

書扉頁的版式與《新刊番婆弄歌》相同，其中欄題書名為「新刻臺灣種蔥奇樣歌」，左右兩欄八匹馬的版畫裝飾圖樣，天欄有「咸豐庚申年春月鐫」的出版日期紀錄。封面也有原收藏者石暘睢的篆體朱色鈐印，是為石暘睢舊藏。卷首題名「新傳臺灣正月種蔥薪歌」，內容則為十二支十二月調的曲子，勸夫婦當彼此相敬如賓。茲錄其一云：

「正月排來人種蔥，下神托佛嫁好尫，匕匕

嫁著好尫人人喜，嫁著怯尫討受氣，匕匕」

編號：T33/27《新編貓鼠相告》

清刊，木刻本，全書六面，每面九行，行廿二字。每面高20.2公分，寬11.6公分，白口，單邊，版心書名第一葉為「老鼠告狀」，第二、三面則易名「貓告狀」。書扉頁中欄題書名為「新編貓鼠相告」，左欄記出版者為「世文堂」。封面也有原收藏者石暘睢的篆體朱色鈐印，是為石氏舊藏。卷首題名「老鼠告狀」，且有出版者「世文堂」的紀錄，全文分三段，第一段「老鼠告狀」（頁1a-2a）、第二段「花貓訴狀」（頁2b-3a）、第三段「閻王批語」（頁3b），最後出現一首詩，這也是全篇唯一的韻文。文云：

「鼠是人間賤惡蟲，如何墻屋育無窮？任他狡點千般毒，終落惟海手爪攻。」

《貓鼠相告》嚴格說來，不應叫「歌仔冊」，因為全篇除了最後四句詩讚之外，其餘皆為散文，沒有其他的韻語結構；況且書題也從沒有標示它叫「歌」，故此書性質應該不屬於「歌仔冊」[24]，而是一種遊戲類通俗娛樂讀物。石暘睢先生的庋藏書籍中，這類的書不是唯一的一本，有如《改良暢所欲言》、《好詼諧》等[25]。

---

24 賴建銘先生與王順隆先生將《新編貓鼠相告》指認成歌仔冊，但李獻璋先生〈清代福佬話歌謠〉文中顯然未同意此指認，以全書的內容和名稱觀之，李獻璋先生的看法正確，賴、王非也。

25 見黃天橫〈石暘睢先生之庋藏文獻與史料〉，《南瀛文獻》10卷，頁22。

編號：T33/28《新刊戲闊歌》

清刊，木刻本，全書五面，每面八行，行廿二字。每面高 19.5 公分，寬 10.5 公分，白口，單邊，版心書名為「戲闊歌」。書扉頁題名「新刊戲闊歌」，且有原收藏者石暘睢先生的朱色鈐印，故知為石氏舊物。全篇以七言體為之，內容敘一位好戲成癖的人，終日追逐戲子，不事生產，勸人勿溺戲，勸人要看戲也要看一些教化意義的戲。其文云：

> 「看戲得學古來朱壽昌，當初只人也罕取，辭官棄妻來尋母。」（頁 1a）
> 「看戲得學姜絲對商輅，當學古前孟姜女，只人是希罕。千里路途送寒衣」（頁 2a）

編號：T33/29《初刻花會新歌》

清刊，木刻本，全書十面，每面九行，行廿七字。每半葉高 19.9 公分，寬 11.8 公分，白口，單邊。書扉頁的中欄題書名為「初刻花會新歌」，書名上有「道光柒年春花月刻」的出版日期紀錄。封面也有原收藏者石暘睢的篆體朱色鈐印，亦是石暘睢舊藏。本篇包含了四篇的歌仔，第一篇為〈新抄花會歌〉（頁 1a-ab），第二篇〈十二月歌〉（頁 2a-3b），第三篇〈上大人附花會歌〉（頁 4a-4b），第四篇〈位正花會歌〉（頁 4b-5a），四篇皆為勸人戒賭的歌。第五篇〈花會呈〉（頁 5b）則為一則因賭致人命的公案故事文章。

編號：T33/30《新刊莫往臺灣女人卅六款歌》

清刊，木刻本，全書七面，每面十行，每行字數因各篇作品而有不同：第一篇〈新刊勸人莫過臺歌〉每行十六字，第二篇〈臺灣小娘子歌〉每行廿一字，第三篇〈臺灣表子三十六款歌〉每行十八字。每面高 18.5 公分，寬 10公分，白口，單邊，版心題名有三：「勸過臺歌」（第一、二面）、「勸莫過臺」（第三、四面）、「莫過臺歌」（第五面）。書扉頁題名為「新刊莫往臺灣女人卅六款歌」，封面也蓋有原收藏者石暘睢的篆體朱色鈐印，故是石暘睢

舊藏。本篇包含的三篇歌仔,第一篇為〈新刊勸人莫過臺歌〉(頁1a-2a)敘述清代閩人偷渡到臺的種種辛酸和危險的處境。〈臺灣小娘子歌〉(頁2a-3a)述男子為赴臺灣發展事業出路,與妻相別的心情。〈臺灣表子三十六款歌〉(頁3a-4a)則是描敘三十六種臺灣風月場中女人的風姿。

編號:T33/31《新刊臺灣陳辦歌》

清刊,木刻本,全書六面,每面九行,每行廿八字。每面高17.3公分,寬9.7公分,白口,單邊,單魚尾。版心題:「陳辦歌」三字。通篇七言,是很典型的歌仔冊版式常規。書扉頁題名為「新刊臺灣陳辦歌」,封面有石暘睢的篆體朱色鈐印,亦是石暘睢舊藏。此歌敘道光間臺灣漢人陳辦反清運動事件,其卷首六句歌詞云:

> 「聽唱新編一歌詩,正是嘉義崙仔人氏,一位姓陳名辦兄,
> 平生風流結兄弟,粵莊牽伊個牛牯,莊老母著牛還伊。」(頁1a)

五 省文獻會藏石暘睢文庫本的價值

清代木刻本的臺閩歌仔冊唱本存世本來就不多,間有問世者,識者莫不視為珍藏。被收藏在牛津大學Bodleian圖書館偉烈文庫(Alexender Wylie)的十九本歌仔冊,不但被向達和神田喜一郎[26]注意到,甚至有些學者如張秀蓉也不遠千里的將之帶回到臺灣,供後學者鑽研之用。省文獻會這批歌仔冊和游戲書價值何在?我們將之與偉烈文庫以及其他幾種現存的本子相比,就可以看到它們的價值。茲以下表略明文獻會藏本與各家蒐藏版本的關係。

---

26 向達文見〈記牛津所藏中文書〉,見《唐代長安與西域文明——瀛涯瑣志之一》(石家莊:河北教育出版社,2001年11月)頁628-629。神田喜一郎〈牛津に存在する臺灣の古文獻に就いて〉,《愛書》第十輯。案:此文余尚未拜讀,從張秀蓉文暫存其目,待日後參酌。

表四　省文獻會藏石暘睢文庫本與其他公私收藏者的比較表

書名	省文獻會藏[27] 石暘睢文庫	牛津大學[28]偉 烈文庫藏	中央圖書館臺 灣分館藏[29]	楊雲萍藏[30]
新刊臺灣朱 一貴歌	清刊	（無）	（無）	（無）
新刊神姐歌	清刊	不詳年代	不詳年代	不詳年代
新刊番婆弄 歌	1860年版	（無）	（無）	（無）
新刊拔皎歌	清刊	不詳年代	不詳年代	不詳年代
新選笑談俗 語歌	1841年版	1849年刊，書 名作《新選笑 談俗語歌》	書名作《新鮮 俗語歌》[31]	書名作《新選 笑話俗語歌》
新刻臺灣種 蔥奇樣歌	1860年版	（無）	（無）	（無）
新編貓鼠相 告	清刊	（無）	不詳年代	（無）
新刊戲鬮歌	清刊	不詳年代	書名作《寰宇 戲鬮歌》	書名作《寰宇 戲鬮歌》
初刻花會新 歌	1827年版	1827年版，書 名作《選刻花 會新歌》	書名作《當今 花會歌》	書名作《初刻 花會新歌》

---

[27] 省文獻藏各歌仔冊唱本的刊刻時間以六〇年版圖書目錄的記錄為據，不採賴氏的註記。

[28] 偉烈文庫藏本記錄見張秀蓉〈牛津大學所藏有關臺灣的七首歌謠〉，見《臺灣風物》43 卷3期（臺北：臺灣風物社，1993年9月），頁177-196。

[29] 中央圖書館臺灣分館藏本，即李獻璋〈清代福佬話歌謠〉文所謂「臺北省圖書館藏」有 「昭和三年一月六日購求印記的『臺灣俗曲集』」，表中所列出版記錄乃據該館原書記錄。

[30] 楊雲萍先生（1906-2000），臺北市士林望族，臺灣大學歷史系教授。所典藏的文物古 籍甚夥，但罕有對外發表公布其蒐藏。其所藏歌冊記錄，只見李獻璋〈清代福佬話歌 謠〉的「歌目表」文記錄，頁252-255。

[31] 李獻璋歌目表誤作「新選俗語歌」，內文作「新鮮俗語歌」，茲據原書封面改。案：李 氏此文的疏失，可能是被《臺灣文藝》雜誌的手民所誤。該篇文章刊出時訛誤甚多， 後來李氏另將自己的親校本留在中央圖書館臺灣分館，相信也是這個原因。

書名	省文獻會藏石暘睢文庫	牛津大學偉烈文庫藏	中央圖書館臺灣分館藏	楊雲萍藏
新刊莫往臺灣、女人卅六款歌	清刊本，含〈新刊勸人莫過臺灣歌〉與〈臺灣小娘仔歌〉及〈臺灣表子卅六款歌〉三種	含〈新刊勸人莫過臺歌〉與〈勸莫過臺歌〉兩種	含〈新刊勸人莫過臺歌〉與〈臺灣小娘仔歌〉及〈臺灣表子卅六款歌〉三種	含〈新刊勸人莫過臺歌〉與〈臺灣小娘仔歌〉及〈臺灣表子卅六款歌〉三種
新刊臺灣陳辦歌	清刊	不詳年代	不詳年代	不詳年代

　　顯然地，省文獻會藏書除去《新編貓鼠相告》為遊戲書不計外，其餘十種歌仔冊的版本至少提供了三種版本價值。第一，藏本為孤本者有三本，是《新刊臺灣朱一貴歌》、《新刊番婆弄歌》《新刻臺灣種蔥奇樣歌》。第二，藏本為同版中最早的版本者有兩本，是《新刊笑談俗語歌》與《初刻花會新歌》。第三，藏本雖非孤本或早期刊本，但可作相互參校的版本者五，《新刊臺灣陳辦歌》、《新刊莫往臺灣、女人卅六款歌》、《新刊戲鬮歌》、《新刊拔皎歌》、《新刊神姐歌》等

　　《新刊臺灣朱一貴歌》、《新刊番婆弄歌》兩種為海內外所僅有的唱本，前者敘述清康熙間臺灣最大的反清運動朱一貴事件，對「鴉母王朱一貴」反清的史事提供民間說唱的觀點，是一部記錄臺灣早期歷史的唱本。不過該唱本是否為閩南漳、泉州語系的人所作，仍存有疑義。賴建銘先生、石暘睢以及李獻璋等諸君都指認為「歌仔冊」，但學者曾子良先生從唱本的內容和語言，高度懷疑它是福州話唱本的可能性[32]。曾子良先生精湛的研究，可謂細察

---

[32] 《新刊臺灣朱一貴歌》的內文，賴建銘先生全文迻錄，見〈清代臺灣歌謠〉（下），《臺南文化》舊刊 7 卷 1 期，頁 85-92。曾子良先生則提供黃天橫藏本的影印真跡，見曾子良〈臺灣朱一貴歌考釋〉，《臺灣文獻》50 卷 3 期（南投：臺灣省文獻委員會，1999 年 9 月），頁 87-123。

毫末矣。

《新刊番婆弄歌》則是一本活潑生動的調情小戲的演唱本，「歌仔冊」一詞在初期使用的階段，隱含地包括「說唱」、「俗曲」與「小戲劇本」三種型態的唱本，或許暗示了清末當時三種賣藝型態的表演者，在演出的內容上有彼此融通的現象。況且「番婆弄」它還是早期歌仔戲的重要曲目，對歌仔戲的起源研究上，有一定的意義。這也是陳健銘在發現他是清季民初石印本《番婆弄歌》的祖本[33]，興奮的將它抄錄傳世的原因。

《新選笑談俗語歌》與《初刻花會新歌》兩種歌仔冊則是四個蒐藏者均有的歌仔冊，而省文獻會藏本，有早期版本的價值。首先《新選笑談俗語歌》是所有《俗語歌》版本中註記出版年月最早的，即便是李獻璋先生推測有更早的本子，但也是以楊雲萍、省文獻會均有的這個版本[34]為依據。其次在《花會歌》系列方面的四本歌仔冊中，省文獻會藏的《初刻花會新歌》也被李獻璋先生認為是最早的版本[35]。

《新刊臺灣陳辦歌》、《新刊戲鬮歌》、《新刊莫往臺灣、女人卅六款歌》等五種歌仔冊，雖然非省文獻會獨有的版本，但仍然有不可疏忽的價值。省文獻會藏的《新刊臺灣陳辦歌》可以補充陳辦歌研究的版本項目[36]。《新刊戲鬮歌》在《戲鬮歌》系列歌冊方面，也屬於較早的刊本，因為臺灣分館的《寰宇戲鬮歌》內頁卷首的標題為《「新刊」戲鬮歌》，故知《寰宇戲鬮歌》

[33] 陳健銘〈笑看弄車鼓──典藏《新刊番婆弄歌》新探〉，《野臺鑼鼓》，頁37-42。案：陳健銘先生，宜蘭縣羅束人，與余有舊，蒐藏歌仔冊的數量甚夥，余曾託付女弟鍾雲鶯（現任教龍華技術學院及元智大學中文系）製作蒐藏目錄卡，待來日公佈蒐藏，未料陳健銘先生已於年前辭世，所藏藏品擬將轉贈於宜蘭縣政府文化局。

[34] 李獻璋先生〈清代福佬話歌謠〉認為臺灣分館的《新鮮俗語歌》才是最早的版本，但該版並沒有註記日期，而是以楊雲萍藏道光廿一年版為據，推測臺灣分館本在道光廿年前，頁294。

[35] 李獻璋前引文云：「可見道光七年的初刻本為最早出，次為借用初刻書皮的還刻，而做刻還刻的當今花會歌是最晚的。」頁283。

[36] 李李在1985年的碩士學位論文及1993年發表的〈一首抗清歌謠──《臺灣陳辦歌》〉，《臺灣風物》42卷4期（臺北：臺灣風物雜誌社，1993年12月），頁25-45。

為《新刊戲鬪歌》的再製版品。

　　至於《新刊莫往臺灣、女人卅六款歌》者，則說明了歌仔冊合歌出版型態的變化。歌仔冊不管在臺灣或是閩南的泉、廈出版，其內容例以一本（集）一事一歌為原則，但歌仔曲藝的表演，容許敷演者隨興的增長或截短，又因歌仔演出融通了「說唱」以外的演唱型態，故歌仔冊體制上有長篇與短篇之別，長篇者有一事而漫衍出五十幾本的情況[37]，短篇者則一本之中包含數種不同內容的歌仔唱詞。以《新刊莫往臺灣、女人卅六款歌》為例，就出現了合歌型態的兩種變化。牛津大學偉烈文庫藏本是第一種合歌型態，它組裝了兩種歌仔〈新刊勸人莫過臺歌〉與〈勸莫過臺歌〉。省文獻會與其他兩個藏本是第二種合歌型態，它則組裝三種歌仔〈新刊勸人莫過臺歌〉、〈勸莫過臺歌〉及〈臺灣表子卅六款歌〉三種，但名稱上卻只稱兩種。歌仔冊出版商彼此競逐，相互倣刻，為了增加自己版品的號召，以加量不加價的方式引起讀者的青睞。一冊合歌的版品變化，加上後來多本（集）一歌版品，使得歌仔冊目錄的編輯者無不以為苦，當然，這也是向達在統計牛津大學偉烈文庫蒐藏數量時失算的背景因素[38]。

六　代結語──另段公案的開始

　　吳守禮教授曾讚美石暘睢舊藏歌謠戲曲的獨到蒐藏眼光，他說這些「多為道光以後至清朝末年光緒年間所蒐輯……如今確已成為值得特別珍貴的文獻」[39]。石氏病歿前念茲在茲的擔心藏書散佚，故近乎託孤的把藏書轉售給其他幾位摯交，而這些摯交也不負所託，將這批包含歌謠戲曲和遊戲書的俗文學珍品，進行研究發表報告；賴氏[40]更將該書在省文獻會徵集圖書初期，將

---

[37] 最典型的例子就是梁松林編的五十四集《山伯英臺歌集》，此長篇歌集是余所見篇幅最大的歌仔冊唱本集。

[38] 李獻璋稱「向達所記題名、歌數均有誤」，前引文，頁251。

[39] 吳守禮，前引文，頁11。

[40] 賴建銘與石暘睢先生的深厚交誼，由臺南縣文獻委員會出版石暘睢先生紀念專號時，

石暘睢文庫割愛讓售公家圖書館典藏，嘉惠後來的學者。先人的風義，正見證了石暘睢先生的精神。但近十年來，臺灣研究在國內掀起熱潮，這批早期的文獻價值正待發酵的同時，藏書竟已杳然。主政者調整政府組織，圖書館的主事者人事紛沓之餘，這批在臺灣歌謠戲曲研究方面，被列為「國寶級」也當之無愧的文獻卻已悄悄的蒸發！如果國史館臺灣文獻館的新保管者沒有接收到它們，藏品是否積壓館內，層疊藏身在浩瀚書堆中？還是流落館外，庋藏於私家？這些謎底都需要日後查證。本文將當年所得書影，並記當時所見聞版本諸項記載，以待來日後查訪的依據。

民國九十三年六月於逢甲大學中文系「中文雅集」發表
民國九十四年六月二稿，七月三稿

賴先生主撰〈石暘睢先生年表〉一事，可見一二。〈石暘睢先生年表〉文，見《南瀛文獻》10卷，頁47-49。

八仙法器異說考

林保淳

淡江大學中文系

提要

　　民間及道教傳說中的「八仙」，各有與傳說相關的法器，俗稱「暗八仙」。但因為「八仙」的組合完成，已遲至明萬曆以後，其間歷經成員的重組、轉換，法器轉化、互換、訛傳、誤認的情況非常明顯，其中尤以鐵拐李（鐵拐→葫蘆）、張果老（驢→漁鼓）、呂洞賓（單劍→雙劍）、藍采和（拍板→花籃）、韓湘子（花籃→笛）、曹國舅（笊籬→朝笏）、何仙姑（笊籬→荷花），最為重要。

　　本文從元、明戲劇角色的道具（「穿關」）入手，配合相關的畫像、圖片及傳說內容，一一考校其源流，主要呈顯出三個意義：（1）足以窺見傳說演變的痕跡；（2）可以證今人之訛傳（或誤認）；（3）可以藉此考訂古器物的時代。

關鍵字：八仙；明八仙；暗八仙；鐵拐李；漢鍾離；張果老；呂洞賓；藍采和；韓湘子；何仙姑；曹國舅

　　民間及道教信仰中的「八仙」，今指漢鍾離、呂洞賓、張果老、韓湘子、藍采（彩）和、李鐵拐、曹國舅及何仙姑等八位「上洞神仙」。此一神仙組合的完成，大約在明中葉以後，其後雖仍有部分異說[1]如《列仙全傳》[2]無張果老，而有劉海蟾；《西洋記》中無張果老、何仙姑，而有風僧壽（《續文獻通考》[3]作「風僧哥」）、玄壺子[4]等，但趨勢已定，至今已廣為大眾接受，一旦提及「八仙」，幾乎人無異議，逕指前述八人，可謂是家喻戶曉的神祇。民間習俗相傳，在年節喜慶或祠廟宮觀前，均張掛繪有八仙騎神獸的「八仙彩」條幅，其形製大小不一，偶亦有其他象徵福祿壽喜的「財官」及神童、仙鶴、青松等圖，不完全是八仙圖像；但是，以八仙作為主體及各仙的造型，卻是完全一致的。

　　從「八仙彩」中，我們可以見到，漢鍾離手握芭蕉扇、呂洞賓身負寶劍、張果老持漁鼓簡子、韓湘子手執橫笛、藍采和提籃、李鐵拐拄杖配葫蘆、曹國舅執玉板、何仙姑挽荷花。以民間的神仙觀念而言，神仙手持的法寶，往往可以視作神仙的象徵或化身，而此一法寶，通常是此一神仙仍然身為凡人時的重要隨身物，或是曾經在斬妖除魔的傳說過程中充分倚仗過的，如關雲長的青龍偃月刀、觀世音的淨瓶、孫悟空的金箍棒等皆是。因此，「八仙彩」中各仙手執的法器，亦理應與各仙息息相關，是以習俗相傳中，八仙法身稱為「明八仙」，而法器則稱為「暗八仙」，可以視同八仙的

---

[1]　在此之前，「八仙」之說頗多，參見浦江清〈八仙考〉（《清華學報》第11卷第一期，1936.1，頁89-136）、白化文・李鼎霞〈讀《八仙考》後記〉（《學術集林》第11集，1997.11，頁265-293）、周曉薇〈八仙考補〉（《中國典籍與文化論叢》第4輯，北京：中華書局，1997.12，頁186-197）等文。

[2]　王世貞輯，汪雲鵬校補《有象列仙全傳》九卷（臺北：臺灣學生書局，1990）。

[3]　明・王圻《續文獻通考》（臺北：文海出版社，1979）卷241。王圻字元翰，上海人，嘉靖四十四年（1565）進士，與王思義共編過著名的《三才圖會》。

[4]　羅懋登《三寶太監西洋記通俗演義》（上海：上海古籍出版社，1985）二十卷一百回，成書於明萬曆二十五年（1597），第四十四回〈老母求國師講和，元帥用奇計取勝〉記：「只一陣信風吹下八位神仙來，齊齊的朝著佛爺爺行一個禮，第一位漢鍾離，第二位呂洞賓，第三位李鐵拐，第四位風僧壽，第五位藍采和，第六位玄壺子，第七位曹國舅，第八位韓湘子。」（頁568）

象徵。然而，假如我們追本溯源，根究此一關係時，卻會發現，八仙的法器實際上出現了相當複雜的轉借、互換、訛傳的情況。究竟八仙的法器原貌為何？經過了何種轉換？此一轉換的原因及意義何在？本文擬作一番探索。

一　八仙的「舊」法器

八仙的法器與八仙傳說原應是一體的，如呂洞賓的佩劍，即來自傳說中火龍真君所授的「天遁劍法」，此劍能「斬邪魔」，呂洞賓初遊江淮，即曾「試靈劍，斬長蛟」[5]，同時在「飛劍斬黃龍」[6]故事中，亦扮演著重要的角色。張果老的驢子、李鐵拐的拐杖，也與張果老「常乘一白驢，日行數萬里，休則重疊之，其厚如紙，置於巾箱中。乘則以水噀之，還成驢矣」[7]的法術，及李鐵拐「附一餓殍之尸而起，故行跛惡」[8]的傳說息息相關。傳說訴諸語言文字，雖可能在其行跡、事歷上有相當生動的描繪，引人津津樂道；但是缺乏具體形象的呈現，只能令人憑空結撰，揣摩想像。

歷來傳世的八仙圖像，最早是《宣和畫譜》（1100-1125）卷四中，由道士李得柔所繪的「鍾離權真人像」及「呂巖仙君像」；金、元之際的元好問（1190-1257），也曾題過一幅「藍采和像」。但這幾幅畫至今皆已不存，唯元

---

[5] 明人相關記載，如前述《列仙全傳》、張文介《廣列仙傳》（有1583年自序。臺北：臺灣學生書局，1989）、洪應明《月旦堂仙佛奇蹤合刻》（萬曆末刊。臺北：新文豐出版社，1989）等，均有提及。

[6] 呂洞賓的「飛劍斬黃龍」傳說，有二系，一屬道教，一屬佛教，意趣完全不同，參見拙著〈呂洞賓形象論——從劍俠談起〉（《淡江中文學報》第3期，1995.9，頁37-74）一文。

[7] 此說初見於唐·鄭處誨《明皇雜錄》（石家莊：河北教育出版社，1994），其後《太平廣記》（臺北：西南書局，1983年）卷三〈張果〉襲之，以下各相關記載均相同。

[8] 文據浦江清〈八仙考〉，其事則首見於元雜劇《呂洞賓度鐵拐李岳》，王世貞亦云「陽神出舍，為虎所殘，得一跛丐亡者而居之」（《弇州山人續稿》卷171，〈題八仙像後〉，臺北：文海出版社，1970），其後《東遊記》（二卷56回，明·嘉靖年間之吳元泰作，臺北：世界書局，1958），承之而復神其說。

代女畫家管道昇（1262-1319）繪有一幅「藍采和像」[9]，稍可窺見一斑；但亦只是單幅圖像，未見「八仙」集體出現。

　　遼寧省博物館館藏有一幅南宋時期緙絲作品《八仙介壽圖》，其中仙家八人，共迎騎鶴而至之壽星，此「八仙」無一女性，然鬢髻隆起的漢鍾離、乞丐裝扮的李鐵拐、官服持版的曹國舅，三人均可確定；道服的應是呂洞賓；兩個年輕的應是藍、韓二仙；腰劍的老者或為張果老、著巾的或為張四郎。而完成於元順帝至正十八（1358），山西省芮城縣永樂宮的壁畫，現仍存有一幅「八仙渡海圖」，亦有「八仙」。但是，其八人中亦無一女仙，可確知的亦僅有漢鍾離、呂洞賓、曹國舅、李鐵拐四人，韓湘子與藍采和稍難辨別，餘二人為張果老、徐神翁或張四郎，亦無法論斷。這應是在世俗「八仙」說定型之前的另一八仙傳說。據王世貞（1526-1590）所述，「余所睹仙跡及圖史亦詳矣，凡元以前無一筆；而我明如冷起敬、吳偉、杜堇，稍有名者，亦未嘗及之」，故他斷定為「意或庸妄畫工，合委巷叢俚之談」[10]所作。王世貞是明嘉靖間的名士，書史嫻博，所言自是相當可靠，換句話說，八仙圖像的流行及八仙的定型，應在嘉靖以後，是可以推論而出的。不過，王世貞既謂此為「庸妄畫工，合委巷叢俚之談」而繪，又謂「凡元以前無一筆」，可見這些民俗藝工所「合」的「委巷叢俚之談」，乃是從元代開始逐漸流傳的民間的。毫無疑義地，元代以來民間最重要的清閑遊藝——戲劇，在其間起了最大的傳播作用。

　　戲劇以真人粉墨登臺表演，扮像穿戴力求酷肖逼真，一旦形成慣例，劇中人物就極易定型。元、明戲劇所講究的「穿關」（即演員上臺時固定的穿戴、打扮和道具），即此而形成。元、明之間，「八仙戲」廣為流行，先是「度脫」，後是「慶壽」，最遲在明初周憲土朱有燉（1379 1439）時，以八仙慶賀祝壽的風氣，就在戲場上廣泛流行了。當時戲場上扮演八仙的實際情

9　見河井荃廬等監修《支那南畫大成》（東京：湘南堂書店，1938）第7卷第12圖。此圖河井氏謂為藍采和之圖，疑乃韓湘子，待考。

10　見《弇州山人續稿》卷171，〈題八仙像後〉。

況，如今雖已無法得知，但是從「穿關」和劇中若干的描述，還是可以窺其一斑，八仙的法器，在大多數的戲劇中已幾乎確定了。

現在的元、明八仙戲有三十餘種[11]，依據戲本內容的敘述及「穿關」，基本上我們可以得知與八仙相關的法器。由於戲劇是生根於民間的藝術，所以也最足以代表當時流傳的八仙形象。茲將元、明二朝「八仙戲」可見的「法器」與相關裝扮，臚列如下：

	李	鍾	呂	張	藍	何	韓	曹
1.呂洞賓三醉岳陽樓	拐兒	鬍子	簡子愚鼓	驢	雲陽板	☆葫蘆	花藍	穿紅
2.邯鄲道省悟黃粱夢		雙髻	背劍					
3.呂洞賓度鐵拐李岳	鐵拐			驢	拍板	◎	仙花	
4.陳季卿悟道竹葉舟	鐵拐	雙髻		驢	拍板	笊籬		☆鐵笛
5.瘸李岳詩酒翫江亭	鐵拐[12]							
6.漢鍾離度脫藍采和						拍板		
7.孫真人南極登仙	鐵拐葫蘆			驢	檀板	☆葫蘆	仙花	笊籬
8.呂洞賓三度城南柳	鐵拐	金書	寶劍	驢	檀板	☆葫蘆	牡丹	笊籬
9.鐵拐李度金童玉女[13]	鐵拐			驢			花開	

---

[11] 詳細的論述，見王漢民〈八仙戲曲作品考述〉（《中國文哲研究通訊》第8卷第4期，頁185-203）。不過，王文中所列《孤本元明雜劇》中的〈感天地群仙朝聖〉，並無八仙出現，應屬誤列，此外佚名元人之〈孫真人南極登仙〉及明朱有燉之〈福祿壽仙官慶會〉、〈東華仙三度十長生〉、〈紫陽仙三度長椿壽〉等，亦皆有八仙出場，王氏漏列。

[12] 此劇的鐵拐李，劇中說他「創造逡巡酒，解開頃刻花」（第一折），這原是韓湘的專擅，頗為奇特。

[13] 此劇與一般度脫戲不同，蓋「八仙」僅六仙出面，何仙姑及曹國舅均未現不說，亦無徐神翁與張四郎，脈望館本所收《古今名家雜劇》則多出赤松子一人，仍不足八仙之數。

	李	鍾	呂	張	藍	何	韓	曹
10.呂洞賓桃柳昇仙夢[14]			寶劍[15]					
11.沖模子獨步大羅天			寶劍[16]					
12.呂洞賓花月神仙會	鐵拐	鬠髻		白驢	板	☆葫蘆	牡丹	竹罩
13.呂翁三化邯鄲店	鐵拐	天書	寶劍	驢	潮歌	☆葫蘆	花開	
14.呂純陽點化度黃龍	鐵拐	梭扇	雙劍	驢、扇	板	◎笛	花藍	金牌笊籬
15.邊洞玄慕道升仙	鐵拐	梭扇	雙劍	驢、扇	板	◎	花藍	圭、金牌笊籬
16.祝聖壽金母獻蟠桃	鐵拐	梭扇	雙劍	驢、扇	板	◎笛	花藍	袋
17.紫陽仙三度長椿壽[17]					樂探	☆		
18.群偶壽慶蟠桃會	鐵拐	雙髻	太阿	驢		☆		笊籬
19.瑤池會八仙慶壽		雙髻	太阿		打板	☆	獻牡丹	
20.福祿壽仙官慶會	鐵拐		龍泉劍	白驢	板	☆靈丹	花藍	笊籬金牌
21.眾天仙慶賀長生會	鐵拐	梭扇	雙劍	驢、扇	板	◎綸竿	花藍	笊籬
22.賀昇平群偶祝壽[18]	鐵拐葫蘆	梭扇金瓶	雙劍	驢、扇漁鼓簡子	板	◎袋綸竿金魚	花藍鐵笛	金牌笊籬

---

[14] 此劇八仙亦未出現，僅呂洞賓、漢鍾離及張四郎三人，未提及相關法器、特徵。

[15] 此劇中呂洞賓並無任何法器在身，唯末折有「朗吟飛過洞庭湖」之語，故依理判定其手執寶劍。

[16] 同注15，首折有引「朗吟飛過洞庭湖」全詩。

[17] 此劇中未言及法器，僅強調藍采和為「樂探」。

[18] 此劇眾仙替西王母祝壽，所獻禮物不一，其詞云：「鍾離拿金瓶插金蓮花，鐵拐李拿

	李	鍾	呂	張	藍	何	韓	曹
23.寶光殿天真祝萬壽		梭扇	雙劍			◎		
24.降丹墀三聖慶長生					板	◎笛		
25.呂洞賓點化度黃龍	鐵拐	梭扇	雙劍	驢、扇	板	◎笛	花藍	金牌笊籬
26.爭玉板八仙過滄海[19]	鐵拐	芭蕉扇	寶劍	葫蘆驢	玉板	☆鐵笛	花藍	笊籬
27.洞玄昇仙	鐵拐	梭扇	雙劍	驢扇	板	◎袋	花藍	金牌笊籬

【附註】在元、明戲劇中，何仙姑尚未正式躋入八仙之列，通常是以張四郎或徐神翁取代，此表徐神翁以☆表示，張四郎◎表示。

在這27齣戲劇中，八仙通常是集體出現，尤其是所謂的「慶壽劇」，八仙全員出席，代表了人間的福祿壽喜欲望；不過，八仙的成員，何仙姑僅一見（〈陳季卿悟道竹葉舟〉），多半是由徐神翁（元）、張四郎（明）[20]取代，其相關「法器」，頗有相當程度的一致性，即：

鐵拐李→鐵拐（葫蘆二見）

漢鍾離→梭扇（芭蕉扇一見）、雙髻（鬣髻）、金瓶（一見）、天（金）書（一見）

呂洞賓→寶劍、雙劍

張果老→驢（白驢一見）、扇、葫蘆（一見）

藍采和→板（玉板、檀板、拍板、雲陽板）、清歌（一見）

何仙姑→笊籬（僅一見）

煙葫蘆，湘子拿鐵笛花籃，國舅拿笊籬金牌。張果老拿漁鼓簡子，藍彩和拿板，張四郎拿輪竿金魚。呂洞賓松竹梅。」（第四折）與「穿關」不盡相同。

19 吳元泰的《東遊記》與此略有不同，其中漢鍾離祭拂塵、呂洞賓拋葫蘆、曹國舅擲犀帶，三者異於此（卷下，〈八仙東遊過海〉）。

20 有趣的是，朱有燉的戲劇中，八仙成員往往不一，徐神翁和張四郎交替出現，原因待考。

徐坤翁→葫蘆（鐵笛一見）

張四郎→笛、袋（二見）、綸竿（二見）

韓湘子→花籃（牡丹、仙花、花開）、鐵笛（一見）

曹國舅→金牌笊籬、圭（一見）

總計十位神祇，十幾項相關法器，其中漢鍾離的雙髻和扇、張果老的驢，基本上皆從傳說中可以尋得相關載錄，較無異說；但鐵拐李、呂洞賓、藍采和、韓湘子、何仙姑、曹國舅等六人，其法器與今人所熟知的，頗有歧異之處，其相異與轉變的痕跡、原因，究竟何在？以下逐一加以分說。

二　鐵拐李的葫蘆與張果老的漁鼓

清代中葉以來，陶、磁器上常有明、暗八仙的圖樣，「暗八仙」中有個葫蘆，是用以象徵鐵拐李的，而漁鼓則屬張果老。在張果老的傳說中，「趙州橋倒騎驢」的故事最為膾炙人口[21]，故在戲劇中屢屢出現「驢」（「扇」則只在「穿關」上言及，曲文中未見，可能只是裝飾）。不過，也許因為這是張果老坐騎的關係，因此在「暗八仙」中未予列入，反而以「漁鼓」（簡板）取代。漁鼓簡子，在〈群儺祝壽〉中曾為張果老所持，此外，〈呂洞賓花月神仙會〉中，亦曾提及「張果老擊鼓喧闐」[22]。不過，在張果老的傳說中，我們看不見任何與此相關的記載，推測其原因，乃因漁鼓簡板為道流人物雲

---

[21] 白驢傳說，參見注7。至於「趙州橋倒騎驢」，則〈呂洞賓三醉岳陽樓〉（第四折）、〈呂純陽點化度黃龍〉（第四折）、〈孫真人南極登仙〉（第四折）、〈降丹墀三聖慶長生〉（第二折），皆曾提及，但詳細故事內容則未見載籍。明・田藝蘅《留青日札》（上海：上海古籍出版社）卷28，〈張果老〉條，曾提及他見過時人所繪的「張果老倒騎驢圖」，可見傳說頗廣。《東遊記》中，張果老渡海的法寶為「紙驢」，頗符此說。

[22] 此劇出現神仙眾多，不僅八仙而已，其曲文有：「（付末云）藍采和手執檀板。（淨云）漢鍾離書捧金籙。（付末云）鐵拐李忙吹玉管。（淨云）白玉蟾舞袖翩翩。（付末云）韓湘子生花鐵葉。（淨云）張果老擊鼓喧鬧。（付末云）曹國舅高歌大曲。（淨云）徐神翁慢撫琴絃。（付末云）東方朔學踏歌纝。（淨云）呂洞賓掌記詞篇。」（第二折）但此折為群仙慶賀，故眾仙以歌舞助興，未必與法器相關。

遊江湖時的常備道具，呂洞賓、韓湘子等，在變裝試探凡俗人心時，皆曾用過。〈呂洞賓三醉岳陽樓〉中，呂即云「則我是呂純陽，愛打的漁鼓簡子」（第四折）；而明人楊爾曾《韓湘子全傳》（成都：巴蜀書社，1999）中，韓湘子化身為唱道情的道人，也攜帶此物。反倒是「葫蘆」，雖僅在〈八仙過滄海〉中出現，卻與張果老傳說較有關係，鄭處誨《明皇雜錄》記載：

> 善於胎息，累日不食，食時但盡美酒及三黃丸。

並曾表演過一場「飲酒變金檻」的法術，〈八仙過滄海〉中，明言「藥葫蘆」，想來即將「美酒及三黃丸」捏合為一。但是，這葫蘆現在已歸於鐵拐李名下了。

鐵拐李最著名的傳說，是「借屍還魂」[23]，因此身拄鐵拐，成為他的註冊商標，大抵上並無異說，故戲劇中均以鐵拐為穿關，《東遊記》亦是拋鐵拐渡東海。「暗八仙」以葫蘆象徵鐵拐李，在〈南極登仙〉、〈群儒祝壽〉中兩見，未嘗沒有來歷，但是在相關傳說中，亦未出現，頗耐人尋味，想來是因跛足而聯想出來的。不過，以葫蘆為象徵，在八仙戲劇中常見，是由徐坤翁手執的。徐神翁是北宋著名道士，《宋稗類鈔》卷七，是他修煉飛昇的記載，但事跡則不顯，元代八仙中經常以他取代何仙姑（〈陳季卿悟道竹葉舟〉則取代曹國舅），推測鐵拐李的葫蘆，應是從他手上接手過去的。鐵拐李因何接手葫蘆，原因頗難論定，或許是他經常丐裝打扮，而葫蘆盛酒，正可解乞丐冬天寒凍之苦的緣故。

三 呂洞賓的「單劍」與「雙劍」

呂洞賓所佩的法器，自始至終，都有寶劍無疑；這與其相關傳說，很明

---

[23] 大抵此說始自南宋周密（1232-1689）的《齊東野語》（北京：中華書局，1983）卷1，〈真西山〉條，但僅言「道人」，其後〈呂洞賓度鐵拐李岳〉，落實為鐵拐李，遂為定說。

顯是相合的。呂洞賓向來饒有「劍俠」的特色[24]，如葉夢得（1077-1148）《巖下放言》、范致明《岳陽風土記》即同時載有「朝游岳鄂暮蒼梧，袖有青蛇膽氣麤，三入岳陽人不識，朗吟飛過洞庭湖」[25]之詩，劉斧《青瑣高議》亦有「手內青蛇凌白日[26]之句，其他或言其「尤精劍術」[27]、「世傳有劍術」[28]，或言其「遇異人授劍術」[29]，都與「劍」有關，甚至有一首充滿俠客氣魄的〈劍詩〉流傳：

> 欲整鋒鋩敢憚勞，凌晨開匣玉龍嗥，手中氣岸冰三尺，石上精神蛇一條。姦血點流隨水盡，兇膏今逐漬痕消，削除人間不平事，與爾相將上九霄。（宋・阮閱《詩話總龜》卷四四引《摭遺》）

呂洞賓為道教尊神，「劍」在道教中亦有其特殊意義[30]，因此，呂洞賓之法器為寶劍，是相當合情合理的。但是，其中卻猶有些微等差，那就是民間流傳，呂洞賓身負的寶劍，有單、雙之別。從民間信仰的角度而言，法器、形貌等特徵，象徵的意義大於實質，往往有籠統含混之妙。例如門神中的秦瓊，手中兵器原為「鐧」，但年畫中卻常以「劍」替代；而八仙中的鐵拐李，究竟是瘸了左腿，還是右腿，也各自不同。因此單、雙劍之別，原未必區分得如此細密。不過，如果我們仔細分析各種傳說，卻可發現，其中頗牽涉到佛、道爭衡的影子。其間的關鍵，就在「斬黃龍傳說」。

---

[24] 王年双曾將呂洞賓的早期形象區別為「劍俠」、「文士」、「丹士」三類（《南宋文學中之民間信仰——呂洞賓傳說及其他》，頁23-39，政治大學中文所碩士論文，1980.6）。進一步的分析，參見拙著〈呂洞賓形象論——從劍俠談起〉。

[25] 此詩歷來記載頗多，惟字句略有不同，引詩見《古今圖書集成・神異曲》（臺北：鼎文書局，1976）卷270，〈神仙部神仙部雜錄〉六。

[26] 見《青瑣高議・前集》（上海：上海古籍出版社，1983）卷8，〈呂先生記〉。

[27] 見《詩話總龜》（臺北：臺灣商務印書館，1965）卷44引張靚《雅言雜載》。

[28] 見吳曾《能改齋漫錄》（上海：上海古籍出版社，1979）卷18，〈呂洞賓唐末人〉引《本朝國史》。

[29] 見范致明《岳陽風土記》。案：所謂「異人」即火龍真人、漢鍾離等仙家之流。

[30] 參見拙著〈唐代的劍俠與道教〉（淡江中文系編，《兩岸中國傳統文化學術研討會論文集》，頁135-164，1992.12）的相關論述。

有關「斬黃龍傳說」，比較重要的資料，見於宋代普濟（1179-1253）
《五燈會元》、元代雜劇〈呂純陽點化廣黃龍〉、明代馮夢龍（1574-1646）
《醒世恆言·呂純陽飛劍斬黃龍》、鄧志謨（萬曆間人）《呂仙飛劍記》中。
其中，《五燈會元》和〈斬黃龍〉屬於佛教系統，非但所謂的「飛劍」，實
際指一種凌空取人性命的道術，據〈斬黃龍〉所述，此劍名「降魔太阿神
光寶劍」，能「飛取人頭，言說住址姓名，念咒罷，此劍化為青龍，飛去斬
首，口中銜頭而來」，同時，也都站在佛教的立場，意圖融攝道教，甚至納
道教於佛教的體系之中[31]。在這一系統中，呂洞賓揹的是單劍。〈度黃龍〉則
正好相反，一方面，呂洞賓揹的是「斬妖除邪」雙劍，且並無實際施展，而
所謂的妖邪，指的是黃龍和尚的「貪、嗔、癡」三毒，這和呂洞賓〈岳州石
刻自記〉[32]的觀念是一脈相承的；同時，這齣雜劇明顯地站在道教的立場設
想，故最終以黃龍和尚皈依仙界作結。至於《飛劍記》，雖未見明顯的揚佛
抑道的色彩，卻是雙劍系統，只是其中受到佛教的影響較大，在雜揉前述兩
家的觀點之外，既強調呂洞賓的「雌雄雙劍」，主要在「一斷色慾，二斷貪
嗔，三斷煩惱」，除人心中之妖則可，殺人則不可，但還是以呂洞賓認輸服
罪為結，其中透顯了單、雙劍區分的意義。在小說中，呂洞賓以雙劍飛刺黃
龍，卻一去無回，只好服輸；黃龍扣留了雄劍「鎮守山門」，只還予雌劍，
並明言：

> 你當日行兇，劍插在腰肢之間，分為左右；今日這口劍卻要你佩在背
> 脊之上。要斬他人，拔出鞘來，先從你項下經過，斬妖誅邪，聽你所
> 用；如要傷人，先傷你自己。[33]

---

[31] 《五燈會元》（臺北：廣文書局，1971）卷8，有〈呂巖洞賓真人〉條，將呂洞賓列入
黃龍法嗣。案：黃龍禪師為青原行思下七世，乃瑞巖彥禪師法嗣。

[32] 〈岳州石刻自記〉中提及「三劍」，云：「世言吾賣墨、飛劍取人頭，吾聞而哂之，實
有三劍，一斷煩惱，二斷貪嗔，三斷色慾，是吾之劍也。世有傳吾之神，不若傳吾之
法，傳吾之法，不若傳吾之行，何以故？為人若反是，雖握手接武，終不成道。」（吳
曾《能改齋漫錄》卷18，〈呂洞賓傳神仙之法〉）

[33] 見第五回，〈呂純陽宿白牡丹，純陽飛劍斬黃龍〉。

在明代的八仙戲中，呂洞賓以持雙劍者為多，很明顯是以道教傳說為主的，蓋度脫、慶壽，都饒富道教的氣息；但佛教傳說的勢力與影響，後來顯然較道教深遠，因此，後世所傳呂仙像，以單劍居多，且背負在背上，雙劍者偶見[34]，卻罕有懸掛於腰間的[35]。

四　花落誰家？──韓、藍法器的互換

在元、明之間，我們很清楚地可以察覺到：韓湘子的法器與「花」有關，而藍采和則大體與「音樂」結下不解之緣。從相關的傳說中看來，也的確如此。

藍采和最早見於宋・張君房《雲笈七籤》（濟南：齊魯書社，1988年），云藍采和「似狂非狂，行則振靴踏歌」。南唐沈汾的《續仙傳》（臺北：臺灣商務印書館，1983）則云：

> 藍采和不知何許人也，常衣破藍衫，六銙黑木腰帶，闊三寸餘，一腳著靴，一腳跣行。夏則衫內加絮，冬則臥於雪中，氣出如蒸。每行歌於城市乞索，持大拍板長三尺餘，常醉踏歌，老少皆隨著之。機捷諧謔，人問，應聲答之，笑皆絕倒。似狂非狂，行則振靴，言曰：「踏踏歌，藍采和，世界能幾何？紅顏一春樹，流年一擲梭，古人混混去不返，今人紛紛來更多。朝騎鸞鳳到碧落，暮見桑田生白波，長景明暉在空際，金銀宮闕高嵯峨。」歌極多，率皆仙意，人莫之測。但將錢與之，以長繩穿地，拖地行，或散失亦不迴顧。或見貧人，卻與之，或與酒家。用遊天下，人有兒童時至及斑白見之，顏狀如故。

---

[34] 清人張孔昭《拳經、拳法備要》（臺北：新文豐出版公司，1989）有「醉八仙拳」一藝，其第二節云：「呂洞賓，酒醉仙。背兒上，飛雙劍。披手披腳隨他便，隨他便。雖則是兩手如矢，也需要直利牽拳。反後步，身要偏，偏時要閉陰囊現。從上劈下，石壓山巔。」也是雙劍。

[35] 在道教的呂祖形象中，頗刻意塑造其瀟灑之風致，雖為道流，但彬彬之舉止，尤所強調，以雙劍橫腰，未免失之粗豪。

> 後踏歌濠梁間，於酒樓趁醉，有雲鶴笙簫聲，忽然輕舉於雲中，擲下
> 靴、衫、腰帶、拍板，苒苒而去。

基本上，這是後來所有傳說的淵源，儘管字詞或異，然絕無多大變化。元劇〈漢鍾離度脫藍采和〉，云其為「伶人」自是與音樂有關。《東遊記》基本上也是據此而述[36]，惟稱其為赤腳大仙降生，蓋從其「跣足」而來。在元、明雜劇的「穿關」中，藍采和皆持「板」或「玉板」，僅〈呂翁三化邯鄲店〉言其「清歌」，但仍與音樂有關。《東遊記》記八仙過海，采和因玉板發光而遭擒，亦承此說。

至於韓湘子，相傳為韓愈（768-824）的姪或姪孫，最早見於晚唐段成式（?-863）的《酉陽雜俎》（臺北：臺北商務印書館，1979）卷19：

> 韓愈侍郎有疏從子姪自江淮來，年甚少，韓令學院中伴子弟，子弟
> 悉為凌辱，韓知之，遂為街西假僧院令讀書。經旬，寺主綱復訴其
> 狂率，韓遽令歸，且責曰：「市肆賤類營衣食，尚有一事長處，汝所
> 為如此，竟作何物？」姪拜謝，徐曰：「某有一藝，恨叔不知。」因
> 指階前牡丹曰：「叔要此花青紫黃赤惟命也。」韓大奇之，遂給所須
> 試之，乃豎箔曲，盡遮牡丹叢，不令人窺，掘窠四面，深及其根，寬
> 容人坐，惟賫紫礦輕粉朱紅，旦暮治其根，凡七日，乃填坑。白其叔
> 曰：「恨校遲一月。」時冬初也，牡丹本紫，及花發，色白紅歷綠，
> 每朵在有一聯詩，字色紫分明，乃是韓謫官時詩一韻，曰「雲橫秦嶺
> 家何在，雪擁藍關馬不前」十四字，韓大驚異。姪且辭歸江淮，竟不
> 願仕。

其後，劉斧的《清瑣高議・前集》卷9亦承之，且直指此人即八仙中的韓湘子。儘管有關韓湘子與韓愈的淵源相當複雜[37]，不過，「解造逡巡酒，能

---

[36] 見卷下，〈采和持拍踏歌〉。

[37] 參見陳麗宇《韓湘子研究》（師範大學中國文學研究所碩士論文，1987）。

開頃刻花」[38]，則是後世韓湘子傳說的兩大重點。因此，在元明之際的相關扮像中，韓湘子的造型，也都與「花」有關，牡丹、花開，一直緊密繫聯，而《東遊記》渡海的法器，也是花籃，現存的明代韓湘子圖，除部分為手執漁鼓簡板外，也都以提籃者居多。

換句話說，在元明之際，藍、韓二仙的造型頗為一致，而法器則是藍與音樂、韓與花相關。甚至，及至清代，情況也是一樣的，如車王府所藏的「子弟書」中，對藍、韓二人，有如下的描述，〈慶壽〉云：

> 藍采和，白面烏鬚，布衣草履，漁鼓輕拍天地寬。
>
> 韓湘子，俊俏青年，仙童打扮，籃兒內，四時不謝，花果長鮮。[39]

〈八仙慶壽〉亦云：

> 藍彩和品簫在雲端。
>
> 湘子提定萬花籃。

同時，今存一幅清中葉的民俗圖「八仙鳳凰棋」遊戲及現藏於臺北故宮的竹雕八仙像中，藍采和依然持笛，而韓湘子也仍提花籃。不過，這與現在眾人所熟知的藍、韓形象恰好相反，究竟是何緣故呢？

從資料上可以看到，在元、明戲劇中，「笛」多半是由張四郎[40]所持，其他徐神翁持有一次，韓湘子在〈爭玉板八仙過滄海〉中，亦曾持笛，但從未出現在藍采和身上；至於「花籃」，則僅有韓湘子提過。不過，清康熙初年張孔昭的〈醉八仙歌〉，寫「八仙拳」曾云：

> 第三節：韓湘子，酒醉仙。竹筒兒，手內扰。重敲輕打隨他便，隨他

---

38 見《青鎖高議·前集》卷9，〈韓湘子〉。此後的各傳說，幾無例外。

39 見劉烈茂、郭精銳編《清車王府鈔藏曲本·子弟書集》（南京：江蘇古籍出版社，1993）卷一。下條亦同。

40 張四郎為北宋道士，宋·洪邁（1123-1202）《夷堅志·丙志》（臺北：新興書局，1975）卷3，有當時已為其「立祠」的記載。

便。雖則是裡裏外裏,也須要插掌填拳。魚鼓兒,咚咚嗔,打時誰知
掃陰現。去時躲影,來若翩躚。

第六節:藍采和,酒醉仙。兜的是,花籃黤。上勾下挽隨他便,隨他
便。雖則是金絲纏洗,也須要骨反筋偏。身窈窕,採摘堅,採時離托
人前面。拿拳拿掌,後手緊拈。

可知從清初開始,情況就有了轉變。據判斷,藍采和「提籃」的說法,
可能並未普遍流傳,因此,在清中葉左右的民間「八仙鳳凰棋」及故宮的竹
雕「八仙像」中,藍採和依然持笛,與音樂仍然相關。何以藍采和會持花
籃?清人顧張思推測:

> 元遺山詩「自驚白鬢先潘岳,人笑藍衫似採和」,用此(又有〈題藍
> 采和像〉詩)。俗讀藍為籃,和為荷,遂裝作蓮花、籃仙矣。周櫟園
> 《書影》載南唐〈陳陶傳〉:「常采西山藥物餌之。開寶中,有一老叟
> 與媼貨藥於市,獲錢則市鮓對飲酒,至醉則歌曰:籃采禾,籃采禾,
> 塵世紛紛事更多,爭如賣藥沽酒飲,歸去深崖拍手歌。」或疑為陶夫
> 婦。蓋歌采和之事,故云紛紛事更多,非即采和也。以藍為籃,以和
> 為禾者,歌音如是,本未有字,故不同也。[41]

據他的說法,是由於「藍」與「籃」音同,而「和」與「禾」亦相近
近,因此就轉而讓藍采和提花籃了。事實上,藍采和是否為其真名,尚有
可疑之處。據推測,藍采和極可能是歌唱時的「泛聲」,因為在相關的引
述中,藍采和的寫法另有「籃采禾」、「藍采禾」、「藍採禾」等多種,而
據其原唱之詞而論,「藍采和」也不可能是指人名。宋人龍袞的《江南野
史》(臺北:臺灣商務印書館,1983)記陳陶得仙事,亦有唱「籃采和,塵
世紛紛事更多,爭如賣藥沽酒飲,歸去深崖拍手歌」之詞,雖然明人來集
之(1604-?)《秋風三疊‧藍采和》劇中牽合二人為一,但事實上並非同一
人,而二人皆唱同一泛聲,可知藍采和絕非人名。既如此,則顧張思的推

---

[41] 見《風土記》(上海:上海古籍出版社,1989)卷18,〈八仙〉。

論，應是合情合理的。

　　至於韓湘子，無論是小說或戲劇中，都始終手提花籃；明人楊爾曾的《韓湘子全傳》，雖然曾述及韓湘子化身為唱道情的道人，手持漁鼓簡板，也還未言及笛子的任何傳說；〈醉八仙歌〉雖已將音樂性質賦予韓湘子，但漁鼓竹筒，畢竟仍與笛子有別，因此，今人認定持笛者為韓湘，來歷頗耐人尋味。值得注意的是，朱有燉的《群僊祝壽》雜劇，在第四折中，韓湘子的「穿關」有鐵笛和花籃兩項，而花籃則用以獻壽（張果老則持漁鼓簡板，且用以獻壽），這是否為其最早根源，尚未能斷定。不過，《列仙全傳》中所附的韓湘子圖，頗值得注意，因為其所持的漁鼓，乍看很像笛簫；而笛子又是「舊八仙」中張四郎慣持之物，由此而轉將笛子變為韓湘子的法器，而原來提花籃者又被認定為藍采和，則八仙中的兩個「少年」，互換的局面於焉成形了。〈醉八仙歌〉韓湘子敲漁鼓、藍采和提花籃並列，可為佐證。問題是：原來藍采和經常持弄的「拍板」，究竟又變到哪去了呢？

五　笊籬、拍板與荷花 —— 曹國舅與何仙姑

　　曹國舅與何仙姑是八仙成員中出道較晚的二仙[42]，何仙姑在元、明之間，多半為徐神翁或張四郎取代，而在〈陳季卿悟道竹葉舟〉劇中，偶一出現，但此時亦出現徐神翁，取代了曹國舅。曹國舅的來歷，據白玉蟾（1194-1229）所詠詩「竊得玉京桃，踏斷京華草，白雪滿簑衣，內有金丹寶」[43]，可知確是「國舅」身分。元人苗善時《純陽帝君神仙妙通紀》，則承之而云其為「丞相曹彬之子，曹皇后之弟」[44]。在元明戲劇中，曹國舅出場，多半持「金牌

---

[42] 有關二人事蹟的考證，參見張俐雯《八仙故事淵源考述》（中正大學中國文學研究所碩士論文，1993.7）

[43] 《修真十書》第八書《武夷集》卷50，見《正統道藏·洞真部·方法類》（臺北：新文豐出版公司，1985）。

[44] 見〈度曹國舅第十七〉，《正統道藏·洞真部·紀傳類》（臺北：新文豐出版公司，1985）。

笊籬」，這是與他傳說有關的，苗善時記載中云：

> 上賜一金牌，刻云：「國舅到處，如朕親行。」遂三五日，忽不知所
> 往，惟持笊籬，化錢度日。

明代的〈新刊說唱包龍圖斷曹國舅公案傳〉[45]亦謂其犯罪後：

> 紫袍金帶都燒了，不戀榮華富貴門。頭上梳了雙丫髻，身披道服入山
> 林，腰間葫蘆穿幾箇，爪（笊）籬一柄手中存。

「笊籬」是一種以竹片編成，用以撈取水中物的器具，功能類似杓子，
所謂「有漏笊籬，無漏木杓」，曹國舅擁有君賜金牌，又曾手持笊籬行乞，
故戲劇中多用此二物為「穿關」。不過，在《東遊記》中，曹國舅渡海所用
的卻是「犀帶」，此為一變，雖與傳說無關，但頗符合其「國舅」身分，極
可能是從「金牌」衍化而來，故《列仙全傳》所附圖雖無法器，卻也讓他
著朝服出現。藍采和所持的「拍板」，外形酷似「朝笏」[46]，在〈邊洞玄慕道
昇仙〉中，除金牌笊籬外，曹國舅還持過「圭」，圭形狀也似拍板、朝笏，
故藍、韓互換後，就轉而成為曹國舅所執的法器了，此為二變，故湯顯祖
（1550-1616）《邯鄲記》云其「象簡朝紳」[47]，至今已為定說。然則，曹國舅原
持的「笊籬」，又轉往何處？答案就在何仙姑上。

何仙姑是八仙中最晚入盟的成員，元、明之際偶爾出現，大概在《東遊
記》時，正式入盟，且入盟後，今所謂的「八仙」方告組合完成，故王世貞
〈題八仙像後〉、湯顯祖《邯鄲記》均已承襲此說。今所見何仙姑的畫像，
最早的是《列仙全傳》，其中何仙姑立於雲端，手執拂塵，並無明顯法物。
不過，在〈陳季卿悟道竹葉舟〉中，她首度入位八仙，持的是「笊籬」，而

45　見《明成化說話詞話叢刊》（北京：文物出版社，1979）所收。

46　《車王府子弟書》中，曾云：「曹國舅，象簡烏紗，蟒袍玉帶，輕敲檀板，管教福壽綿
　　綿。」（〈慶壽〉）「曹國舅手執雲陽板」，頗可窺出其轉化的痕跡。

47　見《邯鄲記》（北京：中華書局，1958）第30齣〈合仙〉。此劇作於萬曆四十一年
　　（1613）。

曹國舅未出現，是由徐神翁持笛出場。很顯然地，曹國舅的法器已有轉為何仙姑所持的跡象，故在《東遊記》中，何仙姑渡海，拋擲的就是「竹罩」（罩、笊同音）。在清初，此形象依然不變，如張孔昭〈醉八仙歌〉云：

> 第五節：何仙姑，酒醉仙。鐵笊籬，懷中見。上抓下抓隨他便，隨他便。雖則是鷺顛鳳倒，也須要側身進偏。指上抓，勝鐵鞭，抓時誰知血痕見。長伸短縮，通臂如猿。

《車王府子弟書‧八仙慶壽》亦描述「何仙姑的笤（笊）籬擔在肩」，但有趣的是，在〈慶壽〉中，卻有如下的描述：

> 何仙姑，粉面朱唇，錦裙繡襖，笤（笊）籬之內，還種著數朵金蓮。

在此詞中，笊籬與金蓮，很巧妙的繫聯在一起，此為一變；竹笊的外形長柄而前端似圓，乍看之下，亦頗似蓮蓬，故何仙姑傳世畫像中，亦有手持蓮蓬的，此為二變；而何仙姑姓「何」，與「荷」同音，同時又為女性，以此又將蓮蓬轉化為「荷花」，從此便定型了。

六　結語

很顯然地，從前述的分析中，我們可以確定：八仙的原始法器，並未如今所流傳的一般，其間轉化、互換、訛傳（甚至誤認）的痕跡非常明顯。大體上可以列簡表如下：

鐵拐李：鐵拐→葫蘆（借自徐神翁）

張果老：驢→漁鼓（道流常用）

呂洞賓：單劍→雙劍

藍采和：拍板→花籃

韓湘子：花（籃）→漁鼓→笛（借自張四郎）

曹國舅：金牌笊籬→圭→朝笏（借自藍采和的玉板）

何仙姑：笊籬（借自曹國舅）→蓮蓬→荷花

在此，值得注意的是，舊的八仙成員（主要指徐坤翁、張四郎）原有的

法器，在新的八仙成員中，大體一一皆存續下來，唯張四郎的「綸竿金魚」未有著落，但已可顯見「八仙」之深入人心。

考定八仙的法器，有三個重要的意義：（1）足以窺見傳說演說演變的痕跡；（2）可以證今人之訛傳（質而言之，乃誤認）；（3）可以考訂古器物的時代。關於第三點，於古器學而言，極有意義。今人辨識陶、瓷、木器及繪畫的年代時，基本上可以借八仙法器，斷定其為何時期的作品。蓋「八仙圖」常見於明清以來的器物之上，辨識清其所持法器，可以約略考訂其年代；而「暗八仙」則於清代晚期以後較多，時代區分相當明晰。可惜的是，若干筆者雖知悉的元、明器物，其上雖繪有不同的「八仙圖」，卻因在收藏家中典藏，無緣目睹，有所缺漏，則只能待後日彌補了。

敦煌俗文學中占卜民俗管窺
——兼論民俗與文學之關係

鄭阿財

南華大學文學系

摘要

敦煌莫高窟藏經洞發現的大量文書中，保存了為數可觀的唐五代時期各式各樣的占卜文書，其內容涉及解夢、相宅、觀相、卜葬、雜占……等，相當廣泛而駁雜。這些文書的發現彌補了唐宋以前傳世文獻的不足，提供後人研究中國古代占卜豐富而珍貴的材料。本文所例舉的《伍子胥變文》、《前漢劉家太子傳》，均穿插運用「五行占卜探行人」及五行秘術來脫困，使亡命走國的故事情節更顯曲折動人，而民間信仰習俗的運用更添俗文學幾許誘人的神秘氣氛，帶動故事引人入勝的波波高潮。而類似情節，從南朝宋‧劉義慶《世說新語》鄭玄逃避馬融追殺，使用「轉式」等秘術，《搜神記》趙朔為使罪人獲免，使用相似的秘術瞞過張華；明‧許仲琳《封神演義》中姜子牙救武吉，也運用同樣的秘術，使文王誤斷先天卦……等，這些在在顯示五行占卜秘術等民俗信仰源遠流長，且成為民俗的主要成分、為俗文學作品的鮮明素材。而敦煌曲子詞集《雲謠集》〈鳳歸雲〉「閨怨」詞中「金釵卜」的民俗，與「金錢卜」、「簪花卜」、「鞋打卦」則是性質相同，均是極具民俗文化特色的民間占卜。不論占卜的工具是「金錢」、「金釵」、「簪花」或「繡鞋」，所打的都是「相思卦」。從敦煌《雲謠集》〈鳳歸雲〉的「金釵卜」，到明清俗曲「鞋打卦」等俗文學作品呈

顯出中國民間細膩而蘊藉的望夫盼郎之情思，也彰顯了中國俗文學與俗文化相生相成的密切關係。文學作品以其特殊的形式記載著各種風俗，在生活流傳過程中，超越時間和空間的限制，以一定的風俗物象與民俗觀念去感染人、薰陶人，使得一定的風俗能世代相襲和傳承。總的來說，也就是：「民俗是文學的土壤，文學是民俗的視窗」。

關鍵詞：敦煌；俗文學；占卜；民俗

一 前言

　　民俗是一個國家或民族中廣大民眾所創造、享用和傳承的生活文化。是社會大眾在生活中世代傳承、相沿成習的生活模式。它是一個社會群體在語言、行為和心理上的集體習慣。其內容包括：物質生產民俗、物質生活民俗、社會組織民俗、歲時節日民俗、人生儀禮、民間信仰、民間科學技術、民間口頭文學、民間語言、民間藝術、民間遊戲娛樂等。

　　占卜是一種起源非常古老的信仰民俗，它是人與超自然的溝通方式，是古人預測吉凶禍福的重要手段[1]。自來人們藉著各式各樣的占卜方法企圖從超自然界去尋求啟示。古代中國，上自天子公卿，下至平民百姓大都崇拜和迷信天地鬼神等超自然力量，占卜正是其中的一種。它主要是「卜以龜裂，筮以蓍草。」古人凡遇軍國大事，莫不藉占卜以為決斷。常見的有卜世、卜年、卜郊、卜食、卜歲……等。根據《周禮・春官》的記載，古代官府設有「占人」和「卜人」專司占卜的職官[2]，以占蓍龜卦兆之吉凶。而司馬遷的《史記》更立有〈龜策列傳〉，傳中記載有二十幾種卜筮的用途，如卜財、卜居、卜歲、卜、卜徙……等。其後的發展，更在卜筮的基礎上結合其他術數，而衍化出多種形式的占卜，如易占、五兆卜法、靈棋卜法、錢卜、十二時卜、鳥占、杯珓卜、日月占、風角占、逆刺占……等等，五花八門，在在顯現出卜筮進入民間後的特色。

　　就占卜的內容論，有占夢、占病、占婚嫁、占死喪、占走失、卜世、卜士、卜戰、卜宅、卜地、卜居、卜鄰、卜嗣、卜名……等等，種類繁多，幾乎是無人不占，無所不卜，無所不蓍。因此歷代有關占卜的典籍也極為繁複，早在班固《漢書・藝文志》「術數類」中便有：天文、曆譜、五行、

---

[1] 有關中國占卜的起源，容肇祖〈占卜的源流〉，載《中央研究院歷史語言研究所集刊》第一本（1928年）有相當詳細的論述，可參考，頁46-87。

[2] 《周禮》〈春宮・宗伯第三〉：「占人：下士八人府一人史三人，徒八人占蓍龜之卦兆吉凶。」「大卜，下大夫二人；卜師，上士四人；卜人，中士八人，下士十有六人，府二人，史二人，胥四人，徒四十人。」

蓍龜、雜占、形法等六種，著錄有關占卜的典籍。《隋書·經籍志》「五行」中分卜筮、占事、形法三類，著錄大量的占卜書籍外，「兵」和「天文」中也著錄有與占卜相關的著作。《新舊唐書》沿襲《隋志》的分類，也收錄了大量的占卜書，在在顯示了歷代對占卜的重視。這些豐富的占卜文獻正可提供我們考察各時代、各階層人們的實際生活面貌，研究社會、歷史、民俗與思想等寶貴的資料。

二　敦煌文獻中的占卜文書

敦煌莫高窟藏經洞發現的大量文書中，保存了為數可觀的唐五代時期各式各樣的占卜文書，其內容涉及解夢、相宅、觀相、卜葬、雜占……等，相當廣泛而駁雜。這些文書的發現彌補了唐宋以前傳世文獻的不足，提供後人研究中國古代占卜豐富而珍貴的材料。因此，自發現以來，中外學者先後都曾進行個別文書及類型的研究。

尤其法國對占卜的研究，自六〇年代起便形成一股熱潮，不論是占卜與社會，占卜與宗教，或占卜術的探討，均受到相當的注意。敦煌文獻所保存的各種占卜資料自然也就成為法國敦煌學界鮮明的研究課題，其主要成果有：侯錦郎〈伯希和3390號唐代面術研究〉[3]、戴仁〈敦煌寫本解夢書研究〉[4]、馬克〈敦煌數占小考〉[5]，尤其以茅干（Carde Morgan）的系列研究最具成果：如〈敦煌寫本中的九宮圖〉、〈敦煌寫本中的狗占〉、〈敦煌寫本中的五姓〉、〈敦煌寫本中的烏鴉占〉……等[6]。

---

[3]　"Physiognomonie d'aprè le teint sous la dynastie des T'ang: une etude sur le manuscrit p. 3390" (1979).

[4]　"Clefs des songes de Touen-houang" (1981).

[5]　載《法蘭西漢學》第五輯（北京：中華書局，2000 年 11 月）。

[6]　"Les" neuf palais "dans les manuscrits de Touen-houang" (1981)、"Dog divination from Dunhuang manuscrit" (1983)、"L'Ecole des Cinq Noms dans les manuscrits de Touen-houang" (1984)、"La divination d'après les croassements des corbeaux dans les manuscrits de Dunhang" (1987).

在中國，羅振玉最早對敦煌占卜文書進行序跋及敘錄[7]，一九八九年高國藩《敦煌民俗學》一書立有〈敦煌民間占卜〉一章，以介紹敦煌文獻中的陰陽書、星占書及鳥占書。[8]二〇〇一年則有黃正建《敦煌占卜文書與唐五代占卜研究》一書，分別從「敦煌占卜文書的存世與研究概況」、「敦煌占卜文書的類型及其與傳世典籍之比較」及「敦煌占卜文書與唐五代占卜」等三方面進行總體論述。根據黃氏統計，敦煌占卜文書有：卜法、式法、占候、相書、夢書、宅經、葬書、時日宜忌、祿命、事項占、雜占及其他等類，寫本數量多達二七四件。[9]這些都是唐五代的占卜典籍，據此足以窺見唐五代占卜術流行的盛況。

二〇〇二年黃正建在「國際敦煌學學術史研討會」上發表了〈敦煌占卜文書研究的回顧與展望〉[10]一文，除了對敦煌占卜文書下定義，並對占卜文書研究論著進行分析、論述以往研究的歷程與特點外，更提出今後研究的意見。尤其呼籲作為研究基礎的文獻整理應積極開展。令人興奮的是此呼籲甫出，現今便有《敦煌風水類文書初探》[11]、《敦煌占卜文書研究》[12]、《敦煌寫本相書校錄研究》[13]、《敦煌寫本解夢書校錄研究》[14]等專著的出現。這些專著都對敦煌各類占卜文書展開系統分類的校理與研究。

另一方面，占卜直接源於民眾的生活，是極具民眾性與實踐性的民俗。這些細碎多樣的民間占卜活動，大有文獻載籍所不錄，然卻在現實生活中普遍流行，成為民眾的信仰觀念。這些民間實際運用細碎多樣的占卜術，往往呈現在通俗文學中，成為文學創作的素材，儘管瑣碎缺乏系統，且學術價值

---

[7] 如羅振玉《鳴沙石室佚書》中的〈周公卜法殘卷〉、〈靈棋經殘卷〉。

[8] 見高國藩《敦煌民俗學》第十九章（上海：上海文藝出版社，1989年11月），頁326-341。

[9] 黃正建《敦煌占卜文書與唐五代占卜研究》（北京：學苑出版社，2001年5月）。

[10] 《敦煌吐魯番研究》第七卷（北京：中華書局，2004年）。

[11] 2002年，北京：首都師範大學歷史系碩士論文。

[12] 2003年，甘肅：蘭州大學敦煌學研究所博士論文。

[13] 鄭炳林、王晶波《敦煌寫本相書校錄研究》（蘭州：民族出版社，2004年12月）。

[14] 鄭炳林《敦煌寫本解夢書校錄研究》（蘭州：民族出版社，2005年1月）。

不高，我們卻可從中觀察到大眾文化、民眾心理的真實面。因此俗文學作品中有關占卜材料的蒐集整理，既可豐富歷代占卜文獻，又有助於占卜文化的理解詮釋。

三　敦煌變文中所呈現的占卜民俗

敦煌俗文學作品中保存有不少民間占卜的特殊風情。如《父母恩重經講經文》有：「念佛求神乞護持，尋醫卜問希痊瘥。」[15]、「尋醫卜問？時歇，拜鬼求神更不休」；《無常經講經文》也有：「無事徒煩發善心，有災淨處求師卜。」《韓朋賦》有：「宋王怪之，即召群臣，並及太史。開書問卜，怪其所以。」《董永變文》有：「董永放兒覓父母去，往行直至孫臏傍：『夫子將身來筮卦，此人多應覓阿孃。』」《齪齒可書》：「日昳未，暫時貧賤何羞恥，昔日相如未遇時，恓惶賣卜於纏市」。

從這些變文中可知唐人在遇有疑惑時問卜、有病時也問卜、尋人時也問卜。因此，既有專業的卜師、也有職業的賣卜者、也有業餘的占卜者，這在在顯示出占卜在唐五代民間盛行的一斑。

《伍子胥變文》與《前漢劉家太子傳》中也有較為特殊而有趣的占卜民俗，寫伍子胥為了躲逃外甥的追趕，劉家太子為了逃避王莽士兵的追殺等情節時，特別穿插運用了所謂「五行占卜探行人」的情節，藉增強故事的曲折變化性製造高潮，營造神秘氣氛。

《伍子胥變文》中說到伍子胥一路逃亡，與姊姊相遇後，姊姊要他速去，不可久停，他向南走了二十幾里路時，突然覺得眼皮跳，耳朵發熱，心知有異，因此畫地占卜，占見他的兩個外甥為了領賞，想要追捕他好向楚王邀功領賞。變文云：

---

[15] 以下敦煌變文引文，均據潘重規《敦煌變文集新書》（臺北：文津出版公司，1994年12月）。

（伍子胥）行得廿餘里，遂乃眼瞤耳熱，遂即畫地而卜，占見外甥來
趁。用水頭上攘之，將竹插於腰下，又用木屐倒著，並畫地戶天門，
遂即臥於蘆中，咒而言曰：「捉我者殃，趁我者亡，急急如律令。」
子胥有兩個外甥——子安子永，至家有一人食處，知是胥舅，不顧母
之孔懷，遂即生惡意奔逐，我若見楚帝取賞，必得高遷。遂賊今既至
門，何因不捉？行可十里，遂即息於道旁。子安少解陰陽，遂即畫地
而卜，占見阿舅頭上有水，定落河旁；腰間有竹，塚墓成荒；木屐倒
著，不進傍徨。若著此卦，必定身亡。不復尋覓，廢我還鄉。子胥屈
節看文，乃見外甥不趁，遂即奔走，星夜不停。

子胥占算外甥欲追捕他，便運用五行秘術，在頭上灑水，腰間插著竹
枝，並倒穿木屐，畫地戶天門後，躺臥在蘆葦之中，藉此秘術以逃避外甥的
追趕。外甥回家後，察覺舅舅伍子胥曾在家用過飯，一時心生惡意，隨即趁
後追趕，外生子安也略解陰陽占卜，占算之後，因子胥頭上灑水，占象顯示
他掉落河中；腰間有竹枝，則表示亡者塚墓已經荒蕪；倒穿木屐，則意味子
胥逃亡已是達窮途末路，徬徨不前進。總括占象，則斷定子胥已死。外甥遂
放棄追捕行動，子胥也因此而得以安然逃脫。

變文這種民間通俗講唱文學，將運用陰陽五行作為占卜來預知人的吉凶
禍福及生死等中國古代是極為流行的一種民俗信仰，作為講唱民間故事時情
節的穿插，以強化敘事效果。而變文中對於此類占卜民俗的描述，也彰顯占
卜在民間的風行與運行的實況。

另外，《前漢劉家太子傳》變文也有類似的情節，內容記敘王莽篡漢，
漢室劉家太子走國，逃到南陽，在躲避王莽的追兵時，得到農夫的協助，教
劉家太子躺臥田壟之下，以土掩蓋，口中含七粒粳米，以維持生命；同時口
御竹筒，穿出土外，以便透氣。由於農人為劉家太子所做的安排，既巧妙的
避開了追兵的耳目，又混淆了太史的占卜，而得以順利逃脫。《前漢劉家太
子傳》對此做了如下的記敘：

太子遂乃潛身走出城外。逢見耕夫。遂詔耕夫，說是根本：劉家太子被人篡位，追捉之事，諸州頒下，出其兵馬，並乃擒捉。其耕夫遂耕壟土下埋地。口中銜七粒粳米，日食一粒，以濟殘命。兼銜竹筒，出於土外，與出氣息。其時捉獲不得，遂遣太使占之，奏曰：「劉家太子今乃身死，在三尺土底，口中蛆出，眼裡竹生。」因此諸州，卻收兵馬。

太史也運用五行占卜來探知劉家太子之所在，卻因農夫秘術的安排，太史占卜時出現混亂的占象：太子日食一粒粳米，太史占象卻成了口中蛆出；嘴啣一竹筒原為透氣之用，占象卻是眼中生竹。太史判斷太子「今乃身死」，遂下令各州收兵，不復追捕；劉家太子因得以逃亡，最終得以復國。

這些情節正顯示著民間占卜的普遍與秘術的流行，特別還成為民間講唱文學中，用以加強故事人物逃險避難的情節及營造亡命脫困的氣氛。這種情形，並非始自唐代敦煌變文，六朝志人小說名著劉義慶《世說新語》已有類似的情節，東漢大經學家馬融想追殺鄭玄，其中，鄭玄懷疑馬融要追殺他，「乃坐橋下，在水上據屐」。而馬融轉式占之，得到的占象是：「鄭玄在土下水上而據木」，因而做出鄭玄必死的判斷，乃放棄追殺。《世說新語・文學第四》第一則云：

> 鄭玄在馬融門下，三年不得相見，高足弟子傳授而已。嘗算渾天不合，諸弟子莫能解。或言玄能者，融召令算，一轉便決，眾咸駭服。及玄業成歸，既而融有「禮樂皆東」之歎。恐玄擅名而心忌焉。玄亦疑有追，乃坐橋下，在水上據屐。融果轉式逐之，告左右曰：「玄在土下水上而據木，此必死矣。」遂罷追，玄竟以得免。

這與《伍子胥變文》、《前漢劉家太子傳》逃避追捕情節中所使用的「五行占卜探行人」的秘術，基本相同。金榮華先生曾指出：關於「五行占卜探行人」，較早的資料見於八卷本的干寶《搜神記》中記載張華被騙的情

節[16]，《搜神記》云：

> 張華為豫章太守，善易卦，明於政刑，下吏罪人畏之，不敢犯令。或
> 當死者，悉放歸辭父母。時有一人犯盜處死，尅日欲誅，放歸辭別，
> 限滿赴州就刑。其人在路號哭，經趙朔家。趙朔問何故哭？答曰：
> 「某拙謀為盜，犯法當死。昨蒙太守給假辭父母，限滿赴州就刑，所
> 以悲泣。」朔曰：「何不避去？」答曰：「使君明於易筮，前後避者皆
> 獲得，是以不敢違日。」朔曰：「汝不用哭，吾令汝生。但用吾計，
> 自當獲免。汝……到行渡河，即取竹筒盛水，三尺長，安於腹上，仍
> 黃沙中臥，經三日，然後可還，終始擒汝不得也。」其人一依朔言。
> 至假滿，法司怪久違限，乃以名聞。華及觀易，六卦成，斷曰：「何
> 故腹上水深三尺，背臥黃沙。此人必投水死，更不用尋也。」……
> 其人經一年，改名姓處於鄉里。

趙朔用計教罪人取竹筒盛水安於腹上，人臥黃沙中，因得以必去。明·
許仲琳《封神演義》一書，內容提及樵夫武吉為了閃避文王車駕，卻因扁擔
斷了，以致打死門軍王相，被判死罪，然家有老母無人奉養，乃得姜子牙設
法解救，以全母子性命。姜子牙見武吉至孝，虔誠請求，乃收他為徒，教他
趨吉避凶。《封神演義》〈第二十四回　渭水文王聘子牙〉說：

> 子牙曰：「你既為吾弟子，我不得不救你。如今你速回到家，在你床
> 前，隨你多長，挖一坑塹，深四尺。你至黃昏時候，睡在坑內；叫你
> 母親於你頭前點一盞燈，腳頭點一盞燈。或米也可，或飯也可，抓
> 兩把撒在你身上，放上些亂草。睡過一夜起來，只管去做生意，無事
> 了。」武吉聽了，領師之命，回到家中，挖抗行事。有詩為證。
> 詩曰：文王先天數，子牙善厭星。不因武吉事，焉能涉帝廷。……
> （中略）……文王聽得歌聲，嗟歎曰：「奇哉！此中必有大賢。」宜生

---

16 見金榮華〈《前漢劉家太子傳》情節試探〉，載《全國敦煌學研究學術研討會論文集》
（嘉義：國立中正大學中文系所，1995年4月），頁111-118。

在馬上看那挑柴的好像獵民武吉。宜生曰：「主公，方才作歌者像似打死王相的武吉。」王曰：「大夫差矣！武吉已死萬丈深潭之中，前演先天，豈有武吉還在之理。」

姜子牙教武吉避害，要武吉睡在四尺深坑內，頭腳前各點一盞燈，並在身上撒米、放些雜草。此法使得文王占卜時，得到的占象是武吉已死於萬丈深潭中。

五行占卜探行人或五行秘術避追殺，顯然成為俗文學作品中亡命之徒逃脫追殺，或趨吉避凶最常使用的情節；同時也意味著這類占卜、秘術，是普遍流行於民間的民俗信仰，當時作為大眾傳播文學的俗文學，將之應用穿插於故事之中，以博取廣大閱聽群的喜聞樂道，是極其自然的發展。

四　敦煌曲子詞中的「金釵卜」民俗

除了變文外，同為敦煌文學珍寶的曲子詞集《雲謠集》，其〈鳳歸雲〉詞作中也保存有閨中婦女以金釵來進行卜卦的描述。這種「金釵卜」是極具俗文化特色的民間占卜，是俗文學中膾炙人口的題材之一。

《雲謠集》是敦煌藏經洞所發現的唐代曲子詞選集，更是今存最早的一部詞集。今所得見計有英國倫敦藏 S. 1441 及法國巴黎藏 P. 2838 等二件寫本。這二件寫本相合除去重見共計有三十首。所使用的詞調總計有：〈鳳歸雲〉、〈天仙子〉、〈竹枝子〉、〈洞仙歌〉、〈破陣子〉……等十三個詞調，其中，除〈內家嬌〉外，均見於唐・崔令欽《教坊記》中所載錄。按：〈雲謠集〉收錄的各曲子，均不著撰人，且文辭雅俗不一，顯非一人所作。詞作題材大抵不外乎閨怨豔情。根據內容推測，當為盛唐之作。現存三十首曲子詞中，〈鳳歸雲〉有四首，題目均為「閨怨」。第一、第二首內容蓋為閨中女子對征人思念之情的描寫。第三、第四首，寫男女情事，第三首詠女子之美，第四首寫女子堅貞自守，是漢代民歌〈陌上桑〉寫羅敷自敘之意略同。四首聯章中，提及「金釵卜」的是第二首。其文如下：

〈鳳歸雲〉閨怨：

綠窗獨坐，修得君書。征衣裁縫了，遠寄邊隅。想得為君貪苦戰。不憚崎嶇。終朝沙磧裡，已憑三尺，勇戰奸愚。

豈知紅臉，淚滴如珠。枉把金釵卜，卦卦皆虛。魂夢天涯無暫歇，枕上長噓。待公卿迴，故日容顏憔悴，彼此何如。[17]

這首曲子詞內容主要描寫閨中少婦對遠戍邊關的丈夫發出無限的情思。詞中描繪了一位獨守空閨，倚窗揮筆寫信的少婦，她縫製了蘊含深情的寒衣，並將傾訴衷腸的信一併寄給她那遠在邊隅的丈夫。同時想像著丈夫在沙磧裡，為國家揮舞著三尺寶劍，英勇奮戰的追擊奸敵。她想到丈夫久戍不歸，自己獨守空閨，不禁嗟嘆而流淚滿面。思歸期，盼歸期，期待、徬徨、無奈，信手拿起頭上的金釵權充金錢打卦，占問丈夫歸期的緊張情緒，溢於言表。在卦卦皆虛下，忐忑不安，真是才下眉頭又上心頭。魂夢中，隨著夫奔走天涯，片刻也不得休息，只有倚枕長噓，即使有朝一日能與夫君相會，只怕早已年華老去、容顏憔悴不復當年了。

曲子詞中以「金釵」來打「相思赴」的舉動，鮮明的刻畫出思婦盼望行者早日歸來的期待心情。其中占卜民俗的運用，使得此闋詞顯得更加淒美而動人心弦。因此，除在文學技巧上有著生動的表現外，《雲謠集》〈鳳歸雲〉既呈現了「金釵卜」的特殊民俗，也讓人從中可以窺見唐代民間占卜普遍流行的情況，並據以得知雜占在民間的具體衍化。

以金釵卜問行人歸期的舉動是出自於閨中少婦對遠行者強烈的思念，這種占卜的內容，在各種占卜中，是極為常見的。蓋以中華民族重團聚而怨別離，因此，每當行者遠赴疆場，或上京求仕，或外出經商，一去經年，漂泊不定，吉凶未卜時，親人在音訊全無、歸期難知的無奈下，求助於占卜就成了情感的寄託。《全唐詩》中收錄有劉採春〈囉嗊曲〉六首，其中第三首云：

---

17 見潘重規《雲謠集新書》（臺北：石門圖書公司，1977年1月），頁174。

莫作商人婦，金釵當卜錢。朝朝江口望，錯認幾人船。[18]

　　丈夫外出經商，少婦深閨長盼歸期，日日江頭望穿秋水，思念情切，遂將金釵打卦占問歸期，然而卻始終是「錯認幾人船」，徒然留下了「朝朝誤妾期」的慨嘆。考唐・范攄《雲谿友議》「豔陽詞」條有云：

安人元相國，應制科之選，歷天祿幾尉，則聞西蜀樂籍有薛濤者，能篇詠，饒詞辯，常悄悒於懷抱也。……元公似望薛濤，而贈採春詩曰：「新妝巧樣畫雙蛾，慢裡恒州透額羅。正面偷轉光滑笏，緩行輕踏皺文靴。言詞雅措風流足，舉止低回秀媚多。更有離人腸斷處，選詞能唱〈望夫歌〉。」〈望夫歌〉者，即〈囉嗊〉之曲也。金陵有囉嗊樓即陳後主所建。採春所唱一百二十首，皆當代才子所作。其詞五、六、七言，皆可和矣。詞云：「不喜秦淮水，生憎江上船。載兒夫婿去，經歲又經年。」一「借問東園柳，枯來得幾年？自無枝葉分，莫怨太陽偏。」二「莫作商人婦，金釵當卜錢。朝朝江口望，錯認幾人船！」三「那年離別日，只道往桐廬。桐廬人不見，今得廣州書。」四「昨日勝今日，今年老去年。黃河清有日，白髮黑無緣」五「悶向江頭採白蘋，嘗隨女伴祭江神。眾中羞不分明語，暗擲金釵卜遠人。」六「昨夜北風寒，牽船浦里安。潮來打纜斷，搖櫓始知難。」七「采春一唱是曲，閨婦行人莫不漣。且以槁砧尚在，不可辱焉」。[19]

　　〈囉嗊曲〉即〈望夫歌〉，說明了閨中少婦思念征人遠行，望夫早歸，清切之下，於閨中以「金釵」權充卜具，進行占卜，此舉乃至情之表現。劉採春是俳優周季南之妻，為長慶、大和間的歌妓。能詩，善歌舞。尤擅於詠唱

---

[18] 見《全唐詩》卷802，頁9024。此曲唐・范攄《雲谿友議》「豔陽詞」作劉採春唱，似非劉採春之作，且文字略異，尤其末句作「暗擲金釵卜遠人」，與《全唐詩》作「暗擲金錢卜遠人」不同。

[19] 見唐・范攄《雲谿友議》卷下「豔陽詞」，載《唐五代筆記小說大觀》（上海：上海古籍出版社，2000年3月），頁1308-1309。

此類情詞，動情，使閨婦、行人聞之莫不雨淚漣漣，泣不成聲。

「金釵卜」的性質屬於「相思卦」一類，其占卜方法蓋本於「金錢卜」，即「錢卜法」。按：所謂的「金錢卜」，是雜占的一種。以金錢為占卜的工具。《周易啟蒙翼》：「金錢卜，以京《易》考之，世所傳火珠林者，及其法也，以三錢擲之也」。清・錢大昕《十駕齋養新錄》考證此法，齊、隋、唐初已用之。錢氏云：

> 《士冠禮疏》：「筮法依七八九六之爻而記之。但古用木畫地，金則用錢。以三少為重錢，重錢則九也。三多為交錢，交錢則六也。兩多一少為單錢，單錢則七也。兩少一多為拆錢，拆錢則八也。」案：〈少牢〉云：「卦者在左，坐卦以木，故知古者畫卦以木也。」考賈公彥疏本於北齊黃慶、隋李孟悊二家，是則齊隋與唐初皆已用錢。重交單拆之名與今不異。但古人先揲蓍而後以錢記之。其後術者，漸趨簡易，但擲錢得數不更揲蓍，故唐人詩有「眾中不敢分明語，暗擲金錢卜遠人」之句。[20]

「錢卜法」占卜時，是以三枚金錢作為卜具，將金錢擲於地上以成卦。在《卜筮全書》中便有清楚的說明，說：「以錢三文，熏於爐上，致祝而祝，祝畢擲錢。一背為單，畫一；二背為拆，畫一一；三背為重，畫○；純字為交，畫×，自上而下，三擲內卦成。再祝，祝畢復如前法，再擬成一卦，而斷吉凶。」

〈囉嗊曲〉中的「金釵當卜錢」正是《雲謠集》〈鳳歸雲〉中「金釵卜」最佳的註腳。也說明了「金釵卜」是當時民間流行的「金錢卜」的衍化，是閨中少婦思念征人情切下，權宜變通的產物。就占卜的用途而言，以金釵占卜詢問征人歸期，屬於民間通俗文化中所謂的「相思卦」，「金釵卜」今所得見似以唐代為最早。

---

20 見清・錢大昕《十駕齋養新錄》卷一「筮用錢」（臺北：廣文書局，1968年1月），頁77-78。

宋‧方千里《和清真詞》中〈滿江紅〉詞也提及「金釵卜」，其詞云：

> 為憶仙姿，相思恨、纏綿未足。從別後、沈郎消瘦，帶圍如束。消息
> 三年沈過處，關山千里無飛肉。算誰知、中有不平心，彈棋局。空想
> 像，金釵卜。時展翫，回紋曲。許何時重到，瑣窗華屋。長得一生花
> 裡活，軟紅深處鴛鴦宿。也勝如、騎馬著征衫，京塵撲。[21]

清‧錢芳標〈沁園春〉「膽」中也云：

> 蘂屋芝房，一點中池。生來易驚笑，金釵卜就先能斷，決犀株鎮後，
> 縵得和平樓，響登難，房空怯最。三斗除非借酒傾，芳名早喚狗兒，
> 吹笛伴取歌聲。[22]

除了金錢卜、金釵卜外，今所見文學作品中，尚有閨中女子以頭上所簪
之花來作為占卜工具的。如著名的南宋豪放詞人辛棄疾，在他的〈祝英台
近‧晚春〉一首中便有：

> 寶釵分，桃葉渡，煙柳暗南浦。怕上層樓，十日九風雨。斷腸片片飛
> 紅，都無人管；更誰喚、流鶯聲住。
> 鬢邊覷。試把花卜歸期，才簪又重數。羅帳燈昏，哽咽夢中語；是他
> 春帶愁來，春歸何處，卻不解、帶將仇去。

詞的下片，「鬢邊覷。試把花卜歸期，才簪又重數。」辛稼軒將一個閨
中少婦，盼望遊子歸程的複雜心理狀態，描寫得活靈活現。她把頭上的花鈿
取下來占卜，一個花瓣、一個花瓣地細細數，一個花瓣代表遊子歸程的一個
日程，花瓣有數，相信遊子歸程也有定準，內心得到了滿足。但是，數過後
又戴上，戴上後又取下重。這與〈鳳歸雲〉中「枉把金釵卜，卦卦皆虛」一

---

21 唐圭璋《全宋詞》（臺北：明倫出版社，1973年10月），頁2491。

22 見《曝書亭集》卷二十八。

樣的表現了閨中少婦那種期待的複雜感情。[23]

　　元明清三代的小曲中，更有所謂的「鞋打卦」的豔曲，從字面上看，是：以鞋代替筊杯來顯示未來或即將發生的癥兆。它的性質與上述「金錢卜」、「金釵卜」相似，同屬「相思卦」，只是占卜的工具由「金錢」、「金釵」換作更加引人遐思的「繡鞋」罷了。明・沈德符《萬曆野獲編》「時尚小令」中便提及有元人小令〈鞋打卦〉，沈氏云：

> 元人小令行於燕趙，後浸淫日盛。自宣、正至成、弘後，中原又行〈鎖南枝〉、〈傍妝臺〉、〈山坡羊〉之屬，李崆峒先生初從慶陽徙居汴梁，聞之，以為可繼國風之後。何大複繼至，亦酷愛之。今所傳〈泥捏人〉及〈鞋打卦〉、〈熬鬏髻〉三闋，為三牌名之冠，故不虛也。自茲以後，又有〈耍孩兒〉、〈駐雲飛〉、〈醉太平〉諸曲，然不如三曲之盛。嘉、隆間乃興〈鬧五更〉、〈寄生草〉、〈羅江怨〉、〈哭皇天〉、〈乾荷葉〉、〈粉紅蓮〉、〈桐城歌〉、〈銀絞絲〉之屬，自兩淮以至江南，漸與詞曲相遠。[24]

　　從沈氏此段記載，約略可見小曲原為北方的產物，〈鞋打卦〉與〈泥捏人〉等皆是里巷歌謠，純粹出於民間自然情感的流露，其價值可與國風比擬。明・李開先（1501-1568）《詞謔》也有〈鞋打卦〉調寄〈鎖南枝〉，其詞為：

> 鞋打卦，無處所求，粉臉上含羞，可在神面前出醜，神前出醜。告上聖聽訴緣由：他如何把人不睬不睬，丟了我又去別人家閒走？繡鞋兒褻瀆神明，告上聖權將就。或是他不來，或是他另有；不來呵根兒對著根兒，來時節頭兒抱著頭；丁字兒滿懷，八字兒開手。

---

23 俞平伯《唐宋詞選釋》說：「以所籤花數目，試卜歸期，乃無聊之意想，花卜或非有成法。」

24 見《萬曆野獲編》卷25「詞曲」「時尚小令」（北京：中華書局，1987年11月），頁647。

　　「鞋打卦」是「鎖南枝」曲牌中的傑作之一。曲中描寫一位滿臉焦灼的姑娘，與情郎約在荒郊小廟裡見面，左等右等，卻不見人影。姑娘情急之下，脫下她的繡花鞋權充筊杯，問神明：「我的郎，到底來還是不來？」小曲的可愛，就是在詼諧中見真情：姑娘用繡花鞋來打卦，這一舉動包準讓供桌上的神明開了眼界，嘻笑不得，但是高高在上的神明，總是要關心凡間大小瑣細，且聽嬌羞的姑娘為的是哪樁事？「他怎麼可以不理不睬不來看我呢？他是不是狠心拋下了我，到別的姑娘家走動呢？」「神明啊！小女子明知道繡鞋兒打卦，冒犯了您的聖顏，請您忍羊著些，將就點。」「是不是他不來了？還是他另結新歡了？如果他不來，請您顯示癥兆讓鞋根兒對著鞋根兒；若他依約來時，請讓鞋頭兒疊在鞋頭兒上（我的頭兒也會和他的頭兒相靠緊）。如果是個「丁」字兒，就與他抱滿懷；如果是個「八」字兒，就與他分開。」這「鞋打卦」中盼情郎的心裡描述是多麼的大膽而諧趣。

　　此外，尚有許多小曲也是以不同的曲調來歌詠「鞋打卦」的主題，如《京都小曲抄》〈寄生草〉作：

　　　　噯呀呀的實難過，半夜三更睡不著；睡不著，披上衣服坐一坐。盼才郎，拿起繡鞋兒占一課，一只仰著，一只合著。要說是來，這只鞋兒就該這麼著；要說不來，那只鞋兒就該那麼著。

此小曲與清‧華廣生編的《白雪遺音》卷二所錄〈睡鞋占課〉一曲，曲文多同，其詞云：

　　　　噯喲噯喲實難過，半夜三更睡又睡不著。睡不著，披上衣服一坐。盼才郎，脫下睡鞋占一課，一只仰著一只合著。要說來，這只鞋兒這麼著；要說是不來，那只鞋兒又這麼著。

　　可見這些民間俗曲先是元代時產生在北方，而後流傳至南方，在明中葉以後，愈演愈盛，乃至「舉世傳誦」。其間又由於文人的參與，因而更加速它的流傳，使歌唱閨中女子用睡鞋來占相思卦的豔曲「鞋打卦」，成為明清兩代極為風行的小曲。清代以後更為妓女所傳唱，而樂調則較簡單，內容也

多是以描寫男女之情為主，而放恣的程度，則是愈來愈甚。明・蘭陵笑笑生的《金瓶梅》第八回「盼情郎佳人占鬼卦，燒夫靈和尚聽淫聲」中寫潘金蓮因見西門慶一個多月不來，整天「無情無緒，悶悶不樂」，便「用纖手向腳上脫下兩隻紅繡鞋兒來，試打一個相思卦」。這段小說，無疑的反映出明代「鞋打卦」在民間普遍用為「相思卦」的實況。又清・蒲松齡《聊齋誌異》〈鳳陽士人〉一篇，也有相關的描述。《聊齋誌異》在記敘一麗人曾為鳳陽士人「度一曲」，云：

> 麗人不拒，即以牙杖撫提琴而歌曰：「黃昏卸得殘妝罷，窗外西風冷透紗。聽蕉聲，一陣一陣細雨下。何處與人閒嗑牙？望穿秋水，不見還家，潸潸淚似麻。又是想他，又是恨他，手拿著紅鞋兒占鬼卦。」

其下有清・呂湛思注云：「《春閨秘戲》：夫外出，以所著履卜：仰則歸，俯則否，名曰占鬼卦。」[25] 正是最好的註腳。華廣生《白雪遺音》附錄〈馬頭調〉（譜連板）也錄有這首俗曲，只是文字小有異同。其曲文云：

> 黃昏卸得殘粧罷，窈窕可誇，窗外西風冷透碧紗，淒涼更加，聽譙聲一陣一陣細雨下，不住滴打，悶煞奴，一燈孤影對繡榻，恨咬銀牙，望穿秋波不見還家，兩淚如麻，不知他貪戀何處花柳下，撇了奴家，好叫我，手拿繡鞋占一卦，盼不到他。[26]

所謂〈馬頭調〉一名的來源，就是流行於「碼頭」的曲調。鄭振鐸《中國俗文學史》云：「〈馬頭調〉的解釋，也許便是「碼頭」的調子之意吧！乃是最流行於商業繁盛之區，賈人往來最多的地方的調子。」[27] 齊如山《鼓詞小調》云：「何所謂〈馬頭調〉呢？即是沿官路之城站、碼頭中所唱之調也。例如：由北京到漢口之大道，及由北京到揚州、鎮江河路、旱路之各驛

---

25 見《聊齋誌異》卷二（臺北：九思出版公司，1978 年 7 月），頁 188。

26 見《白雲遺音》（臺北：學海出版社），頁 124-126。

27 見鄭振鐸《中國俗文學史》第十四章（臺北：臺灣商務印書館，1981 年 11 月），頁 438。

站、碼頭都是這類的小調。」[28]可見這首俗曲流行在碼頭都會的酒樓茶館,而為歌妓所傳唱。另外《白雲遺音》卷二還有〈睡鞋占課〉及〈手拿睡鞋〉二曲,也是描寫「鞋打卦」。其中〈睡鞋占課〉曲文已見上述,而〈手拿睡鞋〉一曲的曲文云:

> 手拿睡鞋占一課,一只仰著一只合著。問歸期,多咱與奴同歡樂。問歸期,多咱與奴同歡樂?病懨懨,叫奴哪裡去尋相思藥?時時刻刻,我這心容裡墊著,相思把我磨。哎喲!磨得我無奈何。思想我那情人,他的情多。今夜不回來,還是奴家獨自個,紅綾被兒冷,叫奴獨自實難過。

曲中所描寫的占卜方法與呂湛思《聊齋誌異》注文中的解釋大抵相同,都是以睡鞋拋擲,視其俯仰以卜問一人的歸否。兩隻鞋一俯一仰,所呈示的卦象隨著期待心情的忐忑,令人模糊不明,曲文中也就有「要說來,這只鞋兒這麼著;要說是不來,那只鞋兒又這麼著」。這與上舉李開先《詞謔》〈鞋打卦〉中所敘的打卦方法有所不同。李開元的曲詞說:「不來呵根兒對著根兒,來時節頭兒抱著頭。丁字兒滿懷,八字兒開手。」這裡所謂的「(鞋)根兒對著根兒」、「(鞋)頭兒抱著頭兒」、「丁字兒」、「八字兒」云云,指的都是兩隻繡鞋經拋擲後所排列出的不同形狀,以此來卜問對方的來否及對自己的情愛程度。但不論如何,閨中婦女打相思卦的心情是一樣的。在文學史上,從唐代「金錢卜」、「金釵卜」,宋代的「簪花卜」,到明清兩代的「鞋打卦」,這種民間特殊的占卜習俗已然成為俗文學中閨怨題材的表現重心。

五 後語

一個民族的生活風俗可以說是這個民族文學形成的土壤,只要文學反映現實生活,它就必然會作為一種生活機制而進入文學作品中,豐富著文學作

---

28 見《齊如山全集》第五冊,齊如山先生遺著編印委員會,頁15。

品的內涵，而且風俗所反映的民俗觀念、民俗心理，以及文化傳統，也就成為文學創作的養分，造就文學的特色。

特別是民間文學、俗文學，其內容所呈顯反應的更是廣大民眾日常生活的種種投射。民間文學、俗文學的發生與傳播，原本就是伴隨著民眾生活與民俗活動而來。因此，民俗學與俗文學、民間文學的發展，都是息息相關的。

上舉《伍子胥變文》、《前漢劉家太子傳》均穿插運用「五行占卜探行人」及五行秘術來脫困，使亡命走國的故事情節更顯曲折動人，而民間信仰習俗的運用更添俗文學幾許誘人的神秘氣氛，帶動故事引人入勝的波波高潮。而類似情節，從南朝宋·劉義慶《世說新語》鄭玄逃避馬融追殺，使用「轉式」等秘術，《搜神記》趙朔為使罪人獲免，使用相似的秘術瞞過張華；明·許仲琳《封神演義》中姜子牙救武吉，也運用同樣的秘術，使文王誤斷先天卦……等，這些在在顯示五行占卜秘術等民俗信仰源遠流長，且成為民俗的主要成分、為俗文學作品的鮮明素材。

而敦煌曲子詞集《雲謠集》〈鳳歸雲〉「閨怨」詞中「金釵卜」的民俗，與「金錢卜」、「簪花卜」、「鞋打卦」則是性質相同，均是極具民俗文化特色的民間占卜。不論占卜的工具是「金錢」、「金釵」、「簪花」或「繡鞋」，所打的都是「相思卦」。從敦煌《雲謠集》〈鳳歸雲〉的「金釵卜」，到明清俗曲「鞋打卦」等俗文學作品呈顯出中國民間婦女細膩而蘊藉的望夫盼郎之情思，也彰顯了中國俗文學與俗文化相生相成的密切關係。

文學作品以其特殊的形式記載著各種風俗，在生活流傳過程中，超越時間和空間的限制，以一定的風俗物象與民俗觀念去感染人、薰陶人，使得一定的風俗能世代相襲和傳承。總的來說，也就是：「民俗是文學的土壤，文學是民俗的視窗」。

越南《券例》的分析研究

王三慶
成功大學中文系

摘要

越南漢文文獻中存有大批的俗例為券例，這批文獻今日尚未出版，更乏人引用，甚為可惜。若論其編制，有其創始體制，亦有因革，並隨著時間和空間，以及各地的民情而作修正，或不斷的被借用而轉化。至於記載的內容，從地方的保甲治安，到社會團體間的風俗習慣和起居活動，以及個人一生的生命禮儀，無不包括在內。惟其民俗節日乃為社會團體約定俗成的共同活動時間，具有這一團體中大家都必須履行的權利與義務規定。因此，在規定之後每每訂有明確的禮節儀式。如果就此民俗加以考察，並與中國的民俗進行比較，我們會發現兩國民俗出現很多異同之處。尤其在民俗節日中所涉及的宗教信仰，以及當地人類的作息活動都具有極為特殊的研究意義。因此，本文擬就此觀點，分析券例內容與中國的鄉約有何不同？以見與漢文化民俗的傳承關係，斯為本篇所預擬之研究重點。

關鍵詞：券例；鄉約；社

一 前言

　　越南河內漢喃院存藏著一批珍貴的漢文材料，已經由中央研究院文哲研究劉春銀主任等編目出版，著錄於《越南漢喃遺產目錄》一書[1]中，其中涉及民俗者凡有神蹟、俗例、券例等。再者，前數年由鄭阿財教授主持的國科會及蔣經國基金會補助的「從越南漢文文獻考察漢文化的傳播與演變」，並與越南社會科學人文國家中心漢喃研究院鄭克孟、越南社會科學人文國家中心民間文化研究院吳德盛、法國遠東學院呂敏、香港中文大學歷史系朱鴻林教授、加拿大蒙特婁大學東亞系丁荷生教授等進行國際合作的研究計畫，且有國內如陳益源、康豹等幾位教授的共襄盛舉，親赴越南考察，也獲得漢喃院的幫助，印回不少珍貴的材料，並在中正大學舉行一次的國際學術會議。筆者因關心域外漢籍，與陳慶浩教授合作編輯，出版了《越南漢文小說》第一輯，而在巴黎國家圖書館東方院寫本部讀書時，也曾拍回馬伯樂所做的調查報告──《北寧省考異》的稿本，後來曾經二次隨行赴越南考察北寧省莊烈村及諒山省一帶的民俗，又被委派點閱北寧省慈山府僊遊縣各社之社例。因此，願將一點小小讀書心得提出，以與專家學者共享。

　　所謂北寧省古今疆域雖有其沿革流變，然而不外是以紅河流域為中心，在河內周邊之地，通往中國必經的富庶之地，上接諒山。根據《考異》一書，北寧省凡有扶董社、太上社、龍龕社、東山總、謝含社、長林所、王持村、石梂村、平吳社、丹染社、麗密社、同忌社、鉢場社、大開社、大拜社、楊柳社、富市社、春開社、青相社、茶林社、珍棗社、膠漆社、廣覽社、鵝黃社、炎含社、有執社、春靄社、安憪社、東捥社、念上社、茶川社、泰川社、瑞雷社等地方，這是以調查村社為中心的著錄，非行政編制。以過去行政區域的劃分而言，省下有府有縣，下有總有社有村。若以所見北寧省慈山府僊遊縣為例，凡有內圓、東山、內裔、芝泥等總，各總之下又轄

---

[1] 劉春銀、林慶彰、陳義主編《越南漢喃文獻目錄提要》（中央研究院亞太區域研究專題中心出版，2004 年 11 月），又為第二階段之加工作品。

數社。如以上諸總所錄社俗券例，又包括大旱社、回抱社、內裔社亭奇村、
紫泥社、芝泥社、文中邑、義址社、芝內社、思為社等諸券例。由於地理沿
革非本文重點，僅以各社券例作為探討中心，其餘不足者只好待之於來日。

二　北寧省僊遊縣各總社邑例及券例

　　北寧省慈山府僊遊縣內圓、東山、內裔、芝泥各總之社俗券例目前收集
到的資料凡包括大旱社、回抱社、內裔社亭奇村、紫泥社、芝泥社、文中
邑、義址社、芝內社、思為社等諸券例，其券例或直書條例內容，有的則除
內容外，還標出例名；有的券例之前或有序文，有的則缺，體例不完全一
致。但是根據序文的說明，幾乎是因舊券無法適時需要，因而重新立詞，因
此我們可以斷定現在所看到的券例都是舊有條文的重修再定，可惜在我所閱
讀的文獻當中沒有存在更早的實例。十九世紀，越南成為法國殖民地後，法
國社會學家馬伯樂曾經作過調查紀錄，而筆者在赴越南考察莊烈村的座談會
中，座談者也曾經談到這些券例他們還有修訂過，筆者也見過用越南拉丁字
母撰述的券例。可見這些風俗條例隨著日新月異和社會民風的改變，一而再
地修訂，如果能夠一一收集，從事比較研究，則有關越南古今風俗之通變，
則能一目了然，其重要性自不待言。

　　事實上，這些券例立詞的緣由在各券說明中幾乎都可以看出是補實行政
力量的不足，內容上近乎社區的自治條例，有如今日社區總體營造一般，由
當地人決定或管理自己的事物，就以大旱社券例而言，他們希望將不成文的
風俗習慣能夠條例而具體化，免生弊端。因此重修券例，一一明計，使後來
有得遵行，減少爭端，庶得民風回淳，相安永久，符合百姓夙願。如果將來
有梗阻不遵者，則按券定罰，也有所憑準。[2] 同樣的，慈山府僊遊縣內裔總回
抱社也是根據原有社約，基於世殊事異，不可以一概泥茲。於是從舊約中斟

2　（壹）、北寧省僊遊縣東山總大旱社券例。

酌,以宜於古而不戾於今者矯正社民風俗。[3] 內裔社則說得更為詳明,認為:

> 鄉之有券由(猶)國之有律,所以一視聽,敦風俗也。我鄉民風淳
> 樸,從前先達諸公,間有隨事申約,世遠言湮,已無可考。近來風俗
> 不如前,事無成視,各逞胸臆,弊端所由起也。輙此會合,擇便炤隨
> 國律,酌以人情,嚴立約例,連名記結,永為鄉券。俾之臨事有所持
> 循,而民風乎粹美。[4]

可見在鄉社中的券例功能有如一國律法,近乎劉邦進入關中時的約法三
章,關於其與中國文獻的比較,擬在後來再加詳論。

三　社例券例的訂定

一般而言,對於這批文獻有稱「俗例」或「券例」者,是否有所分別?
以筆者的閱讀經驗而言,前者乃為總稱,後者則實指其內容條例,有如鐵券
一般。因此在社中泛稱「俗例」,蓋指風俗條例;而在社文條例中則稱「券
例」。因此,凡是集成各社券例成書則稱俗例。但是我們很難相信所見的這
批材料是當日老百姓自動自發的製作,以北寧省慈山俯僊遊縣各社制訂社例
的時間幾乎是從成泰拾貳年貳月拾五日立券例起[5],到成泰拾玖年捌月拾貳日
所立的券詞[6],其中以十八九年居多,似乎說明各社立詞絕非單一事件,而是

---

[3] (貳)、北寧省僊遊縣內裔總回抱社券例。

[4] (參)、北寧省僊遊縣內裔總內裔社亭奇村券例:北寧省僊遊縣內裔總內裔社亭奇村券
例:北寧省慈山府僊遊縣內裔總內裔社亭奇村科色耆役等,奉編舊券例過稟,候承審
炤。鄉券弁言、舊稱。

[5] (陸)、北寧省僊遊縣芝泥總文中邑券例。

[6] (肆)、北寧省僊遊縣芝泥總紫泥社券例。其他如(壹)北寧省僊遊縣東山總大早社券
例「成泰拾玖年捌月日」、(貳)北寧省僊遊縣內裔總回抱社券例是在「成泰拾捌年拾
貳月拾日立」、(參)北寧省僊遊縣內裔總內裔社亭奇村券例「成泰拾捌年拾貳月初日
立」、(伍)北寧省僊遊縣芝泥總芝泥社券例「成泰拾玖年五月初壹日立」、(柒)北
寧省僊遊縣芝泥總義址社券例「成泰拾玖年五月貳拾日」、(捌)北寧省僊遊縣芝泥總

在上級領導命令下的集體行為。我們從券例序言總說內可以約略看出一些端倪，如芝泥總紫泥社說明鄉老里役會全社上下，立券例詞事，緣承飭「敘社向來俗例，如何開呈稟半等。因民社會合在亭，炤從前券內例俗，及該治諸事體式如何？」[7]可見這是奉行進行的工作，不見得完全出於自覺。然後才會合在亭，共同討論後加以寫訂的集體意見。至於最足以證明這一看法者還是僊遊縣芝泥總文中邑為立條例事的序言：

> 緣前文澤村屬芝泥內社，自經水潦之後，民散田荒，亭宇頹壞，節次單乞立邑，頗有成效。成泰九年，承協辦大學士領本省督部堂安集子武大人主張其事，招懇增界，改為文中邑。又出貲買舊民亭，移於邑外天馬處，建為內外三座，相連奉事，祀器齊足，及砌二楨門，築諸條路，所費以千金計。茲人居成聚，田亦盡闢，可期幹有年，為此合行商定邑例，各條如左，以便遵行，而垂永久。[8]

這是明說成泰九年，承協辦大學士領本省督部堂安集子武大人主張其事，增界改邑名，於是合行商定的邑例，才有我們今日看到的諸多文獻。只是命令下來，如何訂定的問題，有哪些人參與？恐怕要看各社的實際情況。以今日所見的各社券例上面的題名簽署，參與的人員並不完全一致，如果我們稍加整理，可以做成如下分類圖表：

　芝內社券例「成泰拾玖年肆月貳拾日」。

7　（肆）、北寧省僊遊縣芝泥總紫泥社券例。

8　（陸）、北寧省僊遊縣芝泥總文中邑券例。

9　（壹）、北寧省僊遊縣東山總大早社券例。

10　（貳）、北寧省僊遊縣內裔總回抱社券例。

11　（參）、北寧省僊遊縣內裔總內裔社亭奇村券例。

12　（肆）、北寧省僊遊縣芝泥總紫泥社券例。

13　（伍）、北寧省僊遊縣芝泥總芝泥社券例。

先紙	鄉老	祭主	耆役	副里	寫券書記	承寔賞授玖品里長						9
鄉老			認寔副里		承認寔里	職色	鄉長					10
承認寔先紙			耆役	副里	承認寔里長		里長	舉人	秀才	正總	祭盎	11
承認寔先紙			耆役				里長					12
			鄉役	前副里	前里長		里長			正總		13
	耆老		耆役		承認寔里長							14
		耆老	耆役			承認寔里長					長盤	
	老饒			副里	承寫券詞里長		鄉長					15

　　根據以上表格所列，參與訂定券例者不外是有官位職銜者，或斯文會中具有文書能力的知識份子和類似三老五更一般的長老，更有實際辦事的耆役代表。如以「先紙」這一名銜，被推舉者是依科目官爵、品銜或徒官蒙賞次者才能進用，[16]專門寫作祭文及其職責，並有其固定任期。如：

> 民社舉先紙寫文，奉事神蹟，及執守券約，議定鄉事者，有科目者用科目，未有科目用千百戶正副總，未有千百戶正副總用舊里長，滿例陸年，據照依循序推舉為先紙。其先紙整辦先敬一禮，通請民社上下周知，應每節寫文置表，豬頭壹半，芙菖壹口，全本社全社置表，均為私甲炤甲，壹當該表本社所有筆紙田參所，在核處棟充等處，共肆

---

14 （陸）、北寧省僊遊縣芝泥總文中邑券例。

15 （捌）、北寧省僊遊縣芝泥總芝內社券例。

16 「條保先紙，先用科目官爵，次用品銜，現有徒官蒙賞次。」又云：「先紙寫文，先從科場間。或科場未敷，斯文會在亭所，擇善書者書之，不拘色目何項。」「至如祭文，寫有先紙；若未有先紙，寫交當次。」

高零,交與先紙員耕作,行間賀禮及春秋丁祭。[17]

就這些券例來看,先紙需具有文采身分,從科場中推選,若無適當身分,從千百戶正副總推選或斯文會在亭所擇善書者。專職寫文,奉事神蹟,以及執守券約,議定鄉事。一任陸年,必須整辦先敬禮儀式,通請民社上下周知。每節日要寫文置表,備辦豬頭壹牢,芙藚壹口,並有田肆高零交與先紙員耕作,作為行賀禮及春秋丁祭的費用。

當議定券例時,一般並沒有明言立詞的地點,可是從各份券例當中,我們可以看出「亭」是社內群眾信仰祭祀,以及公共活動空間與議事場所,這與我們採訪莊烈村時,當地村民提供他們會聚亭中訂立券例的訊息是一致的。[18]因此,我們對於亭的功能性必須更深入一層的瞭解。

以大旱社券例而言,有人應試中二場,要在亭中祭祀。若有祭祀,保主要在亭中夜宿,類似中國齋郎或與祭者必須宿值齋宮。過年時節至初七日,需有四甲輪次備辦祭品輸納亭中祭主,否則賣伊公田充陪。

在回抱社券例中談到亭的功能性更多,如亭中各人座次按尊卑坐定,不得越次,否則罰錢充分。每年承飭補稅,里副長需通報耆役會合在亭,將稅紙照併與雜消各欵均補,丁田具有補簿,全民結記。事清,壹本交民,壹本交里副長行收迎納,一切都需憑據開立。如果上級催徵兵役,無人可以解替,則耆役會合,凡人家貳丁以上,年自貳拾至參拾者,必須齊就亭所卜籤,抽到的人要盡義務,而村中人每年給予青錢參拾陸貫。若在伍為非逃廢,受到上官責罰,則家人親屬必須連坐。任何人有不良行為受到國法的懲處後回歸為民,不得到亭中這一神聖之地,除非該人乞求罰錢救贖後才還他位次。每年正月六日要灑掃亭宇,亭中若有議論公事,有人醉酒妄言與唆罵混打,則捉出外頭,還要罰錢。選先紙也是在亭中斯文會中推舉。

---

17 (捌)、北寧省僊遊縣芝泥總芝內社券例。

18 根據北寧省僊遊縣芝泥總紫泥社券例序言,談到其立券例詞事是緣於上級命令,將社內向來俗例,開呈稟報。於是「因民社會合在亭,炤從前券內例俗,及該治諸事體式如何,列款詳計於後。」

以內裔社亭奇村券例而言，規定里長是由亭奇認辨，副里由路包村認辨。當里長出缺，承札別保民村上下會合亭中，選擇勤幹識字者，全民順保修詞記結，呈閱領憑。保書記則如先紙，應祭亭中。鄉中三巷丁壯夜宿亭所，分為六番輪次。揀兵時如同回抱社券例，在亭廟香案中密祝抽選。補稅也是在亭奇村受稅銀。需要更守，里長須詳與守券人通報耆目，齊就亭中分處。

就以上三券例而言，祭祀及喜慶節日、行政公務或百姓紛爭，都在亭中舉行，則亭的功能性有如中國的廟宇城隍，或是西方的教堂，是社區內公共領域的空間，也是全社信仰及進行公務議事的行政中樞，這和臺灣廟宇在信仰圈內的功能性有些類似。

四　社例券例之內容分類

事實上，「天高皇帝遠」這一句話並非無的放矢，在通訊傳播事業以及交通工具不發達的時代，政令的宣導及百姓的治理無疑是一件極為困難的事，因此地方上的事務絕非少數統治者可以鉅細靡遺的全盤掌握，最有效的方式莫過於地方自治，由地方管理自己，地方上不能解決，或者更大的公領域事物，才由國家或政府統合，全盤掌握。因此，保鄉衛國如何相輔相成，大小事物如何細加區分，這是統御領導以及有效管理的經營策略。國有國法，家有家規，因風成俗，入境問俗，這是領導者如何順乎民情，帶領百姓走向安和樂利必須注意的事，更是人與人相處，相互尊重的一種方式。所以當日上級飭命訂立券例必有其背景，而所規定的項目內容到底是什麼？以目前掌握的越南文獻還無法明確的回答，但是若以北寧省慈山僊遊縣內裔總及芝泥總各社券例作一比較，摘其例名，則可列成如下之圖表：

內裔總內裔社	芝泥總芝泥社	
1.保里長例	1.置保里副長分收例a	領導階層的晉用與義務
2.保鄉役例	2.除耆役例a	領導階層的晉用與義務
3.保書記例	3.保書記例a	領導階層的晉用與義務
4.村長例		領導階層的晉用與義務
5.更直例	4.保社巡差守巡番更守例	勞役制度（和睦鄉里）
6.應役例		勞役制度（和睦鄉里）
7.更守例		勞役制度（和睦鄉里）
8.守官報路例	17.守官路例	勞役制度（和睦鄉里）
9.揀兵例	5.揀兵例a	勞役制度（和睦鄉里）
10.補稅例	6.補稅例a	納稅（各安生理）
11.戒爭訟例	7.戒訟例a	紛爭（和睦鄉里）
12.禁賭博例	8.禁賭博例a	善良風俗
13.戒偷盜例	9.戒偷盜例a	治安
14.賙給例。		
	10.戒私奸例a	善良風俗
	11.戒梗化例a	善良風俗
	12.戒傷倫例	善良風俗
	13.戒永牧例a	
	14.戒蠱俗例	善良風俗
	15.應救例	（和睦鄉里）
	16.嚴禁滬酒滬片吃片例	善良風俗
	18.婚事例	教訓子孫
	19.喪事例	喪
	20.慶賀例a	
	21.賻吊例	喪
	22.登席例	
	23.入席祈福例	
	24.入鄉飲例	

內裔總內裔社	芝泥總芝泥社	
	25.交券例及事神圖物并奉市神敕例	
	26.春祭例	
	27.典禮例	
	28.歲辰祭祀例	
	29.掌文例	
	30.丁祭例	
	31.老例	
	32.置后例	
	33.脩補亭宇例	
	34.應試應課例a	
	35.守槓口例	

其他各社訂定的券例，雖然不舉例名，僅以條列款項目排次，然而其內容而言，仍與以上諸例大同小異，所以我們擬以條款較詳細的「北寧省慈山府僊遊縣芝泥總芝內社券例」，里長耆役等會合後訂立的六十五條款依類細分，可以分成以下幾項：

（一）領導階層的推舉與權利義務的規定

開首三條都是規定里副長、耆役、書記的推舉及任期，以及當盡的權利與義務。如果懈怠而不盡義務，則革斥罰錢，並且不能享有領導幹部的優厚待遇。又如先紙職務寫文，奉事神蹟，及執守券約，議定鄉事者，有科目者用科目，未有科目用千百戶正副總，未有千百戶正副總用舊里長，滿例陸年，據照依循序推舉為先紙。其先紙整辦先敬一禮，通請民社上下周知，應每節寫文置表，豬頭壹半，芙蕾壹口，全本社全社置表，均為私甲炤甲，壹當該表本社所有筆紙田參所，在該處楝充等處，共肆高零，交與先紙員耕作，行間賀禮及春秋丁祭。

（二）稅收及出納

第四條規定每年冬夏，受命搜稅時，里長需通報耆役，全民會人口在亭所，將稅紙及里副長消費，丁田每分稅收，按簿記結，各有收納憑據。若何人欠稅無有編來，里長呈明收受。社內券例各項罰款均登簿明白充分，擇耆役謹信者掌之。每月朔望覆核，免生弊端。民社所有兩邊緣堤取士，皆留為本社公利。

（三）兵役、更役

凡有徵兵，里長通報耆役會合，修成一簿，除職色耆役老饒黃丁殘疾外，詳計社內自貳拾至參拾歲者就在亭所卜籤。假如催兵貳名，籤內寫貳兵字，餘留白紙。何人拾得籤有兵字，里長即將解替。取中者本社應給糧，每月青錢陸濰貫，並免除已分田稅肆畝，限陸年為壹課。往者為兵，還者為戶。若何人蒙得賞銜者，詳與民社，先敬一禮，通請上下周知，應從與職色老饒舊里役位同坐。何人在伍為非，並逃廢者，承上官擇罰干，及差催費損干，據伊兵妻子所受，不足者據炤親屬人斷受，嗣後伊名不得預議社內諸事。第六例規定社內巡防，設立總社店，據炤字壯項至肆拾玖歲及應役未滿例人，具有械杖。每夜拾名，隨與副里或社巡，就在店所宿直更防。何人欠者捉罰參笞，青錢參陌。若有竊發何處，舉鼓為號，俾得社內共知，社內上下，壹齊應救，若何人避面，全民捉將解納。倘有何人被奸徒打傷，應給服藥青錢參拾貫。若何人不幸命沒，全民應許子或侄壹人，免除兵徭一代。

（四）婚喪制度

第九到一十條列舉民家有孝事，主家需整辦芙苗就先紙家，通請本社上下會同剪伐道路平坦及治穴。再請舉行葬祭，整辦祭品、雜盤等，具如弔禮。主家納成墳錢壹貫，留與全民公支。祭葬祖父，整辦禮物，如雞、酒、

芙蕾、青錢、香燈錢等交與守祠人。民社有生死嫁娶簿，如有婚喪，參日內需就里長家詳開，否則察得，詳呈民社耆役擬罰。一般女子出嫁內鄉，應納本社斯文會錢和芙蕾，外鄉則壹倍貳，而錢留斯文會公支。具攔街錢內者陸陌，外者壹倍貳。

（五）禁止不良風俗

民社有人為非犯法干案，終身與拾捌歲全盤，參代不得祭祀亭中，不得預議鄉事。百姓不能擅行漏酒漏片，如被里副長捉得果贓，其伊名嗣後不得預祭亭中。如被上官捉獲，議罰干及費損責，由漏人所受，不足者炤親屬所受。有事商議需喝酒，也要報備。酒後誼譁，干券例則要罰錢。民社公田不得擅養鴨坊，恐傷大體。

對於社區民風，要有禮制以正其心，道德以齊其行，使皆興讓興仁，比屋有可封之俗。倘家屋為父不慈，為子不孝，為兄弗友，為弟弗恭，以致為夫為婦弗能明唱隨之義，這等類人均是棄禮亂倫，捐廉棄理。倘壹次能改過自新從寬，若依舊不改，讓鄰居或多人聞見，以事詳呈，先紙里役會齊全民，擬應捉券伊家罰錢笞下，對於出呈者則有賞錢。若旁人掩匿，外人聞得出呈，則處罰旁接家錢，賞亦如之。

一般民居道路，大者壹丈，中柒尺，小五尺，以容駟馬軒車，沿路各家居修築磚牆土牆更好。若已樹木竹為屏藩，需加剪伐，以便行走，免墜裂。若不剪，或貪心侵占道路，每年修築時勘察何段卑狹，必須報告摘取依式。若不聽者，據炤券議。

民社要靜，倘無故呼喚連聲及縱酒妄呼，不拘日夜，則罰錢、芙蕾為戒。社內家有客來寓，不拘貴賤及男婦老幼一干人等，均詳里副長知悉，里副長再察真偽，方許住宿。若疏略，致使陽為行客，陰為寇盜，民社摘探的情，據該家問擬，而里副亦難辭咎。除不時之客往來暫息外，住居生業者每年據炤伊主納錢，交與里長，轉交店所。

（六）尊賢及提倡斯文教育

民社得迎入碑記配享文址，左紳碑自舉人秀才以上，右豪碑自千百戶止副總以上，需整辦禮物。凡民社文武官及舉人秀才榮歸者，行開賀禮，應賀繡對及青錢。千百戶止副總及里副長滿例者，為重事體，則有賀帛及青錢。至於朔望旬全年，上自肆拾玖歲至拾捌歲，輪流辦禮，準備食品。社有迎請，定舉自拾捌歲以上扶鉦鼓。或何人到次，僱募他人也行。社中有人從學，應免除徭役，均應酌免應課應繇項目。若乍學乍廢，捉回壯項受役，不恕。斯文會例公田貳所，每年交與貳人耕作，春秋整辦果、芙蕾、剛米各項。何人望人斯文會，整辦芙蕾及青錢，錢留斯文公支。對於民社廟宇文址，各所奉事，以為尊嚴。何人放牛羊侵入祀所，毀壞何處，社人捉獲，將名字詳與先紙里役擇據，家主賠還依舊擬應伐券錢及芙蕾。若有牛羊侵入而放穢者，按券處罰。

（七）止頌制度

有人何事不平者，整辦芙蕾與先紙里耆役會同，分辨曲直。若不肯退聽，到公門分處雷同，其費損錢則由伊人繳納，並罰錢及芙蕾謝咎，以息爭端。若不遵券約而越控者，擬罰同。兩社間公有地及寺廟，原共奉事，後為思為社認取，引起爭端，又不肯交納霜稅，以至纏訟肆年，民社行呈多費。因此規定以後不得轉賣，若有人不遵券約而擅買，其里長不得受易，而伊人不得預議鄉內諸事，以勸後世，以塞爭端之弊。

（八）農耕制度

農作物每甲巡番壹年，炤冬夏貳務見耕收霜，並規定抽取比例。若把守不謹而失竊，由巡番甲依數炤賠。有人放牛羊，毀壞農作物，巡番捉獲則罰錢及芙蕾，錢留公支。民社內若留芽罋池，各項花利，何人盜取，主人捉獲

果贓，詳與先紙里耆役會同捉券罰錢，不拘男婦或耆役壯項犯券，不恕。民
社何甲至次執水不謹，或用情放水求魚。以至同田乾涸，則應捉罰雞、酒、
芙蕾、青錢等。若執水甲不受，以至到公門民社行呈，判決相同，所費損責
據伊甲所受。

（九）祭祀制度與節日

民社神田交與守祠人耕作，提供日夜香燈奉事費用。又訂了一些節日，
舉辦類似明清以來的宣講券例，如正月拾陸日，全社上下及男婦齊就在亭，
聆聽及講讀券約。若何人不聽而犯券，據罰不恕。其他如自正月至拾貳月各
節，每節先敬壹禮，輪流整辦酒席食物，同本社行禮飲酒，否則處分。節日
凡有正月初壹日元旦節至初參日節，行先敬禮。正月初肆正忌神號，社內所
有禮田貳所輪到何人養豬，輪流耕作，需整辦行祭。初陸日行開賀禮，拾陸
日行登籍交券禮。若何人生得男子，整辦芙蕾貳拾口，詳與民社登錄簿中。
至拾玖歲，受其徭役。正月拾肆日，本社例定過年修築土埠及道路缺裂各
處，炤自十八歲以上，不得告退。若何人欠者罰錢，何人穿鑿土埠道路，無
有培補，同。正月拾五日上元節，輪流耕作社田者，定取豬肉參斤行禮。或
有何人到伍拾旬登老，整辦禮物先敬豬肉、芙蕾、青蕉、葬、酒米各項，一
皆登老人所受。至柒捌玖拾以上，整辦每旬先敬一禮，雞、酒、芙蕾，本社
應仝年至春席日，置豬頸、芙蕾，免除其徭役。貳月捌月初壹日朔，灑掃亭
宇，炤輪流人整辦先敬禮。貳月初五日行習儀禮，再行入席禮。初陸日行生
日祈福禮。拾五日行迎春禮。參月初參日行清明節，四月初壹日行下田禮。
五月初五日行重五節，柒月拾肆日行苑儀節，捌月初五日行秋席禮，捌月拾
五日行上田及中秋禮。玖月拾參日行嘗新禮例。拾月初拾日行重中節。拾貳
月初肆日行臘祭。拾貳月貳拾參日行朝天禮，當次副里整辦衣帽巾帶壹部，
先敬雞、芙蕾、酒等。至捌月初五日，當次里長整辦，亦如之。拾貳月參拾
日行除夕禮，炤輪次每年肆人整辦禮物衣帽金銀參部，馬壹頭，雞炊參斤，
酒參坪，芙蕾參拾陸口。至於過年何人至次壹當該者，拾貳月貳拾參日即在

社內遴擇鄉長壹人精好，代為主祭，並舉官員行禮。每甲肆人，共捌人，整齊衣帽行禮。本社應置米欠，豬頸、芙蕾等。如果樂工助祭，與席中行飯，壹日貳辰，由輪次者提供。民社過年每節例，除提供芙蕾給行禮官員品服與樂工外，餘則均分給老饒職色舊里役與里副，當次及兵丁試生至官員以下。

（十）飲水

民社鑿井飲水在精潔處，若何人放牛牢，侵至井畔，放穢下井，社人捉獲，詳告先紙里役，罰錢不恕。

五　券例的不足與檢討

對於北寧省慈山府僊遊縣各總社券例的記載，內容儘管各有詳略，但是條目事項則大同小異，有些文化底層或風俗習慣我們在這些券例上是看不到的，因此我們對於這些東西只能列為參考，知其有所限制，不能太過依恃。根據法國學者馬伯樂（Henri Maspero, 1883-1945）對於北寧省僊遊縣東山總的風俗調查報告[19]，談到東山總的乞雨儀式，在俗例或券例上卻無絲毫蹤跡可尋。按東山總的轄區範圍包括了東山、養蒙、懷抱、不慮、春、同量六社，每社一亭，奉祀城隍。每年四月八日，天旱不雨，各社必到大山社會議乞雨事，以神母生高山之神於此社，歷來乞雨多有靈驗，得累朝冊封。在禱雨前，先擊錚三日，然後各社立壇。整個禱雨儀式凡分兩階段：

第一階段：全總各社人人迎神登山，祭神禱雨。首先委託大山社人整辦芙酒，六社老人耆目里役同會大山亭神前，焚香燈，並由大山社內最高壽且有職色者方得入神前祝禱，並有專用祝文一通。事畢，參與者始在神前各禮四拜。然後坐在亭中，人食一口芙蕾後回家，留大山人在亭。其夜十點，委

---

[19] 法・馬伯樂（Henri Maspero, 1883-1845）《北寧省考異》第一冊，第27-28葉。

託大山人持鉦上山打三通，然後將鉦置亭中，後二夜亦然，鉦的意義代表天雷催雨之用。如果還是不雨，則在大山社亭開張旗鼓，迎神牌位上山祭祀一夜，祭品有豬米欠芙酒。至來晚三點，全總人交趺此高山上，左右互投柚菜，至三柚破為止。如果還是不雨，則進行第二階段人人假作為天作雨的儀式。

第二階段：人人假作為天作雨的儀式是每社一人，共六人，人人執旗，先有二人打大鼓在前，代表行正天雷之神；次一人持大燭火，代表行電之神；依次持大鐙，代表行雷之神；執大扇，代表行風之神；一人首負大鍋水，代表行雨之神，然後共詣神前禮拜，再打大鼓三通，假為雷鳴，一同遶走山上神隍位座凡三匝，接著一人執鎚，打大土鍋破，水流出，是假天雨之兆。凡有迎神未至亭、迎神已至亭、迎神回亭三日，方雨等。如果禱雨、得雨，人人給錢買大沙牟並米欠酒謝神隍，同坐大山亭中飲食，所謂謝神喜食。

似此詳細的活動過程則不是這批券例能夠發凡起例，詳加說明，還要靠著後人普查才能看出其社會深層的文化底細。如果再以《北寧風土雜記》第一條記載諸〈神祠佛寺〉凡四十餘，僊遊縣最著名者為扶董天王祠，並云：

> 天王原扶董人，生三歲不能言。時甲寅正月八日雄王第六世，有殷賊。雄王令求能卻敵者，王忽能言，願得鐵馬劍各一。郎聳身高大，躍馬揮劍，破賊於武寧山今貴陽縣，斬督將各一、裨將二十六，各羅拜呼天將。迨寧朔山屬金英，躍馬騰空而去，雄亡命郎故宅立廟以祀之。[20]

可是這段天王神蹟在券例中卻無絲毫文字提及。已出版的《越南漢文小說》載錄有關董天王事蹟之篇章之少，本文不再綴敘。但是董天王神蹟卻形成民間廟會活動則是向來甚少提及，根據《北寧風土雜記》第二條〈民間會例異俗〉中僊遊縣有「扶董會」，其文字云：

---

[20] 《北寧風土雜記》第一條〈神祠佛寺〉。

遞年四月初九日初八日迎水，選女督騎二將，裨將二十六氏用女，蓋女陰形，乃賊之象，故如此。各黑帽黃巾，赤衣整備。午牌，本總者役整肅齊就行禮畢，排列那女將於董園社，分為三屯，各青蓋旗方幾各一。嗣而該董園董川二社，詣該社爰整軍容，就處在行，哀勞坊俗號仝喊為先鋒。由原前李朝盛辰，哀勞坊來朝，遣樂坊十二人，一人負虎形〈由取虎形天子萬年之義也〉，二人執絳色旗，二人執鼓鐸，一人執笙簧，一人執釣竿，且行且歌，不拘何句。李太祖見此雅覽，許那國坊留居一處。遞年扶董社人入席，奉事天王。今留跡在嘉林會含攝。旗鼓鉦三人繼之，各赤衣黑帽，及傘龍馬二十人，扶駕八十人，均裸身黑帽，並褲各一俗號褲色，執戟隨之蓋法李朝防侍衛為刺客，故使裸身，免藏凶器之意也。迨至董園社駐蹕，約一點，伊社者役擊鼓三聲，在駕前，仝長隨擊鉦鼓三通，開旗。旗有蝶紙，約二百頭飛去蓋示軍容無留礙之意也。各分席三層，每次揮旗席一層，向賊屯三揮三指，賊降自相破潰。乃返駕還宮，頒享軍士。約一點，忽見再報那賊復聚伊社，整軍伍如前而行，那賊再敗。那女督騎二將將帽詣祠前獻首或，餘皆羅拜。初十日，搬諸降將宴隱而罷。總而言之，李太祖潛龍此寺，密禱後即位，追思天王功德，始立此會，以形天王當年討賊之威耳。

這段文字說明扶董會之由來及其整個儀式的進行和意義，並且與乞水儀式的日子，似乎與佛誕或東南亞各各國之潑水節日不無相關。至於「紅雲山會」的由來是：

每歲正月十三日，內宰六社，衣冠旗鼓，會於山麓亭。各社選男子為棋子各一部，以次排列鬥棋，勝者厚賞，遠近觀者萬計。相傳古有瀕忠侯阮姓，內宰社人，以太監仕至清化鎮侯爵，食邑富鉅萬。及歸休，買肥田數畝，或薦文址，或留賞士，或置身後香火。併買紅雲山半，於山上起石陵，陵內有石象、石馬、石獸、石武士各項。公沒，葬於是山，後六社祀之。又有善提尼阮姓，內宰寺社人，少不嫁，受

戒於伊寺禪。稍豐,又買山一半,至年八十餘,置田及錢,交六社為身後香火,乃設壇燒化。後人塑像建塔,於是寺祀之。故遞年六社致祭陵侯及供佛,遂有是會。[21]

我們可以看到當地轟轟烈烈的民俗廟會,卻在僊遊縣各社俗例或券例中沒有留下任何記載文字?則此俗例或券例與一般人類學者之民俗調查紀錄性質不同,俗例券例反而是近於中國的鄉約或族規一類的東西,其源流系統來自和文化的影響。

六 俗例券例與敦煌社約或明清以來鄉約的比較

所謂「券例」,實乃約束之條例,彥和〈書記篇〉曾釋其名義,說其原始本末云:

> 券者束也,明白約束,以備情偽。字形半分,故周稱判書。古有鐵券,以堅信誓,王褒髯奴,則券之楷也。[22]

古代稱之為判書,漢高祖入關中,所謂約法三章:「殺人者死,傷人及盜抵罪。」[23]作為治亂世的律則。唐代則存有大量的社邑文書,以敦煌文獻S.2041擬名為〈唐大中巳年儒風坊西巷村鄰等社約〉為例:

> 大中〔……〕日儒風坊西巷村鄰等就馬晟家眾集再商量,一一具名如後:
>
> 梁闍梨(以下名略),後入社人(以下名略)
>
> 一、若右贈孝家,各助麻壹兩,如有故違者罰酒壹勝(升)。
>
> 　右上件村鄰等眾,就翟玉英家結義相和,賑濟急難,用防凶變,以後或有詬哥難盡,滿說異論,不存尊卑,科稅之艱,並須齊

---

21 《北寧風土雜記》第二條〈民間會例異俗〉。

22 劉勰著,范文瀾註《文心雕龍注》(臺灣開明書店,1969年臺七版)卷五,頁43。

23 司馬遷,《史記》〈秦始皇本記〉(鼎文書局影印,1979年11月中華書局點校本),頁263。

赴。巳年二月十二日為定，不許更張。罰酒壹瓮，決〔杖〕十
下。殯出，晟（以下名略）。
一、所置義聚，備凝凶禍，相共助談，益期賑濟急難。
一、所置贈孝家，助粟一斗，餅貳拾翻，須白淨壹尺八寸。如分寸不
　　等，罰麥壹漢斗，人各貳拾翻。
一、所有科稅，〔依〕期集所斂物，不依期限齊納者，罰油壹勝，用
　　貯社。
一、或孝家營葬，臨事主人須投狀，眾共助誠，各助布壹疋。不納者
　　罰油壹勝。
一、所遣事一遍了者，便須承月直，須行文帖，曉告諸家。或文帖
　　至，見當家十歲巳上夫妻子弟等，並承文帖。如不收，罰油壹勝。
一、所有急難，各助柴壹束。如不納，罰油壹勝。
丙寅年三月四日，上件巷社因張曹二家眾集商量，從今已後，社內十
歲巳上有凶禍大喪等日，准條贈，不限付名三大，每家三贈了，須智
（置）一延，酒壹瓮，然後依前例，終如復始。

　　這種喪葬或賑濟急難的互助社團，顯然起於用防凶變，矯正不存尊卑及
科稅之覲的組織，讓社群必須以義相聚，齊赴艱難的互助方式，而將約定的
內容書寫於文券，則是所謂的社約。我們可以看到在敦煌文獻中大量存在
這類的東西和實際的運作情況，除了男人的結社外，更有S. 527後周顯德六
年正月三日的女人社或P. 3560V以農業水利灌溉為主的沙洲敦煌縣的渠人社
約，也有以信仰為主和實際運作的社司轉帖或佛窟社約，唐耕耦、陸宏碁編
輯的《敦煌社會經濟文獻真跡釋錄》[24]即收編了大批這類的東西。如果再以S.
6537V3-V5之內容來看：

24　唐耕耦、陸宏碁編輯，《敦煌社會經濟文獻真跡釋錄》（一-五）（書目文獻出版社，
　　1986年11月）。

竊聞敦煌勝境，憑三寶以為基。風化人倫，藉名賢而共佐。君白（臣）道合，四海來賓。五穀豐登，堅牢之本。人民安泰，恩義大行。家家不失於尊卑，坊巷禮傳於孝宜。恐時僥伐之薄，人情以往日不同，互生分（紛）然，復怕各生己見。所以，厶乙等壹拾伍人，從前結契，心意一般。大者同父母之情，長時供奉；少者一如赤子，必不改彰（張）。雖則如此，雖保終身。盞酒臠肉，時長不當。飢荒儉世，濟危救死，益死榮生，割己從他，不生吝惜。所以上下商量，人心莫〔測〕，逐時改轉，因茲眾意一般，乃立文案，結為邑義，世代追崇。件段條流，一一別識。

一、且三人成眾，亦要一人為尊；義邑之中，切藉三官鈐轄。老者請為社長，次者充為社官；更揀無明後德，智有先誠，切齒嚴凝，請為錄事。凡為事理，一定至終，只取三官獲裁，不許眾社縈亂。

一、況沙洲是神鄉勝境，先以崇善為基；初若不歸福門，憑何得為堅久。三長之日，合意同歡，稅聚頭麵淨油，供養佛僧，後乃眾社請齋。一日果中，得百年餘糧。

一、春秋二社，舊規遂根源亦須飲宴，所要食味多少，計飯料各自稅之。五音八樂進行，切須不失禮度。

一、取錄事觀察，不得昏亂事非。稍有倚醉凶粗，來晨直須重罰。

一、且稟四大，生死常流。若不逐吉追凶，社更何處助佐。諸家若有凶禍，皆須匍匐向之。要車齊心成車，要輿亦須遞輿。色物贈例，勒藏分明；奉帖如行，不令欠少。榮凶食飯，眾意商量，不許專擅改移，一切從頭勒定。

一、凡論義邑，濟苦救貧，社眾值難逢災，亦要眾堅。忽有言盜眾投告，說苦道貧，便須剖己從他，亦令滿他心願。若有立莊修舍，要眾共成，各各一心，闕者帖助。更有榮就男人女事合行事，不在三官之中，眾社思寸。若有東西出使遠近，一般去送來迎，各自總有上件事段。今已標題，輕重之間，大家斯配。

一、凡為義邑，雖有尊卑，局席齋延（筵），切憑禮法，飲酒醉亂，胸（凶）悖粗豪，不守嚴條，非禮作鬧，大者罰酉晨膩一席，少者決仗十三。忽有拘捩無端，便任逐出社內。

一、立其條案，世代不移，本身若也盡終，便須男女承受，一準先例，更不改彰（張）。至有閉門無人，不許訕他枝眷，應有追凶格律。若立三馱名目，舉名請贈。若承葬得者合行，亦須勒上馱局席。

上件條流，社內本成，一一眾停穩然乃勒條，更無容易。恐後妄生毀抵，故立明文，卻（劫）石為期，用流（留）〔後〕驗。

這份社文看似不完整，沒有題名簽署，但是其前後的社文則有時間與題名，可以想見當時訂立這些社文有一定的程序和形式，而其社文內容也都完全與越南的券例無所分別，直讓我們瞭解越南這批券例的源遠流長。這類的東西如果上溯其源頭，則出自儒家《周禮》〈天官小宰〉、〈地官州長〉、〈地官黨正〉[25] 的影響。入宋以後，逐漸轉變成保甲法及鄉約族規一類的文獻，傳世者當以呂大鈞之《呂氏鄉約》為最著名。到了明太祖建國後，即有〈勸興禮俗詔〉，又有「戶帖制」、「糧長制」，以登錄民口，督課鄉民賦稅及勸農增產。洪武十四年，頒行里甲制，在地方上設置「申明亭」、「旌善亭」，宣導太祖六條諭令[26]，以里中老人及里長等共同管理鄉里事物，形成有明一代的鄉治組織。然而真正推行，擴大到地方上者後來則有黃懌、陸世儀、王陽明及呂坤等人[27]，章潢在〈保甲鄉約社倉社學總敘〉云：

---

25 如《周禮》〈地官黨正〉云：「各掌其黨之政令教治及四時之孟月吉日，則屬民而讀邦法，以糾戒之。」

26 參見章潢《圖書編、聖訓解》，《四庫全書》本971冊，頁785-790。按六諭德目為：「孝順父母、尊敬長上、和睦鄉里、教訓子孫、各安生理、毋作非為。」

27 如呂大鈞《藍田鄉約》，見陳弘謀《五種遺規、訓俗遺規》卷一；黃懌《鄉約撮要》，見萬曆本《安溪縣志》卷七；陸世儀《治鄉三約》；王陽明《南贛鄉約》，見《王陽明全書》第三冊頁281-283；呂坤《鄉甲約》，見《實政錄、鄉甲約》卷之五。

夫法當便民，事當畫一，惟一民易從而法可久也。即如舉行鄉約，則
宜立鄉約亭；申明里社，則宜立里社壇；興起社學，則宜增置社學；
勸立社倉，則宜蓋造社倉，然四者並舉，勢難遽行。……且順民情，
因以正俗，其餘三項亦止當合為一處。[28]

於是亭則成為以上四者的講習中心，順民情以正俗，這是它所賦予的最
大功能。清代以後，聖祖仍頒行六諭及「臥碑文」，臺灣目前也存有石刻史
料可以佐證。最初從模擬明代的鄉約講論，進入乾隆時期的全盛，然後到嘉
道以至於光緒，始逐漸步入衰亡而轉型。

七　結論

有關鄉約的諸多問題，實非短篇文字可以盡述，這裡不過陳述明代以來
鄉里的自治組織化的源流變革，多是由上而下的推動，這與越南券例的制訂
完全相同。明代的鄉約推行結果，成效不彰，到了清代還是一再的推動，作
為宣導上級政令的一種政治運作，甚至筆者幼時還看過這些類似的遺風，目
前則完全銷聲匿跡了。反而在我們二次考察越南，深入莊烈村的觀察過程，
在閱讀了這批俗例或券例文獻之後，發覺同樣的東西，在兩種不同時空的文
化環境中，竟然有些不同的發展結果，是政治制度的不同？還是民族性格的
差異？有待深入的研究。不過，越南的這批券例，我們可以斷言，它的源流
來自中國儒家文化體系，從敦煌出土的文獻大批社約的比較，或者宋明以後
的鄉約和講論內容，在在都有形似和神同之處。因此，券例雖然有助於民俗
的考察，但是並非從人類學家或民俗學家的角度所進行的深入普查紀錄，使
用時必須稍加留意，知其性質。

---

[28] 《圖書編》卷九十二，頁2。

二十世紀與研究、出版
越南民間文化工作

阮翠鸞

越南社會科學院

摘要

　　一、二十世紀初至一九五四年階段：二十世紀前半葉是比較重要的一個階段。這階段為關心民族文化的研究者的認識過程奠定了基礎。同時也是出現一些值得注意的研究工程的階段，為後代人的研究項目提供了依據。但是在一九五四年以前，越南尚未有研究民間文化的學科和系。

　　二、一九五四年至一九七五年階段：這階段越南北方這方面的主要成就是收集、出版有關民間文化的資料。雖然北方的研究工作尚片面而主要是理論方法等方面的研究。但北方的研究部門已有顯著的成長。而南方的研究家這方面的研究工作已取得不小的成就。這時期南方的學者們比北方學者關心到地方誌、民間風俗、信仰。雖然如此，也仍未出現一門有關民俗學的學科，未出現深入研究民間文學的學者。

　　三、一九七五年至今：這是越南民間研究部門長足發展的時期。在機構上，正式成立了專門研究民間文化的研究所和雜誌。民族文化研究隊伍不斷蓬勃發展。在某些領域還有專家，所取得的成就在品質和數量上是過去一百年前的許多倍。

　　二十世紀已過去了，但收集、研究、講授和普及民間文化的工作在新的順利和考驗下仍要不斷地進行。

關鍵詞：越南；民間文化；出版學

　　二十世紀，研究和出版越南民間文化工作可分為三個階段：二十世紀初至一九五四年；一九五四年至一九七五年；一九七五年至今。

一　二十世紀初至一九五四年階段

　　在整整十九世紀後半葉，法殖民者逐步對越南進行侵略。至一八八五年越南被完全置於其統治奴役之下。越南社會成為半殖民地半封建社會。社會、政治、經濟、文化有很大的變化。我們不能否認在近一個世紀與西方文化接觸、交流，西方文化對越南人民的物質文化和精神文化所起的深遠影響。隨著遠征軍的鐵蹄而來的是法國傳教士和學者。起初為了方便傳教，亞利山德羅教士創造了國語字。後來超出了傳教士們的初始目的，國語字已普遍廣泛使用於越南。許多以國語字創辦的報紙書籍也相繼出版。

　　以上等事件對研究、出版民間文化工作都有著很大的影響。

　　二十世紀初幾十年，儒學家們用傳統記載方法即用漢字、喃字記錄、編輯上幾個世紀的民間文學，例如：《清化關風》（王唯貞編輯，1903 年出版）；《大南國粹》（吳甲豆編輯，1908 年出版）；《國風詩集合採》（關文唐出版，1910 年）；《越南風俗》（阮文賣選撰，1914 出版）；《南音事類》（武功成編撰，1925 年出版）；《南國方言俗語備錄》（關文堂出版，1914 年）是比較特殊，每一頁分為兩部分，上部分是喃字，下部分是用國語字把上部分喃字的內容翻譯出來。

　　儒學家珍重民間詩歌並予以高度的評價。他們編譯的書為今後的研究民間俗語和詩歌的工作提供了其寶貴的史料依據。但其仍存在著不足之處，分類方法尚未一致和科學注釋還牽強、主觀（例：《越南風史》）[1]。

　　與儒學家相比，西方作者較之更注意，更有方法程式地研究越南民間文化。二十世紀初，法國人對於印度支那其中有越南的研究進行得較多也更有組織。一九○○年一月二十日法國殖民者在越南西貢成立法國遠東學

---

[1]　阮春敬〈一世紀收集，研究越族歌謠〉，《文學雜誌》第 1 集（河內），頁 33-37。

院（Ecole Française d'Extreme Orient），而該院創辦的雜誌《法國遠東學院雜誌》（Bulletin de L'Ecole Francaise d'Extreme Orient）（BEFEO）也問世。兩年之後，該院辦公地點移至河內。有關對印支（包括越南）研究的目的很明顯，正如印支總督P. Doumer曾寫道「若想統治好屬地的民族，首先必須要透徹瞭解自己所統治的民族究竟是什麼樣的民族」[2]。研究者包括神父、主教、武官、公使及學者。研究的領域有：習俗、史詩、民間故事、廟會、美術、文化、族人和考古。Leopold Cadiere神父給後人留下他的有關越南語言、歷史和民族學許多認真的研究工程：一九〇一年出版的《源山山谷區的民間信仰和諺語》；《在安南的祭石》（1911年出版）；《順化周圍區域安南人的信仰和宗教的履行》（1918年出版）。

　　一九一三年，順化的一些法國知識份子在順化成立了「順化古都朋友之會」（Association des Amis du Vieux Hue）。大大推動了對民間文化，其中有順化民間文化的研究。《順化古都朋友》雜誌（*Bulletin des Amis du Vieux Hue*）縮寫為BAVH。從一九一四年起，就刊載了許多有關順化民間信仰或傳統廟會的研究工程。如L. Cadiere和R. Orbard的《南郊祭禮儀》，H. Deletie的《在惠南殿迎神Tian Yana》，R. Orbard的《順化廟會日曆》（1916年出版）等。也有一些作者的研究傾向趨於對比。例如：H. Maspero的研究，在研究中國的宗教信仰，特別是道教時，作者對照聯繫越南的民間信仰，這可見於《北部上游黑泰族的喪葬風俗》。

　　西方學者的貢獻非常值得珍重，因為他們的研究工程至今仍有實踐價值，特別是資料價值。儒學家們對史詩、習慣法等領域不太關心收集、研究，但法國人卻已注意到。通過他們的研究工程，越人汲取接收到科學的思想和工作方法[3]。

　　雖然法殖民者是十九世紀中葉侵略越南的，但越南知識份子（包括儒家）受維新思想的隊伍卻是在二十世紀初才開始形成。法國殖民者有意識地

2　丁嘉慶、周春延《越南民間文學》（河內教育出版社，1997年），頁70、562。

3　長征〈馬克思主義與越南文化〉（1948年）。引自杜平治，《越南民間文學》第1集（1991年），76頁。

培養本地知識份子以建立與宗主國文化緊密結合的殖民地文化。印支總督府
向《印支雜誌》和《南風雜誌》提供資助。當時越南一部分學者是殖民地文
化政策的產物。他們的看法和觀點有很大的限制，如阮文永、范瓊、張永記
等。但無可否認，他們是使用本國語收集、研究民間文化的先驅。這點絲毫
沒什麼值得奇怪的，因為諸多原因，國語在北方比南方使用得早。例如：張
永記的《笑話》（1882年出版）與《昔年故事》（1886年出版），裴光儒的
《奧翁的故事》（1913年出版），黃靖果的《一句配唱》（1910年4月出版）。
新學派的一些知識份子多少與殖民者的文化政策相獨立。其代表是范光燦、
阮文素、華鵬、楊廣翰、段唯平等及清珥、知新等團體。在認識方面，楊廣
翰的《越南文學史要》（1943年出版）中的「平民文章」（即傳口文章）是
給民族文學中的民間文學定位的先驅者[4]。新學派知識份子的不小的功勞集中
在收集、編選民間文學方面，潘繼炳的《南海異人》（1920年出版）、阮文
玉的《俗語風謠》（1982年出版，二集）、《南國民間故事》（1932年出版第
一集，1934年出版第二集）、阮幹夢的《諺語風謠》（1936年出版）……。
在國家被置於奴役下，當某些西方學者否認有越南文化特色的情況下，阮
文玉在其《南國民間故事》序言中所闡述的：「我們所收集的民間故事，作
者敢肯定確實都是越南國的，是越人創作、出版的。不是借來或靠誰而得
到」[5]，的確認值得注意。

在越南民間文化的其他領域方面有潘繼炳的《越南風俗》（1915年出
版），陶唯英的《越南文化史綱》（1938年出版）。

這時期的作者，我們特別要提及到一位，那時博士阮文萱教授，他對越
南文化有著很大的功勞。阮文萱教授以有系統的接近方法和客觀的態度給後
人留下了對現代和今後保留原價值的有關民間信仰和越南農村廟會建制的許
多研究工程：《在越南祭祀不死神》（1944年出版）、《鄉村公社和祭祀城隍》
（1940年出版）、《對安南福神李伏蠻的研究》（1938年出版）是作者資料和

---

[4]　杜平治《越南民間文學》第1集（1991年），頁73。
[5]　丁嘉慶、朱春延《越南民間文學》（1977年），頁78。

方法論的典範的文學研究工程。但對於阮文萱實在難說這時期在越南已出現民間文化研究學科。

可以說，二十世紀上半葉是一個為關心民間文化的人的認識過程奠定基礎的極其重要的階段。同時也是出現一些值得注意的研究工程的階段，為後代的研究工作提供依據基礎。這時期大多數法國、越南學者的接近方法是受法國人類學社會學派的影響。前輩學者的周全、謹慎、細緻的工作精神和實地觀察方法值得當今的研究者們學習和借鑒。

在民間文化構成要素中，民間文學得到較多的關注。縱然如此，一九五四年之前在越南，尚未成立民間文學研究部門，也從未提及到民間文化研究學科的出現。

二　一九五四年至一九七五年階段

一九五四年關於越南的日內瓦協定簽定後，越南北方完全解放。美帝國主義取代法殖民者繼續展開對越南南方的平定。這使南北兩方學者對民間文化的研究有所不同，研究方法和成就也有所不同。

（一）在北方

五十年代末，有系統地講授民間文學已納入北方各所大學教程。由於研究和講授的要求，河內師範大學教材由裴文元和阮義民著作：《越南文學歷史教程：民間文學》第1集；一九六一年出版。在河內綜合大學教材有丁嘉慶、朱春延的《越南民間文學》，一九六一年出版。至一九七〇年初，他們的一部新教材越南民間文學（兩集，第1集1972年出版，第2集1973年出版）編撰者對各個問題提出先進、新穎的科學論點。如對民間文學體裁的地區劃分、分類、分時期有何特點、內容，對藝術的反映如何等。一九五九年社科委屬下的文學所成立了古近民（古代、近代、民間的簡稱）文學組。

一九六六年，越南民間文藝協會召開成立大會。出席的有十位創辦人和

兩百個會員。

　　這階段顯而易見的成就是收集、編撰、出版有關民間文學的書籍：武玉潘的《越南俗語和民歌》（1956年出版）、阮董芝的《越南民間故事寶藏》（3集；1958-1960年出版）與《越南神話略考》（1956年出版）；《越南各民族民間故事》（4集），（文學所1963-1967年出版）。在其他門類有陳越語和黃喬的《潮劇舞臺的初步探討》（1964年出版）；陳越語和成唯的《平治天省民歌》（1967年出版）；阮輝宏的《越南木偶劇藝術》（1974年出版）……在研究方面，湧現如下代表作：高輝鼎的《饒村英雄》（1969年出版）；丁嘉慶、朱春延的《民間文學》（1972-1973年出版）；高輝鼎的《越南民間文學進程探討》（1974年出版）；該專論在這段時期對民俗文化領域方面確實有所貢獻，給這門類的研究打開一個新的時期。作者對有關越南民間文學各體裁的發展提出合理的理解。可見，高輝鼎先生是對越南民間文學研究建立方法論問題的先鋒者，功不可沒。

　　一九五四年後，越南的抗美救國鬥爭要求北方為解放南方統一祖國集中人力、物力。另一方面，由於戰爭的影響，傳統廟會暫時停下。也許如此，這階段的民間信仰和傳統廟會的收集研究也得不到關注。

　　至七〇年代初，雖然理論和方法還存在某些弱點，綜觀北方的民間文化研究已有顯著的成長。其中成長的諸多原因中之一是越南研究家在不同的程度上受到蘇聯科學家們積極的影響。

（二）在南方

　　這時期，對南方民間文化的收集和研究與前階段相比較有著顯著的改變和進步。公布的研究工程和參加收集研究的學者也較之為多。據黃玉場[6]一九五四年至一九七五年的統計，已公布的越文研究作品（包括再版）就有八六七個；作者有四三四位。與前階段相比有一些體裁已得到收集研究並出

6 　《民間文學的收集與研究總目》（胡志明市：越南科學院文學部）。

版，如：黎氏明的《南方號子》（1956年出版）；范文交的《謎語》（1956年出版）；阮晉龍和潘更的《越南平民詩歌》（4集，1970年出版）……倍受關注的是黃明、潘維鶯、阮紹樓……以地物志為題材記載的南方各省風物志。值得注意的是，這類題材有山南著作的《九龍江平原或莊園文明》（1970年出版）與《越南開荒歷史》（1973年出版）；王洪選的《昔年西貢》（1969年出版）；阮唯鶯的《1757年-1945年越南歷史中的檳知省》。

至於研究家他們自行選擇研究「深耕」的土地。如山南專研究南部，黎鄉則專研究扶南和高棉，阮測以專研究西原，阮文論專研究占族人和占文化。

這時期，南方研究者比北方關心研究民間風俗習慣和信仰。在《文化》月刊、《地理與歷史研究》雜誌、《百科》、《普通》、《思想》等雜誌上描述、研究民間信仰、風俗祭禮、禮儀……筆者可以列舉研究家寶繼的《春季祭典或祭迎神農》（《文化》月刊，1959年出版）；阮文論的《西貢伊斯蘭教占族的喪葬和祭供祖先》（《文化》月刊，1969年出版）；黎友禮的《在平順的民間信仰和祭祀海神的古俗》（《文化》月刊，1970年出版）；風安的《農村祭供村亭的儀式》（《國魂》雜誌，1971年出版）。最值得注意的是酸映、阮登蜀的作品。這兩位學者都發表有關民間信仰和傳統廟會的書籍和文章，但各人所寫的目的不同。阮登蜀視傳統廟會是他接近越南思想歷史的工具。而酸映則把傳統廟會當作他的接近目的，描述和研究物件。阮登蜀的著作有《東南亞與越南文化》（亞洲文化出版社，1961年出版）、《平民哲學思想》（開智出版社，1964年出版）、《越南平民思想》（開智出版社，1967年出版）。酸映的編撰有《越南信仰》（南芝叢書，1967年出版）、《越南風俗》（開智出版社，1969年出版）、《廟會慶典》（南芝叢書，1969年出版）。

筆者用阮春敬教授的意見概括評價這階段收集、研究南方民間文化的情況：

> 1975年前在南方，對民間文學、民間文化的作用和地位沒有給予充分的評價。因此，雖然不是沒有可尊敬的學者，但尚未出現關於民俗文化的學科，也尚未有研究民間文化的專家。[7]

---

[7] 《民間文化研究各專家》（河內社會科學出版社，1995年）。

三 一九七五年至今階段

一九七五年四月三十日，國家統一為科學事業的發展，其中有研究民間文化學科的發展打開了美好前景。從組織上，成立了一個新的單位。一九七九年越南社科委屬下民間文化研究部成立了。一九八三年，該部提升級別為民間文化所，一九九三年該所更名為民間文化研究所。二〇〇四年，該所又改名成文化研究所。

在這方面的培訓，北方一九七五年前只培訓大學程度，但到這階段，開始在國內培訓大學以上的程度。從八〇年代，已培訓民間文學方面的研究生（副博士文憑，今為博士文憑）。從九〇年代，增添培訓民間文學方面的碩士研究生。一九九四年開始設置培訓民間文化領域的碩士制度。二〇〇一年三月，政府批准培訓民間文化領域的博士生。

一九八三年一月《民間文化雜誌》創刊。從此，與《文學雜誌》、《文化藝術雜誌》一起，《民間文化雜誌》作為是專門的機構公布了許多民俗文化方面的文章。

如果越南民間文藝協會在國內對收集、研究、出版和普及民間文化、文藝方面的活動起著廣泛的影響，那麼民間文化研究所在越南舉辦國際研討會方面有著最初的功勞：舉辦了有關廟會（1993年在河內）、有關史詩（1997年在大叻）、有關祭供母后信仰（2001年在河內）的研討會。同時，該所也是一座橋樑，為國外的科學家到越南對民間文化進行實地考察創造條件。研究隊伍日益強大，在某些領域已有專家：理論和方法論方面的專家有丁嘉慶、朱春延、陳國旺、杜平治；在民間音樂方面的專家有蘇玉清；村亭潮劇方面有何文求、陳越語；民間美術方面有朱光著、阮博雲；在木偶劇方面有阮輝洪；在民間信仰上有吳德盛等。已出版的書籍有：武光仁的《越南少數民族民間文學》（1983年出版）；丁嘉慶的《探討瞭解民間文化之路》（1989年出版）；潘等日的《艾地史詩》（1991年出版）；阮董芝主編的《義靜民間文化地志》（1995年出版）；阮春敬、潘登日主編的《越族歌謠寶庫》（1995年出版，2001年再版）；阮公平主編的《九龍江平原文化和居民》（1990年

出版）；石方、胡黎《南部越族民間文化》（1992年出版）。在這裡，我們首先必須提及到丁嘉慶的《東南亞民間文化背景下的越南民間文化》（1993年出版）。潘玉教授對該書的價值予以這樣的評價：

> 這是對在東南亞文化背景下的民間文化包括越南文化提供的一種看法。它使人們關注到越南文化乃至東南亞文化。從中發現共同的基礎，作為這地區各國的各個文化現象的研究前提。這對習慣以靜和狹的眼光去看文化的人特別有益。給讀者提供了新的廣泛的接近方式，從而看得更深刻。

其次要提到的研究工程是石方和胡黎、黃勒、阮光榮的《南部越族的民間文化》（1992年出版）。作者在該書中未提及到這裡越人民間文化起源與起源地之間的相關關係。但必須肯定，該書是一部成功的研究「工程」。對研究這地區越人民間文化進程做出貢獻。換言之，這是研究南部越人民間文化研究道路上，作者立下的第一塊里程碑。

如此可見，自從把研究民間文學置於研究組的框架下（文學和大學裡的古近民文學組），再通過成立越南民間文化協會和民間文化研究所。至今，我們可以提及到民間文化研究部門已取得初步的成就，但也存在著不可避免的限制和不足。

與前個世紀相比，二十世紀，民間文學研究系的成立及其一些優秀作品的出現是突出的成就。在數量上，俗語方面有三百多個書目及刊登在報刊、雜誌上的文章。歌謠方面公布了近一百種書目、雜誌文章。所取得的成就令人珍惜重視，研究領域進程上已築下許多里程碑。然而，並非各方面文化領域都已全面地觀察到。加之，把新的科學成就應用於研究、解碼各民間文化現象，這點研究家做得尚少。

一九七五年至今，國家統一三十年，經濟社會領域已有長足的進步。但是科學領域中的民間文學和民間文化尚未有同步一貫的戰略佈署，以保證收集、研究、出版、教授民間文學、文化的可行性；出版的書籍、發表的文章數量雖多，但品質好的、認真的課題不多，還存在著不少問題需要解決並繼

續落實之。例如：有關越南傳統廟會的收集和研究方面已取得許多成就，公布了這方面的叢書，可是傳統廟會的科學問題首先是傳統廟會收集工作，並沒有完善解決。至今，收集、描述傳統廟會工作確實仍是當務之急。許多廟會及在廟會上的演藝漸衰，有的失傳。鄉村中一些諳熟風俗習慣、廟會禮儀的長老逐漸逝世，帶去了歲月給他們積累下的傳統廟會的財富。由此可見，收集、描述傳統廟會是當務之急之事。若沒有齊全的資料，是不能完善地給傳統廟會中的一些問題解碼。

越南是多民族國家。民間文化「儲量」極其豐富多彩。包括民間文化歷史發展階段，各種門類、各種類型民間文化對越南民間文化的研究，包括對正火熱的事件的研究，正迅速變成「殘餘」，成為博物館物件的事件的研究。這情形必然導致許多接近和研究民間文化方法的同時存在。因此，建立一個在理論和方法論的越南民間文化科學研究部門系統完整是正存在的諸多問題，同時也是必須繼續解決的任務。

議程表（一）

2005年8月20日（星期六）			
報到：8:00-9:00臺北市和平東路一段129-1號　師大綜合大樓509國際會議廳			

開幕式 9:00—10:10	主持人	貴賓致詞	主題演講
	張高評	陳奇祿、朱介凡（中國民俗學會）	婁子匡與中國民俗學會 王秋桂（東吳大學）

茶敘（10:10-10:30）				

場次	主持人	發表人	題目	特約討論人
第一場 10:30—11:40	曾永義	黃春生、張玉娥（廣州中山大學）	兩岸民俗，情發一心	李殿魁（臺北藝術大學）
		陳有昇（北京中國俗文學學會）	中國民俗學界的雙星座——鍾敬文、婁子匡比較研究	鄭志明（輔仁大學）
		范增平（中華茶文化學會）	婁子匡先生與茶藝	王國良（臺北大學）

午餐（11:40-13:00）				

第二場 13:00—14:10	林明德	王善民（北京《民間文化論壇》）	別具一格的建樹——試論婁子匡在中國民俗學出版史上的卓越貢獻	康來新（中央大學）
		郭英三（中正大學）	婁子匡的鄭成功傳說研究	顏美娟（高雄師範大學）
		王國良（臺北大學）	臺靜農先生與俗文學	曾永義（世新大學）

休息（14:10-14:20）				

場次	主持人	發表人	題目	特約討論人
第三場 14:20 ｜ 15:30	李殿魁	朱鳳玉（嘉義大學）	關德棟與敦煌俗文學研究	司仲敖（臺北大學）
		何　彬（日本首都大學）	回顧與前瞻——百年民俗學史的理論審視	劉魁立（北京師範大學）
		黃文車（美和技術學院）	中國歌謠整理運動中的臺灣福佬歌謠（1895-1945）	李進益（花蓮教育大學）
茶敘（15:30-15:50）				
第四場 15:50 ｜ 17:00	胡萬川	劉魁立（北京師範大學）	中國民間故事的類型研究與形態研究	楊振良（花蓮教育大學）
		劉惠萍（花蓮教育大學）	戰後臺灣民俗研究的回顧與省思	葉春生（廣州中山大學）
		楊玉君（中正大學）	節日研究架構新議	李世偉（花蓮教育大學）

議程表（二）

2005年8月21日（星期日）				
場次	主持人	發表人	題目	特約討論人
第五場 09:00 ─ 10:10	金榮華	鍾宗憲（輔仁大學）	論民間文學的學科認知與研究方向	俞美霞（臺北大學）
		洪淑苓（臺灣大學）	臺灣民間故事中的「巧女」故事——兼論臺灣民間故事中的「媳婦」形象	鹿憶鹿（東吳大學）
		謝明勳（東華大學）	臺灣民間故事「醜女變美女」故事釋義	黃錦珠（中正大學）
茶敘（10:10-10:30）				
第六場 10:30 ─ 11:40	林文寶	林明德（彰化師範大學）	論民間文學的改寫問題	金榮華（文化大學）
		陳維君（中正大學）	清代筆記中的臺灣原住民風情初探	龔敏（天津南開大學）
		柯榮三（臺南女子技術學院）	《公論報》「臺灣風土」副刊——婁子匡抵臺之後首度發表民俗學研究的刊物	許建崑（東海大學）
午餐（11:40-13:00）				
第七場 13:00 ─ 14:10	張勝彥	陳兆南（逢甲大學）	臺灣省文獻會藏善本歌仔冊及通俗讀物敘錄	陳錦釗（政治大學）
		林保淳（淡江大學）	八仙法器異說考	林鋒雄（臺北大學）
		鄭阿財（南華大學）	敦煌俗文學中占卜民俗管窺——兼論民俗與文學之關係	龔顯宗（中山大學）
休息（14:10-14:20）				

場次	主持人	發表人	題目	特約討論人
第八場 14:20 — 15:30	王三慶	王三慶（成功大學）	越南《券例》之分析研究	鄭阿財（南華大學）
		阮翠鸞（越南社會科學院）	二十世紀與研究、出版越南民間文化工作	劉春銀（中央研究院）
		（中國民俗學會會員時間）		
茶敘（15:30-15:50）				
閉幕式 15:50 — 17:00	主持人	觀察報告		
	王偉勇	綜合座談	何　彬（日本首都大學）	阮翠鸞（越南社會科學院）	陳益源（成功大學）

紀念婁子匡先生百歲冥誕之民俗學國際學術研討會籌備委員暨工作人員名單

籌備委員（按姓名筆畫順序排列）

王三慶、王秋桂、王國良、江建俊、林明德、林鋒雄、張高評、陳益源、鄭阿財、謝海平

秘書組

莊秋君、莊淑珺、張逸品、鄭芳祥、王奕期、林雪鈴、施志諺、楊淑玲

總務組

吳依珊、胡紫雲、陳慧勻、楊雅琪、李玟玟

議事組

黃文車、陳維君、李柏儒、林昕、陳鈺雯、李曉寧、余愛華、萬淑娟、陳嘉雀、傅仕欣

接待組

鄭沛文、秦佳慧、陳志緯、羅景文、董璙、龔敏、郭英三

文宣組

許明珠、林韻文、黃柏軒、廖育正

協辦單位

臺北大學民俗藝術研究所、中國民俗學會

中華民俗藝術基金會、施合鄭民俗文化基金會

贊助單位

教育部、國家科學委員會、中華發展基金管理委員會

主辦單位

國立成功大學中國文學系

再版後記

　　二〇〇五年八月，我在各界的支持下，從臺南帶著國立成功大學中文系的助理們，到臺北去舉辦「紀念婁子匡先生百歲冥誕之民俗學國際學術研討會」，會後論文集經作者修訂後，曾經做為《東亞文化研究》第八輯的研究專號，由高國藩教授與我共同集資，於二〇〇六年八月在香港東亞文化出版社出版。這本紀念婁子匡先生（1905-2005）的研究專號，隨著時間過去，學術界已很難見到，非常可惜。

　　今年年初，我應邀到臺北萬卷樓圖書公司商議《魏子雲先生全集》的編纂事宜，發現萬卷樓圖書公司諸位執事特別珍視臺灣前輩學人的學術成就，除了積極籌劃編纂《魏子雲先生全集》之外，同時也正著手重印臺灣民俗學泰斗婁子匡先生所主編的幾套重要民俗叢書。我因此特地徵詢張晏瑞副總編輯的意見，希望萬卷樓圖書公司不妨考慮發行不曾在臺灣出版過的《紀念婁子匡先生百歲冥誕之民俗學國際學術研討會論文集》，讓更多人可以重讀這些擲地有聲的精彩論文，同時也可以再次緬懷婁子匡先生對東亞民俗學的卓越貢獻。幸得萬卷樓同仁的慷慨義助，使我得償所願，在此謹致上我十二萬分的謝意。

　　同時，我還要再一次感謝論文集的所有作者，十年前承蒙大家如此用心撰寫「紀念婁子匡先生百歲冥誕之民俗學國際學術研討會」的文章，十年後讀來，依舊歷久彌新，獲益匪淺。為了存真，我決定盡可能保留當初紀念婁子匡先生研討會時的模樣，連作者的服務單位都未作調整（實際上不少作者已有異動，包括黃文車現為屏東大學中文系副教授，劉惠萍現為東華大學中文系教授，鍾宗憲、林保淳現為臺灣師範大學國文系教授，謝明勳現為中正大學中文系教授，柯榮三現為雲林科技大學漢學應用研究所助理教授），有些作者（例如劉魁立、葉春生、陳有昇、王善民、林明德、阮翠鸞等前輩）

則退而不休，仍然繼續為東亞民俗不斷奔走，奉獻心力，令人感佩。

值此《紀念婁子匡先生百歲冥誕之民俗學國際學術研討會論文集》於臺灣再版之際，我由衷懇請讀者諸君：莫忘「中國民俗研究論著的守護神」——婁子匡先生！

陳益源　2014.12.24

文學研究叢書・俗文學研究叢刊 0814001

紀念婁子匡先生百歲冥誕之民俗學國際學術研討會論文集

主　　編　陳益源

責任編輯　吳家嘉

特約校稿　林秋芬

發 行 人　陳滿銘

總 經 理　梁錦興

總 編 輯　陳滿銘

副總編輯　張晏瑞

編 輯 所　萬卷樓圖書股份有限公司

排　　版　浩瀚電腦排版股份有限公司

印　　刷　百通科技股份有限公司

封面設計　斐類設計工作室

發　　行　萬卷樓圖書股份有限公司

　　　　　臺北市羅斯福路二段 41 號 6 樓之 3

　　　　　電話 (02)23216565

　　　　　傳真 (02)23218698

　　　　　電郵 SERVICE@WANJUAN.COM.TW

大陸經銷　廈門外圖臺灣書店有限公司

　　　　　電郵 JKB188@188.COM

ISBN 978-957-739-904-5

2017 年 10 月初版三刷

2015 年 1 月初版

定價：新臺幣 680 元

如何購買本書：

1. 劃撥購書，請透過以下郵政劃撥帳號：

　　帳號：15624015

　　戶名：萬卷樓圖書股份有限公司

2. 轉帳購書，請透過以下帳戶

　　合作金庫銀行 古亭分行

　　戶名：萬卷樓圖書股份有限公司

　　帳號：0877717092596

3. 網路購書，請透過萬卷樓網站

　　網址 WWW.WANJUAN.COM.TW

大量購書，請直接聯繫我們，將有專人為您服務。客服：(02)23216565 分機 10

如有缺頁、破損或裝訂錯誤，請寄回更換

國家圖書館出版品預行編目資料

紀念婁子匡先生百歲冥誕之民俗學國際學術研討會論文集 / 陳益源主編.

-- 初版. -- 臺北市：萬卷樓, 2015.01

面；　公分. -- (文學研究叢書)

ISBN 978-957-739-904-5(平裝)

1.民俗學　2.文集　3.東亞

538.07　　　　　　　　　　103026126